"十四五"职业教育系列教材

U0657958

市政工程
计量与计价

主　编　史永红　雷建平

副主编　马　悦　王秀英

参　编　宋春岩　赵　菁　田　原　刘　刚

　　　　高庆东　冯雪芳　王园园

主　审　马丽华　石灵娥

中国电力出版社

CHINA ELECTRIC POWER PRESS

内 容 提 要

本书是"十四五"职业教育系列教材。全书分为七章,主要内容包括市政工程计价基础知识、市政通用工程、市政道路工程、市政排水工程、市政桥涵工程、市政工程工程量清单计价。本书结合《建设工程工程量清单计价规范》(GB 50500—2013)和《市政工程工程量计算规范》(GB 50857—2013)、2017 年《内蒙古自治区建设工程计价依据》等编写而成。全书内容构成新颖、针对性强、实践性强。本书侧重技能传授,采用切合实际的案例,全面具体地阐述各知识点,符合理论与实践一体化的目标。

本书可作为高职高专院校市政工程、工程造价等专业的教材,也可供相关工程技术人员参考使用。

图书在版编目(CIP)数据

市政工程计量与计价/史永红,雷建平主编. —北京:中国电力出版社,2020.8(2024.11重印)
"十四五"职业教育规划教材
ISBN 978-7-5198-3833-1

Ⅰ.①市⋯ Ⅱ.①史⋯ ②雷⋯ Ⅲ.①市政工程－工程造价－高等职业教育－教材 Ⅳ.①TU723.32

中国版本图书馆 CIP 数据核字(2019)第 250696 号

出版发行:中国电力出版社
地   址:北京市东城区北京站西街 19 号(邮政编码 100005)
网   址:http://www.cepp.sgcc.com.cn
责任编辑:霍文婵(010-63412545)
责任校对:黄 蓓 朱丽芳
装帧设计:赵姗姗
责任印制:吴 迪

印   刷:三河市航远印刷有限公司
版   次:2020 年 8 月第一版
印   次:2024 年 11 月北京第九次印刷
开   本:787 毫米×1092 毫米 16 开本
印   张:17.25
字   数:422 千字
定   价:54.00 元

扫一扫

拓展资源

前　言

随着我国城市化进程的迅速发展，相关理论研究也不断地加以深入，市政工程计量与计价作为市政工程行业一项基本理论，受到越来越多的瞩目和重视。为适应职业技术教育的发展需要，结合高职高专市政工程、工程造价相关专业的培养目标，依据市政工程计量与计价课程的教学大纲，查阅大量文献编写了本书。

本书以理论联系实际、提高职业能力为目标，结合《建设工程工程量清单计价规范》（GB 50500—2013）和《市政工程工程量计算规范》（GB 50857—2013）、2017 年《内蒙古自治区建设工程计价依据》等编写而成。

本书条理清晰、重点突出、结构合理。首先介绍了市政工程计价的基础知识，包括定额的基础知识和计价程序，辅以大量的案例加以详解；其次，介绍了市政工程的主要组成部分，包括土石方工程、道路工程、排水工程和桥涵工程的定额计量与计价方法，并附有综合案例，与实践紧密结合，注重学生专业技能的培养；最后一章介绍了市政工程工程量清单计价方法，帮助学生对定额计价和清单计价两种方法进行对比学习。每一章之后都附有大量的习题，习题的形式包括单选题、多选题、判断题、计算题和案例分析，便于老师检查学生的学习效果，也利于学生巩固复习。

本书内容构成新颖、针对性强、实践性强。本书在编写时充分考虑了高职高专学生的学习目标，侧重技能传授，平衡理论与实践教学内容；采用切合实际的案例，全面具体地阐述各知识点，既符合教师的教学要求，也方便学生的理论实践一体化目标。

本书由内蒙古建筑职业技术学院史永红、雷建平担任主编，内蒙古建筑职业技术学院马悦、王秀英担任副主编，本书具体编写分工如下：史永红编写第 3 章、第 4 章，马悦编写第 1 章，王秀英、内蒙古建筑职业技术学院赵菁共同编写第 2 章，雷建平、内蒙古建筑职业技术学院田原共同编写第 5 章，内蒙古机电职业技术学院刘刚、内蒙古维都工程设计咨询有限公司高庆东共同编写第 6 章，内蒙古建筑职业技术学院宋春岩、贵州建设职业技术学院冯雪芳和王园园共同编写第 7 章，全书由史永红负责统稿。内蒙古建筑职业技术学院马丽华、石灵娥担任主审，对本书进行了审读，并提出诸多宝贵意见，在此表示感谢！

限于作者水平，书中难免存在不足和疏漏之处，敬请各位读者批评指正。

编　者

2020 年 6 月

目　　录

第1章 概 述

学习目标

了解市政建设工程的概念及内容；熟悉市政工程的项目组成及基本建设程序；熟悉市政工程计量的概念与计算依据，了解市政工程施工图图例；掌握定额的概念、作用及组成；熟练掌握套定额的方法和定额换算的几种方法。

1.1 市政工程基础知识

1.1.1 市政工程的概念及特点

一、市政工程的概念

市政工程是指城（镇）市公共基础设施建设工程，即在城市区、镇（乡）规划建设范围内设置、基于政府责任和义务为居民提供有偿或无偿公共产品和服务的各种建筑物、构筑物、设备等。市政工程是属于国家的基础建设，是城市生存和发展必不可少的物质基础，是提高人民生活水平和对外开放的基本条件。

二、市政工程的内容

按照市政工程建设的分类，市政工程建设的内容包括以下几个方面。

1. 道路工程

道路工程主要包括城（镇）市中的快速路、主干道、次干道、支路，以及路边的绿化、美化工程。

2. 桥涵隧道

桥涵隧道是指城（镇）市中各种结构的桥梁、涵洞、隧道。如人行街道桥（俗称过人天桥）、立交桥、高架桥、跨线桥、地下通道，以及箱涵、板涵、拱涵等。

3. 给、排水工程

给、排水工程是指城（镇）市的主干线、次干线、郊区、开发区的规划线、厂区的工业和生活的给、排水；建筑群、社区的给、排水；大型给水、排水工程及建筑物、构筑物工程；地下水特殊处理、工业废水处理、城市污水处理、污泥处理；地面水源取水、地下水源取水及配水厂、净水厂等工程。

4. 燃（煤）气与集中供热工程

燃（煤）气工程是指城（镇）市天然气或煤气供应干、支线输送管网；天然气加（减）压站、输配站、煤气厂，煤气罐站，储配器站，煤气调压站。城（镇）市集中供热工程包括热源工程、供热管网工程和热交换站等工程。

5. 地铁工程

地铁工程是指地下铁路工程，主要包括进站口、出站口、地下站台、隧道、轨道以及电力工程等。

　　6. 路灯工程

　　路灯工程是城（镇）市路灯照明工程，包括变配电设备工程、架空线路、电缆敷设、配管配线、照明器具安装和防雷接地装置安装等内容。

三、市政工程建设的项目界限划分

　　1. 道路、桥梁工程

　　城（镇）市区域的道路、桥梁、涵洞均属于市政工程。由其他有关部门或厂矿企业自行设计、自行投资建设的专用道路、桥梁、涵洞、高速公路不属于市政工程。

　　2. 给、排水管道敷设工程

　　由市政工程设计单位设计、建设的室外公共给、排水管道工程及其构筑物等设施属于市政工程。由市政总管或干管接至小区、庭院及厂（矿）区的支线划分是：给水工程原则上以水表井为分界线，无水表井者，以与市政管道碰头点为界；排水工程也以与市政管道碰头点为分界线。

　　3. 燃（煤）气、热力管道安装工程

　　市政热力、燃（煤）气管道与厂、区室外热力、燃（煤）气管道以两者的碰头为界。

四、市政工程特点

　　市政工程有着建设先行性、服务性和开放性等特点，在国家经济建设中起重要的作用，它不但解决城市交通运输、给排水问题，促进工、农业生产，而且大大改善了城市环境卫生，提高了城市的文明建设。有的国家称市政与环境工程为支柱工程、骨干工程，市政工程又被称为血管工程，它既输送着经济建设中的养料，又排除废物，沟通着城乡物质交流，对于促进工农业生产以及科学技术的发展，改善城市面貌，对国家经济建设和人民物质文化生活的提高，有着极为重要的作用。

　　1. 市政工程的特点

　　（1）产品具有固定性，建成后不能移动。

　　（2）工程投资巨大。一般工程在千万元左右，较大工程要在亿元以上。

　　（3）工程类型多，工程量大。市政工程包括道路、桥梁、隧道、自来水厂、污水处理厂、泵站等工程，工程量很大。点、线、片型工程都有，如桥梁、泵站属于点型工程，道路、管道是线型工程，自来水厂、城市污水处理厂是片型工程。

　　（4）结构复杂而且单一。每个工程的结构不尽相同，特别是桥梁，污水处理厂等工程更是复杂。干、支线配合，系统性强。如管网工程作为一个系统，干线要解决支线流量问题，否则互相堵截，造成排水不畅。

　　2. 市政工程施工的特点

　　（1）施工生产具有流动性。产品的固定性，决定了必须流动施工。

　　（2）施工生产的一次性。产品类型不同，设计形式和结构不同，再次施工生产各有不同。

　　（3）工期长，投入的人力、物力、财力多。由于工程结构复杂，工程量大，从开工到最终完成交付使用的时间较长，一项工程往往要施工几个月，长的甚至施工几年才能完成。

　　（4）施工的连续性。工程开工后，必须根据施工程序连续进行，不能间断，否则会造成很大的损失。

　　（5）协作性强。需要地上地下工程的配合，材料供应、水源、电源、交通运输等的配合，以及工程所在地政府各有关部门、市民的配合。

（6）露天作业。由于产品的特点，施工生产需要露天作业。

（7）季节性强。气候影响大，一年四季、雨雾风雪和气温高低，都可能给工程施工带来很大的困难。

在建设项目的安排和施工操作方面，特别是在制定工程投资或造价方面都必须尊重市政工程建设的客观规律性，严格按照程序办事。

1.1.2　市政工程建设项目划分及基本建设程序

一、市政工程建设项目划分

市政工程建设与民用工程建设一样，按照国家主管部门的统一规定，将一项建设工程划分为建设项目、单项工程、单位工程、分部工程和分项工程五个等级。

1. 建设项目

建设项目是指在一个总体设计或初步设计范围内，由一个或几个单项工程组成，在经济上进行统一核算，行政上有独立的组织形式，实行统一管理的建设单位。

一个建设项目也就是一个建设单位。它可以是一个独立的工程，也可能包括较多的工程，一般以一个企业、事业单位或大型独立工程作为一个建设项目。例如，在工业建设中，一座工厂为一个建设项目；在民用建设中，一所学校为一个建设项目；在市政建设中，一条城市道路、一条给水或排水管网、一座立交桥、一座涵洞等均为一个建设项目。

2. 单项工程

单项工程是建设项目的组成部分。指在一个建设单位中，具有独立的设计文件，单独编制综合预算、竣工后可以独立发挥生产能力或使用效益的工程。

一个建设项目可包括许多单项工程，也可以只有一个单项工程。例如在工业建设中能独立生产的车间，或一家工厂中的各个主要生产车间、辅助车间、仓库；非工业建设中能发挥设计规定的主要效益的各个独立工程，一所学校中的教学楼、图书馆、住宅等都是单项工程，市政建设中的防洪渠、隧道、地铁售票处等也分别为一个单项工程。单项工程是具有独立存在意义的一个完整工程，也是一个极为复杂的综合体，一般都是由多个单位工程所组成。

3. 单位工程

单位工程是单项工程的组成部分，指具有单独设计的施工图纸和单独编制的施工图预算文件，可以独立施工及独立作为计算成本对象，但建成后不能独立发挥生产能力或使用效益的工程。

通常按照单项工程所包含的不同性质的工程内容，根据能否独立施工的要求，将一个单项工程划分为若干个单位工程。以一条城市道路工程来说，通常可以划分为土石方工程，道路工程，给排水工程，隧道（涵洞）工程，桥梁工程，路灯工程等多个单位工程。市政工程的单位工程与工业或民用项目的单位工程比较，有其突出的特点，即有的单位工程既是单位工程，又是单项工程，还可以是一个建设项目，如道路工程、桥梁工程、隧道（涵洞）工程等。

4. 分部工程

分部工程是单位工程的组成部分。按照单位工程的各个部位、工程结构性质、使用的材料、工程种类、设备的种类和型号等不同来划分。

在每个分部工程中，由于构造、使用材料规格或施工方法等因素的不同，完成同一计量单位的工程所需要消耗的人工、材料、机械台班数量及其价值的差别是很大的。为计算造价的需要，将分部工程进一步地划分，如道路工程可以分解为路床（槽）整形、道路基层、道路面层、人行道侧平石及其他分部工程；路灯工程可以分解为变配电设备工程、架空线路工程、电缆工程、配管配线工程、照明器具安装工程、防雷接地工程等多个分部工程。

5. 分项工程

分项是分部工程的组成部分。它是将分部工程划分为若干个更细的分项工程。分项工程是按照选用的施工方法、所使用的材料、结构构件规格的不同等因素进行划分的，用较为简单的施工过程就能完成，以适当的计量单位就可以计算工程量及其单价的市政工程产品。如焊接钢管安装，可按不同管径分为若干个分项工程；也可以按连接方式分为若干个分项工程。

分项工程是计价工作中的基本计量单元，是概预算定额编制对象。分项工程是市政工程的一种基本构成因素，是为了确定工程造价和计算人工、材料、机械等消耗量而划分出来的一种"假定"产品。

市政工程建设项目划分示意图如图 1-1 所示。

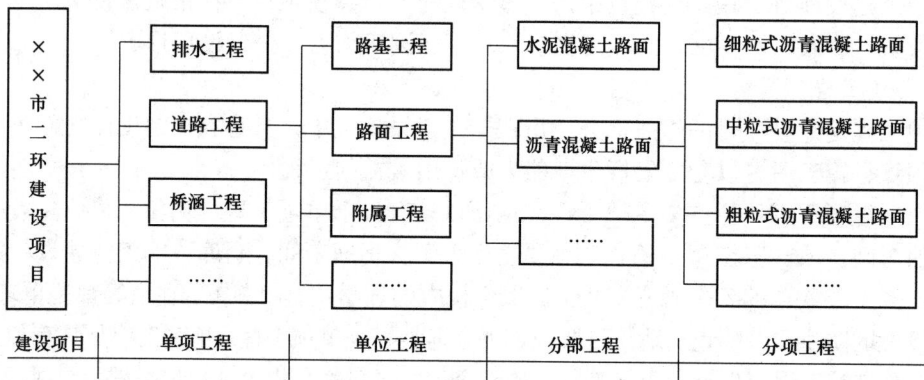

图 1-1　××市二环路建设项目划分示意图

二、市政工程基本建设程序

市政工程基本建设程序，是指市政工程基本建设项目从策划、选择、评估、决策、设计、施工到竣工验收、投入生产或交付使用的整个建设过程中，各项工作必须遵循的先后工作次序。

市政工程基本建设程序是市政工程工程建设过程客观规律的反映，涉及面广，内外协作配合环节多，完成一项建设工程需要进行多方面的工作。这些工作必须按照一定的次序，依次进行，才能达到预期的效果。

按照我国现行规定，一般大中型及限额以上工程项目的建设程序可以分为以下八个阶段。

1. 项目建议书阶段

项目建议书是业主单位向国家提出的要求建设某一项目的建议文件，是对工程项目建设的轮廓设想。项目建议书的主要作用是推荐一个拟建项目，论述其建设的必要性、建设条件的可行性和获利的可能性。

项目建议书按要求编制完成后，应根据建设规模和限额划分分别报送有关部门审批。项目建议书经批准后，可以进行详细的可行性研究工作，但并不表明项目非上不可，项目建议书不是项目的最终决策。

2. 可行性研究阶段

项目建议书一经批准，即可着手开展项目可行性研究工作。可行性研究是对工程项目在技术上是否可行和经济上是否合理进行科学的分析和论证。

根据发展国民经济的设想，对建设项目进行可行性研究，减少项目决策的盲目性，使建设项目的确定具有切实的科学性，这就需要确切的资源勘探，工程地质、水文地质勘查，地形测量，科学研究，工程工艺技术试验，地震、气象、环境保护资料的收集。在此基础上，论证建设项目在技术上、经济上和生产力布局上的可行性，并做多方案的比较，推荐最佳方案，作为设计任务书的依据。

可行性研究工作完成后，需要编写出反映其全部工作成果的"可行性研究报告"。就其内容来说，各类项目的可行性研究报告内容不尽相同，但一般应包括以下基本内容：

（1）项目提出的背景、投资的必要性和研究工作依据。

（2）需求预测及拟建规模、产品方案和发展方向的技术经济比较和分析。

（3）资源、原材料、燃料及公用设施情况。

（4）项目设计方案及协作配套工程。

（5）建厂条件与厂址方案。

（6）环境保护、防震、防洪等要求及其相应措施。

（7）企业组织、劳动定员和人员培训。

（8）建设工期和实施进度。

（9）投资估算和资金筹措方式。

（10）经济效益和社会效益。

可行性研究报告经过正式批准后，将作为初步设计的编制依据，不得随意修改和变更。如果在建设规模、产品方案、建设地点、主要协作关系等方面有变动以及突破原定投资控制数时，应报请原审批单位同意，并正式办理变更手续。可行性研究报告经批准，建设项目才算正式"立项"。

3. 设计工作阶段

设计是对拟建工程的实施在技术和经济上进行的全面而详尽的安排。是基本建设计划的具体化，同时是组织施工的依据。工程项目的设计工作一般划分为初步设计和施工图设计两个阶段。重大项目和技术复杂项目，可根据需要增加技术设计阶段。

（1）初步设计。初步设计是根据可行性研究报告的要求所做的具体实施方案，目的是阐明在指定的地点、时间和投资控制数额内，拟建项目在技术上的可能性和经济上的合理性，并通过对工程项目所做出的基本技术经济规定，编制项目总概算。

初步设计不得随意改变被批准可行性研究报告所确定的建设规模、产品方案、工程标准、建设地址和总投资等控制目标。如果初步设计提出的总概算超过了可行性研究报告总投资的10%以上，或其他主要指标需要变更时，应说明原因和计算依据，并重新向原审批单位报批可行性研究报告。

（2）技术设计。应根据初步设计和更详细的调查研究资料编制，以进一步解决初步设计中的重大技术问题，例如工艺流程、建筑结构、设备选型及数量确定等，使工程建设项目的设计更具体、更完善，技术指标更好。

（3）施工图设计。根据初步设计或技术设计的要求，结合现场实际情况，完整地表现建筑物外形、内部空间分割、结构体系、构造状况以及建筑群的组成和周围环境的配合，它还包括各种运输、通信、管道系统、建筑设备的设计。在工艺方面应具体确定各种设备的型号、规格及各种非标准设备的制造加工图。

4．建设准备阶段

项目在开工建设之前要切实做好各项准备工作，其主要内容包括：

（1）征地、拆迁和场地平整。

（2）完成施工用水、电、路等工作。

（3）组织设备、材料订货。

（4）准备必要的施工图纸。

（5）组织施工招标，择优选择施工单位。

按规定进行了建设准备和具备了开工条件以后，便应组织开工。一般项目在报批新开工前，必须由审计机关对项目的有关内容进行审计证明。审计机关主要是对项目的资金来源是否正当及落实情况，项目开工前的各项支出是否符合国家有关规定，资金是否存入规定的专业银行进行审计。新开工的项目还必须具备按施工顺序需要至少 3 个月以上的施工图纸，否则不能开工建设。

5．施工阶段

工程项目经批准新开工建设，项目即进入了施工阶段。项目新开工时间，是指工程建设项目设计文件中规定的任何一项永久性工程第一次正式破土开槽施工的日期。

施工安装活动应按照工程设计要求、施工合同条款及施工组织设计，在保证工程质量、工期、成本、安全、环保等目标的前提下进行，达到竣工验收标准后，由施工单位移交给建设单位。

6．生产准备阶段

对于生产性工程建设项目而言，生产准备是项目投产前由建设单位进行的一项重要工作。它是衔接建设和生产的桥梁，是项目建设转入生产经营的必要条件。建设单位应适时组成专门班子或机构做好生产准备工作，确保项目建成后能及时投产。

生产准备工作的内容根据项目或企业的不同，其要求也各不相同，但一般应包括以下主要内容：

（1）招收和培训生产人员。招收项目运营过程中所需要的人员，并采用多种方式进行培训。特别要组织生产人员参加设备的安装、调试和工程验收工作，使其能够尽快掌握生产技术和工艺流程。

（2）组织准备。主要包括生产管理机构设置、管理制度和有关规定的制订，生产人员的配备等。

（3）技术准备。主要包括国内装置设计资料的汇总，有关国外技术资料的翻译、编辑，各种生产方案、岗位操作法的编制以及新技术的准备等。

（4）物资准备。主要包括落实原材料、协作产品、燃料、水、电、气等的来源和其他协作配合的条件，并组织工作服、器具、备品、备件等的制造或订货。

7．竣工验收阶段

当工程项目按照设计文件的规定内容和施工图纸的要求全部建完后，便可组织验收。竣工验收是工程建设过程的最后一环。是投资成果转入生产或使用的标志，也是全面考核基本建设成果、检验设计和工程质量的重要步骤。竣工验收对促进建设项目及时投产，发挥投资效益及总结建设经验，都有重要作用。通过竣工验收，可以检查建设项目实际形成生产能力或效益，也可避免项目建成后继续消耗建设费用。

工程项目全部建成完，经过各单位工程的验收，符合设计要求，并具备竣工图、竣工决算、工程总结等必要的文件资料，由项目主管部门或建设单位向负责验收的单位提出竣工验收申请报告。竣工验收要根据工程项目规模及复杂程度组成验收委员会或验收组，对工程建设的各个环节进行审查，听取各有关单位的工作汇报。审阅工程档案、实地查验工程实体，对工程设计、施工和设备质量等做出全面评价。不合格的工程不予验收。对遗留问题要提出具体解决意见，限期落实完成。

8. 后评价阶段

项目后评价阶段是工程项目竣工投产、生产运营一段时间后，再对项目的立项决策、设计施工、竣工投产、生产运营等全过程进行系统评价的一种技术经济活动，是固定资产投资管理的一项重要内容，也是固定资产投资管理的最后一个环节。通过建设项目后评价，可以达到肯定成绩、总结经验、研究问题、吸取教训、提出建议、改进工作、不断提高项目决策水平和投资效果的目的。

项目后评价的内容包括立项决策评价、设计施工评价、生产运营评价和建设效益评价。在实际工作中，可以根据建设项目的特点和工作需要而有所侧重。

项目后评价采用对比法。将工程项目建成投产后所取得的实际效果、经济效益和社会效益、环境保护情况与前期决策阶段的预测情况相对比，与项目建设前的情况相对比，从中发现问题，总结经验和教训。

在实际工作中，一般从以下三个方面对项目进行后评价。

（1）影响评价。通过项目竣工投产（营运、使用）后对社会的经济、政治、技术和环境等方面所产生的影响来评价项目决策的正确性。如果项目建成后达到了原来预期的效果，对国民经济发展、产业结构调整、生产力布局、人民生活水平的提高、环境保护等方面都带来有益的影响，说明项目决策是正确的；如果背离了既定的决策目标，就应具体分析，找出原因，引以为戒。

（2）经济效益评价。通过项目竣工投产后所产生的实际经济效益与可行性研究时所预测的经济效益相比较，对项目进行评价。没有达到预期效果的，应分析原因，采取措施，提高经济效益。

（3）过程评价。对工程项目的立项决策、设计施工、竣工投产、生产运营等全过程进行系统分析，找出项目后评价与原预期效益之间的差异及其产生原因，使后评价结论有根有据，并针对具体问题提出解决的办法。

1.1.3　市政工程计量

一、工程量的概念

工程造价的确定，应该以该工程所要完成的工程实体数量为依据，对工程实体的数量做出正确的计算，并以一定的计量单位表述，这就需要进行工程计量，即工程量的计算，以此作为确定工程造价的基础。

工程量是以物理计量单位或自然计量单位表示的各个分项工程和结构构件的数量。物理计量单位一般是指以公制度量表示的长度、面积、体积和重量等。如侧石安砌以"m"为计量单位；道路面层、基层以"m²"为计量单位；土方开挖以"m³"为计量单位；钢筋的加工、绑扎和安装以"t"为计量单位等。自然计量单位主要是指以物体自身为计量单位来表示工程量。如定型井以"座"为计量单位。

二、工程量的计算依据

1. 施工设计图纸及设计说明

经审定的施工设计图纸及设计说明是计算工程量的基础资料，施工图纸反映工程的构造和各部位尺寸，是计算工程量的基本依据。

2. 工程量计算规范、定额、政策规定等

现行的工程量计算规范、定额、政策等规定了各个分部分项工程量的计算规则和计算方法，计算工程量时必须严格按照规定的计量单位、计算法则和方法进行。

3. 施工组织设计或施工技术措施方案、专项方案等

计算工程量时，还必须参照施工组织设计或施工技术措施方案、专项方案等进行。例如计算土方工程量仅仅依据施工图是不够的，因为施工图上并未标明实际施工场地土壤的类别以及施工中是否采取放坡或是否用挡土板的方式进行，对这类问题就需要借助于施工组织设计或者施工技术措施予以解决。

计算工程量中有时还要结合施工现场的实际情况进行，例如平整场地和余土外运工程量，一般在施工图纸上是不反映的，应根据建设基地的具体情况予以计算确定。

4. 其他有关技术经济文件

经确定的其他有关技术经济文件，如工程施工合同、招标文件等，也是计算工程量的重要依据。

三、工程量的有效位数

工程量有效位数规定如下：

（1）以"t"为单位计量的工程量，应保留小数点后3位数字，第4位四舍五入。

（2）以"m""m²""m³"为单位计量的工程量，应保留小数点后2位数字，第3位四舍五入。

（3）以"个""项""块"等自然计量单位计量的工程量，应取整数。

1.1.4 市政工程施工图图例

在市政工程图中，除了图示构筑物的外部形状、大小尺寸外，还需要采用一些图例符号和必要的文字说明，共同把设计内容表示在图纸上。各种图例符号都必须遵照国家已制定的统一标准。

一、常用建筑材料图例

市政工程施工图常用建筑材料图例见表1-1。

表 1-1   常用建筑材料图例

序号	名称	图例	备注
1	自然土壤		包括各种自然土壤
2	夯实土壤		

续表

序号	名称	图例	备　注
3	砂、灰土		靠近轮廓绘较密的点
4	砂砾石、碎砖三合土		
5	石材		
6	毛石		
7	普通砖		包括实心砖、多孔砖、砌块等砌体
8	沥青表面处理		
9	焦渣、矿渣		包括与水泥、石灰等混合而成的材料
10	混凝土		（1）本图例指能承重的混凝土及钢筋混凝土； （2）包括各种强度等级、集料、添加剂的混凝土； （3）在剖面图上画出钢筋时，不画图例线； （4）断面图形小，不易画出图例线时，可涂黑
11	钢筋混凝土		
12	细粒式沥青混凝土		
13	中粒式沥青混凝土		
14	粗粒式沥青混凝土		
15	水泥稳定土		
16	水泥稳定砂砾		
17	水泥稳定碎砾石		
18	石灰土		
19	石灰粉煤灰		
20	石灰粉煤灰土		

序号	名称	图例	备注
21	石灰粉煤灰砂砾		
22	石灰粉煤灰碎砾石		
23	级配碎砾石		
24	填隙碎石		
25	天然砂砾		
26	干砌片石		
27	木材		
28	金属		包括各种金属

二、桥梁、通道、隧道图例

市政工程施工图常用桥梁、通道、隧道图例见表1-2。

表1-2　　　　　　　　　　　　桥梁、通道、隧道图例

序号	名　　称		图　　例	备　注
1	涵洞			
2	通道			
3	分离式立交	主线上跨		
		主线下穿		
4	桥梁（大、中桥梁按实际长度绘）			平面
5	互通式立交（按采用形式绘）			
6	隧道			
7	养护机构			

续表

序号	名　　称		图　　例	备　注
8	管理机构			平面
9	防护网			
10	防护栏			
11	隔离墩			
12	箱涵			纵断面
13	管涵			
14	盖板涵			
15	拱涵			
16	箱型通道			
17	桥梁			
18	分离式立交	主线上跨		
		主线下跨		
19	互通式立交	主线上跨		
		主线下跨		

三、其他图例

市政工程施工图其他图例见表 1-3。

表 1-3　　　　　　　　　　　市政工程其他图例

序号	名称	图例	备　　注
1	拆除的建筑物		
2	填挖边坡		（1）边坡较长时，可在一端或两端局部表示。
3	护坡		（2）下边线为虚线表示填方
4	雨水口		
5	水准点		
6	房屋		独立房屋
			成片房屋
7	高压电线		

序号	名称	图例	备　　注
8	低压电线	―〈◇〉―　―〈◇〉―	
9	通信线	●―●―●―●―●―●―	
10	变压器	○――○	
11	水田	↓　↓　↓	
12	旱地	⊥⊥　⊥⊥　⊥⊥	
13	菜地	↙　↙　↙	

1.2　市政工程预算定额

1.2.1　定额的概念及种类

一、工程定额的概念

定额就是一种规定的额度，或称数量标准。工程建设定额就是国家颁发的用于规定成某一建筑产品所需消耗的人力、物力和财力的数量标准。反映了在一定社会生产力发展水平条件下，完成工程中的某项产品与各种生产耗费之间的特定的数量关系，体现在正常施工条件下人工、材料、机械等消耗的社会平均合理水平。

二、工程建设定额的种类

在建设工程施工生产中，根据需要而采用不同的定额。例如用于企业内部管理的有劳动定额、材料消耗定额和施工定额；为了计算不同建设阶段的工程造价，要使用估算指标、概算定额、预算定额（包括基础定额）、费用定额等。因此，工程建设定额可以从不同的角度进行分类。

1. 按定额反映的生产要素消耗内容分类

（1）劳动消耗定额。劳动消耗定额简称劳动定额（或人工定额），是指在正常的生产技术和生产组织条件下，完成单位合格产品所规定的劳动消耗量标准。劳动定额有两种表现形式：时间定额和产量定额，二者互为倒数关系。

1）时间定额。时间定额是指在技术条件正常、生产工具使用合理和劳动组织正确的条件下，工人为生产单位合格产品所消耗的劳动时间。包括基本生产时间，辅助生产时间，准备与结束的时间，不可避免的中断时间以及工人必须休息的时间。时间定额以"工日"为单位，1个工日相当于1工人工作8h，其计量单位为"工日/t""工日/m^3""工日/m^2"等。其计算方法如下：

$$单位产品的时间定额=\frac{消耗的总工日数}{产品数量} \tag{1.1}$$

2）产量定额。产量定额是指在技术条件正常、生产工具使用合理和劳动组织正确的条件下，工人在单位时间内完成合格产品的数量，其计量单位为"t/工日""m^3/工日""m^2/工日"等。

$$每一个工日的产量定额 = \frac{产品数量}{消耗的总工日数} \tag{1.2}$$

（2）材料消耗定额。材料消耗定额是在节约和合理使用材料的条件下，生产单位合格产品所必须消耗的一定品种规格的原材料、半成品、成品或结构构件的消耗量。

材料消耗定额是编制材料需要量计划、运输计划、供应计划，计算仓库面积，签发限额领料单和经济核算的依据。制定合理的材料消耗定额是组织材料的正常供应，保证生产顺利进行以及合理利用资源，减少积压、浪费的必要前提。

（3）机械台班消耗定额。机械消耗定额简称机械定额，是规定了在正常施工条件下，合理地组织生产与合理地利用某种机械完成单位合格产品所必须的机械台班消耗标准，或在单位时间内机械完成的产品数量。由于我国机械消耗定额是以一台机械一个工作班为计量单位，所以又称为机械台班定额。机械消耗定额有两种表现形式：机械时间定额和机械产量定额，二者互为倒数。

1）机械时间定额。机械时间定额是指在合理劳动组织与合理使用机械的条件下，完成单位合格产品必须消耗的时间。机械时间定额以"台班/t""台班/m^3""台班/m^2"等为计量单位。

2）机械产量定额。机械产量定额是指在合理劳动组织和合理使用机械的条件下，某种机械在一个台班的时间内，所必须完成的合格产品的数量。机械产量定额以"t/台班""m^3/台班""m^2/台班"等为计量单位。

机械时间定额和机械常量定额之间是互为倒数的关系，即

$$机械时间定额 \times 机械产量定额 = 1 \tag{1.3}$$

2. 按定额的不同用途分类

（1）施工定额。施工定额也称企业定额，是企业内部使用的定额，它以同一性质的施工过程为研究对象，由劳动定额、材料消耗定额、机械台班消耗定额组成。它既是企业投标报价的依据，也是企业编制施工成本的基础。

（2）预算定额。预算定额是编制工程预结算时计算和确定一个规定计量单位的分项工程或结构构件的人工、材料、机械台班耗用量（或货币量）的数量标准。它是以施工定额为基础的综合扩大。

（3）概算定额。概算定额是编制扩大初步设计概算时计算和确定扩大分项工程的人工、材料、机械班耗用量（或货币量）的数量标准。它是预算定额的综合扩大。

（4）概算指标。概算指标是在初步设计阶段编制工程概算所采用的一种定额，是以整个建筑物或构筑物为对象，以"m^2""m^3"或"座"等为计量单位规定人工、材料、机械台班耗用量的数量标准。它比概算定额更加综合扩大。

（5）投资估算指标。投资估算指标是在项目建议书和可行性研究阶段编制、计算投资需要量时使用的一种定额，一般以独立的单项工程或完整的工程项目为对象，编制和计算投资需要量时使用的一种定额。它也是以预算定额、概算定额为基础的综合扩大。

在不同的建设阶段建设工程项目投资有不同的确定依据，且互为基础和指导，相互影响（如图1-2所示）。如预算定额是概算定额编制的基础，概算定额又是估算指标编制的基础，反过来，估算指标控制概算定额的水平，概算定额又控制预算定额的水平。

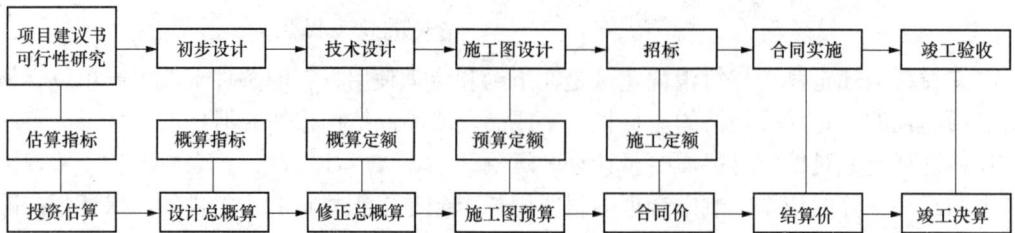

图 1-2　建设工程投资确定示意图

3. 按定额的编制单位和执行范围分类

（1）全国统一定额。是由国家建设行政主管部门根据全国各专业工程的生产技术与组织管理情况而编制的、在全国范围内执行的定额。如《全国统一安装工程预算定额》等。

（2）地区统一定额。按照国家定额分工管理的规定，由各省、自治区、直辖市建设行政主管部门根据本地区情况编制的、在其管辖的行政区域内执行的定额。如各省、自治区、直辖市的《建筑工程预算定额》等。

（3）行业定额。按照国家定额分工管理的规定，由各行业部门根据本行业情况编制的、只在本行业和相同专业性质使用的定额。如《公路工程预算定额》等。

（4）企业定额。由企业根据自身具体情况编制，在本企业使用的定额，如施工企业定额等。

（5）补充定额。当现行定额项目不能满足生产需要时，根据现场实际情况一次性补充定额，并报当地造价管理部门批准或备案。

4. 按定额的适用专业分类

定额按适用的专业不同可分为建筑与装饰工程定额、通用安装工程定额、房屋修缮工程定额、市政工程定额、园林绿化工程定额等。

1.2.2　预算定额的作用和编制原则

一、预算定额的作用

（1）预算定额是确定工程造价的基础。施工图设计一经确定，工程预算造价就取决于预算定额水平和人工、材料及机械台班的价格。预算定额起着控制劳动消耗、材料消耗和机械台班使用的作用，进而起着控制建筑产品价格的作用。

（2）预算定额是工程结算的依据。工程结算是建设单位和施工单位按照工程进度对已完成的分部分项工程实现货币支付的行为。按进度支付工程款，需要根据预算定额将已完分部分项工程的相应费用算出来。单位工程验收后，再按竣工工程量和预算定额计算出完整的工程造价，并结合施工合同进行结算，以保证建设单位建设资金的合理使用和施工单位的经济收入。

（3）预算定额是编制施工组织设计的依据。施工组织设计的重要任务之一，就是确定施工中所需人力、物力的供求量，并做出最佳安排。施工单位在缺乏本企业施工定额的情况下，根据预算定额，亦能比较精确的计算出施工中各项资源的需要量，为有计划组织材料采购和预制件加工、劳动力和施工机械的调配，提供了可靠的计算依据。

（4）预算定额是施工单位进行经济活动分析的依据。预算定额规定的物化劳动和劳动消耗指标，是施工单位在生产经营中允许消耗的最高标准。施工单位必须以预算定额作为评价企业工作的重要标准，作为努力实现的目标。施工单位应根据预算定额对施工中的劳动、材料、机械的消耗进行具体分析，以便找出克服低功效、高消耗的薄弱环节，提高竞争能力。只有在施工中尽量降低劳动消耗，采用新技术，提高劳动者素质，提高劳动生产率，才能取得较好的经济效果。

（5）预算定额是编制概算定额的基础。概算定额是在预算定额的基础上综合扩大编制的。利用预算定额作为编制依据，不但可以节省编制工作的大量人力、物力和时间，收到事半功倍的效果，还可以使概算定额在水平上与预算定额保持一致，以免造成执行中的不一致。

（6）预算定额是合理编制招标控制价、投标报价的基础。

二、预算定额的编制原则

1. 按社会平均水平确定预算定额的原则

预算定额的平均水平，是在正常的施工条件下，合理的施工组织和工艺条件、平均劳动熟练程度和劳动强度下，完成单位分项工程基本构造要素所需要的劳动时间。它是以大多数施工单位的施工定额水平为基础，但是，预算定额绝不是简单地套用施工定额的水平。首先，在比施工定额的工作内容综合扩大的预算定额中，也包含了更多的可变因素，需要保留合理的幅度差。其次，预算定额应当是平均水平，而施工定额是平均先进水平，两者相比，预算定额水平相对要低一些，但是应限制在一定范围之内。

2. 简明适用的原则

预算定额项目是在施工定额的基础上进一步综合扩大，通常将建筑物分解为分部、分项工程。简明适用原则要求在编制预算定额时，对于那些主要的、常用的、价值大的项目，分项工程划分宜细；次要的、不常用的、价值量相对较小的项目可以粗一些，以达到项目少、内容全、简明扼要的目的。在确定步距时，对于主要工种、主要项目、常用项目、定额步距要小一些；对于次要工种、次要项目、不常用项目，定额步距可以适当大一些。同时，要求合理确定定额的计算单位，简化工程量的计算，减少定额附注和换算系数，少留活口。

3. 坚持统一性和差别性相结合原则

所谓统一性，就是通过编制全国统一定额，具有一个统一的计价依据，也是考核设计和施工的经济效果具有一个统一尺度。

所谓差别性，就是在统一性的基础上，各部门和省、自治区、直辖市主管部门可以在自己的管辖范围内，根据本部门和地区的具体情况，制定部门和地区性定额、补充性制度和管理办法，以适应我国地区发展不平衡和差异大的实际情况。

三、预算定额的编制依据

（1）现行的劳动定额、材料消耗定额和施工机械台班定额。

（2）现行的设计规范、施工及验收规范、质量评定标准和安全操作规程。

（3）有关的标准图集、有代表性的设计图纸。

（4）建筑材料标准及新材料、新技术、新结构和先进的施工方法。

（5）现行的地区工资标准和材料预算价格。

（6）过去颁发的预算定额及有关预算定额编制的基础资料。

（7）有关可靠的科学试验、测定、统计资料等。

1.2.3　市政工程预算定额的组成

《内蒙古自治区建设工程计价依据（2017）》是按照《建设工程工程量清单计价规范》（GB 50500—2013）、住房和城乡建设部《建筑工程施工发包与承包计价管理办法》（住房和城乡建设部令第 16 号）、《内蒙古自治区建设工程造价管理办法》（内蒙古自治区人民政府令第 187 号），以及《房屋建筑与装饰工程消耗量定额》（TY01—31—2015）、《通用安装工程消耗量定额》（TY02—31—2015）、《市政工程消耗量定额》（ZYA1—31—2015）、《建设工程施工机械台班费用编制规则》《建设工程施工仪器仪表台班费用编制规则》，结合内蒙古自治区近年来建筑市场变化情况编制完成的。

市政工程预算定额主要由总说明、册说明、目录、分部说明及工程量计算规则、定额项目表、附录六项内容组成。

一、总说明

（1）《内蒙古自治区市政工程预算定额》（以下简称本定额）共分七册，包括：

第一册　通用项目

第二册　道路工程

第三册　桥涵工程

第四册　市政管网工程

第五册　水处理工程

第六册　生活垃圾处理工程

第七册　路灯工程

（2）本定额适用于内蒙古自治区行政区域内城镇管辖范围内的新建、扩建、改建的市政工程，也适用于参照市政工程设计和施工验收规范的厂区、庭院、住宅小区内的道路工程、硬化工程，是内蒙古自治区市政工程计价活动的地方性标准。

（3）本定额是按合理的施工组织设计、正常施工条件、自治区范围内大多数施工企业采用的施工方法、机械化程度、合理的劳动组织和工期进行编制；体现的是完成规定计量单位分部分项工程所需的人工、材料、机械台班消耗量和费用的社会平均水平。

1）设备、材料、成品、半成品、构配件完整无损，符合质量标准和设计要求，附有合格证书和实验记录。

2）正常的气候、地理条件和施工环境。

（4）本定额是编制招标控制价、投资估算、设计概算、施工图预算和调解、处理建设工程造价纠纷的依据；是投标报价、确定合同价款、拨付工程款、办理竣工结算和衡量投标报价合理性的基础。

（5）关于人工。

1）本定额中的人工包括基本用工、辅助用工、超运距运工、人工幅度差等，不分工种和技术等级以综合工日表现，每工日按 8h 考虑。

2）人工单价是按国家、自治区有关政策、综合考虑内蒙古自治区建筑市场人工单价水平和典型市政工程中普工、技工、高级技工所占比例的基础上确定的，包括计时工资或计件工资、奖金、津贴补贴、加班加点工资、特殊情况下支付的工资、劳动保险（个人缴纳部分）、职工福利费、劳动保护费、工会经费、职工教育经费。

（6）关于材料。

1）本定额中的材料包括施工中消耗的主要材料、辅助材料、周转材料和其他材料，包括正常的操作损耗和场内运输损耗。

2）本定额中的材料消耗量包括净用量和损耗量；损耗量包括从工地仓库、现场集中堆放地点（或现场加工地点）至操作（或安装）地点的施工场内运输损耗、施工现场堆放损耗等，规范（设计文件）规定的预留量、搭接量不在损耗率中考虑。

3）本定额中的周转材料按不同施工方法、不同类别、材质，计算出一次摊销量进入相应子目。

4）对于用量少、低值易耗的次要、零星材料以定额子目中材料费之和乘以分比计算，并以其他材料表现。

5）本定额中的混凝土、沥青混凝土、砌筑砂浆、抹灰砂浆及各种胶泥等均按半成品消耗量以体积（m³）表示；混凝土按运至施工现场的预拌混凝土编制，砂浆按预拌砂浆编制；本定额中的混凝土均按自然养护考虑。

6）本定额子目中未考虑现场搅拌混凝土，实际采用现场搅拌混凝土，人工、机械调整办法如下：

a. 人工增加 0.8 工日/m³；

b. 混凝土搅拌机（400L）增加 0.052 台班/m³。

7）本定额子目中未考虑普通现拌砂浆，实际采用现场拌和水泥砂浆，人工、机械调整办法如下。

a. 人工增加 0.382 工日/m³。

b. 扣除定额中预拌砂浆罐式搅拌机消耗量，增加灰浆搅拌机（200L）0.02 台班/m³。

8）本定额中的材料单价是按照 2015 届呼和浩特地区建设工程材料预算价格取定的，其中材料单价均不含增值税，执行过程中各盟市工程造价管理机构可根据工程施工期不同调整材料价差。

（7）关于机械。

1）本定额中的机械按常用机械、合理机械配备和大多数施工企业的机械化装备程度，并结合工程实际综合确定。

2）本定额的机械台班消耗量是按机械正常施工工效并考虑机械幅度差综合取定的。

3）本定额中的机械台班单价按照 2017 版《内蒙古自治区施工机械台班费用定额》计算，其中机械台班单价均不含增值税。

4）本定额没有列大型机械进出场项目，通常情况进场、出场各一次，发生时按照 2017 版《内蒙古自治区建筑工程预算定额》中相应项目计算。

（8）本定额未考虑施工与生产同时进行、有害身体健康环境中施工时降效增加费，发生时应另行计算。

（9）本定额在使用中应遵守下述规定。

1）为合理确定工程造价，提高国有资金投资效益，在编制招标控制价时，必须严格按照本定额中的消耗量、计价程序、方法和各盟市公布的材料价格信息计算，不得随意调整定额水平。

2）招标文件要求或施工合同约定执行本定额的，中标人应实质性响应，即严格执行本定额和自治区及盟市造价管理机构关于工程造价方面的相应规定；招标文件或施工合同未做明确要求或约定的参照本定额执行，中标人可对本定额水平做适当调整，但计价程序和计价办法必须严格执行。

3）使用国有资金投资的建设工程发承包，必须采用工程量清单计价；国有资金投资的建设工程招标，招标人必须编制招标控制价。工程量清单计价的工程，本定额是投标人的参考性依据；投标人可依据企业定额或企业自身的管理水平、机械装备水平对本定额水平进行适当调整后执行。

（10）本定额中的水电费是按建设单位提供水源、电源考虑的，施工单位负责水表、电表的购置安装费用及表内数字的水电费。水费按建筑用水标准计算，电费按工业用电标准计算，其他情况按下列规定执行。

1）建设单位提供民用电的，民用电与工业用电之间的电费差价由建设单位负担。工程由多家施工单位施工时，其总表由总包单位负责，分表由各施工单位负责。

2）施工现场无水源、电源，由施工单位自行取水、发电时，其费用按实际发生计算，定额内已计入的水电费按本条第3）款说明扣除。

3）现场使用建设单位水电时，如无条件按上述规定计算，可按建筑安装工程定额分部分项工程费的1.2%扣除（其中水费占0.4%，电费占0.8%）。

（11）本定额出现缺项，如果是一次性使用的，由施工单位编制补充定额，报盟市造价管理机构批复后执行，并报自治区标准定额总站备案。重复使用的，须报自治区标准定额总站批复后执行。

（12）本定额子目中的工作内容，均包括全部主要施工过程和工序，次要工序虽未说明均已包括在内，不得另行计算。

（13）本定额凡注有"×××"以内或以下者，均包括本身在内；凡注有"×××"以外或以上者，则不包括本身。

（14）未尽事宜详见各册说明或章节说明。

（15）利用本定额数据编制计算机应用软件者，须经内蒙古自治区建设工程标准总站同意，并申请对应用软件进行准入审查。

（16）本定额属于正规出版物，未经版权单位同意，任何单位和个人不得翻印或发行电子出版物，违者必究。

（17）本定额由内蒙古自治区建设工程标准定额总站负责管理、解释。各盟市造价管理机构负责在本行政区域内管理、解释。

二、册说明

册说明见市政工程预算定额各册定额中，册说明主要介绍各册中包括的主要内容，适用范围，主要编制依据，人工、材料、机械的取定。

三、目录

便于查阅分项工程（定额子目）在市政工程预算定额中的页数，也便于了解市政工程预算定额的基本内容。

四、分部说明及工程量计算规则

对各章、册各分部工程编制中有关问题说明，执行中的一些规定，特殊情况的处理，各分部工程量计算规则，以及定额中规定允许换算和不作换算的具体规定。它是本定额重要部分，是执行定额和进行工程量计算的基准，必须全面掌握。

五、定额项目表及分部分项表头说明

定额项目表是预算定额最重要的部分，每个定额项目表列有分项工程的名称、计量单位、定额编号、定额基价以及人工、材料、机械台班等的消耗量指标等。有些定额项目表下列有附注，说明设计与定额不符时如何调整，以及其他有关事项的说明。

分部分项表头说明列于定额项目表的上方，说明该分项工程所包含的主要工序和工作内容。

六、附录

附录是定额的有机组成部分，包括选用材料价格表等。

1.2.4　市政工程预算定额的应用

一、预算定额的表示

预算定额表列有工作内容、计量单位、项目名称、定额编号、定额基价、消耗量定额及定额附注等内容。

1. 工作内容

工作内容就是说明完成本节定额的主要施工过程。

2. 计量单位

每一分项工程都有一个计量单位，注意个别的单位是扩大了的，如 10m^2、100m^3 等。

3. 定额编号

预算定额的编号是指定额的序号，其目的是便于检查和使用定额。

4. 项目名称

项目名称是按分部分项工程进行划分的，常用的和经济价值大的项目划分的细些，一般的项目划分的粗些。

5. 消耗量

消耗量是完成某一分项产品所需耗用的人工、材料、机械台班消耗的标准。

6. 定额基价

预算定额基价就是一定计量单位的分项工程的价格标准，即该分项工程人工费、材料费、机械费、管理费和利润的总和。

$$基价=人工费+材料费+机械费+管理费+利润 \tag{1.4}$$

其中人工费、材料费和机械费三项费用是以消耗量定额中所规定的人工、材料、机械台班消耗量（简称"三量"），分别与人工单价、材料预算价格、机械台班单价（简称"三价"）相乘所得的结果；管理费和利润是以人工费为基数乘以相应的费率得到的结果。

$$人工费=综合工日消耗量×综合工日单价 \tag{1.5}$$

$$材料费=\Sigma （定额材料消耗量×材料预算价格） \tag{1.6}$$

$$机械费=\Sigma （定额机械台班消耗量×机械台班单价） \tag{1.7}$$

$$管理费=人工费×管理费费率 \tag{1.8}$$

$$利润=人工费×利润率 \tag{1.9}$$

例如本定额第二册 189 号：机械摊铺细粒式沥青混凝土路面厚度 3cm，见表 1-4。

表 1-4 细粒式沥青混凝土面层机械摊铺定额项目表

工作内容：清扫基层、整修侧缘石、测温、摊铺、接茬、找平、点补、碾压清理 单位：100m²

定 额 编 号			2-189
项 目 名 称			机械摊铺
			厚度（cm）
			3
基 价（元）			2 549.18
其中	人 工 费（元） 材 料 费（元） 机 械 费（元） 管理费、利润（元）		84.40 2 169.24 219.58 75.96

名 称	单 位	单价（元）	数 量
人工	综合工日	工日	107.51	0.785
材料	柴油 沥青混凝土 细粒式 其他材料费	t m³ 元	5 637.06 699.76 —	0.003 3.030 32.058
机械	轮胎式压路机 26t 钢轮振动压路机 12t 钢轮振动压路机 15t 沥青混凝土摊铺机 8t	台班 台班 台班 台班	913.24 791.70 1 045.20 976.46	0.038 0.085 0.077 0.038
其他	管理费 利润	% %	— —	45.000 45.000

基价：2 549.18 元=84.40 元+2 169.24 元+219.58 元+75.96 元 （注意：单位为元/100m²）

人工费：84.40 元=107.51 元/工日×0.785 工日

材料费：2 169.24 元=5 637.06 元/t×0.003t+699.76 元/m³×3.030m³+32.058 元

机械费：219.58 元=913.24 元/台班×0.038 台班+791.70 元/台班×0.085 台班+
1 045.20 元/台班×0.077 台班+976.46 元/台班×0.038 台班

管理费、利润：75.96 元=84.40 元×45.000%+84.40 元×45.000%

二、定额的直接套用

当实际设计内容与定额项目完全一致（或基本一致）时，可直接套用该项定额计算出该分部分项工程的分部分项工程费及分项工程的综合用工量、各种材料用量、各种机械台班用量。

本书计算实例中均采用 2017 年《内蒙古自治区市政工程预算定额》一册～七册、《内蒙古自治区施工机械台班费用定额、仪器仪表台班费用定额、混凝土及砂浆配合比价格》为依据。

【例 1-1】 3cm 厚细粒式沥青混凝土，机械摊铺，工程量为 14 400m²，计算分部分项工程费和人工费，并填写分部分项工程计价表，见表 1-5。

解：定额编号：2-189 单位：100m²

分部分项工程费：14 400÷100×2 549.18=367 082（元）

人工费：14 400÷100×84.40=12 154（元）

表 1-5 分部分项工程计价表

定额编号	项目名称	工程量		分部分项工程费		其中人工费	
		单位	数量	单价（元）	合价（元）	单价（元）	合价（元）
2-189	沥青混凝土路面 细粒式 机械摊铺 厚度3cm	100m²	144	2 549.18	367 082	84.40	12 154

【例 1-2】 挖掘机挖一类土（装车）21 400m³，计算分部分项工程费和人工费。

解： 定额编号：1-140 单位：1 000m³

分部分项工程费：21 400÷1 000×5 055.66=108 191（元）

人工费：21 400÷1 000×529.31=11 327 元

【例 1-3】 石质侧石安砌，长 810m，计算分部分项工程费和人工费。

解： 定额编号：2-253 单位：100m

分部分项工程费：810÷100×9 018.82=73 052（元）

人工费：810÷100×690.32=5 592（元）

【例 1-4】 现浇商品混凝土路面厚 24cm，面积 6 520m²，计算分部分项工程费和人工费。

解： 定额编号：2-197 单位：100m²

分部分项工程费：6 520÷100×11 245.10=733 181（元）

人工费：6 520÷100×1 315.39=85 763（元）

三、预算定额的换算

当设计要求与定额的工程内容、材料规格和施工方法等条件不完全相符时，在符合定额的有关规定范围内加以调整换算。

1. 合并套用

【例 1-5】 人工运土方，运距 40m，工程量 125m³，计算分部分项工程费和人工费。

解： 定额编号：（1-47）+（1-48） 单位：100m³

分部分项工程费：125÷100×（1 647.74+344.34）=2 490（元）

人工费：125÷100×（1 396.39+291.81）=2 110（元）

【例 1-6】 机械摊铺细粒式沥青混凝土路面（厚 6cm）4 660m²，计算分部分项工程费和人工费。

解： 定额编号：（2-191）+（2-192） 单位：100m²

分部分项工程费：4 660÷100×（4 248.05+858.43）=237 962（元）

人工费：4 660×（140.73+28.17）÷100=7 871（元）

2. 系数换算

【例 1-7】 人工挖湿土（挖深 1m），二类土，工程量 125m³，计算分部分项工程费和人工费。

解： 根据定额说明，挖湿土时，人工和机械挖土子目乘以系数 1.18。

定额编号：1-1 单位：100m³

换后基价：2 181.54÷100×1.18=25.74（元/m³）

分部分项工程费：125m³×25.74 元/m³=3 218（元）

人工费：125×1 848.76÷100×1.18=2 727（元）

3. 材料换算

　　换算基价=原基价+定额含量×（换入材料预算价格－定额材料预算价格）　　（1.10）

【例1-8】　人行道块料铺设（水泥砂浆垫层）123m²，设计要求用C30混凝土环保砖，计算分部分项工程费和人工费。

解：定额中用水泥花砖，设计要求用C30混凝土环保砖。

查本定额第二册《道路工程》2-231：

水泥花砖33.98元/m²，C30混凝土环保砖30.00元/m²。

定额编号：2-231　　单位：100m²

换后基价：5 610.06+102.500×（30.00－33.98）=5 202.11（元/100m²）

分部分项工程费：123÷100×5 202.11=6 399（元）

人工费：123÷100×781.81=962（元）

四、未计价主材

未计价主材是指定额基价中只规定了某种材料的名称、规格和消耗数量，并未注明单价，其价格由定额执行地区的信息价格或市场价格决定，简单而言，就是其价格未计算在定额基价内的材料。

含有未计价主材的项目，其材料消耗量一般加括号表示，确定材料单价后计算未计价主材费，未计价主材费和定额基价组成该分部分项工程项目的单价，未计价主材费和分部分项工程项目单价的计算公式如下。

　　　　　　　未计价主材费=主材的定额消耗量×主材的单价　　　　　　（1.11）

　　　　　分部分项工程项目单价=分部分项工程项目基价+未计价主材费　　　　（1.12）

【例1-9】　某市政排水工程中需铺设D1 000的承插式钢筋混凝土管，工程量为5 000m，已知D1 000承插式钢筋混凝土管的市场价格为600元/m，定额项目表如表1-6所示。试求该铺设该钢筋混凝土管的分部分项工程费和人工费。

表1-6　　　　　　　　　　　　承插式混凝土管定额项目表

工作内容：排管、下管、调直、找平、槽上搬运　　　　　　　　　　　　　　单位：100m

定 额 编 号				5-104	5-105	5-106	5-107
项 目 名 称				人机配合下管			
				管径（mm以内）			
				900	1 000	1 100	1 200
基　　　价（元）				3 704.84	4 496.05	4 795.57	5 084.72
其中	人 工 费（元）			1 999.58	2 427.15	2 545.08	2 664.31
	材 料 费（元）			—	—	—	—
	机 械 费（元）			985.41	1 195.13	1 334.26	1 461.26
	管理费、利润（元）			719.85	873.77	916.23	959.15
名　称		单 位	单价（元）	数　　量			
人工	综合工日	工日	107.51	18.599	22.576	23.673	24.782
材料	钢筋混凝土管	m	—	（101.000）	（101.000）	（101.000）	（101.000）

名　称		单　位	单价（元）	数　量			
机械	汽车式起重机 16t	台班	928.63	1.009	1.224	—	—
	汽车式起重机 20t	台班	1 001.87	—	—	1.271	—
	汽车式起重机 25t	台班	1 056.85	—	—	—	1.318
	叉式起重机 5t	台班	479.40	0.101	0.122	0.127	—
	叉式起重机 6t	台班	517.64	—	—	—	0.132
其他	管理费	%	—	20.000	20.000	20.000	20.000
	利润	%	—	16.000	16.000	16.000	16.000

解：定额编号：5-105　　单位：100m

未计价主材费：101.00÷100×600=606.00（元/m）

分部分项工程项目单价：4 496.05÷100+606=650.960 5（元/m）

分部分项工程费：650.960 5×5 000=3 254 803（元）

人工费：2 427.15÷100×5 000=121 358（元）

五、工料分析

（一）工料分析的概念与作用

工料分析是根据工程量计算和定额规定的消耗量标准，对工程所用工日及材料进行分析计算。工料分析的作用如下。

（1）是生产计划部门编制施工计划、安排生产、统计完成工作量的依据；

（2）是劳资部门组织、调配劳动力、编制工资计划的依据；

（3）是材料部门编制材料供应计划、储备材料、安排加工定货的依据；

（4）是财务部门进行经济活动分析、进行"两算"对比的依据；

（5）是向建设单位提供三大主材指标及特殊材料数量的依据；

（6）是招投标的重要基础资料，也是进行材差调整的依据。

（二）工料分析的步骤

工料分析一般可采用表格进行，步骤如下：

（1）按预算书所列定额编号及分部分项工程名称、单位、工程量顺序抄写在工料分析表（表1-7）中。

（2）从定额中查出所分析项目单位工程量的用工数量、用料、机械台班数量，填入表格中所对应的含量栏中。

【例1-10】　细粒式沥青混凝土路面厚5cm，工程量125m²，求综合工日数、柴油、沥青混凝土（细粒式）、轮胎压路机（26t）、钢轮振动压路机（12t）、钢轮振动压路机（15t）用量。

解：定额编号：2-187　　单位：100m²

综合工日数：125×2.122÷100=2.65（工日）

柴油：125×0.05÷100=0.006（t）

沥青混凝土（细粒式）：125×5.050÷100=6.31（m³）

轮胎压路机（26t）：125×0.063÷100=0.079（台班）

钢轮振动压路机（12t）：125×0.142÷100=0.178（台班）

钢轮振动压路机（15t）：125×0.128÷100=0.16（台班）

（3）若定额子目中未考虑现场搅拌混凝土或现拌水泥砂浆，实际采用现场搅拌混凝土或现拌水泥砂浆，可按定额规定进行调整，当定额材料用量把砂浆、混凝土等作为一种材料出现时，应进行二次再分析，先分析出单位工程量所需砂浆、混凝土数量，填入表格中所对应的含量栏中，再分析水泥、砂子、石子数量，填入表格中所对应的单量栏中。

（4）分析机械台班的机上人工及材料消耗量，先分析出单位工程量所需机械台班数量，填入表格中所对应的含量栏中，再分析单位机械台班消耗的机上人工和水、电、油等材料数量，填入表格中所对应的单量栏中。

（5）用各分部分项工程的工程量乘以相应人工及材料的单量与含量，计算出相应人工合量及各种材料的合量。

（6）累计单位工程各种用工、用料的总量。

表 1-7   工 料 分 析 表

定额编号	分项工程名称	单位	工程量	水泥（t）		
				单量	含量	合量
2-195	现浇混凝土路面厚 20cm C40—40—3（碎石）	m²	125	0.500	0.204	12.75
2-195	现浇混凝土路面厚 20cm C40—40—4（碎石）	m²	125	0.474	0.204	12.09
合计						24.84

注 1.“含量”为定额中单位混凝土路面所需混凝土用量，查定额 2-195，水泥混凝土含量为 20.400m²/100m²，即 0.204m²/m²。

     2.“单量”为《内蒙古自治区施工机械台班费用定额、仪器仪表台班费用定额 第三册 混凝土及砂浆配合比价格》中单位现浇混凝土所需水泥的用量。

     3. 合量=工程量×单量×含量。

六、材料价差调整

材料价差（简称材差）是指概预算定额基价所依据的材料预算价格与工程所在地的现行材料预算价格之间的差异，主要包括地区差价和时间差价。

材料价差的调整方法有以下两种。

1. 单项材料价差调整

单项材料价差调整的方法适用于对工程造价影响较大的主要材料进行价差调整。如沥青混凝土、砖石等。计算公式：

单项材料价差调整=Σ［某种材料用量×（材料信息价－材料定额预算价格）］   （1.13）

【例 1-11】混凝土侧石安砌 1 237m，根据××地区的材料信息价格，混凝土侧石 20 元/m，计算单项材料价差调整。

解：定额编号 2-252   单位：100m

混凝土侧石价差调整：1 237×101÷100×（20-18.02）=2 474（元）

【例 1-12】 根据某工程的材料消耗量和××地区材料信息价调整材差（表 1-8）。

表 1-8   材料价差调整表

序号	材料名称	单位	数量	定额价	市场价	调整额	价差合计（元）
1	复合硅酸盐水泥（32.5R）	t	15.24	188.76	315	126.24	1 924
2	普通硅酸盐水泥（42.5R）	t	12.03	253.11	345	91.89	1 105
3	乳化沥青	t	7.14	3 000	2 150	−850	−6 069

续表

序号	材料名称	单位	数量	定额价	市场价	调整额	价差合计（元）
4	铸铁井圈井盖（球墨材质）ϕ700	套	20	478.76	500	21.24	425
5	混凝土侧石	m	1 000	18.02	20	1.98	1 980
	合计						−635

注 调整额=市场价−定额价

2. 材料价差综合系数调整

采用单项材料价差的方法调整材差，其优点是准确性高，但计算过程较复杂。因此，一些单价相对低的材料常采用综合系数的方法来调整材料价差，该方法具有计算简便的特点。

材料价差综合系数调整方法，就是用单位工程直接工程费乘以综合调整系数，求出单位工程材料价差。综合调整系数一般由地区工程造价管理部门规定。

综合系数调整材料价差=单位工程分部分项工程费×材料价差综合调整系数 （1.14）

【例 1-13】 某市政道路工程分部分项工程费为 2 262 000 元，按规定应以分部分项工程费为基础，用综合系数调整辅助材料价差，综合系数为 1.15%，求该工程的辅助材料价差。

解：辅助材料价差=2 262 000×1.15%=26 013 （元）

该工程的辅助材料价差为 26 013 元。

习 题

一、单选题（每题的备选项中，只有 1 个正确选项）

1. （ ）是建设项目的组成部分。指在一个建设单位中，具有独立的设计文件，单独编制综合预算、竣工后可以独立发挥生产能力或使用效益的工程。

　　A. 分项工程　　　B. 单项工程　　　C. 单位工程　　　D. 分部工程

2. 按照国家主管部门的统一规定，市政工程建设工程可划分为（ ）。

　　A. 建设项目、单项工程、单位工程、分部工程和工作过程五个等级

　　B. 建设项目、单项工程、单位工程、分部工程和分项工程五个等级

　　C. 建设项目、单项工程、单位工程、工序和分项工程五个等级

　　D. 建设项目、单项工程、综合工作过程、分部工程和分项工程五个等级

3. （ ）是概预算工作中的基本计量单元，是概预算定额编制对象。

　　A. 单位工程　　　B. 单项工程　　　C. 分部工程　　　D. 分项工程

4. 可行性研究报告经过正式批准后，将作为（ ）的编制依据。

　　A. 初步设计　　　B. 投资估算　　　C. 施工图预算　　　D. 工程结算

5. 市政工程图例"＞−−−−＜"代表的是（ ）。

　　A. 涵洞　　　　　B. 桥梁　　　　　C. 通道　　　　　D. 隧道

6. 时间定额与产量定额的关系是（ ）。

　　A. 互为倒数　　　B. 正比例关系　　C. 相除得 1　　　D. 无直接关系

7. 预算定额的定额水平为（ ）。

　　A. 平均先进水平　　　　　　　　　　B. 社会平均水平

　　C．国际先进水平　　　　　　　　D．国内超前水平

8．定额中凡注有"×××"以内或以下者，代表（　　　）。

　　A．均包括本身在内　　　　　　　B．不包括本身在内

　　C．可能包括本身　　　　　　　　D．视具体情况而定

9．预算定额基价=（　　　）。

　　A．人工费+材料费+机械费+管理费+利润

　　B．人工费+材料费+机械费

　　C．人工费+材料费+机械费+管理费

　　D．人工费+材料费+机械费+利润

10．以下单位，（　　　）表示的是时间定额。

　　A．m^2　　　　　　B．工日　　　　　C．m^2/工日　　　　D．工日/m^2

11．（　　　）的材料称为未计价主材。

　　A．价格未计算在定额基价内　　　B．价格计算在定额基价内

　　C．定额中注明其材料单价　　　　D．定额中注明其材料合价

12．（　　　）是根据工程量计算和定额规定的消耗量标准，对工程所用工日及材料进行分析计算。

　　A．定额换算　　B．价差调整　　　C．工料分析　　　D．材料价差

13．材料价差调整表中的调整额应为（　　　）。

　　A．市场价−定额价　　　　　　　B．市场价+定额价

　　C．定额价−市场价　　　　　　　D．市场价

14．定额中的人工包括基本用工、辅助用工、超运距运工、人工幅度差等，不分工种和技术等级以综合工日表现，每工日按（　　　）考虑。

　　A．8h　　　　　　B．7.5h　　　　　C．12h　　　　　D．24h

15．人行道侧石安砌属于（　　　）。

　　A．单项工程　　B．单位工程　　　C．分部工程　　　D．分项工程

16．以"t"为单位计量的工程量，应保留小数点后（　　　）位数字。

　　A．2　　　　　　B．3　　　　　　C．1　　　　　　D．任意

二、多选题（每题的备选项中，有2个或2个以上符合题意，至少有1个错项）

1．按照市政工程建设的分类，市政工程建设的内容包括（　　　）。

　　A．城市道路　　　　　　　　　　B．城市桥涵

　　C．城市给、排水工程　　　　　　D．集中供热工程

　　E．公路工程

2．建设项目是指在一个总体设计或初步设计范围内，由（　　　）组成。

　　A．一个单项工程　　　　　　　　B．一个单位工程

　　C．几个单项工程　　　　　　　　D．几个单位工程

　　E．一个分部工程

3．重大项目和技术复杂项目的设计工作应包括（　　　）阶段。

　　A．初步设计　　　　　　　　　　B．施工图设计

　　C．详细设计　　　　　　　　　　D．技术设计

E．可行性研究

4．劳动定额的表现形式包括（　　）。
 A．材料消耗定额   B．时间定额
 C．机械台班消耗定额   D．基础定额
 E．产量定额

5．按定额反映的生产要素消耗内容分类，定额可分为（　　）。
 A．预算定额 B．估算指标 C．劳动定额
 D．材料消耗定额 E．机械台班消耗定额

6．预算定额的编制原则包括（　　）。
 A．按社会平均水平确定预算定额的原则
 B．按社会先进水平确定预算定额的原则
 C．简明适用的原则
 D．坚持统一性的原则
 E．坚持统一性和差别性相结合原则

7．市政工程工程量的计算依据包括（　　）。
 A．施工设计图   B．工程量计量规范
 C．施工组织设计   D．招标文件
 E．竣工验收文件

8．《内蒙古自治区市政工程预算定额》中定额子目未考虑现场搅拌混凝土，实际采用现场搅拌混凝土，人工、机械调整办法为（　　）。
 A．人工增加 0.8 工日/m^3 B．人工减少 0.8 工日/m^3
 C．人工增加 1.8 工日/m^3 D．混凝土搅拌机（400L）减少 0.052 台班/m^3
 E．混凝土搅拌机（400L）增加 0.052 台班/ m^3

9．预算定额基价中的"三价"指（　　）。
 A．人工单价   B．材料预算价格
 C．机械台班单价   D．管理费
 E．利润

10．预算定额中的材料包括施工中消耗的（　　）。
 A．次要材料   B．主要材料
 C．辅助材料   D．周转材料
 E．浪费材料

11．工料分析是根据工程量计算和定额规定的消耗量标准，对工程所用（　　）进行分析计算。
 A．机械台班消耗   B．管理费
 C．工日   D．利润
 E．材料

12．材料价差的调整方法有（　　）。
 A．多项材料价差调整   B．单项材料价差调整
 C．材料价差综合系数调整 D．单项材料价差系数调整

　　　　　E．材料价差单项系数调整

三、判断题

　　1．城（镇）市道路建设主要包括城（镇）市中的主干道、次干道、广场、停车场以及公路工程。　　　　　　　　　　　　　　　　　　　　　　　　　　　　　　　（　　）

　　2．单项工程是指具有单独设计的施工图纸和单独编制的施工图预算文件，但建成后不能独立发挥生产能力或使用效益的工程。　　　　　　　　　　　　　　　　（　　）

　　3．项目新开工时间是指工程建设项目设计文件中规定的任何一项永久性工程第一次正式破土开槽施工的日期。　　　　　　　　　　　　　　　　　　　　　　　（　　）

　　4．机械时间定额和机械产量定额之间是互为倒数的关系。　　　　　　　（　　）

　　5．工料分析是指概预算定额基价所依据的材料预算价格与工程所在地的现行材料预算价格之间的差异。　　　　　　　　　　　　　　　　　　　　　　　　　（　　）

四、计算题

　　1．现浇混凝土承台，设计强度为 C25－40－3（碎石），求换算后基价和 200m³ 现浇混凝土承台的分部分项工程费。

　　2．某道路粉煤灰三渣基层厚度为 17cm，求换算后基价。

　　3．补全定额项目表。见表 1-9。

表 1-9　　　　　　　　　　**细粒式沥青混凝土机械摊铺定额项目表**

工作内容：清扫基层、整修侧缘石、测温、摊铺、接茬、找平、点补、碾压清理　　　　　　单位：100m²

定　额　编　号			2-189	2-190	2-191	2-192
项　目　名　称			机械摊铺			
			厚度（cm）			
			3	4	5	每增减 1
基　　　价（元）			2 549.18	3 397.79		858.43
其中	人　工　费（元）			112.56	140.73	28.17
	材　料　费（元）		2 169.24		3 615.40	723.08
	机　械　费（元）		219.58	291.60		81.83
	管理费、利润（元）		75.96	101.31		25.35
名　称		单位	单价（元）	数　　量		
人工	综合工日	工日	107.51	0.785		1.309
材料	柴油	t	5 637.06	0.003	0.004	0.005	0.001
	沥青混凝土 细粒式	m³	699.76		4.040	5.050	1.010
	其他材料费	元	—	32.058	42.744	53.430	
机械	轮胎压路机 26t	台班	913.24	0.038	0.050	0.063	0.013
	轮胎振动压路机 12t	台班	791.70	0.085	0.113	0.142	
	轮胎振动压路机 15t	台班	1 045.20		0.103	0.128	0.026
	沥青混凝土摊铺机 8t	台班	976.46	0.038	0.050	0.063	0.013
其他	管理费	%	—	45.000	45.000	45.000	45.000
	利润	%	—	45.000	45.000	45.000	45.000

五、案例分析

　　已知某道路工程，机械摊铺中粒式沥青混凝土面层，厚度为 7cm，工程量为 520m²（表

1-10）。

（1）求换算后定额基价。

（2）计算道路路面工程的分部分项工程费和人工费。

（3）对道路路面工程进行工料分析。

表 1-10　　　　　　　　　　中粒式沥青混凝土机械摊铺定额项目表

工作内容：清扫基层、整修侧缘石、测温、摊铺、接茬、找平、点补、碾压清理　　　　　　单位：100m²

定　额　编　号			2-181	2-182	2-183	2-184
项　目　名　称			机械摊铺			
			厚度（cm）			
			4	5	6	每增减 1
基　　价（元）			3 065.61	3 831.56	4 598.13	766.54
其中	人　工　费（元）		68.91	86.22	103.43	17.20
	材　料　费（元）		2 751.10	3 438.87	4 126.65	687.77
	机　械　费（元）		183.58	228.87	274.97	46.09
	管理费、利润（元）		62.02	77.60	93.08	15.48
名　　称		单位	单价（元）	数　　量		
人工	综合工日	工日	107.51	0.641	0.802	0.962	0.160
材料	柴油	t	5 637.06	0.004	0.005	0.006	0.001
	沥青混凝土 中粒式	m³	665.32	4.040	5.050	6.060	1.010
	其他材料费	元	—	40.657	50.821	60.985	10.164
机械	轮胎式压路机 26t	台班	913.24	0.032	0.040	0.048	0.008
	钢轮振动压路机 12t	台班	791.70	0.071	0.088	0.106	0.018
	钢轮振动压路机 15t	台班	1 045.20	0.064	0.080	0.096	0.016
	沥青混凝土摊铺机 8t	台班	976.46	0.032	0.040	0.048	0.008
其他	管理费	%	—	45.000	45.000	45.000	45.000
	利润	%	—	45.000	45.000	45.000	45.000

第2章　市政工程计价基础知识

📖 **学习目标**

熟悉并掌握市政工程费用组成及相关概念；掌握市政工程费用的计算方法与计算程序；熟悉劳务分包企业取费的相关规定，掌握建设工程其他项目费的计算方法。

2.1　市政工程费用组成

根据《内蒙古自治区建设工程费用定额》的规定，市政工程费用的组成包括按费用构成要素划分和按造价形成划分两种形式。

2.1.1　按费用构成要素划分的市政工程费用项目构成

市政工程费按照费用构成要素划分：由人工费、材料（包含工程设备，下同）费、施工机具使用费、企业管理费、利润、规费和税金组成，其中人工费、材料费、施工机具使用费、企业管理费和利润包含在分部分项工程费、措施项目费、其他项目费中，如图2-1所示。

一、人工费

人工费是指按工资总额构成规定，支付给从事市政工程施工的生产工人和附属生产单位工人的各项费用。

（一）人工费的组成

（1）计时工资或计件工资。是指按计时工资标准和工作时间或对已做工作按计件单价支付给个人的劳动报酬。

（2）奖金。是指对超额劳动和增收节支支付给个人的劳动报酬。如节约奖、劳动竞赛奖等。

（3）津贴补贴。是指为了补偿职工特殊或额外的劳动消耗和因其他特殊原因支付给个人的津贴，以及为了保证职工工资水平不受物价影响支付给个人的物价补贴。

（4）加班加点工资。是指按规定支付的在法定节假日工作的加班工资和在法定日工作时间外延时工作的加点工资。

（5）特殊情况下支付的工资。是指根据国家法律、法规和政策规定，因病、工伤、产假、计划生育假、婚丧假、事假、探亲假、定期休假、停工学习、执行国家或社会义务等原因按计时工资标准或计时工资标准的一定比例支付的工资。

（6）劳动保险（个人缴纳部分）。是指企业中由个人缴纳的养老、医疗、失业保险。

（7）职工福利费。是指集体福利费、夏季防暑降温、冬季取暖补贴、上下班交通补贴等。

（8）劳动保护费。是企业按规定发放的劳动保护用品的支出。如工作服、手套、防暑降温饮料以及在有碍身体健康的环境中施工的保健费用等。

（9）工会经费。是指企业按《工会法》规定的全部职工工资总额比例计提的工会经费。

（10）职工教育经费。是指按职工工资总额的规定比例计提，企业为职工进行专业技术和职业技能培训，专业技术人员继续教育、职工职业技能鉴定、职业资格认定以及根据需要对职工进行各类文化教育所发生的费用。

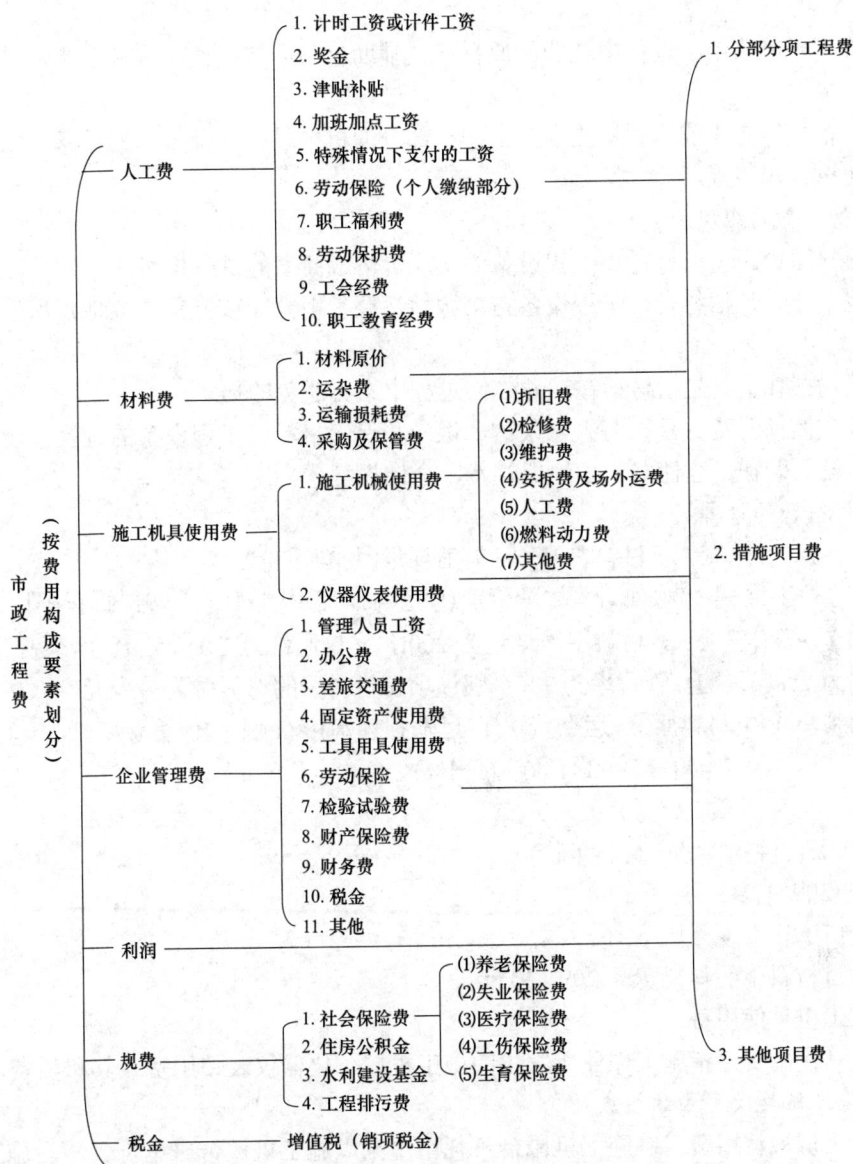

图 2-1　按费用构成要素划分的市政工程费用项目构成

（二）人工费的计算

$$人工费＝\sum(工日消耗量×日工资单价) \tag{2.1}$$

日工资单价是指施工企业平均技术熟练程度的生产工人在每工作日（国家法定工作时间内）按规定从事施工作业应得的日工资总额。

$$人工费＝\sum(工程工日消耗量×日工资单价) \tag{2.2}$$

式（2.1）主要适用于施工企业投标报价时自主确定人工费，也是工程造价管理机构编制计价定额确定定额人工单价或发布人工成本信息的参考依据。式（2.2）适用于工程造价管理机构编制计价定额时确定定额人工费，施工企业投标报价的参考依据。

二、材料费

材料费是指市政施工过程中耗费的原材料、辅助材料、构配件、零件、半成品或成品、工程设备的费用。

工程设备是指构成或计划构成永久工程一部分的机电设备、金属结构设备、仪器装置及其他类似的设备和装置。

（一）材料费的组成

（1）材料原价。是指材料、工程设备的出厂价格或商家的供应价格。

（2）运杂费。是指材料、工程设备自来源地运至工地仓库或指定堆放地点所发生的全部费用。

（3）运输损耗费。是指材料在运输装卸过程中不可避免的损耗。

（4）采购及保管费。是指为组织采购、供应和保管材料、工程设备的过程中所需要的各项费用。包括采购费、仓储费、工地保管费、仓储损耗。

（二）材料费的计算

$$材料费=\sum(材料消耗量×材料单价) \tag{2.3}$$
$$材料单价=[(材料原价+运杂费)×(1+运输损耗率)]×[1+采购保管费率] \tag{2.4}$$

【例 2-1】 某工程项目，材料甲消耗量为 200t，材料原价为 1 000 元/t，运杂费为 15 元/t，运输损耗率为 2%，采购保管费率为 1%，则该项目材料甲的材料费为多少元？

解： 材料单价=[(材料原价+运杂费)×(1+运输损耗率)]×(1+采购保管费率)

　　　　　=[(1 000+15)×(1+2%)]×(1+1%)

　　　　　=1 045.65（元）

材料费=$\sum$(材料消耗量×材料单价)

　　　=200×1 045.65

　　　=209 130（元）

则该项目材料甲的材料费为 209 130 元。

三、施工机具使用费

施工机具使用费是指施工作业所发生的施工机械、仪器仪表使用费或其租赁费。

（一）施工机具使用费的组成

（1）施工机械使用费。以施工机械台班耗用量乘以施工机械台班单价表示。施工机械台班单价应由下列七项费用组成。

1）折旧费。指施工机械在规定的耐用总台班内，陆续收回其原值的费用。

2）检修费。指施工机械在规定的耐用总台班内，按规定的检修间隔进行必要的检修，以恢复其正常功能所需的费用。

3）维护费。指施工机械在规定的耐用总台班内，按规定的维护间隔进行各级维护和临时故障排除所需的费用。保障机械正常运转所需替换设备与随机配备工具附具的摊销费用、机械运转及日常维护所需润滑与擦拭的材料费用及机械停滞期间的维护费用等。

4）安拆费及场外运费。安拆费指施工机械在现场进行安装与拆卸所需的人工、材料、机械和试运转费用以及机械辅助设施的折旧、搭设、拆除等费用；场外运费指施工机械整体或分体自停放地点运至施工现场或由一施工地点运至另一施工地点的运输、装卸、辅助材料等费用。

5）人工费。指机上司机（司炉）和其他操作人员的人工费。

6）燃料动力费。指施工机械在运转作业中所耗用的燃料及水、电等费用。

7）其他费。指施工机械按照国家规定应缴纳的车船税、保险费及检测费等。

（2）仪器仪表使用费。是指工程施工所需使用的仪器仪表的摊销及维修费用。

（二）施工机具使用费的计算

1. 施工机械使用费的计算

$$施工机械使用费 = \sum(施工机械台班消耗量 \times 机械台班单价) \tag{2.5}$$

$$机械台班单价 = 台班折旧费 + 台班检修费 + 台班维护费 + 台班安拆费及场外运费 +$$
$$台班人工费 + 台班燃料动力费 + 其他费 \tag{2.6}$$

（1）折旧费的计算

$$台班折旧费 = \frac{机械预算价格 \times (1-残值率)}{耐用总台班数} \tag{2.7}$$

$$耐用总台班数 = 折旧年限 \times 年工作台班 \tag{2.8}$$

【例 2-2】 某机械年工作台班为 300 台班，折旧年限为 7 年，该机械预算价格为 5 万元，残值率为 2%，问该机械台班折旧费为多少？

解：台班折旧费 $= \dfrac{机械预算价格 \times (1-残值率)}{耐用总台班数}$

$$= \frac{50\,000 \times (1-2\%)}{7 \times 300}$$

$$= 23.33（元/台班）$$

则其台班折旧费为 23.33 元/台班。

（2）检修费的计算

$$台班检修费 = \frac{一次检修费 \times 检修次数}{耐用总台班数} \tag{2.9}$$

$$耐用总台班数 = 检修间隔台班 \times 检修周期 \tag{2.10}$$

【例 2-3】 某施工机械预计使用 9 年，使用期内有 3 个检修周期，检修间隔台班为 800 台班，一次检修费为 4 500 元，则其台班检修费为多少？

解：寿命期内检修次数 = 检修周期 – 1 = 3 – 1 = 2（次）

耐用总台班 = 检修间隔台班 × 检修周期 = 800 × 3 = 2 400（台班）

$$台班检修费 = \frac{一次检修费 \times 检修次数}{耐用总台班数}$$

$$= \frac{4\,500 \times 2}{2\,400}$$

$$= 3.75（元/台班）$$

则其台班检修费为 3.75 元/台班。

工程造价管理机构在确定计价定额中的施工机械使用费时，应根据《建筑施工机械台班费用计算规则》，结合市场调查编制施工机械单价。施工企业可以参考工程造价管理机构发布的台班单价，自主确定施工机械使用费的报价，如租赁施工机械，公式为：

$$施工机械使用费=\Sigma(施工机械台班消耗量\times机械台班租赁单价) \tag{2.11}$$

2. 仪器仪表使用费的计算

$$仪器仪表使用费=工程使用的仪器仪表摊销费+维修费 \tag{2.12}$$

四、企业管理费

企业管理费是指市政企业组织施工生产和经营管理所需的费用。

（一）企业管理费的组成

（1）管理人员工资。是指按规定支付给管理人员的计时工资、奖金、津贴补贴、加班加点工资及特殊情况下支付的工资等。

（2）办公费。是指企业管理办公用的文具、纸张、账表、印刷、邮电、书报、办公软件、会议、水电、烧水和集体取暖降温（包括现场临时宿舍取暖降温）等费用。

（3）差旅交通费。是指职工因公出差、调动工作的差旅费、住勤补助费，市内交通费和误餐补助费，职工探亲路费，劳动力招募费，职工退休、退职一次性路费，工伤人员就医路费以及管理部门使用的交通工具的油料、燃料等费用。

（4）固定资产使用费。是指管理和试验部门及附属生产单位使用的属于固定资产的房屋、设备、仪器等的折旧、大修、维修或租赁费。

（5）工具用具使用费。是指企业施工生产和管理使用的不属于固定资产的工具、器具、家具、交通工具和检验、试验、测绘、消防用具等的购置、维修和摊销费。

（6）劳动保险。是指由企业支付的职工退职金、按规定支付给离退休干部的经费。

（7）检验试验费。是指施工企业按照有关标准规定，对市政工程以及材料、构件和市政安装物进行一般鉴定、检查所发生的费用，包括自设试验室进行试验所耗用的材料等费用。不包括新结构、新材料的试验费，对构件做破坏性试验及其他特殊要求检验试验的费用和建设单位委托检测机构进行检测的费用，对此类检测发生的费用，由建设单位支付。但对施工企业提供的具有合格证明的材料进行检测不合格的，该检测费用由施工企业支付。对上述材料检验试验费未包含部分的费用，结算时应按施工企业缴费凭证据实调整；在编制招标控制价及投标报价时可参照下述标准计算，列入其他项目费。

市政、园林工程及构筑物按分部分项工程费中人工费的 1.5%计取。

（8）财产保险费：是指施工管理用财产、车辆等的保险费用。

（9）财务费。是指企业为施工生产筹集资金或提供预付款担保、履约担保、职工工资支付担保等所发生的各种费用。

（10）税金。是指企业按规定缴纳的房产税、车船使用税、土地使用税、印花税等。

（11）其他。包括技术转让费、技术开发费、投标费、业务招待费、绿化费、广告费、公证费、法律顾问费、审计费、咨询费、保险费、城市维护建设税、教育费附加以及地方教育附加等。

（二）企业管理费的计算

企业管理费一般采用取费基础乘以费率的方法计算，取费基础有三种。

1. 以分部分项工程费为计算基础

$$企业管理费费率(\%)=\frac{生产工人年平均管理费}{年有效施工天数\times人工单价}\times人工费占分部分项工程费比例(\%) \tag{2.13}$$

2. 以人工费和机械费合计为计算基础

$$企业管理费费率(\%)=\frac{生产工人年平均管理费}{年有效施工天数\times(人工单价+每一工日机械使用费)}\times100\% \qquad (2.14)$$

3. 以人工费为计算基础

$$企业管理费费率(\%)=\frac{生产工人年平均管理费}{年有效施工天数\times人工单价}\times100\% \qquad (2.15)$$

五、利润

利润是指施工企业完成所承包工程获得的盈利。

六、规费

规费是指按国家法律、法规规定，由省级政府和省级有关权力部门规定必须缴纳或计取的费用。内容包括如下。

（1）社会保险费。

1）养老保险费。是指企业按照规定标准为职工缴纳的基本养老保险费。

2）失业保险费。是指企业按照规定标准为职工缴纳的失业保险费。

3）医疗保险费。是指企业按照规定标准为职工缴纳的基本医疗保险费。

4）工伤保险费。是指企业按照规定标准为职工缴纳的工伤保险费。

5）生育保险费。是指企业按照规定标准为职工缴纳的生育保险费。

（2）住房公积金。是指企业按照规定标准为职工缴纳的住房公积金。

（3）水利建设基金。是用于水利建设的专项资金。根据内蒙古自治区人民政府文件（内政发〔2007〕92号）关于印发自治区水利建设基金筹集和使用管理实施细则规定的可计入企业成本的费用。

（4）工程排污费。是指施工现场按规定缴纳的工程排污费。

七、税金

税金是指国家税法规定的应计入建设工程造价内的增值税（销项税额）。

一般纳税人为甲供工程提供的建筑服务，可以选择适用简易计税方法。（注：甲供工程是指全部或部分设备、材料、动力由工程发包方自行采购的建筑工程。）

2.1.2　按造价形成划分的市政工程费用项目构成

市政工程费按照工程造价形成由分部分项工程费、措施项目费、其他项目费、规费、税金组成，分部分项工程费、措施项目费、其他项目费包含人工费、材料费、施工机具使用费、企业管理费和利润，见图2-2。

一、分部分项工程费

分部分项工程费是指各分部分项工程应予列支的各项费用。

$$分部分项工程费=\Sigma(分部分项工程量\times综合单价) \qquad (2.16)$$

式中：综合单价包括人工费、材料费、施工机具使用费、企业管理费和利润以及一定范围的风险费用。

二、措施项目费

措施项目费是指为完成建设工程施工，发生于该工程施工前和施工过程中的技术、生活、安全、环境保护等方面的费用。措施项目费分为总价措施项目费和单价措施项目费。

市政工程费（按造价形成划分）

- 分部分项工程费
  1. 土石方工程
  2. 路基处理
  3. 道路基层
  4. 道路面层
  5. 人行道及其他
  6. 交通管理设施
  7. 桥涵桩基
  8. 桥涵现浇混凝土构件
  9. 桥涵预制混凝土构件
  ……

- 措施项目费
  1. 安全文明施工费
  2. 夜间施工增加费
  3. 二次搬运费
  4. 冬雨季施工增加费
  5. 已完工程及设备保护费
  6. 工程定位复测费
  7. 特殊地区施工增加费
  8. 大型机械进出场及安拆费
  9. 脚手架工程费
  ……

- 其他项目费
  1. 暂列金额
  2. 计日工
  3. 总承包服务费
  ……

- 规费
  1. 社会保险费
    (1) 养老保险费
    (2) 失业保险费
    (3) 医疗保险费
    (4) 工伤保险费
    (5) 生育保险费
  2. 住房公积金
  3. 水利建设基金
  4. 工程排污费

- 税金——增值税（销项税金）

（分部分项工程费、措施项目费、其他项目费对应）
1. 人工费
2. 材料费
3. 施工机具使用费
4. 企业管理费
5. 利润

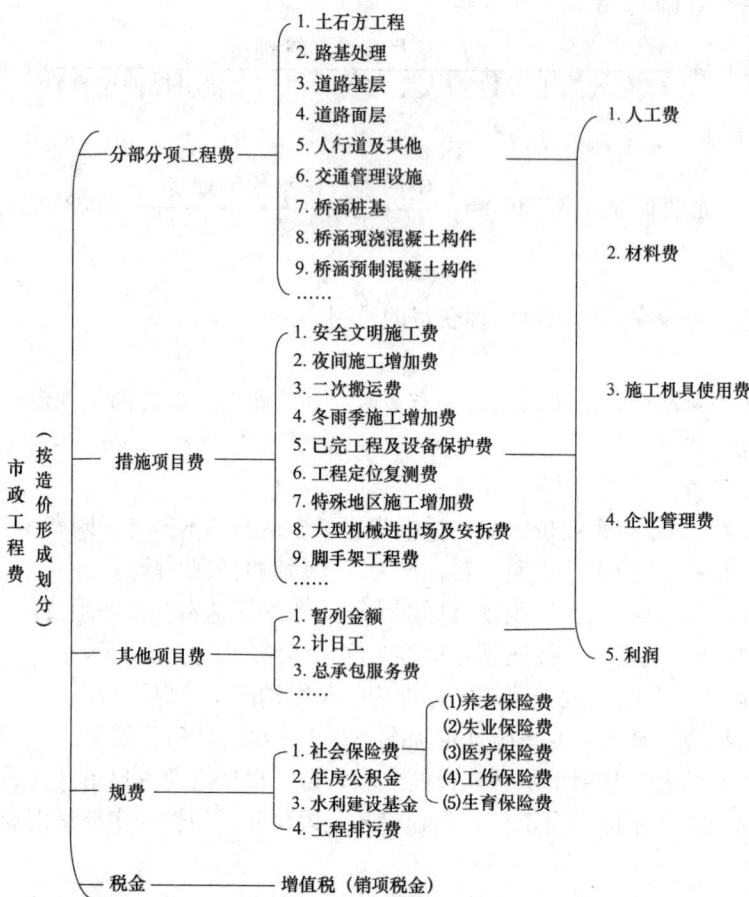

图 2-2　按造价形成划分的市政工程费用项目构成

（一）总价措施项目费

（1）安全文明施工费

1）环境保护费。是指施工现场为达到环保部门要求所需要的各项费用。

2）文明施工费。是指施工现场文明施工所需要的各项费用（含扬尘治理增加费）。

3）安全施工费。是指施工现场安全施工所需要的各项费用（含远程视频监控增加费）。

4）临时设施费。是指施工企业为进行建设工程施工所必须搭设的生活和生产用的临时建筑物、构筑物和其他临时设施费用。包括临时设施的搭设、维修、拆除、清理费或摊销费等。

各项安全文明施工费的具体内容见表 2-1。

表 2-1　安全文明施工措施费的主要内容

项目名称	工作内容及包含范围
环境保护费	现场施工机械设备降低噪声、防扰民措施费用； 水泥和其他易飞扬细颗粒建筑材料密闭存放或采取覆盖措施等费用； 土石方、建渣外运车辆防护措施费用； 现场污染源的控制、生活垃圾清理外运、场地排水排污措施费用； 其他环境保护措施费用

续表

项目名称	工作内容及包含范围
文明施工费	"五牌一图"费用； 现场围挡的墙面美化（包括内外粉刷、刷白、标语等）、压顶装饰费用； 现场厕所便槽刷白、贴面砖，水泥砂浆地面或地砖费用，建筑物内临时便溺设施费用； 其他施工现场临时设施的装饰装修、美化措施费用； 现场生活卫生设施费用； 符合卫生要求的饮水设备、淋浴、消毒等设施费用； 生活用洁净燃料费用； 防煤气中毒、防蚊虫叮咬等措施费用； 施工现场操作场地的硬化费用； 现场绿化费用、治安综合治理费用； 现场工人的防暑降温、电风扇、空调等设备及用电费用； 其他文明施工措施费用
安全施工费	安全资料、特殊作业专项方案的编制，安全施工标志的购置及安全宣传费用； "三宝"（安全帽、安全带、安全网）、"四口"（楼梯口、电梯井口、通道口、预留洞口）、"五临边"（阳台围边、楼板围边、屋面围边、槽坑围边、卸料平台两侧），水平防护架、垂直防护架、外架封闭等防护费用； 施工安全用电的费用，包括配电箱三级配电、两级保护装置费用、外电防护措施费用； 起重机、塔吊等起重设备（含井架、门架）及外用电梯的安全防护措施（含警示标志）及卸料平台的临边防护、层间安全门、防护棚等设施费用； 施工工地起重机械的检验检测费用； 施工机具防护棚及其围栏的安全保护设施费用； 施工安全防护通道费用； 工人的安全防护用品、用具购置费用； 消防设施与消防器材的配置费用； 电气保护、安全照明设施费； 其他安全防护措施费用
临时设施费	施工现场采用彩色、定型钢板，砖、混凝土砌块等围挡的安砌、维修、拆除费用； 施工现场临时建筑物、构筑物的搭设、维修、拆除，如临时宿舍、办公室、食堂、厨房、厕所、诊疗所、临时文化福利用房、临时仓库、加工场、搅拌台、临时简易水塔、水池等费用； 施工现场临时设施的搭设、维修、拆除，如临时供水管道、临时供电管线、小型临时设施等费用； 施工现场规定范围内临时简易道路铺设，临时排水沟、排水设施安砌、维修、拆除费用； 其他临时设施费搭设、维修、拆除费用

（2）夜间施工增加费。是指因夜间施工所发生的夜班补助费、夜间施工降效、夜间施工照明设备摊销及照明用电等费用。施工单位在建设单位没有要求提前交工为赶工期自行组织的夜间施工不计取夜间施工增加费。

（3）二次搬运费。是指因施工场地条件限制而发生的材料、构配件、半成品等一次运输不能到达堆放地点，必须进行二次或多次搬运所发生的费用。

（4）冬雨季施工增加费。是指在冬季或雨季施工需增加的临时设施、防滑、排除雨雪，人工及施工机械效率降低等费用。

（5）已完工程及设备保护费。已完工程及设备保护费是指竣工验收前，对已完工程及设备采取的必要保护措施所发生的费用。

（6）工程定位复测费。是指工程施工过程中进行全部施工测量放线和复测工作的费用。

（7）特殊地区施工增加费。是指工程在沙漠或其边缘地区、高海拔、高寒、原始森林等特殊地区施工增加的费用。

（二）单价措施项目费

单价措施项目是指计量规范规定应予计量的措施项目，基本与分部分项工程费的计算方法相同，其计算公式为：

$$措施项目费=\Sigma（措施项目工程量×综合单价） \qquad (2.17)$$

（1）脚手架工程费。是指施工需要的各种脚手架搭、拆、运输费用以及脚手架购置费的摊销（或租赁）费用。通常包括以下内容：

1）施工时可能发生的场内、场外材料搬运费用。

2）搭、拆脚手架、斜道、上料平台费用。

3）安全网的铺设费用。

4）拆除脚手架后材料的堆放费用。

（2）混凝土模板及支架（撑）费。是指混凝土施工过程中需要的各种钢模板、木模板、支架等的支拆、运输费用及模板、支架的摊销（或租赁）费用。内容由以下各项组成：

1）混凝土施工过程中需要的各种模板制作费用。

2）模板安装、拆除、整理堆放及场内外运输费用。

3）清理模板黏结物及模内杂物、刷隔离剂等费用。

（3）垂直运输费。是指现场所用材料、机具从地面运至相应高度以及职工人员上、下工作面等所发生的运输费用。内容由以下各项组成：

1）垂直运输机械的固定装置、基础制作、安装费。

2）行走式垂直运输机械轨道的铺设、拆除、摊销费。

（4）超高施工增加费。当单层建筑物檐口高度超过20m，多层建筑物高度超过6层时，可计算超高施工增加费。内容由以下各项组成：

1）建筑物超高引起的人工工效降低及由于人工工效降低引起的机械降效费。

2）高层施工用水加压水泵的安装、拆除及工作台班费。

3）通信联络设备的使用及摊销费。

（5）大型机械设备进出场及安拆费。是指机械整体或分体自停放场地运至施工现场或由一个施工地点运至另一个施工地点，所发生的机械进出场运输及转移费用及机械在施工现场进行安装、拆卸所需的人工费、材料费、机械费、试运转费和安装所需的辅助设施的费用。内容由安拆费和进出场费组成：

1）安拆费包括施工机械、设备在现场进行安装拆卸所需人工、材料、机械和试运转费用以及机械辅助设施的折旧、搭设、拆除等费用。

2）进出场费包括施工机械、设备整体或分体自停放地点运至施工现场或由一施工地点运至另一施工地点所发生的运输、装卸、辅助材料等费用。

（6）施工排水、降水费。是指将施工期间有碍施工作业和影响工程质量的水排到施工场地以外，以及防止在地下水位较高的地区开挖深基坑出现基坑浸水，地基承载力下降，在动水压力作用下还可能引起流砂、管涌和边坡失稳等现象而必须采取有效的降水和排水措施费用。该项费用由成井和排水、降水两个独立的费用项目组成：

1）成井。成井的费用主要包括：

a. 准备钻孔机械、埋设护筒、钻机就位，泥浆制作、固壁，成孔、出渣、清孔等费用；

b. 对接上、下井管（滤管），焊接，安防，下滤料，成井，连接试抽等费用。

2）排水、降水。排水、降水设备的费用主要包括：

a. 管道安装、拆除，场内搬运等费用；

b．抽水、值班、降水设备维修等费用。

三、其他项目费

（1）暂列金额。是指招标人在工程量清单中暂定并包括在合同价款中的一笔款项。用于工程合同签订时尚未确定或者不可预见的所需材料、工程设备、服务的采购，施工中可能发生的工程变更、合同约定调整因素出现时的合同价款调整以及发生的索赔、现场签证确认等的费用。

（2）计日工。是指在施工过程中，承包人完成发包人提出的工程合同以外的零星项目或工作，按合同中约定的单价计价的一种方式。

（3）总承包服务费。是指总承包人为配合协调发包人进行的专业工程发包，对发包人自行采购的材料、工程设备等进行保管以及施工现场管理、竣工资料汇总整理等服务所需的费用。

四、规费和税金

同 2.1.1 节。

2.2 市政工程计价的方法和程序

2.2.1 市政工程计价的一般规定

市政工程计价可采用工程量清单计价法（综合单价法）和工料单价法两种方法，本定额适用于工程量清单计价法（综合单价法）。

综合单价是指一个规定计量单位的分部分项工程项目或单价措施项目所需的人工费、材料费、施工机具使用费、企业管理费、利润和一定的风险费用。工程量清单计价（综合单价法）是指分部分项工程项目及单价措施项目的单价按综合单价计算，总价措施项目、规费、税金和暂列金额及总承包服务费等其他项目费用按规定程序单独列项计算的一种计价方法。

工料单价是指完成一个规定计量单位的分部分项工程项目或单价措施工程项目所需的人工费、材料费和施工机具使用费。工料单价法是指分部分项工程项目及单价措施项目的单价按工料单价计算，总价措施项目、企业管理费、利润、规费、税金、暂列金额及总承包服务费等其他项目费用、风险费用按规定程序单独列项计算的一种计价方法。

全部使用国有资金投资或国有资金投资为主的工程建设项目，必须采用工程量清单计价。非国有资金投资的市政工程建设项目，是否采用工程量清单计价，由项目业主确定。

国有投资的资金包括国家融资资金、国有资金为主的投资资金。

一、国有资金投资的工程建设项目

（1）使用各级财政预算资金的项目。

（2）使用纳入财政管理的各种政府性专项建设资金的项目。

（3）使用国有企事业单位自有资金，并且国有资产投资者实际拥有控制权的项目。

二、国家融资资金投资的工程建设项目

（1）使用国家发行债券所筹资金的项目。

（2）使用国家对外借款或者担保所筹资金的项目。

（3）使用国家政策性贷款的项目。

（4）国家授权投资主体融资的项目。

（5）国家特许的融资项目。

三、国有资金（含国家融资资金）为主的工程建设项目

国有资金（含国家融资资金）为主的工程建设项目是指国有资金占投资总额 50% 以上，或虽不足 50% 但国有投资者实质上拥有控股权的工程建设项目。

2.2.2 市政工程费用计算方法

定额中的土石方工程是指市政工程施工中发生的土石方的爆破、挖填、运输工程，市政工程适用于城镇范围内的新建、扩建和改建的市政道路、桥涵、管网、水处理、生活垃圾处理和路灯等工程。

一、分部分项工程费

分部分项工程费按与"费用定额"配套颁发的各类专业工程定额及有关规定计算。

二、措施项目费

总价措施费中的安全文明施工费、夜间施工增加费、二次搬运费、冬雨季施工增加费、已完工程及设备保护费和工程定位复测费，按表 2-2 中费率计算，计算基础为分部分项工程费与单价措施项目中人工费（不含机上人工），总价措施项目费中人工费的占比为 25%。上述按费率计算的总价措施项目费计算公式为：

$$总价措施项目费=人工费×总价措施项目费费率+企业管理费+利润 \qquad (2.18)$$

其中：

$$企业管理费=人工费×总价措施项目费费率×25\%×企业管理费费率 \qquad (2.19)$$

$$利润=人工费×总价措施项目费费率×25\%×利润率 \qquad (2.20)$$

表 2-2 总价措施项目费费率表

序号	专业工程		取费基础	分项费率（%）					
				安全文明施工费		雨季施工增加费	已完工程及设备保护费	工程定位复测费	二次搬运费
				安全文明施工与环境保护费	临时设施费				
1	土石方工程		人工费	3	1	0.5	—	—	0.01
2	市政工程	道路		5	1.5	0.5		0.1	0.01
		桥涵		6	2	0.5	0.5	0.15	0.01
		市政管网、水处理、生活垃圾处理、路灯		2	1	0.5	0.5	—	0.01

1. 安全文明施工费

除按"总价措施项目费费率表"计算安全文明施工费费用外，安全文明施工费的计算还应遵守下述规定：

（1）实行工程总承包的，由总承包按相应计算基础和计算方法计算安全文明施工费，并负责整个工程施工现场的安全文明设施的搭设、维护；总承包单位依法将建筑工程分包给其他分包单位的，其费用使用和责任划分由总、分包单位依据建设部《建设工程安全防护与文明施工措施费用及使用管理规定》在合同中约定。

（2）安全文明施工费费率是以"关于发布《内蒙古自治区建筑施工标准化图集》的公告"

（内建建〔2013〕426 号）文件内容进行测算的基准费率。招标人有创建安全文明示范工地要求的建设项目：取得盟市级标准化示范工地的在基准费率基础上上浮 15%，取得自治区级标准化示范工地的在基准费率基础上上浮 20%。

（3）建设单位依法将部分专业工程分包给专业队伍施工时，分包单位应按分包专业工程及表中费率的 40% 计取，剩余部分费用由总包单位统一使用。

2. 夜间施工增加费

夜间施工增加费按表 2-3 计算。

表 2-3　　　　　　　　　　　　　　夜间施工费用表

费用内容	照明设施安拆、折旧、用电	工效降低补偿	夜餐补助	合计
费用标准［元/（人·班）］	2.2	3.8	12	18

（1）白天在地下室、无窗厂房、坑道、洞库内、工艺要求不间断施工的工程，可视为夜间施工，每工日按 6 元计夜间施工增加费；工日数按实际工作量所需定额工日数计算。

（2）夜间施工增加费的计算有争议时，应由建设单位和施工单位签证确认。

3. 二次搬运费

二次搬运费按表 2-2 中的费率计算。

4. 冬雨季施工增加费

雨季施工增加费按表 2-2 中的费率计算。冬季施工增加费按下列规定计算：

（1）需要冬季施工的工程，其措施费由施工单位编制冬季施工措施和冬季施工方案，连同增加费用一并报建设、监理单位批准后实施。

（2）人工、机械降效费用按冬季施工工程人工费的 15% 计取。

（3）对于冬季停止施工的工程，施工单位可以按实际停工天数计算看护费用。费用计算标准按 104 元/（人·天）计算，看护人数按实际签证看护人数计算。专业分包工程不计取看护费。看护费包括看护人员工资及其取暖、用水、用电费用。

（4）冬季停止施工期间不得计算周转材料（脚手架、模板）及施工机械停滞费。

5. 已完工程及设备保护费

已完工程及设备保护费按表 2-2 中的费率计算。

6. 工程定位复测费

工程定位复测费按表 2-2 中的费率计算。

7. 特殊地区施工增加费

特殊地区施工增加费根据工程项目所在地实际情况计算，内蒙古自治区特殊地区施工增加费按定额分部分项工程费与单价措施项目中人工费的 1.5% 计取，全部为人工费。此项费用可作为计取管理费、利润的基数。

三、企业管理费

企业管理费费率是综合测算的，其计算基础为人工费（不含机上人工费）。企业管理费属于竞争性费用，企业投标报价时，可视拟建工程规模、复杂程度、技术含量和企业管理水平进行浮动。

专业承包资质施工企业的管理费应在总承包企业管理费费率（表 2-4）基础上乘以 0.8 系数。

表 2-4　　　　　　　　　　企业管理费费率表　　　　　　　　　　（%）

专业工程	土石方工程	市政道路工程	市政桥涵工程	市政管网、水处理、生活垃圾处理、路灯工程
费率	10	45	25	20

四、利润

利润是按行业平均水平测算，其计算基础为人工费（不含机上人工费）。利润是竞争性费用，企业投标报价时，根据企业自身需求并结合建筑市场实际情况自主确定。利润率见表 2-5。

表 2-5　　　　　　　　　　利　润　率　表　　　　　　　　　　（%）

专业工程	土石方工程	市政道路工程	市政桥涵工程	市政管网、水处理、生活垃圾处理、路灯工程
费率	8	45	20	16

【例 2-4】 内蒙古自治区某市市政（桥涵）工程，根据施工图，计算出分部分项工程费 6 500 000 元，其中人工费 1 630 000 元，材料费 4 420 000 元，施工机具使用费 450 000 元，（1）计算安全文明施工与环境保护费、临时设施费、雨季施工增加费及已完、未完工程保护费、工程定位复测费、二次搬运费；（2）计算总价措施项目费（不计夜间施工增加费）。

解： 取费基础（即分部分项工程费的人工费）：1 630 000 元

查表得费率分别为 6%、2%、0.5%、0.5%、0.15%、0.01%。

（1）安全文明施工与环境保护费：

1 630 000×6%+1 630 000×6%×25%×（25%+20%）=108 803（元）

临时设施费：1 630 000×2%+1 630 000×2%×25%×（25%+20%）=36 268（元）

雨季施工增加费：

1 630 000×0.5%+1 630 000×0.5%×25%×（25%+20%）=9 067（元）

已完、未完工程保护费：

1 630 000×0.5%+1 630 000×0.5%×25%×（25%+20%）=9 067（元）

工程定位复测费：

1 630 000×0.15%+1 630 000×0.15%×25%×（25%+20%）=2 720（元）

二次搬运费：

1 630 000×0.01%+1 630 000×0.01%×25%×（25%+20%）=181（元）

（2）总价措施项目费：

特殊地区施工增加费：

1 630 000×1.5%+1 630 000×1.5%×（25%+20%）=35 453（元）

总价措施项目费合计：

108 803+36 268+9 067+9 067+2 720+181+35 453=201 559（元）

五、规费

（1）社会保险费（养老保险、失业保险、医疗保险、工伤保险、生育保险）、住房公积金、水利建设基金按规费费率表（见表 2-6）中规定的费率计算，规费不参与投标报价竞争。规费的计算基础为人工费（不含机上人工费）。

表 2-6　　　　　　　　　　　　规 费 费 率 表　　　　　　　　　　　　（%）

费用名称	养老失业保险	基本医疗保险	住房公积金	工伤保险	生育保险	水利建设基金	合计
费率	12.5	3.7	3.7	0.4	0.3	0.4	21

（2）工程排污费按实际发生计算。

六、税金

税金不参与投标报价竞争，以应纳税额作为计税基数（当期销项税额抵扣当期进项税额后的余额），税率为 10%。

一般纳税人为甲供工程提供的建筑服务，可以选择适用简易计税方法，征收率为 3%。（注：甲供工程是指全部或部分设备、材料、动力由工程发包方自行采购的建筑工程。）

2.2.3　市政工程费用计算程序

市政工程费用的取费程序见表 2-7。

表 2-7　　　　　　　　　　　　单位工程费用的计算程序

序号	费用项目	计 算 方 法
1	分部分项工程费	Σ（分部分项工程量清单×综合单价）
2	措施项目费	Σ（措施项目清单×综合单价）
3	其他项目费	按招标文件和清单计价要求计算
4	规费	（分部分项工程费和措施项目费中的人工费）×费率
5	税金	（1+2+3+4）×税率
6	工程造价	（1+2+3+4+5）

【例 2-5】 已知某道路工程分部分项工程费为 1 620 222 元，其中人工费为 236 408 元，无专业技术措施项目，暂列金额为 50 000 元，试计算该道路工程的工程造价。

解： 按表 2-7 的计算程序计算该道路工程的工程造价，见表 2-8。

表 2-8　　　　　　　　　　　　单位工程计价表

序号	费用名称	取 费 说 明	费率（%）	费用金额（元）
1	分部分项工程费	按定额计算		1 620 222
1.1	其中：人工费	按定额计算		236 408
2	措施项目工程费	总价措施项目费+单价措施项目费		27 329
2.1	总价措施项目费	安全文明施工费+临时设施费+雨季施工增加费+已完工程及设备保护费+工程定位复测费+二次搬运费+特殊地区施工增加费		27 329
2.1.1	安全文明施工费	安全文明施工与环境保护费+临时设施费		18 824
2.1.1.1	安全文明施工与环境保护费	人工费	5	14 480
2.1.1.2	临时设施费	人工费	1.5	4 344
2.1.2	雨季施工增加费	人工费	0.5	1 448
2.1.3	已完工程及设备保护费	人工费	0	

续表

序号	费用名称	取 费 说 明	费率(%)	费用金额(元)
2.1.4	工程定位复测费	人工费	0.1	290
2.1.5	二次搬运费	人工费	0.01	29
2.1.6	特殊地区施工增加费	人工费	1.5	6 738
2.2	单价措施项目费	按定额计算		
3	其他项目费	其他项目合计		53 546
3.1	暂列金额			50 000
3.2	计日工			
3.3	总承包服务费			
3.4	检验试验费	分部分项人工费	1.5	3 546
4	规费	社会保险费+住房公积金+水利建设基金		51 274
4.1	社会保险费	养老失业保险+基本医疗保险+工伤保险费+生育保险费		41 263
4.1.1	养老失业保险	人工费	12.5	30 520
4.1.2	基本医疗保险	人工费	3.7	9 034
4.1.3	工伤保险费	人工费	0.4	977
4.1.4	生育保险费	人工费	0.3	732
4.2	住房公积金	人工费	3.7	9 034
4.3	水利建设基金	人工费	0.4	977
5	税前工程造价	分部分项工程费+措施项目工程费+其他项目费+规费		1 752 371
6	税金	税前工程造价	10	175 237
7	工程造价	税前工程造价+税金		1 927 608

2.2.4 劳务分包企业取费

一、劳务分包工程造价构成

（1）劳务分包工程造价由人工费、施工机械使用费（发生时计取）、管理费、利润、规费和税金构成。

（2）人工费是指直接从事市政工程施工的生产工人开支的各项费用，包括：计时工资或计件工资、奖金、津贴补贴、加班加点工资、特殊情况下支付的工资、劳动保险（个人缴纳部分）、职工福利费、劳动保护费、工会经费、职工教育经费。

二、劳务分包工程造价计价办法

1. 人工费

劳务分包工程人工费的计算：

（1）人工费按劳务分包企业分包的工程量乘以相应定额子目人工费计算。

（2）工程量应按设计图纸和内蒙古自治区住房和城乡建设厅颁发的相关定额中的工程量计算规则计算。

（3）定额中未包括或不完全适用的项目，可按照总承包企业或专业承包企业投标时的报价计算。

（4）人工费调整按自治区建设行政主管部门的相关规定执行。

2．施工机械使用费

劳务分包工程施工机械使用费应按定额中的台班含量和台班单价及相关规定计算。

3．管理费

劳务分包工程管理费按其分包工程量定额人工费的 8% 计取。

4．规费

（1）为职工办理养老、医疗保险，并缴纳各项费用（不含工伤保险、生育保险）的劳务企业，按所承包专业工程定额人工费的 16.2% 计取。

（2）只为职工办理养老保险的，按所承包专业工程定额人工费的 2.5% 计取。劳务企业未办理养老、医疗保险的，视为是总承包企业或专业承包企业的内部劳务承包，不计取规费。

（3）总承包企业或专业承包企业应负责为劳务工人办理养老、医疗保险，或直接将这部分费用支付给劳务工人，由劳务工人自行办理养老、医疗保险。

（4）生育保险、工伤保险由总承包企业或专业承包企业缴纳，劳务分包企业不计取此项费用。

5．利润

劳务分包企业利润按分包工程定额人工费的 3% 计取。

6．税金

以包清工方式提供建筑劳务是指施工方不采购建筑工程所需的材料或只采购辅助材料并收取人工费、管理费及其他费用的建筑服务，可以选择采用简易计税方法计税，征收率为 3%。

2.2.5　建设工程其他项目费

一、无负荷联合试运转费

无负荷联合试运转费是指生产性建设项目按照设计要求完成全部设备安装工程之后，在验收之前所进行的无负荷（不投料）联合试运转所发生的费用。按设备安装工程人工费的 3% 计算。

二、总承包服务费

总承包服务费是指总承包人为配合协调发包人进行的专业工程发包、对发包人自行采购的材料、工程设备等进行保管以及施工现场管理、竣工资料汇总整理等服务所需的费用。总承包单位依法将专业工程进行分包的，总承包单位向分包单位提供服务应收取总承包服务费，费用视服务内容的多少，由双方在合同中约定。

1．总承包服务费的内容

（1）配合分包单位施工的非生产人员工资（包括医务、宣传、安全保卫、烧水、炊事等工作人员）。

（2）现场生产、生活用水电设施、管线敷设摊销费（不包括施工现场制作的非标准设备、钢结构用电）。

（3）共用脚手架搭拆、摊销费（不包括为分包单位单独搭设的脚手架）。

（4）共用垂直运输设备（包括人员升降设备）、加压设备的使用、折旧、维修费。

（5）发包人自行采购的设备、材料的保管费，对分包单位进行的施工现场管理竣工资料汇总整理等服务所需的费用。

2．总承包服务费的计算方法

总承包服务费应根据总承包服务范围计算，在招投标阶段或合同签订时确定。

（1）当招标人仅要求对分包的专业工程进行总承包管理和协调时，按发包的专业工程估算造价的 1.5%计算。

（2）当招标人要求对分包的专业工程进行总承包管理和协调，并同时要求提供配合服务时，根据招标文件中列出的配合服务内容和提出的要求，按发包的专业工程估算造价的 3%计算。

（3）招标人自行供应材料的，按招标人供应材料价值的 1%计算。

（4）发包人要求总承包人为专业分包工程提供水电源并且支付水电费的，水电费的计算应进行事先约定，也可向发包人按分部分项工程费的 1.2%计取。发包人支付的水电费应由发包人从专业分包工程价款中扣回。

总承包服务费应根据总承包服务范围计算，在招投标阶段或合同签订时确定。总承包服务费计算基础不包括外购设备的价值。

三、停窝工损失费

停窝工损失费是指市政工程施工企业进入施工现场后，由于设计变更、停水、停电（不包括周期性停水、停电）以及按规定应由建设单位承担责任的原因造成的、现场调剂不了的停工、窝工损失费用。

（1）内容。包括现场在用施工机械的停滞费、现场停窝工人员生活补贴及管理费。

（2）计算方法：施工机械停滞费按定额台班单价的 40%乘以停滞台班数计算；停窝工人员生活补贴按每人每天 40 元乘以停工工日数计算；管理费按人工停窝工费的 20%计算。连续 7 天之内累计停工小于 8h 的不计算停窝工损失费。

（3）对于暂时停止施工 7d 以上的工程，应由发承包双方协商停工期间各项费用的计算方法，并签订书面协议。

【例 2-6】 某施工单位（乙方）通过中标获得某桥梁工程施工承包合同，合同中规费费率为 21%，增值税税率为 10%。该工程的基坑开挖土方量为 1 500m³，甲、乙双方约定 5 月 11 日开工，5 月 16 日完工，基坑开挖施工过程日正常用工 2 人，斗容量为 1m³ 的履带式单斗液压挖掘机 1 台，挖掘机每台班定额单价为 1 147.48 元。在基坑开挖施工中发生以下事件：

事件 1：因施工单位的挖掘机检修，晚开工 2 天，造成人员窝工 4 个工日。

事件 2：施工中遇到地质资料中没有标明的软土层，工程师 5 月 15 日发出停工令，进行地质复查，造成乙方窝工 2 个工日，机械停工 1 台班。

事件 3：5 月 17 日，因下暴雨迫使基坑开挖暂停，造成人员窝工 2 个工日，机械停工 1 台班。

问题：基坑开挖施工中停窝工损失费应为多少？

解：

事件 1：租赁的挖掘机检修，晚开工 2 天，属于施工单位的责任，不应计算停窝工损失费。

事件 2：施工中遇到地质资料中没有标明的软土层属于建设单位应承担的责任，应计算停窝工损失费。

人员窝工费=(40×2)×(1+20%)×(1+21%)×(1×10%)=128(元)

施工机械停滞费=(1 147.48×40%)×(1×10%)=505(元)

停窝工损失费=128+505=633(元)

事件 3：因下暴雨迫使基坑开挖暂停属于不可抗力造成的窝工，不应计算停窝工损失费。

综上所述，事件 1 至事件 3 发生，停窝工损失费应为 633 元。

四、工程变更及现场签证

工程变更及现场签证费是指工程施工过程中，由于设计变更、施工条件变化，建设单位供应的材料、设备、成品及半成品不能满足设计要求，由施工单位经济技术人员提出、经设计人员或建设单位（监理单位）驻工地代表认定的费用。施工合同中没有明确规定计算方法的经济签证费用按以下规定计算。

（1）设计变更引起的经济签证费用应计算工程量，按各类定额规定或投标报价中的综合单价（指工程量清单报价的）计取各项费用。

（2）施工条件变化、建设单位供应的材料、设备、成品及半成品不能满足设计要求引起的经济签证，由建设单位（或监理单位）与施工单位协商确定费用。按预算定额基价及劳动定额用工数量、定额人工费单价计算的部分应该按费用定额规定计取各项费用；不按预算定额基价、劳动定额用工数量及定额人工费单价计算的，只计取税金。

五、暂列金额

暂列金额是指招标人在工程量清单中暂定并包括在合同价款中的一笔款项。用于工程合同签订时尚未确定或者不可预见的所需材料、工程设备、服务的采购，施工中可能发生的工程变更、合同约定调整因素出现时的合同价款调整以及发生的索赔、现场签证确认等的费用。

六、计日工

计日工是指在施工过程中，承包人完成发包人提出的工程合同以外的零星项目或工作，按合同中约定的单价计价的一种方式。

七、企业自有工人培训管理费

根据住房和城乡建设部"建立以施工总承包企业自有工人为骨干，专业承包和专业作业企业自有工人为主体，劳务派遣为补充的多元化用工方式"的改革要求，为鼓励和引导企业培养自有技术骨干工人承担结构复杂、技术含量高的建设项目，参与国际市场竞争，对于企业自有工人使用率达到总用工数量 15% 及以上的工程项目，结算时可在企业投标报价利润率基础上调增 10%，该费用应计入招标控制价内，并在招标文件中明示；实际施工使用的自有技术工人未达到 15%，结算时应扣除此项费用。企业自有技术工人的认定按住建厅相关规定执行。

八、优质工程奖励费

为了鼓励创建国家和自治区各类质量奖项，推进我区建设工程质量水平稳步提升，更好地将建设工程造价和质量紧密结合，体现优质优价，特作如下规定：

（1）获得盟市级工程质量奖项，税前工程总造价增加 0.5%；

（2）获得自治区级工程质量奖项，税前工程总造价增加 1%；

（3）获得国家级工程质量奖项，税前工程总造价增加 1.5%。

注：工程总造价如超过 5 亿，超过部分按上述标准乘以 0.9 系数。

九、绿色建筑施工奖励费

为了响应创新、协调、绿色、开放、共享的新发展理念，推进建筑业的可持续发展，合理确定绿色建筑施工的工程造价，特作如下规定：

（1）获得绿色建筑一星，税前工程总造价增加 0.3%；

（2）获得绿色建筑二星，税前工程总造价增加 0.7%；

（3）获得绿色建筑三星，税前工程总造价增加 1.0%。

注：工程总造价如超过 5 亿，超过部分按上述标准乘以 0.9 系数。

十、施工期间未完工程保护费

在冬季及其他特殊情况下停止施工时，对未完工部分的保护费用应按照甲、乙双方签证确认的方案据实结算。

十一、提前竣工（赶工补偿）

招标人应依据相关工程的工期定额合理计算工期，压缩的工期天数不得超过定额工期的 20%，超过者，应在招标文件中明示增加赶工费用。

发包人要求合同工程提前竣工的，应征得承包人同意后与承包人商定采取加快工程进度的措施，并应修订合同工程进度计划。发包人应承担承包人由此增加的提前竣工（赶工补偿）费用。

发承包双方应在合同中约定提前竣工每日历天应补偿额度，此项费用应作为增加合同价款列入竣工结算文件中，应与结算款一并支付。

习　题

一、单选题（每题的备选项中，只有 1 个正确选项）

1. 市政工程费按照费用构成要素划分：由人工费、材料费、施工机具使用费、企业管理费、利润、规费和税金组成，其中（　　）包含在分部分项工程费、措施项目费、其他项目费中。

 A. 人工费、材料费、企业管理费和利润

 B. 人工费、材料费、施工机具使用费和利润

 C. 人工费、材料费、施工机具使用费和企业管理费

 D. 人工费、材料费、施工机具使用费、企业管理费和利润

2.（　　）是指因施工场地条件限制而发生的材料、构配件、半成品等一次运输不能到达堆放地点，必须进行二次或多次搬运所发生的费用。

 A. 二次搬运费   B. 夜间施工增加费

 C. 安全施工费   D. 临时设施费

3. 某施工机械年工作台班为 1 000 台班，折旧年限为 10 年，该机械预算价格为 35 万元，残值率为 1%，问该机械台班折旧费为（　　）元/台班。

 A. 34.30   B. 49.00   C. 34.65   D. 35.64

4. 在计取停窝工损失费时，管理费按停窝工人工费的（　　）计算。

 A. 10%   B. 20%   C. 30%   D. 40%

5. 下列费用中不属于安全文明施工费的是（　　）。

 A. 夜间施工增加费   B. 环境保护费

 C. 临时设施费   D. 安全施工费

6. 机上司机的工作日人工费属于（　　）。

 A. 人工费   B. 材料费

 C. 施工机械使用费   D. 管理费

7. 管理人员工资属于（　　）。

    A. 企业管理费　　　　　　　　　　B. 规费

    C. 措施项目费　　　　　　　　　　D. 分部分项工程费

8. 安全文明施工费中的人工费占比为（　　）。

    A. 25%　　　　　　B. 30%　　　　　　C. 40%　　　　　　D. 50%

9. 根据《内蒙古自治区建设工程费用定额》的规定，规费不包括（　　）。

    A. 工程排污费　　　B. 定额测定费　　　C. 社会保险费　　　D. 住房公积金

10. 税金的取费基础是（　　）。

    A. 应纳税额　　　　　　　　　　　B. 分部分项工程费的人工费

    C. 管理费　　　　　　　　　　　　D. 规费

11. 劳务分包企业利润按分包工程定额人工费的（　　）计取。

    A. 3%　　　　　　B. 3.48%　　　　　C. 3.38%　　　　　D. 不计取

12. （　　）是指总承包人为配合协调发包人进行的专业工程发包、对发包人自行采购的材料、工程设备等进行保管以及施工现场管理、竣工资料汇总整理等服务所需的费用。

    A. 总承包服务费　　　　　　　　　B. 停窝工损失费

    C. 暂列金额　　　　　　　　　　　D. 计日工

13. 市政工程造价中的规费和税金（　　）。

    A. 施工企业自主调整　　　　　　　B. 不得调整

    C. 和税务部门协商后调整　　　　　D. 和建设单位协商后调整

14. 当招标人仅要求对分包的专业工程进行总承包管理和协调时，总承包服务费按发包的专业工程估算造价的（　　）计算。

    A. 3%　　　　　　B. 1%　　　　　　C. 1.5%　　　　　D. 1.2%

15. 设计变更引起的经济签证费用应计算工程量，按各类定额规定或投标报价中（　　）计取各项费用。

    A. 综合单价　　　　　　　　　　　B. 工料单价

    C. 人工费　　　　　　　　　　　　D. 企业管理费和利润

二、多选题（每题的备选项中，有 2 个或 2 个以上符合题意，至少有 1 个错项）

1. 市政工程费用中，分部分项工程费由（　　）组成。

    A. 施工机具使用费　　　　　　　　B. 人工费

    C. 材料费　　　　　　　　　　　　D. 企业管理费和利润

    E. 规费

2. 下列不按费率计算的措施项目费有（　　）。

    A. 安全文明费　　　　　　　　　　B. 雨季施工增加费

    C. 冬季施工增加费　　　　　　　　D. 大型机械场外运输费用

    E. 临时设施费

3. 其他项目费由（　　）等组成。

    A. 暂列金额　　　　　　　　　　　B. 计日工

    C. 规费　　　　　　　　　　　　　D. 总承包服务费

    E. 企业管理费

4. 市政工程企业管理费和利润的计算基础包括（　　）。
　　A. 分部分项工程人工费　　　　B. 单价措施项目人工费
　　C. 规费　　　　　　　　　　　D. 分部分项工程费
　　E. 总价措施项目人工费

5. 冬季施工的工程，冬季施工增加费包括（　　）费用。
　　A. 冬季施工措施费　　　　　　B. 机械停滞费
　　C. 看护费　　　　　　　　　　D. 施工管理费
　　E. 人工机械降效费

6. 市政工程费按照工程造价形成由（　　）组成。
　　A. 分部分项工程费　　　　　　B. 措施项目费
　　C. 其他项目费　　　　　　　　D. 规费、税金
　　E. 企业管理费

7. 劳务分包工程造价由人工费、施工机械使用费（发生时计取）和（　　）构成。
　　A. 材料费　　　B. 利润　　　　C. 规费　　　　D. 税金
　　E. 企业管理费

8. 人工费包括（　　）等支付给从事市政工程施工的生产工人和附属生产单位工人的各项费用。
　　A. 检验试验费　　　　　　　　B. 计时工资或计件工资
　　C. 奖金　　　　　　　　　　　D. 津贴补贴
　　E. 加班加点工资

9. 材料费包括施工过程中耗费材料的（　　）。
　　A. 原价　　　B. 运杂费　　　　C. 利润　　　　D. 运输损耗费
　　E. 采购及保管

10. 施工机械使用费包括（　　）。
　　A. 检修费　　　　　　　　　　B. 维护费
　　C. 仪器仪表使用费　　　　　　D. 折旧费
　　E. 燃料动力费

11. 综合单价是指一个规定计量单位的分部分项工程项目或单价措施项目所需的（　　）和一定的风险费用。
　　A. 人工费　　　　　　　　　　B. 材料费
　　C. 施工机具使用费　　　　　　D. 企业管理费和利润
　　E. 规费

12. 下列关于冬季施工增加费的说法中，正确的有（　　）。
　　A. 需要冬季施工的工程，其措施费由施工单位编制冬季施工措施和冬季施工方案，连同增加费用一并报建设、监理单位批准后实施
　　B. 需要冬季施工的工程，人工、机械降效费用按冬季施工工程人工费的 15% 计取
　　C. 对于冬季停止施工的工程，施工单位可以按实际停工天数计算看护费用。费用计算标准按 104 元/（人·天）计算，看护人数按实际签证看护人数计算
　　D. 冬季停止施工期间，专业分包工程不计取看护费

E. 冬季停止施工期间，人工、机械降效费用按冬季施工工程人工费的 15% 计取

三、判断题

1. 市政工程费用的组成包括按费用构成要素划分和按造价形成划分两种形式。（　　）

2. 规费是指按国家法律、法规规定，由省级政府和省级有关权力部门规定必须缴纳或计取的费用。　　　　　　　　　　　　　　　　　　　　　　　　　　　（　　）

3. 全部使用国有资金投资的工程建设项目，可采用工料单价法计价。（　　）

4. 企业管理费属于竞争性费用，企业投标报价时，可视拟建工程规模、复杂程度、技术含量和企业管理水平进行浮动。（　　）

5. 未完工程保护费属于措施项目费。（　　）

四、计算题

1. 某工程项目，材料甲消耗量为 300t，材料原价为 3 500 元/t，运杂费为 45 元/t，运输损耗率为 3%，采购保管费率为 1%，则该项目材料甲的材料费为多少元？

2. 某市政排水管道工程，分部分项工程费为 800 万元，其中人工费 150 万元，单价措施项目费 320 万元，其中人工费 75 万元，计算该工程的总价措施项目费。

3. 某施工单位（乙方）与建设单位（甲方）签订某道路工程施工承包合同，甲、乙双方约定 4 月 1 日开工，10 月 16 日完工。道路基层施工过程日正常用工 90 人，12t 钢轮内燃压路机和 15t 钢轮内燃压路机各 1 台，压路机定额单价分别为 514.04 元/台班和 609.64 元/台班。规费费率为 21%，增值税税率为 10%。在道路基层施工过程中发生如下事件。

事件 1：因施工单位的压路机未及时到达施工现场，晚开工 2 天，造成人员窝工 180 个工日。

事件 2：施工中现场停电、停水一天，造成乙方窝工 90 个工日，12t 钢轮内燃压路机和 15t 钢轮内燃压路机各停工 1 台班。

事件 3：因刮台风迫使道路基层施工暂停 1 天，造成人员窝工 90 个工日，12t 钢轮内燃压路机和 15t 钢轮内燃压路机各停工 1 台班。

事件 4：建设单位要求进行设计变更，道路基层施工暂停 1 天，造成人员窝工 90 个工日，12t 钢轮内燃压路机和 15t 钢轮内燃压路机各停工 1 台班。

试计算道路基层施工中的停窝工损失费。

五、案例分析

已知某道路工程的工程量，填写完成表 2-9、表 2-10 的内容，计算该道路工程造价。

表 2-9　　　　　　　　　　　　某道路工程分部分项工程计价表

序号	定额编号	项目名称	工程量		分部分项工程费		其中：人工费	
			单位	数量	单价（元）	合价（元）	单价（元）	合价（元）
1	2-99	路床整形　路床碾压检验	100m²	125	185.26		29.24	
2	2-132	粉煤灰三渣摊铺　厚度20cm 石灰:粉煤灰:石渣（15:22:63）	100m²	125	4 819.36		1 046.50	
3	2-181	沥青混凝土路面　中粒式 机械摊铺　厚度4cm	100m²	120	3 065.61		68.91	
4	2-189	沥青混凝土路面　细粒式 机械摊铺　厚度3cm	100m²	120	2 549.18		84.40	

序号	定额编号	项目名称	工程量		分部分项工程费		其中：人工费	
			单位	数量	单价（元）	合价（元）	单价（元）	合价（元）
5	2-278	汽车运沥青混凝土半成品 10km 以内	m³	840	18.88		—	
6	2-214	人行道整形碾压	100m²	40	349.29		176.53	
7	2-215	人行道板安砌 砂垫层 规格 25cm×25cm×6cm	100m²	40	5 412.91		823.10	
8	2-250	人工铺装垫层 预拌混凝土	10m³	0.2	3 233.68		361.99	
9	2-253	侧石安砌 石质	100m	20	9 018.82		690.32	
10	2-273	砌筑树池 石质条石	100m	16	6 829.62		2 093.76	
		合计						

表 2-10　　　　　　　　　　单位工程计价表

序号	费用名称	取费说明	费率（%）	费用金额（元）
1	分部分项工程费			
1.1	其中：人工费			
2	措施项目工程费			
2.1	总价措施项目费			
2.1.1	安全文明施工费			
2.1.1.1	安全文明施工与环境保护费			
2.1.1.2	临时设施费			
2.1.2	雨季施工增加费			
2.1.3	已完工程及设备保护费			
2.1.4	工程定位复测费			
2.1.5	二次搬运费			
2.1.6	特殊地区施工增加费			
2.2	单价措施项目费			
3	其他项目费			
3.1	暂列金额			20 000
3.2	计日工			
3.3	总承包服务费			
3.4	检验试验费			
4	规费			
4.1	社会保险费			
4.1.1	养老失业保险			
4.1.2	基本医疗保险			

序号	费用名称	取 费 说 明	费率（%）	费用金额（元）
4.1.3	工伤保险费			
4.1.4	生育保险费			
4.2	住房公积金			
4.3	水利建设基金			
5	税前工程造价			
6	税金			
7	工程造价			

第3章 市政通用工程

学习目标

　　掌握土石方工程量计算的方法，熟悉土石方工程的定额说明和定额工程量计算规则，掌握土石方工程定额的套用及换算；熟悉拆除工程、钢筋工程及措施项目的定额说明及定额工程量计算规则，能够计算各市政工程通用项目的定额工程量，并掌握各项目定额套用的方法。

3.1　市政通用工程册说明

　　（1）《内蒙古自治区市政工程预算定额》第一册　通用项目（以下简称本册定额）包括：土石方工程、拆除工程、钢筋工程、措施项目。

　　（2）本册定额适用于城镇管辖范围内市政新建、扩建工程，除另有说明外，通用于市政定额其他专业册。

　　（3）本册定额的编制依据：

　　1）《市政工程工程量计算规范》GB 50857—2013；

　　2）《全国统一市政工程消耗量定额》ZYA1-31—2015；

　　3）《建设工程劳动定额-市政工程》LD/T 99.1—2008；

　　4）《建设工程劳动定额　建筑工程—人工土石方工程》LD/T 72.2—2008；

　　5）《建设工程劳动定额　建设工程—钢筋工程》LD/T 72.7—2008；

　　6）《内蒙古自治区市政工程预算定额》DYD15—2009；

　　7）现行的市政工程标准图集和具有代表性工程的设计图纸；

　　8）现行市政工程设计、施工验收规范、安全操作规程、质量评定标准等；

　　9）相关省、市的计价依据、自治区范围内补充定额及有关资料。

　　（4）沟槽、基坑、平整场地和一般土石方的划分：底宽 7m 以内，底长大于底宽 3 倍以上按沟槽计算；底长小于底宽 3 倍以内且基坑底面积在 150m² 以内按基坑计算；厚度在 30cm 以内就地挖、填土按平整场地计算；超过上述范围的土、石方按一般土方和一般石方计算。

　　（5）土石方运距应以挖方重心至填方重心或弃方重心最近距离计算，挖方重心、填方重心、弃方重心按施工组织设计确定。如遇下列情况应增加运距：

　　1）人力及人力车运土、石方上坡坡度在 15% 以上，推土机、铲运机重车上坡坡度大于5%，斜道运距按斜道长度乘以表 3-1 系数。

表 3-1　　　　　　　　　　　　　　　斜道运距系数表

项目	推土机、铲运机				人力及人力车
坡度（%）	5～10	15 以内	20 以内	25 以内	15 以上
系数	1.75	2	2.25	2.5	5

【**例 3-1**】　铲运机铲运土方（三类土），坡度为 6%，斜道长度为 270m，求定额基价。

　　解：查表 3-1，铲运机铲运土方，坡度 6%，斜道运距系数为 1.75。

$$斜道运距 = 270 \times 1.75 = 472.5（m）$$

定额编号 1-93　　定额基价：6 046.00 元/1 000m³。

　　2）采用人力垂直运输土石方、淤泥、流砂，垂直深度每米折合水平运距 7m 计算。

　　（6）自行式铲运机增加 45m 转向距离。

　　（7）坑、槽底加宽应按设计文件的数据或图纸尺寸计算，设计文件未明确的按施工组织设计的数据或图纸尺寸计算，设计文件未明确也无施工组织设计的可按表 3-2 计算。

表 3-2　　　　　　　　　　　　坑、槽底部每侧工作面宽度表　　　　　　　　　　　单位：cm

管道结构宽度（cm）	混凝土管道		金属管道	构筑物	
	基础 90°	基础 >90°		无防潮层	有防潮层
50 以内	40	40	30	40	60
100 以内	50	50	40		
250 以内	60	50	40		
250 以上	70	60	50		

　　管道结构宽度：无管座按管道外径计算，有管座按管道基础外缘计算，构筑物按基础外缘计算，如设挡土板则每侧增加 15cm。

【**例 3-2**】　某混凝土管道断面如图 3-1 所示，试计算其开挖的工作面宽度。

　　解：（1）计算管道结构宽：$B = 0.08 + 0.03 + 0.3 + 0.03 + 0.08 = 0.52(m)$

　　（2）查表 3-2 确定工作面宽度。

　　管道结构宽为 0.52m=52cm<100cm，混凝土管道基础 =120°>90°，查表可得工作面宽度为 50cm。

　　（8）管道接口作业坑和沿线各种井室所需增加开挖的土石方工程量按沟槽全部土石方量的 2.5% 计算。管沟回填土应扣除管径≥200mm 的管道、基础、垫层和各种构筑物所占的体积。

【**例 3-3**】　某市排水工程需开挖沟槽土方 1 000m³，则该挖方工程的总挖方量为多少？

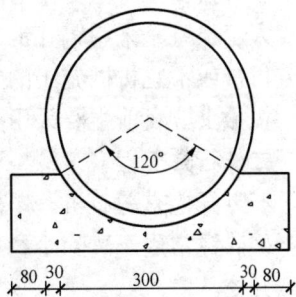

图 3-1　管道断面图（单位：mm）

　　解：总挖方量 $V = 1\ 000 \times（1 + 2.5\%）= 1\ 025（m^3）$

　　（9）本册定额子目表中的施工机械是按合理的施工组织设计进行配备，在执行中不得因机械型号不同而调整。

　　（10）本册定额子目中未包括现场障碍物清理，障碍物清理费用另行计算。弃土、石方或垃圾的场地占用费按相关规定计算。

　　（11）本册定额子目中为满足环保要求而配备了洒水汽车在施工现场降尘，若实际施工中未采用洒水汽车降尘的，应扣除洒水汽车和水的费用。

　　（12）由于房屋建筑工程要求构件方正，钢筋外形直方，市政工程的桥、排水井、管涵及其他构筑物由于受力要求，构件设计以圆、台、弧、梯、折形为主，钢筋外形弯、异，相比建筑物耗工多，若钢筋工程计价过程中，个别子目借用建筑工程定额时，人工、机械消耗量应乘以系数1.25：但计算建筑面积的市政地下工程，钢筋按建筑工程相应项目执行。

（13）预应力构件中的非预应力钢筋按普通钢筋相应项目计算。

（14）现场钢筋水平运距包括在项目中，加工的钢筋由附属工厂至工地水平运输或现场钢筋水平运距超过150m的运距应另外计算，按钢筋水平运输子目执行。

（15）以设计地坪为界，±3.00m以内构筑物的钢筋不计算垂直运输费；超过+3.00m的构筑物，±0.00以上部分钢筋全部计算垂直运输费；−3.00m以下的构筑物，±0.00以下部分钢筋全部计算垂直运输费。

（16）现浇构件和预制构件中的钢筋工程均按本册定额执行。

（17）地下连续墙钢筋笼制作执行本册定额"普通钢筋"相应子目（不含地下连续墙钢筋制作平台费用），安放执行"钢筋运输、钢筋笼安放"相应子目。

（18）凡本册定额说明未尽事宜，详见各章说明。

3.2　土　石　方　工　程

3.2.1　土石方工程基础知识

一、土方工程

土方工程有永久性和临时性两种，修筑路基、堤防属于永久性的土方工程，开挖沟槽、基坑则属于临时性的土方工程。永久性的土方工程当工程竣工后，土方的几何尺寸、形状依然存在，临时性的土方工程当工程竣工后，几何尺寸、形状已被破坏或回填隐蔽，外观已无法测定。

土方按施工方法可分为人工土方和机械土方。

人工土方是采用镐、锄、锹、铲等工具或小型机具的土方，适用于量小、运输近、缺乏土方机械或不宜机械施工的土方。

机械土方目前主要采用推土机、挖掘机、装载机、铲运机等施工机械。

二、石方工程

石方开挖有凿石机、爆破开挖、风镐（锤）、液压破碎锤破碎等施工方法。风镐（锤）、液压破碎锤常用于清除少量石方或不宜采用爆破开挖的石方工程，在大量石方工程中多采用爆破开挖。

在市政工程中，机械石方常采用气腿式凿岩机打眼爆破或液压破碎锤破碎。

三、常用土石方机械及选用

机械的选型应根据现场施工条件，土质、土方量大小、机械性能和企业机械装备情况综合确定。

（1）挖掘机。

1）正铲挖掘机。特点：前进向上，强制切土，挖掘力大，生产率高，能开挖停机面以上的各类土；坑内作业。

2）反铲挖掘机。特点：后退向下，强制切土，反铲挖掘机较正铲挖掘机小，能开挖停机面以下的各类土；深度在4m以内的坑槽。可与自卸车配合装土，也可甩土。

3）拉铲挖掘机。特点：后退向下，自重切土，土斗用钢丝绳悬挂在挖掘机的长臂上，挖土时土斗在重力作用下落到地面切入土中,挖土半径及深度均较大,可开挖停机面以下的一、二类土,但不如反铲挖掘机灵活,适用于大型基坑开挖及水下取土。

4)抓铲挖掘机。特点:又称抓斗挖掘机,是在挖掘机臂端用钢丝绳吊一抓斗,特点是直上直下、自重切土、挖掘机较小,只能开挖一、二类土;用于开挖窄而深的独立基坑或基槽、沉井,特别适用于水下挖土,是地下连续墙施工的专用机械。

(2)推土机。能够单独进行挖土、运土和卸土工作,适用于场地清理、路槽整形、路基填土平整、开挖深度不大的基坑及回填作业。

(3)液压锤。一种新型的岩石破碎机械,它实际上仅是一个机头,装在卸下铲斗的挖掘机上,与挖掘机油路连通,通过气泵利用压缩氮气瞬间产生极强的爆发力,用于岩石数量少,或不允许爆破的场所。

(4)铲运机。能够单独进行铲土、运土、卸土、填筑、整平的土方机械,可分牵引式和自行式两种。该机械对道路的要求较低,操作灵活,可在一、二类土和三类土中直接挖、运。常用于坡度在 20 度以内的大面积场地整平,道路路基的调运土方,大型基坑、沟槽的开挖,坚硬土开挖时需要推土机助推。

(5)装载机。短途倒运,一般不超过 150m,长距离倒运时可配合自卸车。其中的轮胎式装载机是市政工程中最为常用的机械之一(履带式主要用于矿山等)。

(6)自卸汽车。远距离运输材料的机械。

3.2.2 土石方工程定额说明

一、土方工程

(1)包括人工挖一般土方、沟槽土方、基坑土方、淤泥流砂、推土机推土、铲运机铲运土方、挖掘机挖土、自卸汽车运土、填土碾压或夯实等项目。

(2)土壤分类详见表 3-3。

表 3-3 **土 壤 分 类 表**

土壤分类	土壤名称	开挖方法
一、二类土	粉土、砂土(粉砂、细砂、中砂、粗砂、砾砂)、粉质黏土、弱中盐渍土、软土(淤泥质土、泥炭、泥炭质土)、软塑红黏土、冲填土	用锹、少许用镐、条锄开挖。机械能全部直接铲挖满载者
三类土	黏土、碎石土(圆砾、角砾)、混合土、可塑红黏土、硬塑红黏土、强盐渍土、素填土、压实填土	主要用镐、条锄,少许用锹开挖。机械需部分刨松方能铲挖满载者或可直接铲挖但不能满载者
四类土	碎石土(卵石、碎石、漂石、块石)、坚硬红黏土、超盐渍土、杂填土	全部用镐、条锄挖掘,少许用撬棍挖掘。机械需普遍刨松方能铲挖满载者

注 土的名称及其含义按现行《岩土工程勘察规范》GB 50021—2001(2009 年局部修订版)定义。

(3)干、湿土、淤泥的划分。首先以地质勘察资料为准,含水率≥25%,不超过液限的为湿土;或以地下常水位为准,常水位以上为干土,以下为湿土;含水率超过液限的为淤泥。除大型支撑基坑土方开挖定额子目外,挖湿土时,人工和机械挖土子目乘以系数 1.18,干、湿土工程量分别计算。采用井点降水的土方应按干土计算。

【例 3-4】 人工挖沟槽,三类湿土,深 1m,确定套用的定额子目及基价。

解:定额编号:1-14

换后基价=4 788.12×1.18=5 649.98（元/10 m³）

（4）人工夯实土堤、机械夯实土堤执行本章人工填土夯实平地、机械填土夯实平地项目。

（5）挖土机在垫板上作业，人工和机械乘以系数 1.25，搭拆垫板的费用另行计算。

【例 3-5】 反铲挖掘机挖二类湿土（垫板上作业），不装车，确定套用的定额子目及基价。

解：定额编号：1-137

换后基价=4 470.31×1.18×1.25=6 593.70（元/1 000m³）

（6）推土机推土的平均土层厚度小于 30cm 时，推土机台班乘以系数 1.25。

（7）除大型支撑基坑土方开挖定额子目外，在支撑下挖土，按实挖体积，人工挖土子目乘以系数 1.43、机械挖土子目乘以系数 1.20。先开挖后支撑的不属于支撑下挖土。

（8）挖密实的钢碴，按挖四类土，人工子目乘以系数 2.50、机械子目乘以系数 1.50。

（9）人工挖土中遇碎、砾石含量在 31%～50% 的密实黏土或黄土时按四类土乘以系数 1.43，碎、砾石含量超过 50% 时另行处理。

（10）四类土壤的土方二次翻挖按降低一级类别套用相应定额。淤泥翻挖，执行相应挖淤泥子目。

（11）大型支撑基坑土方开挖定额适用于地下连续墙、混凝土板桩、钢板桩等围护的跨度大于 8m 的深基坑开挖。定额中已包括湿土排水，若需采用井点降水，其费用另行计算。

大型支撑基坑土方开挖由于场地狭小只能单面施工时，挖土机械按表 3-4 调整。

表 3-4　　　　　　　　　　　　　单面施工机械调整表

宽度	两边停机施工	单边停机施工
基坑宽 15m 内	15t	25t
基坑宽 15m 外	25t	40t

（12）填土夯实项目按现场就地取土计算，若外购土方应另行计算。

（13）建筑生活垃圾装运工程量，以自然堆积方乘以系数 0.8 计算。

（14）人工挖沟、槽一侧弃土时，人工工日乘以系数 1.18，但随挖随运不乘系数。

【例 3-6】 人工挖沟槽，三类湿土，深 2m，一侧弃土，确定套用的定额子目及基价。

解：定额编号：1-14

换后基价=4 788.12×1.18×1.18=6 666.98（元/100m³）

（15）人工挖淤泥、流砂，挖深超过 6m，每 1m 增加 4.69 工日/100m³，其他相应的安全措施费用另计；人工挖沟槽淤泥、流砂，挖深超过 6m，每 1m 增加 6.097 工日/100m³，其他相应的安全措施费用另计；人工挖基坑淤泥、流砂，挖深超过 6m，每 1m 增加 6.566 工日/100m³，其他相应的安全措施费用另计。

（16）自卸汽车运土子目，实际使用中按运距采用内插法计算。

内插法的计算实际运距自卸汽车运土基价的过程如下：

1）查找到与实际运距相邻的两个定额基价：定额基价$_1$、定额基价$_2$，对应的运距分别为定额运距$_1$、定额运距$_2$；

2）用线性内插法计算实际运距的定额基价，计算公式如下：

$$实际运距基价 = 定额基价_1 + \frac{实际运距 - 定额运距_1}{定额运距_2 - 定额运距_1} \times (定额基价_2 - 定额基价_1) \quad (3.1)$$

【例 3-7】 某土方外运工程，采用自卸汽车（载重 15t）运土，运距为 8km，确定套用的定额子目及基价。

解： 定额编号：1-216、1-217

$$换后基价=13\,331.54+\frac{8-7}{10-7}\times(15\,912.37-13\,331.54)=14\,191.81（元/1\,000\text{m}^3）$$

二、石方工程

（1）包括人工凿石、切割机切割石方、液压岩石破碎机破碎岩石、明挖石碴运输、推土机推石碴、挖掘机挖石碴、自卸汽车运石碴等项目。

（2）岩石分类详见表 3-5。

表 3-5 **岩 石 分 类 表**

岩石分类		代表性岩石	开挖方法	单轴饱和抗压强度（MPa）
极软岩		1. 全风化的各种岩石	部分用手凿工具、部分用爆破法开挖	<5
		2. 各种半成岩		
软质岩	软岩	1. 强风化的坚硬岩或较硬岩	用风镐和爆破法开挖	5～15
		2. 中等风化～强风化的较软岩		
		3. 未风化～微风化的页岩、泥岩、泥质砂岩等		
	较软岩	1. 中等风化～强风化的坚硬岩或较硬岩		15～30
		2. 未风化～微风化的凝灰岩、千枚岩、泥灰岩、砂质泥岩等		
硬质岩	较硬岩	1. 微风化的坚硬岩	用爆破法开挖	30～60
		2. 未风化～微风化的大理岩、板岩、石灰岩、白云岩、钙质砂岩等		
	坚硬岩	未风化～微风化的花岗岩、闪长岩、辉绿岩、玄武岩、安山岩、片麻岩、石英岩、石英砂岩、硅质砾岩、硅质石灰岩等		>60

注 依据现行《工程岩体分级标准》GB 50218—94 和《岩土工程勘察规范》GB 50021—2001（2009 年局部修订版）整理。

3.2.3 土石方工程定额工程量计算规则

一、土方工程

（1）土方的挖、推、铲、装、运等体积均以天然密实体积计算，填方按设计的回填体积计算。不同状态的土方体积，按表 3-6 中相关系数换算。

表 3-6 **土 方 体 积 换 算**

虚方体积	天然密实体积	压实后体积	松填体积
1.00	0.77	0.67	0.83
1.30	1.00	0.87	1.08
1.50	1.15	1.00	1.25
1.20	0.92	0.80	1.00

【例 3-8】 某沟槽土方工程，挖方工程量为 2 300m³，填方工程量为 1 200m³，挖、填土方考虑现场平衡，试计算土方外运工程量。

解： 填方体积转换为天然密实体积：$V=1\ 200×1.15=1\ 380$（m³）

即填方所需的天然密实体积为 1 380m³；

$$外运土方量=挖方工程量-填方工程量=2\ 300-1\ 380=920（m³）$$

（2）土方工程量按图纸尺寸计算。修建机械上下坡便道的土方量以及为保证路基边缘的压实度而设计的加宽填筑土方量并入土方工程量内。

（3）夯实土堤按设计面积计算。清理土堤基础按设计规定以水平投影面积计算。

（4）人工挖土堤台阶工程量，按挖前的堤坡斜面积计算，运土应另行计算。

【例 3-9】 某旧路加宽工程，需在原旧路一侧人工挖土堤台阶，道路长度 500m，平均路基高度 1.6m，二类土，断面如图 3-2 所示，试计算道路人工挖土堤台阶的工程量。

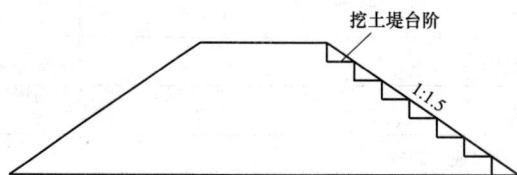

图 3-2　路基断面图

解： 挖土堤台阶的工程量为：

$$S = \sqrt{1.6^2 + (1.6×1.5)^2} × 500 = 1\ 442.22(m^2)$$

（5）挖土放坡应按设计文件的数据或图纸尺寸计算，设计文件未明确的按施工组织设计的数据或图纸尺寸计算，设计文件未明确也无施工组织设计的可按表 3-7 计算。

表 3-7　　　　　　　　　　　　放 坡 系 数 表

土壤类别	放坡起点深度（m）	人工开挖	机械开挖		
			沟槽、坑内作业	沟槽、坑边作业	顺沟槽方向坑上作业
一、二类土	1.20	1:0.50	1:0.33	1:0.75	1:0.50
三类土	1.50	1:0.33	1:0.25	1:0.67	1:0.33
四类土	2.00	1:0.25	1:0.10	1:0.33	1:0.25

注　在沟槽、坑边作业是挖土设备在沟槽一侧进行挖土作业；顺沟槽方向坑上作业是挖土设备在沟槽坑上端头位置，倒退挖土。

【例 3-10】 某挖土工程，土质类型为三类土，机械开挖，坑边作业，挖深为 2m，则该挖方工程是否需要放坡，如需放坡，放坡系数为多少？

解： 查表 3-7 可得：

三类土，放坡起点深度为 1.50 m，本挖方工程中挖深为 2m＞1.50m，所以需放坡。

由于该挖方开挖方式为机械开挖，坑边作业，所以放坡系数为 0.67。

挖土交叉处（如图 3-3 所示）产生的重复工程量不扣除，联合槽开挖交接处（如图 3-4 所示）产生的重复工程量应扣除。

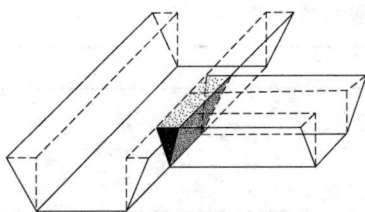

图 3-3　挖土交叉处示意图　　　　　图 3-4　联合槽开挖交接处示意图

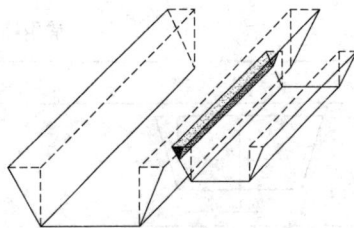

基础土方放坡，自基础（含垫层）底标高算起；如在同一断面内遇有数类土壤，其放坡系数可按各类土占全部深度的百分比加权计算。

【例 3-11】　某挖沟槽土方工程，挖土断面如图 3-5 所示，采用机械开挖，槽边作业，试确定其放坡系数。

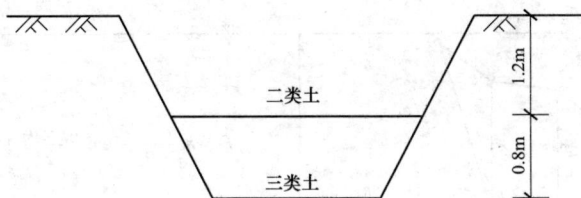

图 3-5　沟槽断面图

解：放坡系数 $m = \dfrac{1.2}{2.0} \times 0.75 + \dfrac{0.8}{2.0} \times 0.67 = 0.718$

（6）机械挖土方中已包含人工辅助开挖（包括切边、修整底边和修整沟槽底坡度）。

（7）平整场地工程量按施工组织设计尺寸以面积计算。

（8）大型支撑基坑土方开挖工程量按设计图示尺寸以体积计算。

二、石方工程

（1）石方的凿、挖、推、装、运、破碎等体积均以天然密实体积计算。不同状态的石方体积，按表 3-8 相关系数换算。

表 3-8　　　　　　　　　　　　　　石方体积换算表

名称	天然密实体积	虚方体积	松填体积	夯实后体积
石方	1.00	1.54	1.31	（码方）1.67
块石	1.00	1.75	1.43	
砂夹石	1.00	1.07	0.94	

（2）石方工程量按图纸尺寸加允许超挖量计算，开挖坡面每侧允许超挖量：极软岩、软岩 20cm，较软岩、硬质岩 15cm。

3.2.4　土石方工程量的计算方法

一、道路土石方量的计算

道路的土方量通常采用横截面法进行计算，计算步骤如下。

1. 计算道路土石方的横截面积

可按表 3-9 的面积公式，计算每个截面的填方或挖方截面积。

表 3-9　　　　　　　　　　　　　　常用横截面计算公式

图　　　示	面积计算公式
	$F = h(b + nh)$
	$F = h\left[b + \dfrac{h(m+n)}{2} \right]$
	$F = b\dfrac{h_1 + h_2}{2} + nh_1h_2$
	$F = h_1\dfrac{a_1+a_2}{2} + h_2\dfrac{a_2+a_3}{2} + h_3\dfrac{a_3+a_4}{2} + h_4\dfrac{a_4+a_5}{2}$
	$F = \dfrac{1}{2}a(h_0 + 2h + h_n)$ $h = h_1 + h_2 + h_3 + \cdots + h_{n-1}$

注　F 为各道路横截面填方（或挖方）的截面积。

2. 计算土石方量

根据横截面面积计算土方量，计算公式为：

$$V_{ij} = \frac{1}{2}(F_i + F_j)L_{ij} \tag{3.2}$$

式中：　V_{ij} ——相邻两截面间的土方量（m³）；

　　　F_i、F_j ——相邻两截面的填方（或挖方）截面积（m²）；

　　　L_{ij} ——相邻截面间的间距（m）。

3. 土石方量汇总

将道路各截面间的填方（或挖方）的土方量进行汇总求和，即可得到该段道路填方（或挖方）的总土方量。

【例 3-12】 已知某道路工程，其各桩的挖、填方断面积见表 3-10，试计算该段道路的土方量。

表 3-10　　　　　　　　　　　　　　道路断面面积

桩号	断面面积（m²）	
	填方	挖方
K0+000	0.5	0

续表

桩号	断面面积（m²）	
	填方	挖方
K0+020	1.0	0.2
K0+040	1.6	0.6
K0+050	1.7	0.8
K0+060	1.9	0.9
K0+075	1.6	0.8
K0+080	2.0	0.3

解： 采用横截面法计算道路土方量，计算过程见表3-11。

表3-11　　　　　　　　　　　　　　土方工程量计算表

桩号	距离 L_{ij} (m)	填　方			挖　方		
		断面积 (m²)	平均断面积 $\frac{1}{2}(F_i+F_j)$ (m²)	体积 V_{ij} (m³)	断面积 (m²)	平均断面积 $\frac{1}{2}(F_i+F_j)$ (m²)	体积 V_{ij} (m³)
K0+000		0.5			0		
	20		0.75	15.00		0.10	2.00
K0+020		1.0			0.2		
	20		1.30	26.00		0.40	8.00
K0+040		1.6			0.6		
	10		1.65	16.50		0.70	7.00
K0+050		1.7			0.8		
	10		1.80	18.00		0.85	8.50
K0+060		1.9			0.9		
	15		1.75	26.25		0.85	12.75
K0+075		1.6			0.8		
	5		1.80	9.00		0.55	2.75
K0+080		2.0			0.3		
合计				110.75			41.00

即该段道路的填方体积为110.75m³，挖方体积为41.00m³。

二、广场及大面积场地土石方量的计算

广场及大面积场地土石方量的计算不适宜采用横截面法，一般可采用方格网法进行计算。其计算步骤如下。

1. 划分方格网

根据地形图划分方格网，尽量使其与测量或施工坐标网重合，方格一般采用10m×10m～40m×40m，通常采用 20m×20m 方格。将角点编号标注在方格网各角点左下方，相应自然地面标高和设计标高分别标注在方格网各角点的右上角和右下角，求出各点的施工高度（挖或填），填在方格网各角点左上角，施工高度的计算公式如下：

$$施工高度=原地面标高-设计路基（开挖线）标高 \tag{3.3}$$

挖方计算结果为"+",填方计算结果为"–"。

2. 计算零点位置

计算确定方格网中两端角点施工高度符号不同的方格边上零点位置,标于方格网上,连接零点,即得填方与挖方区的分界线。零点的位置按下式计算:

$$x_1 = \frac{h_1}{h_1 + h_2} \times a , \quad x_2 = \frac{h_2}{h_1 + h_2} \times a \tag{3.4}$$

式中:x_1、x_2 ——角点至零点的距离(m);

    h_1、h_2 ——相邻两角点的高程(m),均用绝对值;

    a——方格网的边长(m)。

3. 计算各方格网土方工程量

各方格网的土方量可按下式计算:

$$V = FH \tag{3.5}$$

式中:V——各方格网挖方或填方的体积;

    F——各方格网挖方或填方部分的底面积;

    H——各方格网挖方或填方部分的平均挖深或填高。

按方格网底面图形和表 3-12 中体积计算公式,可计算每个方格内的挖方或填方量。

表 3-12　　　　　　　　　　　　常用方格网点计算公式

项目	图　式	计算公式
一点填方或挖方 (三角形)		$V = \frac{1}{2}bc\frac{\sum h}{3} = \frac{bch_3}{6}$ 当 $b = c = a$ 时,$V = \frac{a^2 h_3}{6}$
二点填方或挖方 (梯形)		$V_- = \frac{b+c}{2}a\frac{\sum h}{4} = \frac{a}{8}(b+c)(h_1+h_3)$ $V_+ = \frac{d+e}{2}a\frac{\sum h}{4} = \frac{a}{8}(d+e)(h_2+h_4)$
三点填方或挖方 (五边形)		$V = \left(a^2 - \frac{bc}{2}\right)\frac{\sum h}{5}$ $= \left(a^2 - \frac{bc}{2}\right)\frac{h_1 + h_2 + h_4}{5}$
四点填方或挖方 (正方形)		$V = \frac{a^2}{4}\sum h$ $= \frac{a^2}{4}(h_1 + h_2 + h_3 + h_4)$

注　　　a　——方格网边长(m);

   b、c、d、e ——零点到一角点的长度(m);

   h_1、h_2、h_3、h_4 ——方格网四角点的施工高程(m),用绝对值代入;

   $\sum h$ ——填方或挖方施工高程的总和(m),用绝对值代入;

   V　——挖方或填方体积(m³)。

4. 汇总

分别将挖方区和填方区所有方格计算土方量汇总，即得该场地挖方区和填方区的总土方量。

【例 3-13】 已知某工程场地方格网如图 3-6 所示，方格网边长为 20m，试计算其挖、填土方工程量。

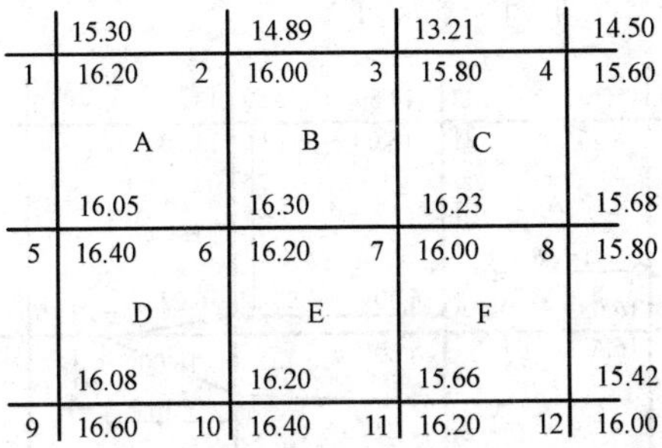

	15.30		14.89		13.21		14.50
1	16.20	2	16.00	3	15.80	4	15.60
	A		B		C		
	16.05		16.30		16.23		15.68
5	16.40	6	16.20	7	16.00	8	15.80
	D		E		F		
	16.08		16.20		15.66		15.42
9	16.60	10	16.40	11	16.20	12	16.00

图 3-6　场地方格网图

解：（1）计算各角点的施工高度，标在角点的左上方，计算结果如图 3-7 所示。

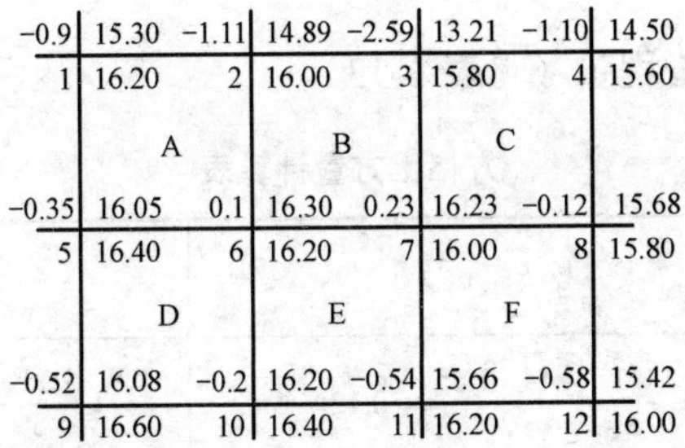

-0.9	15.30	-1.11	14.89	-2.59	13.21	-1.10	14.50
1	16.20	2	16.00	3	15.80	4	15.60
	A		B		C		
-0.35	16.05	0.1	16.30	0.23	16.23	-0.12	15.68
5	16.40	6	16.20	7	16.00	8	15.80
	D		E		F		
-0.52	16.08	-0.2	16.20	-0.54	15.66	-0.58	15.42
9	16.60	10	16.40	11	16.20	12	16.00

图 3-7　施工高度图

（2）计算零点的位置。

方格 A：$h_5 = -0.35$，$h_6 = 0.1$，$a = 20$ 代入式（3.3），得

$$x_5 = \frac{h_5}{h_5 + h_6} \times a = \frac{0.35}{0.35 + 0.1} \times 20 = 15.56 \text{(m)}$$

$h_2 = -1.11$，$h_6 = 0.1$，$a = 20$ 代入式（3.3），得

$$x_2 = \frac{h_2}{h_2 + h_6} \times a = \frac{1.11}{1.11 + 0.1} \times 20 = 18.35 \text{(m)}$$

方格 B：$h_3 = -2.59$，$h_7 = 0.23$，$a = 20$ 代入式（3.3），得

$$x_3 = \frac{h_3}{h_3 + h_7} \times a = \frac{2.59}{2.59 + 0.23} \times 20 = 18.37 \text{(m)}$$

方格 C：$h_7 = 0.23$，$h_8 = -0.12$，$a = 20$ 代入式（3.3），得

$$x_7 = \frac{h_7}{h_7 + h_8} \times a = \frac{0.23}{0.23 + 0.12} \times 20 = 13.14 \text{(m)}$$

方格 D：$h_6 = 0.1$，$h_{10} = -0.2$，$a = 20$ 代入式（3.3），得

$$x_6 = \frac{h_6}{h_6 + h_{10}} \times a = \frac{0.1}{0.1 + 0.2} \times 20 = 6.67(\text{m})$$

方格 E：$h_7 = 0.23$，$h_{11} = -0.54$，$a = 20$ 代入式（3.3），得

$$x_7 = \frac{h_7}{h_7 + h_{11}} \times a = \frac{0.23}{0.23 + 0.54} \times 20 = 5.97(\text{m})$$

将全部零点连接成零点线，如图 3-8 所示。

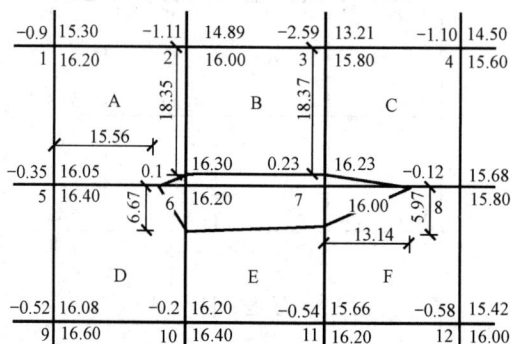

图 3-8　零点位置示意图

（3）计算各方格网土方工程量（见表 3-13）。

表 3-13　　　　　　　　　　　　　　方格土方量计算表

方格编号	底面图形及位置	挖方（m³）	填方（m³）
A	五边形（填方）三角形（挖方）	$\dfrac{0.1}{3} \times \dfrac{4.44 \times 1.65}{2} = 0.12$	$\dfrac{0.9 + 1.11 + 0.35}{5} \times \left(20^2 - \dfrac{4.44 \times 1.65}{2}\right) = 187.07$
B	梯形（填方）梯形（挖方）	$\dfrac{0.1 + 0.23}{4} \times \dfrac{1.65 + 1.63}{2} \times 20 = 2.71$	$\dfrac{1.11 + 2.59}{4} \times \dfrac{18.35 + 18.37}{2} \times 20 = 339.66$
C	五边形（填方）三角形（挖方）	$\dfrac{0.23}{3} \times \dfrac{13.14 \times 1.63}{2} = 0.82$	$\dfrac{2.59 + 1.10 + 0.12}{5} \times \left(20^2 - \dfrac{13.14 \times 1.63}{2}\right) = 296.64$
D	五边形（填方）三角形（挖方）	$\dfrac{0.1}{3} \times \dfrac{4.44 \times 6.67}{2} = 0.49$	$\dfrac{0.35 + 0.52 + 0.2}{5} \times \left(20^2 - \dfrac{4.44 \times 6.67}{2}\right) = 82.43$
E	梯形（填方）梯形（挖方）	$\dfrac{0.1 + 0.23}{4} \times \dfrac{6.67 + 5.97}{2} \times 20 = 10.43$	$\dfrac{0.2 + 0.54}{4} \times \dfrac{13.33 + 14.03}{2} \times 20 = 50.62$
F	五边形（填方）三角形（挖方）	$\dfrac{0.23}{3} \times \dfrac{13.14 \times 5.97}{2} = 3.01$	$\dfrac{0.12 + 0.58 + 0.54}{5} \times \left(20^2 - \dfrac{13.14 \times 5.97}{2}\right) = 89.47$

（4）汇总。将各方格的填、挖方工程量汇总得到该广场的总土方量：

$$\sum 填方 = 187.07 + 339.66 + 296.64 + 82.43 + 50.62 + 89.47 = 1\,045.89(\text{m}^3)$$

$$\sum 挖方 = 0.12 + 2.71 + 0.82 + 0.49 + 10.43 + 3.01 = 17.58(\text{m}^3)$$

三、沟槽、基坑土石方量的计算

1. 沟槽挖方工程量的计算

沟槽挖方工程量的计算公式如下：

$$V_{挖} = S_{断} L \tag{3.6}$$

式中： $V_{挖}$ ——挖方工程量（m³）；

    $S_{断}$ ——沟槽断面面积（m²）；

    L ——沟槽长度（m）。

    其中沟槽的断面形式如图 3-9 所示。

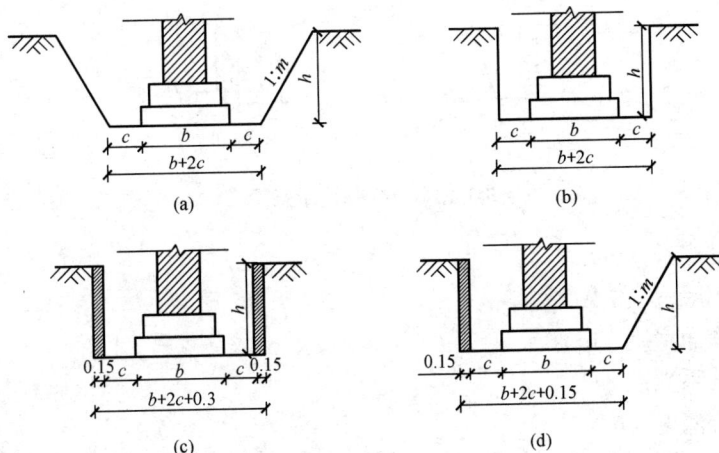

图 3-9 沟槽断面示意图（单位：m）

（1）两面放坡如图 3-9（a）所示。

$$S_{断} = [(b+2c) + mh]h \tag{3.7}$$

（2）不放坡无挡土板如图 3-9（b）所示。

$$S_{断} = (b+2c)h \tag{3.8}$$

（3）不放坡两面挡土板如图 3-9（c）所示。

$$S_{断} = [(b+2c) + 2 \times 0.15]h \tag{3.9}$$

（4）一面放坡一面挡土板如图 3-9（d）所示。

$$S_{断} = [(b+2c) + 0.15 + 0.5mh]h \tag{3.10}$$

式中： b ——构筑物基础底宽或管道结构宽（m）；

    c ——工作面宽度（m）；

    m ——放坡系数；

    h ——沟槽深度（m）。

  2. 基坑挖方工程量的计算

  （1）方形基坑。若方形基坑不需要放坡时，挖成的形状为立方体；若需要放坡时，挖成的形状为倒置的棱台体，如图 3-10 所示。

  放坡的方形基坑的挖方工程量计算公式为：

$$V_{挖} = (a + 2c + mH) \times (b + 2c + mH) \times H + \frac{1}{3}m^2 H^3 \tag{3.11}$$

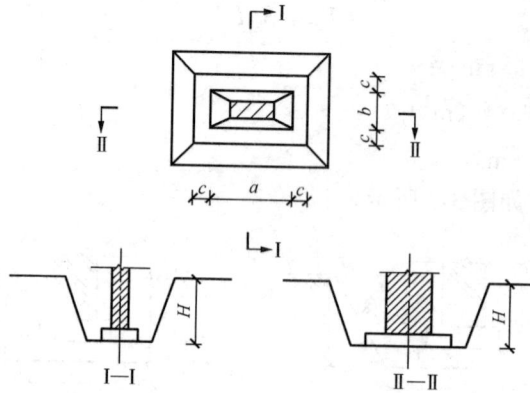

图 3-10　方形基坑示意图

式中：　a——基础底长（m）；

　　　　b——基础底宽（m）；

　　　　c——工作面宽度（m）；

　　　　m——放坡系数；

　　　　H——基坑深度（m）。

（2）圆形基坑。若圆形基坑不需要放坡时，挖成的形状为圆柱体，若需要放坡时，挖成的形状为倒置的圆台体，如图 3-11 所示。

放坡的圆形基坑的挖方工程量计算公式为：

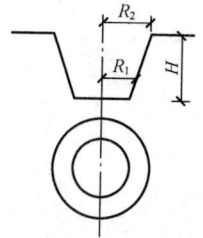

图 3-11　圆形基坑示意图

$$V_{挖} = \frac{1}{3}\pi H(R_1^2 + R_2^2 + R_1 R_2) \tag{3.12}$$

式中：　R_1——坑底半径（m）；

　　　　R_2——坑上口半径（m）。

3.2.5　土石方工程计量与计价案例

案例一：某市开发区新建一条道路，设计红线宽 50m。起点桩号为 K1+000，终点桩号为 K1+300，道路断面形式为三块板，其中快车道 15m，慢车道 3.5m×2，快慢车道绿化分隔带 2m×2，人行道 3m×2，绿化带种植土换填由绿化承包商负责，挖土深度 0.9m。采用反铲挖掘机挖土装车，自卸汽车运土。道路纵断面标高见表 3-14，外弃土挖方中心至外弃土点中心距离 5km。

试计算：（1）本段道路土方工程量；

（2）本段道路土方工程分部分项工程费（不考虑机械上下坡的便道土方量）。

表 3-14　　　　　　　　　　　　道路纵断面标高数据表

桩号	原地面标高	路基设计标高	路面设计标高	挖方断面积
K1+000	100.32	99.75	99.92	14.82
K1+020	100.50	99.95	100.12	14.30
K1+040	100.62	100.15	100.32	12.22
K1+060	100.89	100.35	100.52	14.04
K1+080	101.05	100.55	100.72	13.00

桩号	原地面标高	路基设计标高	路面设计标高	挖方断面积
K1+100	101.22	100.75	100.92	12.22
K1+120	101.20	100.95	101.12	6.50
K1+140	101.89	101.15	101.32	19.24
K1+160	102.00	101.35	101.52	16.90
K1+180	102.46	101.55	101.72	23.66
K1+200	102.68	101.75	101.92	24.18
K1+220	103.00	101.95	102.12	27.30
K1+240	103.22	102.15	102.32	27.82
K1+260	103.57	102.35	102.52	31.72
K1+280	103.88	102.55	102.72	34.58
K1+300	103.90	102.75	102.92	29.90

解： 1. 工程量计算

（1）绿化分隔带挖土工程量：

$$V = 2 \times 2 \times 0.9 \times 300 = 1080 (\text{m}^3)$$

（2）道路路基挖土工程量

根据横截面法进行计算，计算过程见表 3-15。

表 3-15　　　　　　　　　　道路路基土方工程量计算表

桩号	距离 L_{ij} (m)	挖 方		
		断面积（m²）	平均断面积 $\frac{1}{2}(F_i + F_j)$ (m²)	体积 V_{ij} (m³)
K1+000		14.82		
	20		14.56	291.20
K1+020		14.30		
	20		13.26	265.20
K1+040		12.22		
	20		13.13	262.60
K1+060		14.04		
	20		13.52	270.40
K1+080		13.00		
	20		12.61	252.20
K1+100		12.22		
	20		9.36	187.20
K1+120		6.50		
	20		12.87	257.40
K1+140		19.24		

桩号	距离 L_{ij} (m)	挖　方		
		断面积 (m²)	平均断面积 $\frac{1}{2}(F_i+F_j)$ (m²)	体积 V_{ij} (m³)
K1+140	20		18.07	361.40
K1+160		16.90		
	20		20.28	405.60
K1+180		23.66		
	20		23.92	478.40
K1+200		24.18		
	20		25.74	514.80
K1+220		27.30		
	20		27.56	551.20
K1+240		27.82		
	20		29.77	595.40
K1+260		31.72		
	20		33.15	663.00
K1+280		34.58		
	20		32.24	644.80
K1+300		29.90		
合计				6 000.80

即道路路基的挖方量为 6 000.80m³。

道路挖方量：V=1 080+6 000.80=7 080.80（m³）

（3）道路弃土工程量

$$V=1\ 080+6\ 000.80=7\ 080.80（m³）$$

2．分部分项工程费计算

道路土方工程分部分项工程费计算过程见表 3-16。

表 3-16　　　　　　　　道路土方分部分项工程计价表

定额编号	项目名称	工程量		分部分项工程费		其中人工费	
		单位	数量	单价（元）	合价（元）	单价（元）	合价（元）
1-141	挖掘机挖土 装车 三类土	1 000m³	7.080 80	5 897.65	41 760	529.31	3 748
1-215	自卸汽车运土 （载重 15t 以内）运距 5km	1 000m³	7.080 80	9 723.68	68 851	—	—
	合计				110 611		3 748

案例二：××道路工程和排水管道施工工程，施工界限为 K0+009～K0+280，设计排水管材为高密度聚乙烯双壁波纹管（HDPE），平均每座污水检查井、雨水检查井、雨水口的体积（含基础）分别为 4.10、3.10、1.28m³，污水管道、雨水管道的体积（含垫层）分别为 296.45、

351.27m³，施工图见图 3-12～图 3-19，管径尺寸见表 3-17。求该道路与排水管道工程的土方工程量及分部分项工程费。（土质类型为三类土；反铲挖掘机挖土，槽边作业；自卸汽车运土，运距 10km；装载机装土；支管道的原地面标高按与同桩号的主管道原地面标高相同计算，挖、填土考虑现场平衡。）

表 3-17	排水管道内径和壁厚尺寸表	单位：mm
公称内径（DN）	最小平均内径	最小壁厚
300	294	2.0
400	392	2.5
500	490	3.0

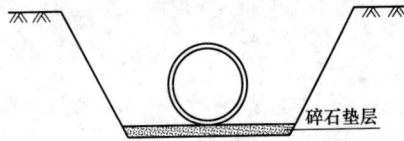

图 3-12　排水管道横断面图

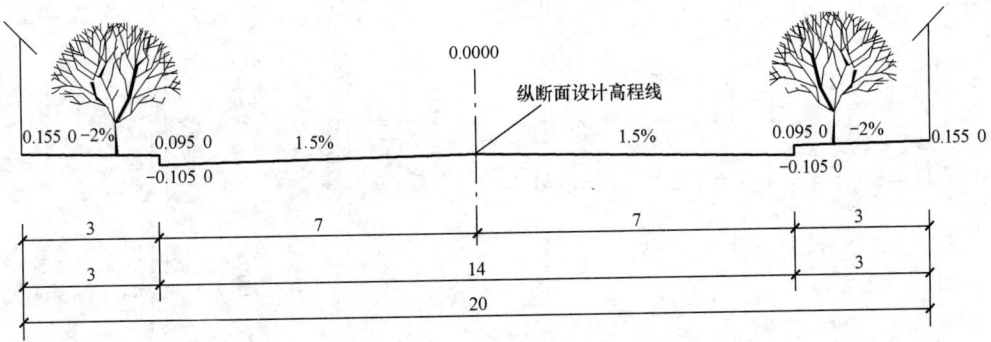

图 3-13　道路标准横断面图（单位：m）

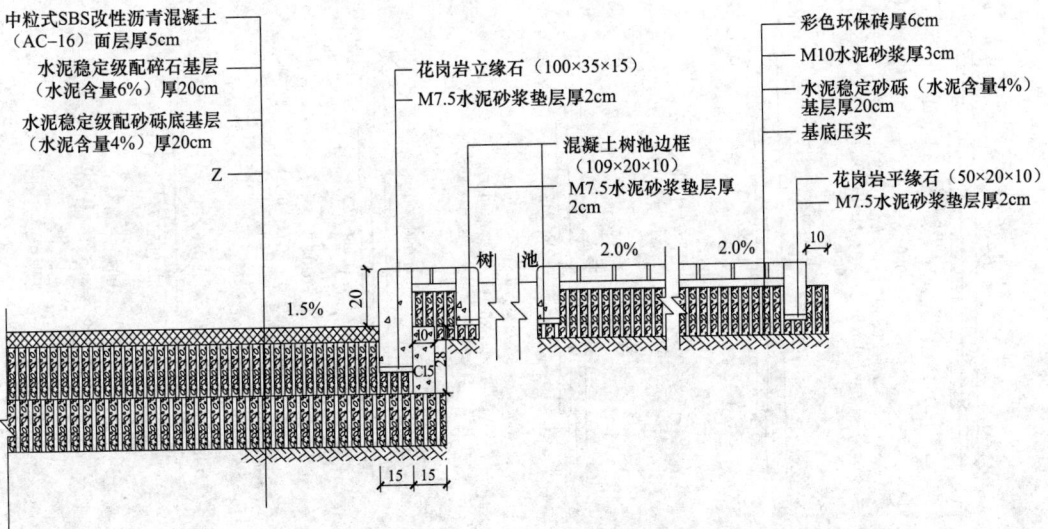

图 3-14　道路路面结构图（单位：cm）

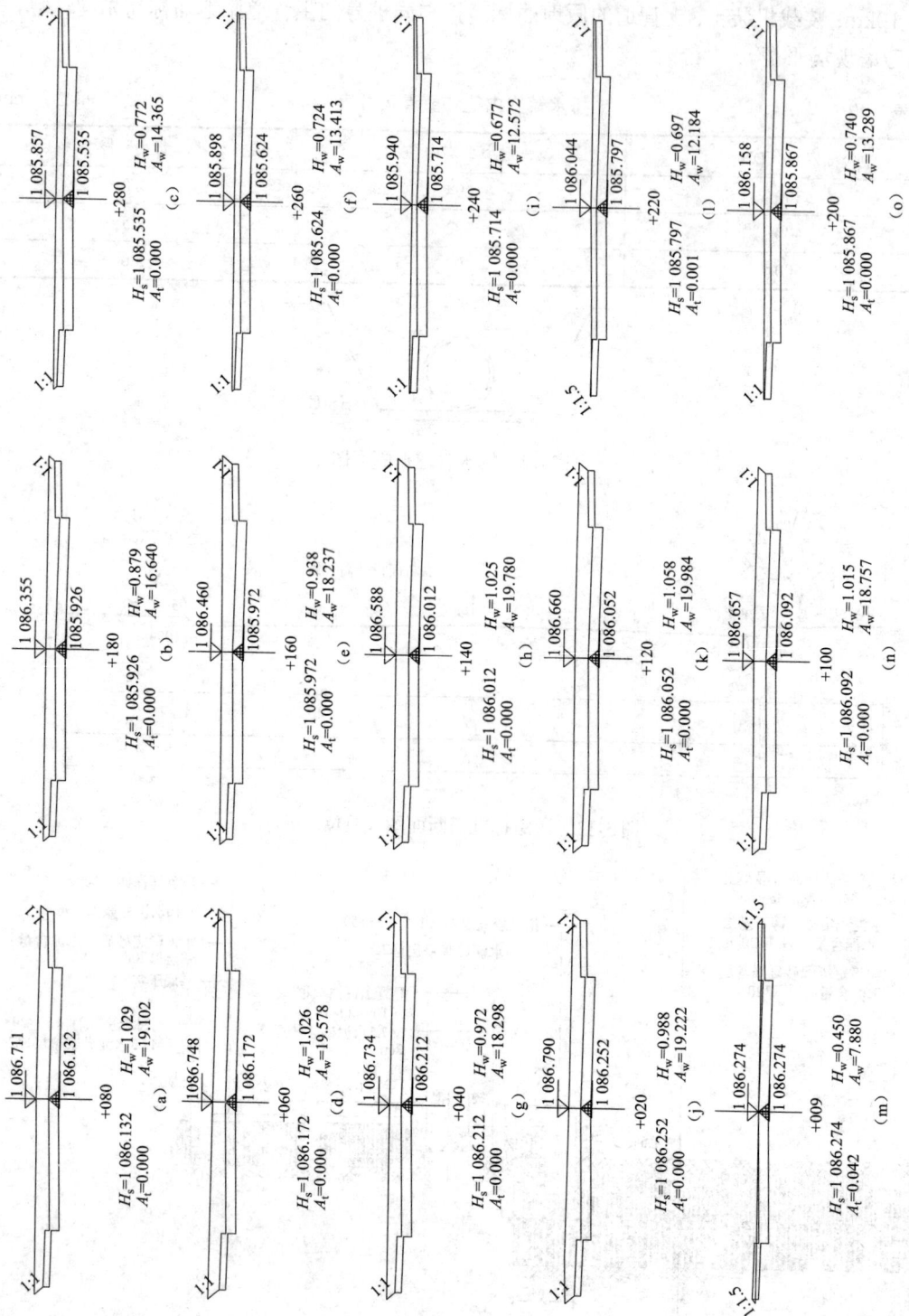

图 3-15　道路土方断面图

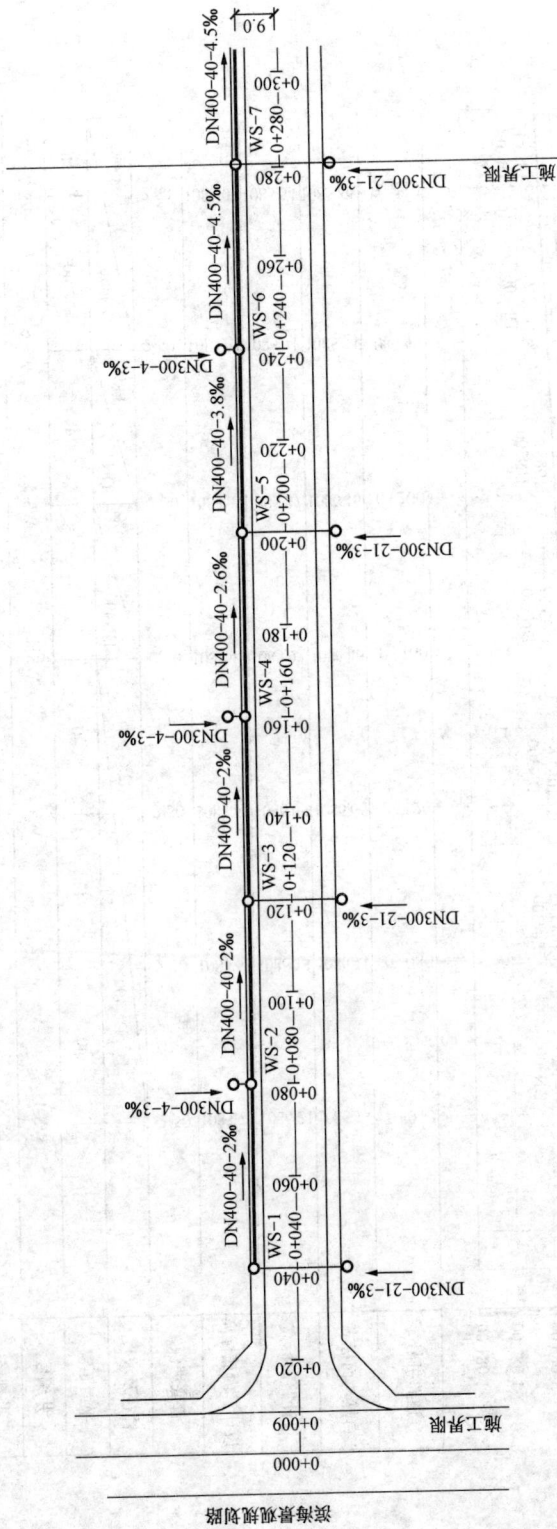

图 3-16　污水工程施工平面图

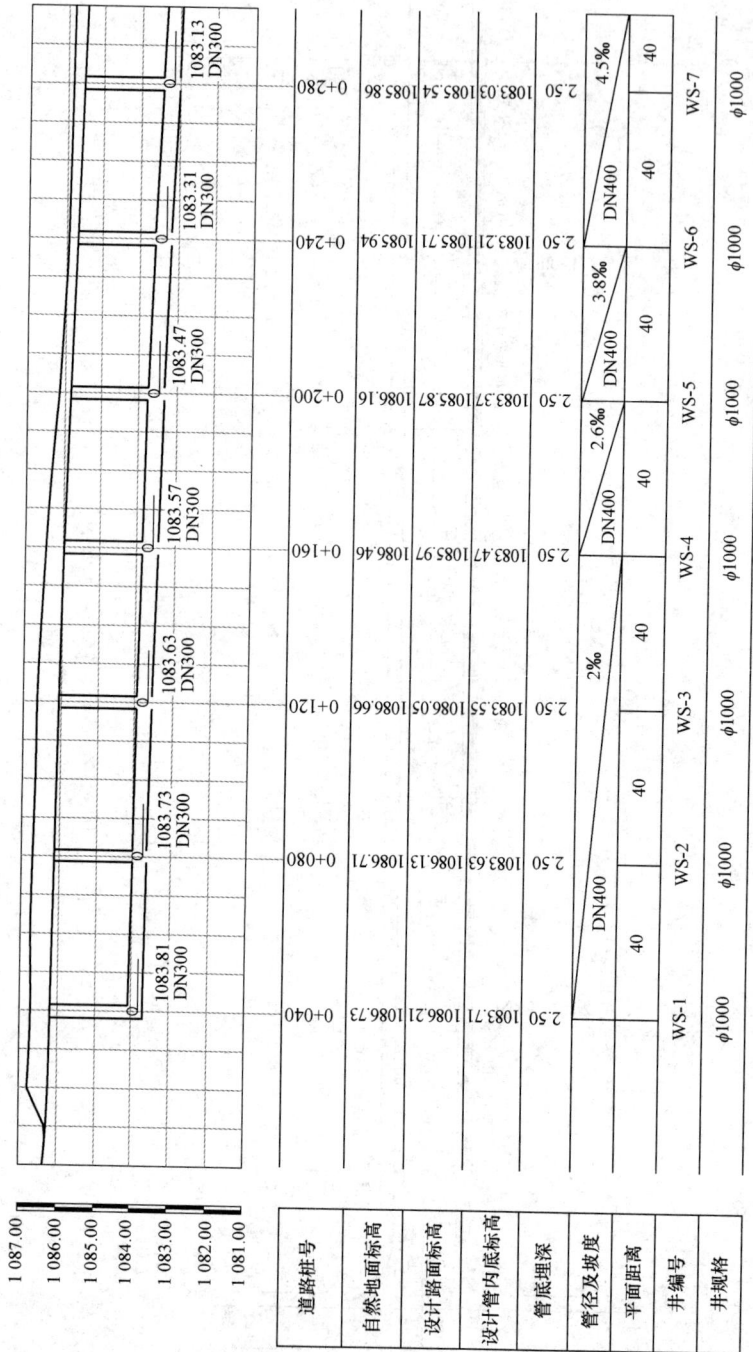

图 3-17　污水管道纵断面图

污水管道纵断面图

竖 1:100　横 1:1000

道路桩号						
自然地面标高						
设计路面标高						
设计管内底标高						
管底埋深						
管径及坡度						
平面距离						
井编号						
井规格						

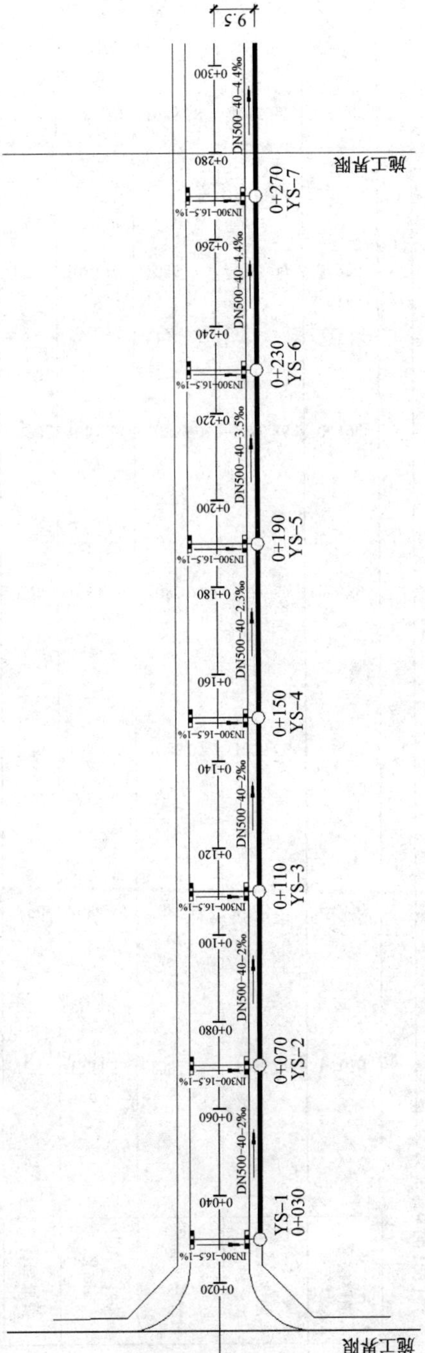

图 3-18 雨水工程施工平面图

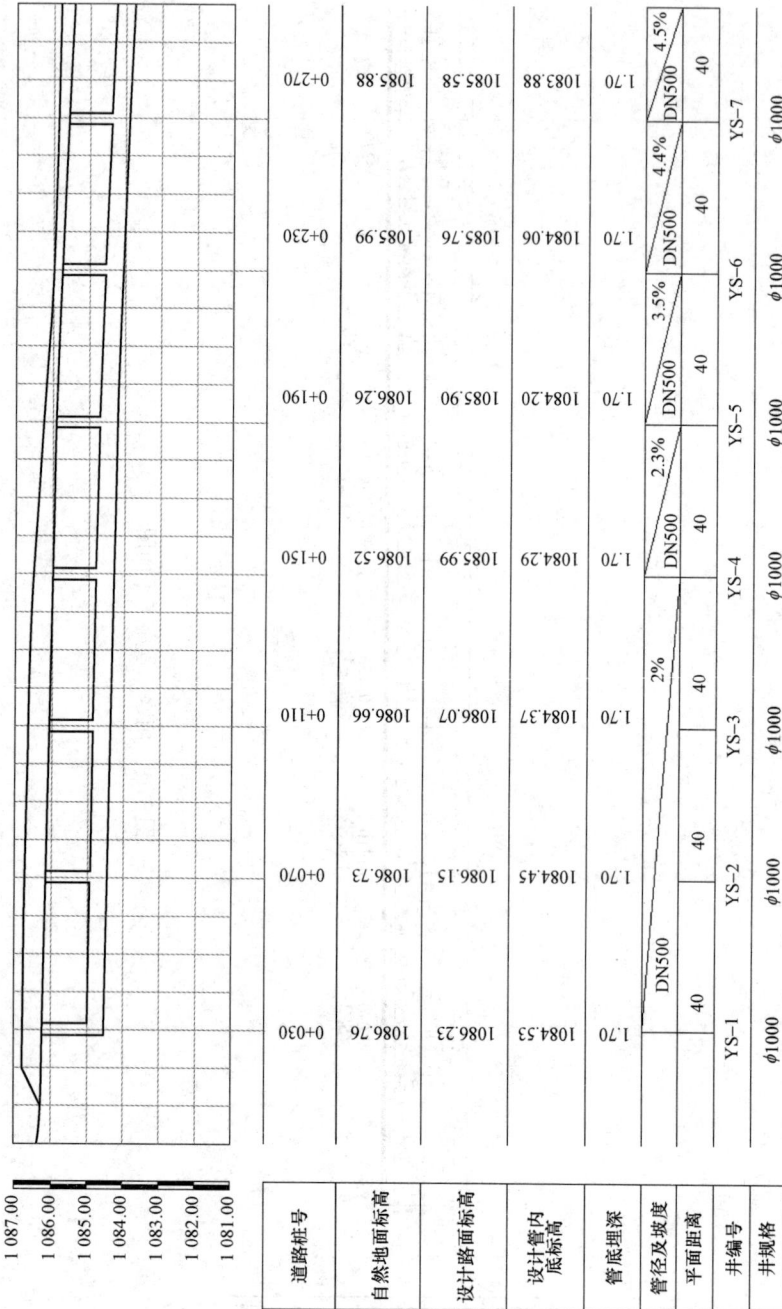

道路桩号	0+030	0+070	0+110	0+150	0+190	0+230	0+270
自然地面标高	1086.23	1086.15	1086.07	1085.99	1085.90	1085.76	1085.58
设计路面标高	1086.76	1086.73	1086.66	1086.52	1086.26	1085.99	1085.88
设计管内底标高	1084.53	1084.45	1084.37	1084.29	1084.20	1084.06	1083.88
管底埋深	1.70	1.70	1.70	1.70	1.70	1.70	1.70
管径及坡度	DN500		2%	DN500 2.3%	DN500 3.5%	DN500 4.4%	DN500 4.5%
平面距离	40	40	40	40	40	40	40
井编号	YS-1	YS-2	YS-3	YS-4	YS-5	YS-6	YS-7
井规格	φ1000	φ1000	φ1000	φ1000	φ1000	φ1000	φ1000

雨水管道纵断面图 竖 1:100 横 1:1000

图 3-19　雨水管道纵断面图

解： 1．道路路基土方量计算（见表 3-18）

表 3-18　　　　　　　　　　　　　道路路基土方量计算表

桩号	距离 L_{ij}（m）	挖　方			填　方		
		断面积（m²）	平均断面积 $\frac{1}{2}(F_i + F_j)$（m²）	体积 V_{ij}（m³）	断面积（m²）	平均断面积 $\frac{1}{2}(F_i + F_j)$（m²）	体积 V_{ij}（m³）
K0+009		7.88			0.042		
	11		13.55	149.05		0.021	0.23
K0+020		19.22			0		
	20		18.76	375.2			
K0+040		18.30					
	20		18.94	378.8			
K0+060		19.58					
	20		19.34	386.8			
K0+080		19.10					
	20		18.93	378.6			
K0+100		18.76					
	20		19.37	387.4			
K0+120		19.98					
	20		19.88	397.6			
K0+140		19.78					
	20		19.01	380.2			
K0+160		18.24					
	20		17.44	348.8			
K0+180		16.64					
	20		14.97	299.4			
K0+200		13.29					
	20		12.74	254.8			
K0+220		12.18					
	20		12.38	247.6			
K0+240		12.57					
	20		12.99	259.8			
K0+260		13.41					
	20		13.89	277.8			
K0+280		14.37					
	20						
合计				4 521.85			0.23

2. 排水管道挖土工程量计算（见表 3-19）

（1）由于车行道与人行道结构底面以上的挖土量已在道路路基土方量中计算，此处不应重复计算。表 3-19 中位于车行道或人行道的排水管道沟槽平均挖深是指车行道或人行道结构底面至沟槽底平均挖深，人行道外排水管道沟槽平均挖深是指原地面线到沟槽底平均挖深。

（2）雨水主管道沟槽开挖时，应扣除与污水管槽相交的长度。

表 3-19　排水管道挖方量计算表

名称	污水管道主管道	污水管道支管道						雨水管道主管道	雨水管道支管道	
		长 21m			长 4m					
位置	人行道	车行道	人行道（道路左侧）	人行道（道路右侧）	人行道外	人行道	人行道外	人行道	车行道	人行道
管内径 d (m)	0.392			0.294				0.490		0.294
壁厚 t (m)	0.002 5			0.002				0.003		0.002
管道结构宽 (m) $b=d+2t$	0.397			0.298				0.496		0.298
工作面宽度 c (m)				0.40						
放坡系数 m				0.67						0
垫层厚 c_1 (m)				0.1						

续表

名称	污水管道主管道		污水管道支管道					雨水管道主管道	雨水管道支管道	
			长 21m			长 4m				
位置	人行道	车行道	人行道(道路左侧)	人行道(道路右侧)	人行道外	人行道	人行道外	人行道	车行道	人行道
管沟长 L (m)	280-40=240	14×4=56	(9-7)×4=8	3×4=12	(21-9-7-3)×4=8	[3-(9-7)]×3=3	[4-(7+3-9)]×3=9	280-30-(0.298+0.4×2)×4=245.61	14×7=98	(9.5-7)×7=17.5
车行道或人行道结构厚 H (m)	0.06+0.03+0.2=0.29	0.05+0.2+0.2=0.45	0.06+0.03+0.2=0.29	0.06+0.03+0.2=0.29	0	0.06+0.03+0.2=0.29	0	0.06+0.03+0.2=0.29	0.05+0.2+0.2=0.45	0.06+0.03+0.2=0.29
沟槽平均挖深 h (m)	2.5+(0.095+2×2%)-0.29÷2-(0.4-0.3)-0.29×0.392+0.002 5+0.1=2.45	2.5-(0+0.105)÷2-(0.4-0.3)-0.29×3‰-14×3‰÷2-0.45+0.002+0.1=1.97	2.5+(0.095+2×2%÷2)-(0.4-0.3)-2×3‰÷2-0.29+0.002+0.1=2.32	2.5+(0.095+2×2%÷2)-(0.4-0.3)-(9-7+14)×3‰-3×3‰÷2-0.29+0.002+0.1=2.27	2.5-0.45+(0.972+1.058+0.740+0.772)÷4-(0.4-0.3)-(9+7+3)×3‰-2×3‰÷2-0.002+0.1=2.88	2.5+(0.155-1×2%÷2)-(0.4-0.3)-1×3‰×3‰-0.29+0.002+0.1=2.36	2.5-0.45+(1.029+0.938+0.677)÷3-(0.4-0.3)-1×3‰-3×3‰÷2+0.002+0.1=2.93	1.7+0.095+2.5×2%-0.29+0.003-0.29-0.003+0.1=1.66	1.7-(0+0.105)÷2-(0.5-0.3)-2.5×1%-14×1%÷2-0.45+0.002+0.1=1.00	1.7+(0.095+2.5×2%÷2)-(0.5-0.3)-2.5×1%÷2-0.29+0.002+0.1=1.42
土方量 (m³) $V=(b+2c+mh)hL$	1 669.04	266.74	49.23	71.34	69.76	18.97	80.72	981.85	107.60	27.29

注 挖土工程量已考虑道路路拱及人行道横坡与管道坡度对土方量的影响。

3．计算分部分项工程费

道路与排水管道土方工程分部分项工程费计算见表 3-20 和表 3-21。

表 3-20　　　　　　　　　道路与排水管道土方工程量计算表

序号	项目名称	单位	工程量计算公式	数量
1	土方开挖	m³	4 521.85+3 342.54×（1+2.5%）	7 947.95
1.1	道路路基挖土	m³		4 521.85
1.2	管道挖土	m³	1 669.04+266.74+49.23+71.34+69.76+18.97+80.72+981.85+107.60+27.29	3 342.54
2	土方回填	m³	0.23+2 597.80	2 598.03
2.1	道路回填	m³		0.23
2.2	管道回填	m³	3 342.54−4.10×14−3.10×7−1.28×14−296.45−351.27	2 597.80
3	余土外运	m³	7 947.95−2 598.03×1.15	4 960.22

表 3-21　　　　　　　　道路与排水管道土方分部分项工程计价表

定额编号	项目名称	工程量		分部分项工程费（元）		其中人工费（元）	
		单位	数量	单价	合价	单价	合价
1-141	挖掘机挖土　装车　三类土	1 000m³	4.960 22	5 897.65	29 254	529.31	2 625
1-138	挖掘机挖土　不装车　三类土	1 000m³	2.598 03	5 203.28	13 518	529.31	1 375
1-217	自卸汽车运土（载重 15t 以内）运距 10km	1 000m³	4.960 22	15 912.35	78 929		
1-236	填土夯实　槽、坑	100m³	25.978	1 336.03	34 707	986.08	25 616
1-231	填土碾压　内燃压路机　15t 以内	1 000m³	0.000 23	6 108.62	1	529.31	0
	合计				156 409		29 616

3.3　拆　除　工　程

3.3.1　拆除工程定额说明

（1）本章定额拆除包括拆除旧路、拆除人行道、拆除预制侧缘石、拆除混凝土管道、拆除金属管道、拆除砖石构筑物、拆除混凝土障碍物、路面铣刨机铣刨沥青路面、液压岩石破碎机破碎混凝土及钢筋混凝土等项目。

（2）本章定额拆除均未包括挖土方，挖土方执行第一章土石方工程相应项目。

（3）本章定额小型机械拆除项目中包括人工配合作业。

（4）液压岩石破碎机破碎后的废料，其清理费用另行计算；人工及小型机械拆除后的旧料应整理干净就近堆放整齐。如需运至指定地点回收利用或弃置，则另行计算运费和回收价值。

（5）管道拆除要求拆除后的旧管保持基本完好，破坏性拆除不得套用本定额。拆除混凝土管道未包括拆除基础及垫层用工，基础及垫层拆除按本章相应项目执行。

（6）本章定额中未考虑地下水因素，若发生则另行计算。

（7）人工拆除石灰土、二碴、三碴、二灰结石基层应根据材料组成情况执行拆除无骨料多合土基层或拆除有骨料多合土基层项目。小型机械拆除石灰土执行小型机械拆除无筋混凝土面层项目乘以系数 0.70，小型机械拆除二碴、三碴、二灰结石等其余半刚性基层执行小型机械拆除无筋混凝土面层项目乘以系数 0.80。

【例 3-14】　小型机械拆除石灰土垫层，厚 10cm，确定拆除的定额编号、基价。

解：定额编号：1-365

$$换后基价=2\ 287.63×0.70=1\ 601.34（元/100m^2）$$

（8）液压岩石破碎机破碎混凝土及钢筋混凝土构筑物项目中：

1）液压岩石破碎机破碎坑、槽混凝土及钢筋混凝土构筑物按破碎混凝土及钢筋混凝土构筑物定额子目乘以系数 1.3。

2）液压岩石破碎机破碎道路混凝土及钢筋混凝土路面按破碎混凝土及钢筋混凝土构筑物定额子目乘以系数 0.4。

3）液压岩石破碎机破碎道路的沥青混凝土面层、半刚性材料按破碎混凝土构筑物子目乘以系数 0.3。

（9）沥青混凝土路面切边执行第二册《道路工程》锯缝机锯缝项目。

（10）焊接钢管拆除的氧气、乙炔气费用另计；若为法兰接口则定额人工乘以系数 1.3。

（11）拆除井深在 4m 以上的检查井时，人工乘以系数 1.31；拆除石砌检查井时，人工乘以系数 1.10；拆除石砌构筑物时，人工乘以系数 1.17。

3.3.2　拆除工程定额工程量计算规则

（1）拆除旧路及人行道按面积计算。

（2）拆除侧缘石及各类管道按长度计算。

（3）拆除构筑物及障碍物按体积计算。

（4）路面凿毛、路面铣刨按设计图纸或施工组织设计按面积计算。铣刨路面厚度大于 5cm 须分层铣刨。

【例 3-15】　某旧路改造工程，其中 K0+000～K0+500 段拆除旧路，采用机械拆除，K0+500～K1+800 段处理方式为路面机械凿毛，整段道路人行道和侧石全部拆除，旧路宽 15m，沥青路面厚 5cm；基层为碎石基层，宽 15.5 m，厚 15cm；人行道 3m×2，普通黏土砖平铺；道路两侧设混凝土侧石，试计算旧路的拆除工程量。

解：拆除工程的工程量计算如表 3-22 所示。

表 3-22　　　　　　　　　　　　　　拆除工程量计算表

序号	项目名称	单位	工程量计算公式	数量
1	拆除沥青混凝土路面	m²	500×15	7 500
2	拆除碎石基层	m²	500×15.5	7 750
3	路面凿毛	m²	1 300×15	19 500
4	拆除人行道	m²	1 800×3×2	10 800
5	拆除侧石	m	1 800×2	3 600

3.4　钢　筋　工　程

3.4.1　钢筋工程定额说明

一、普通钢筋

（1）本节定额包括普通钢筋、钢筋连接和铁件、拉杆、植筋项目。

（2）钢筋工作内容包括制作、绑扎、安装以及浇灌混凝土时维护钢筋用工。

（3）钢筋的搭接（接头）数量应按设计图示及规范要求计算；设计图示及规范要求未标明的，$\phi10$ 以上的长钢筋按每 9m 计算一个搭接（接头）。

（4）钢筋未包括冷拉、冷拔，如设计要求冷拉、冷拔时，费用另行计算。

（5）传力杆按 $\phi22$ 编制，若实际不同时，人工和机械消耗量应按表 3-23 中系数调整。

表 3-23　　　　　　　　　传力杆人工和机械消耗量调整系数表

传力杆直径	$\phi28$	$\phi25$	$\phi22$	$\phi20$	$\phi18$	$\phi16$
调整系数	0.62	0.78	1.00	1.21	1.49	1.89

（6）植筋增加费工作内容包括钻孔和装胶。定额中钢筋埋深按以下规定计算：

1）钢筋直径规格 20mm 以下的，按钢筋直径的 15 倍计算，并大于或等于 100mm：

2）钢筋直径规格为 20mm 以上，按钢筋直径的 20 倍计算。

当设计埋深长度与定额取定不同时，定额中的钢筋可以调整。

植筋用钢筋的制作、安装，按钢筋质量执行普通钢筋相应子目。

（7）钢筋挤压套筒定额按成品编制。如实际为现场加工时，挤压套筒按加工铁件予以换算，套筒质量可参考表 3-24 计算。

表 3-24　　　　　　　　　　　套　筒　质　量　表

规格	$\phi22$	$\phi25$	$\phi28$	$\phi32$
质量（kg/个）	0.62	0.78	1.00	1.21

注　套筒内径按钢筋规格加 2mm、壁厚 8mm、长 300mm 计算质量。如不同时质量予以调整。

二、预应力钢筋

（1）本节定额包括低合金预应力钢筋和预应力钢绞线项目。

（2）预应力钢筋项目未包括时效处理，设计要求时效处理时，费用另行计算。

（3）预应力钢绞线张拉项目的锚具按单孔锚具计算，每根钢绞线有两端计 2 个锚具。如果采用多孔锚具，可按锚具预算价格除以有效锚孔数量折算单价，调整价差。

三、钢筋运输、钢筋笼安放

（1）本节定额包括水平及垂直运输和钢筋笼安放项目。

（2）场外运输适用于施工企业因施工场地限制，租用施工场地加工钢筋情况。

3.4.2　钢筋工程定额工程量计算规则

一、普通钢筋

（1）钢筋工程量应区别不同钢筋种类和规格，分别按设计长度乘以单位理论质量计算。

（2）电渣压力焊接、套筒挤压、直螺纹接头，按设计图示个数计算。

（3）铁件、拉杆按设计图示尺寸以质量计算。

（4）植筋增加费按个数计算。

二、预应力钢筋

（1）预应力钢筋应区别不同钢筋种类和规格，分别按规定长度乘以单位理论质量计算。

（2）先张法钢筋长度按构件外形长度计算。

（3）后张法钢筋按设计图示的预应力钢筋孔道长度，并区别不同锚具类型，分别按下列规定计算。

1）低合金钢筋端采用螺杆锚具时，预应力钢筋按孔道长度共减 0.35m，螺杆按加工铁件另列项计算。

2）低合金钢筋一端采用镦头插片，另一端螺杆锚具时，预应力钢筋长度按预留孔道长度计算，螺杆按加工铁件另行列项计算。

3）低合金钢筋一端采用镦头插片，另一端采用帮条锚具时，预应力钢筋按孔道长度增加 0.15m，两端均采用帮条锚具时，预应力钢筋共增加 0.3m 计算。

4）低合金钢筋采用后张混凝土自锚时，预应力钢筋长度增加 0.35m 计算。

（4）钢绞线采用 JM、XM、OVM、QM 型锚具，孔道长度在 20m 以内时，预应力钢绞线增加 1m；孔道长度在 20m 以上时，预应力钢绞线增加 1.8m。

（5）预应力构件孔道成孔和孔道灌浆按孔道长度计算。

（6）后张法预应力钢绞线张拉应区分单根设计长度，按图示根数计算。

（7）无黏结预应力钢绞线端头封闭，按图示张拉端头个数计算。

三、钢筋运输、钢筋笼安放

（1）钢筋水平及垂直运输均按设计图示用量以质量计算。垂直运输按 20m 以内考虑。

（2）现浇灌注混凝土桩钢筋笼安放，均按设计图示用量以质量计算。

（3）地下连续墙钢筋笼安放均按设计图示用量以质量计算。

四、钢筋工程量计算方法

1. 钢筋单位质量计算

$$钢筋单位质量 = 0.00617 \times d^2 \tag{3.13}$$

式中　钢筋单位质量——钢筋每米的质量（kg/m）；

　　　　　　d——钢筋直径（mm）。

通常在计算时，钢筋的单位质量可通过查表的方式得到，单位钢筋质量见表 3-25。

表 3-25 单位钢筋质量表

直径（mm）	单位质量（kg/m）	直径（mm）	单位质量（kg/m）
6	0.222	18	1.999
8	0.395	20	2.468
10	0.617	22	2.986
12	0.888	25	3.856
14	1.209	28	4.837
16	1.580	32	6.318

2. 钢材单位质量计算

对于钢材的质量计算，不同的钢材可依不同的计算公式计算，钢材理论质量计算见表 3-26。

表 3-26　　　　　　　　　　　　　钢材理论质量计算简式

名称	单位	计算公式	备注
圆钢盘条	kg/m	$\omega=0.006\,165\times d^2$	式中：d 为直径（mm）
螺纹钢	kg/m	$\omega=0.006\,17\times d^2$	式中：d 为断面直径（mm）
方钢	kg/m	$\omega=0.007\,85\times d^2$	式中：d 为边宽（mm）
扁钢	kg/m	$\omega=0.007\,85\times d\times b$	式中：d 为边宽（mm），b 为厚（mm）
六角钢	kg/m	$\omega=0.006\,798\times d^2$	式中：d 为对边距离（mm）
八角钢	kg/m	$\omega=0.006\,798\times d^2$	式中：d 为对边距离（mm）
等边角钢	kg/m	$\omega=0.007\,85\times[d(2b-d)+0.215(R^2-2r^2)]$	式中：b 为边宽（mm），d 为边厚（mm），R 为内弧（mm），半径 r 为端弧半径（mm）
不等边角钢	kg/m	$\omega=0.007\,85\times[d(B+6-d)+0.215(R^2-2r^2)]$	式中：B 为长边宽（mm），b 为短边宽（mm），d 为边厚（mm），R 为内弧半径（mm），r 为端弧半径（mm）
槽钢	kg/m	$\omega=0.007\,85[h\times d+2t(b-d)+0.349(R^2-r^2)]$	式中：h 为高（mm），b 为腿长（mm），d 为腰厚（mm），t 为平均腿厚（mm），R 为内弧半径（mm），r 为端弧半径（mm）
工字钢	kg/m	$\omega=0.007\,85\,[h\times d+2t\,(b-d)+0.858\,4\,(R^2-r^2)]$	式中：h 为高（mm），b 为腿长（mm），d 为腰厚（mm），t 为平均腿厚（mm），R 为内弧半径（mm），r 为端弧半径（mm）
钢板	kg/m²	$\omega=7.85\times b$	式中：b 为厚（mm）
钢管（包括无缝钢管及焊接钢管）	kg/m	$\omega=0.024\,6\times S\times(D-S)$	式中：D 为外径（mm），s 为壁厚（mm）

【例 3-16】　试计算直径 80mm 的圆钢单位质量。

解：单位质量 $=0.006\,17\times80^2=39.488$（kg）

3. 钢筋长度计算

（1）直钢筋、带弯钩钢筋计算。如图 3-20 所示。

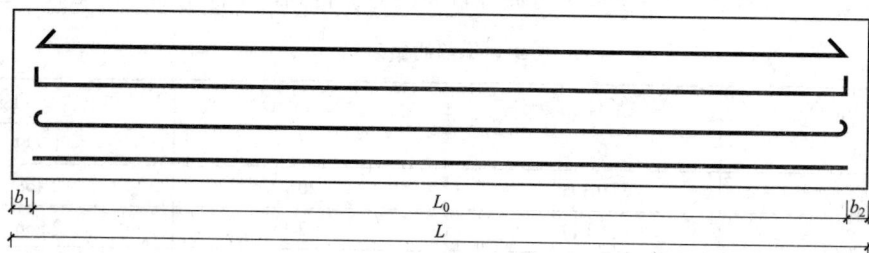

图 3-20　受力钢筋示意图

1）直钢筋长度计算。

直钢筋长度=构件长度-保护层厚度+搭接长度

$$L_0=L-（b_1+b_2）+n_1\times35d \qquad (3.14)$$

2）带弯钩钢筋长度计算

带弯钩钢筋长度=构件长度-保护层厚度+弯钩长度+搭接长度

a. 半圆弯钩钢筋。

单个半圆弯钩长度=6.25d

$$L_0=L-（b_1+b_2）+2\times6.25d+n_1\times35d \qquad (3.15)$$

b. 直弯钩钢筋。

单个直弯钩长度=3.5d

$$L_0=L-（b_1+b_2）+2\times3.5d+n_1\times35d \qquad (3.16)$$

c. 斜弯钩钢筋。

单个斜弯钩长度=4.9d

$$L_0=L-（b_1+b_2）+2\times4.9d+n_1\times35d \qquad (3.17)$$

式中　L_0——钢筋长；

　　　L——构件长；

b_1、b_2——单侧保护层厚度；

　　　d——钢筋直径；

　　　n_1——搭接个数。

（2）弯起筋计算。

弯起钢筋的弯起角度一般有 30°、45°、60°三种，其弯起增加值是指钢筋斜长与水平投影长度之间的差值，计算方法见表 3-27。

表 3-27　　　　　　　　　　弯起钢筋斜长及增加长度计算表

形　状				
计算方法	斜边长 S	$2h$	$1.414h$	$1.155h$
	增加长度 $S-L=\Delta L$	$0.268h$	$0.414h$	$0.577h$

（3）箍筋的计算。

1）双肢箍筋长度计算。箍筋的末端应作弯钩，弯钩形式应符合设计要求。当设计无具体要求时，用Φ级钢筋或低碳钢丝制作的箍筋，其弯钩的弯曲直径 D 不应大于受力钢筋直径，且不小于箍筋直径的 2.5 倍；弯钩的平直部分长度，一般结构的，不宜小于箍筋直径的 5 倍；有抗震要求的结构构件箍筋弯钩的平直部分长度不应小于箍筋直径的 10 倍，如图 3-21 所示。

箍筋的长度两种计算方法：

a. 可按构件断面外边周长减去 8 个混凝土保护层厚度再加 2 个弯钩长度计算。

b. 可按构件断面外边周长加上增减值计算。

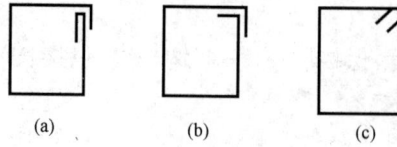

图 3-21　箍筋示意图

（a）90°/180°一般结构；（b）90°/90°一般结构；（c）135°/135°抗震结构

表 3-28　　　　　　　　　　　　　　　　箍筋增减值调整表

形　状		直径 d（mm）						备注 （保护层按 25mm 考虑）
		4	6	6.5	8	10	12	
		增减值						
抗震结构	135°/135°	−88	−33	−20	22	78	133	增减值=25×8−27.8d
一般结构	90°/180°	−133	−100	−90	−66	−33	0	增减值=25×8−16.75d
一般结构	90°/90°	−140	−110	−103	−80	−50	−20	增减值=25×8−15d

$$箍筋根数=配筋长度÷间距+1 \tag{3.18}$$

$$配筋长度=构件长−保护层厚度 \tag{3.19}$$

2）螺旋箍筋长度计算，如图 3-22 所示。

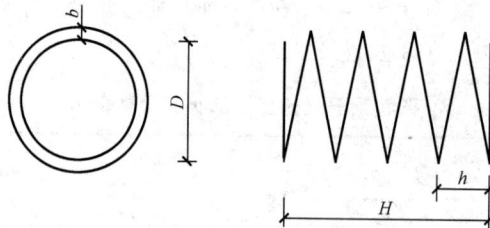

图 3-22　螺旋箍筋净长图

$$螺旋箍筋净长=\frac{H}{h}\times\sqrt{[\pi(D-2b+d)]^2+h^2} \tag{3.20}$$

式中　H ——螺旋箍筋高度（深度）；

　　　h ——螺距；

　　　D ——圆直径；

　　　b ——保护层厚度。

（4）钢筋的锚固长度。是指各种构件相互交接处彼此的钢筋应互相锚固的长度。

设计图有明确规定的，钢筋的锚固长度按图计算；当设计无具体要求时，则按《混凝土结构设计规范》的规定计算。

【例 3-17】　某斜交 20°中桥的桥面铺装配筋图如图 3-23 所示，其中 1、2 号钢筋为 ϕ12 钢筋，3 号钢筋为 ϕ16 钢筋，试计算该桥面铺装的钢筋工程量。

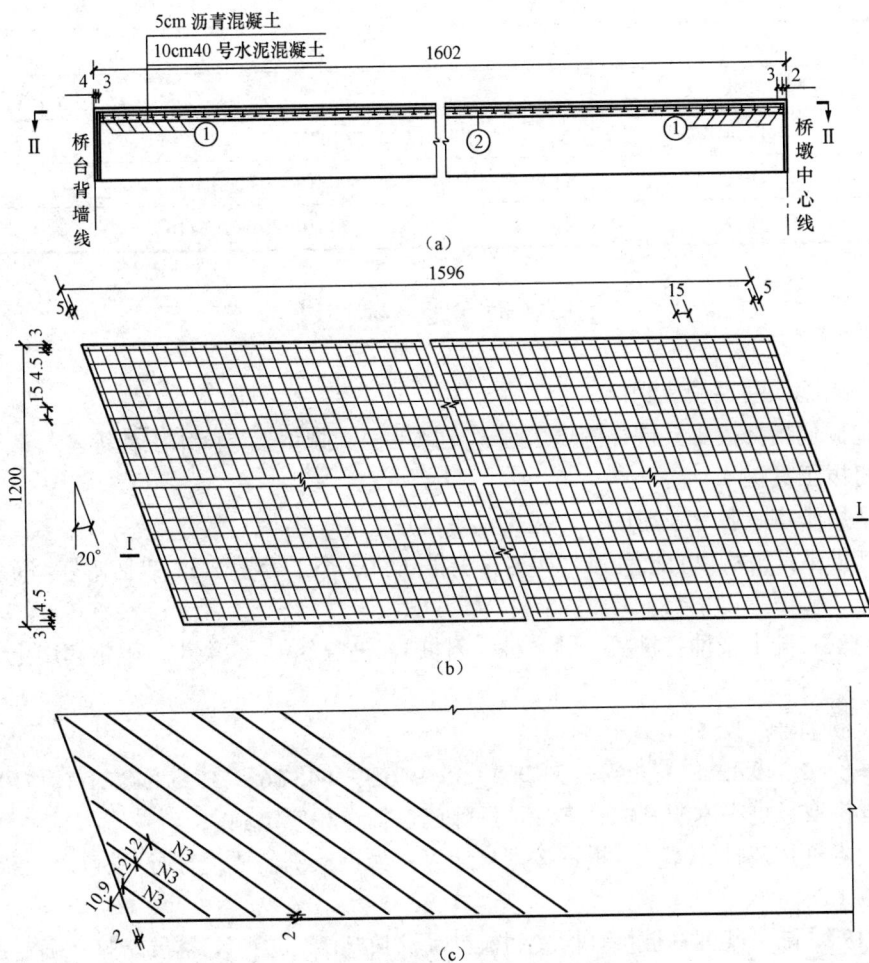

图 3-23　桥面铺装配筋图（单位：cm）

（a）Ⅰ-Ⅰ；（b）Ⅱ-Ⅱ；（c）钝角加强钢筋构造

解：桥面铺装工程量计算见表 3-29。

表 3-29　　　　　　　　　　　　　　　钢筋工程量计算表

序号	项目名称	单位	工程量计算公式	数量
	每根钢筋长			
1	1 号钢筋	cm	（1 200−3×2）÷cos20°	1 270.63
2	2 号钢筋	cm	1 596−3×2	1 590.00
3	3 号钢筋（平均长度）	cm	［（10.9×tan55°）×2−2×2÷sin35°+（10.9+9×12）×tan55°×2−2×2÷sin35°］÷2	178.40
	钢筋根数			
4	1 号钢筋	根	［1 600−5×2］÷15+1	107
5	2 号钢筋	根	［1 200−3×2−4.5×2］÷15+1	80
6	3 号钢筋	根	10×2	20

序号	项目名称	单位	工程量计算公式	数量
	钢筋工程量（质量）			
7	1号钢筋	kg	$1\,270.63 \times 107 \times 10^{-2} \times 0.006\,17 \times 12^2$	1 207.95
8	2号钢筋	kg	$1\,590 \times 80 \times 10^{-2} \times 0.006\,17 \times 12^2$	1 130.15
9	3号钢筋	kg	$178.4 \times 20 \times 10^{-2} \times 0.006\,17 \times 16^2$	56.36

3.5　措　施　项　目

3.5.1　措施项目定额说明

本章定额包括打拔工具桩、围堰工程、支撑工程、脚手架、降水工程等。

一、打拔工具桩

（1）适用于市政各专业册的打、拔工具桩。

（2）打拔工具桩均以直桩为准，如遇打斜桩（斜度小于等于1:6，包括俯打、仰打）按相应项目人工、机械乘以系数1.35。

【例3-18】 陆上柴油打桩机打圆木桩（斜桩），桩长3m，二类土，确定套用定额编号和换后基价。

解： 定额编号：1-555

换后基价=2 349.42×（1+45%+45%）×1.35+946.39+648.56×1.35=7 848.21（元/10m³）

（3）导桩及导桩夹木的制作、安装、拆除已包括在相应定额中。

（4）圆木桩按疏打计算；钢板桩按密打计算；如钢板桩需要疏打时，执行相应定额，人工乘以系数1.05。

【例3-19】 陆上柴油打桩机打槽型钢板桩，桩长5m，三类土，需要疏打，确定定额编号和换后基价。

解： 定额编号：1-560

换后基价=2 048.39×（1+45%+45%）×1.05+264.21+511.95=4 862.70（元/10t）

（5）打拔桩架90°调面及超运距移动已综合考虑。

（6）竖、拆柴油打桩机架费用另行计算，按第三册《桥涵工程》中相应项目执行。

（7）钢板桩和木桩的防腐费用等已包括在其他材料费用中。

（8）打桩根据桩入土深度不同和土壤类别所占比例，分别执行相应项目。

【例3-20】 打20t长10m的钢板桩，根据地质报告，入三类土平均深度为4m，入二类土平均深度为6m，确定定额编号和换后基价。

解： 定额编号：1-549、1-550

$$换后基价=3\,466.30 \times \frac{6}{4+6} + 4\,319.69 \times \frac{4}{4+6} = 3\,807.66（元/10t）$$

二、围堰工程

（1）适用于人工筑、拆的围堰项目，机械筑、拆的围堰执行"土石方工程"相关项目。

（2）围堰定额未包括施工期内发生潮汛冲刷后所需的养护工料。如遇特大潮汛发生人力所不能抗拒的损失时，应根据实际情况另行处理。

（3）围堰工程 50m 范围以内取土、砂、砂砾，均不计算土方、砂和砂砾的材料价格。取 50m 范围以外的土、砂、砂砾，应计算土方和砂、砂砾的挖、运或外购费用。定额括号中所列黏土数量为取自然土方数量，结算中可按取土的实际数量调整。

（4）本章围堰定额中的各种木桩、钢桩的打、拔均执行本章"打拔工具桩"相应项目，数量按实际计算。定额括号中所列打拔工具桩数量仅供参考。

（5）草袋围堰如使用麻袋、尼龙袋装土围筑，应根据麻袋、尼龙袋的规格调整材料的消耗量，但人工、机械应按定额规定执行。

（6）围堰施工中若未使用驳船，而是搭设了栈桥，则应扣除定额中驳船费用而执行相应的脚手架项目。

（7）定额围堰尺寸的取定：

1）土草围堰的堰顶宽为 1～2m，堰高为 4m 以内。

2）土石混合围堰的堰顶宽为 2m，堰高为 6m 以内。

3）圆木桩围堰的堰顶宽为 2～2.5m，堰高为 5m 以内。

4）钢桩围堰的堰顶宽为 2.5～3m，堰高为 6m 以内。

5）钢板桩围堰的堰顶宽为 2.5～3m，堰高为 6m 以内。

（8）筑岛填心项目是指在围堰围成的区域内填土、砂及砂砾石。适用于土方、砂石材料运至施工现场后仍需手工或手推车运输至填心点（50m 范围内）进行填心回填。

（9）施工围堰的尺寸按有关设计施工规范确定。堰内坡脚至堰内基坑边缘距离根据河床土质及基坑深度确定，但不得小于 1m。

三、支撑工程

（1）适用于沟槽、基坑、工作坑、检查井及大型基坑的支撑。

（2）挡土板间距不同时，不作调整。

（3）除槽钢挡土板外，定额均按横板、竖撑计算；如采用竖板、横撑时，其人工工日乘以系数 1.2。

【例 3-21】 某支撑工程采用木挡土板，（密撑、木支撑）竖板横撑，支撑宽度 2m，确定定额编号和换后基价。

解： 定额编号：1-587

换后基价=2 069.68×（1+45%+45%）×1.2+828.21=5 547.08（元/100m²）

（4）定额中挡土板支撑按槽坑两侧同时支撑挡土板考虑，支撑面积为两侧挡土板面积之和，支撑宽度为 4.1m 以内。如槽坑宽度超过 4.1m 时，其两侧均按一侧支撑挡土板考虑，按槽坑一侧支撑挡土板面积计算时，工日数乘系数 1.33，除挡土板外，其他材料乘以系数 2.0。

【例 3-22】 某工程沟槽采用木挡土板（疏撑，木支撑）竖板横撑，沟槽宽度为 5m，确定定额编号和换后基价。

解： 定额编号：1-589

换后基价=1 608.14×(1+45%+45%)×1.2×1.33+715.35×2−0.24×1 029.60=6 060.12(元/100m²)

（5）放坡开挖不得再计算挡土板，如遇上层放坡、下层支撑，则按实际支撑面积计算。

（6）钢桩挡土板中的槽钢桩按设计数量以质量计算，执行本章"打拔工具桩"相应项目。

（7）如采用井字支撑时，按支撑乘以系数 0.61。

【例 3-23】 某工程沟槽采用钢制挡土板（井字支撑、钢支撑），沟槽宽度为 4.5m，确定定额编号和换后基价。

解： 定额编号：1-598

换后基价=[1 239.48×(1+45%+45%)×1.33+522.30×2−0.064×2 505.36]×0.61=2 450.02(元/100m²)

四、脚手架工程

（1）竹、钢管脚手架已包括斜道及拐弯平台的搭设。

（2）砌筑物高度超过 1.2m 可计算脚手架搭拆费用。

（3）仓面脚手架不包括斜道，若发生另行计算；但采用井字架或吊扒杆运转施工材料时，不再计算斜道费用。无筋或单层布筋的基础和垫层不计算仓面脚手架费。

（4）仓面脚手架斜道、满堂脚手架执行《内蒙古自治区建筑工程预算定额》相应项目。

五、井点降水工程

（1）井点降水定额适用于地下水位较高的粉砂土、砂质粉土、黏质粉土或淤泥质夹薄层砂性土的地层。

（2）轻型井点、喷射井点、大口径井点、深井井点的采用由施工组织设计确定。一般情况下，降水深度 6m 以内采用轻型井点，6m 以上 30m 以内采用相应的喷射井点，特殊情况下可选用大口径井点及深井井点。井点使用时间按施工组织设计确定。喷射井点定额包括两根观察孔制作，喷射井管包括了内管和外管。井点材料使用摊销量中已包括井点拆除时的材料损耗量。井点（管）间距根据地质和降水要求由施工组织设计确定。

（3）井点降水过程中，如需提供资料，则水位监测和资料整理费用另计。

（4）井点降水成孔过程中产生的泥水处理及挖沟排水费用应另行计算。遇有天然水源可用时，不计水费。

（5）井点降水必须保证连续供电，在电源无保证的情况下，使用备用电源的费用另行计算。

3.5.2　措施项目定额工程量计算规则

一、打拔工具桩

（1）圆木桩。按设计桩长 L（检尺长）和圆木桩小头直径（检尺径）D 查《木材、立木材积速算表》以圆木桩体积计算。

（2）钢板桩。打、拔桩按设计图纸数量或施工组织设计数量以质量计算。

钢板桩使用费=设计使用量×使用天数×钢板桩使用费标准

钢板桩的使用费标准［元/（t·d）］是按摊销 10 年考虑。钢板桩的损耗量按其使用量的 1%计算。钢板桩若由施工单位提供，则其损耗费应支付给打桩的施工单位；若使用租赁的钢板桩，则按租赁费计算。

（3）凡打断、打弯的桩，均需拔出重打，但不重复计算工程量。

（4）如需计算竖、拆打拔桩架费用，竖、拆打拔桩架次数按施工组织设计规定计算。如无规定，则按打桩的进行方向，双排桩每 100 延长米、单排桩每 200 延长米计算一次，不足一次者均各计算一次。

二、围堰工程

（1）围堰工程分别按体积和长度计算。

（2）以体积计算的围堰，工程量按围堰的施工断面乘以围堰中心线的长度计算。

（3）以长度计算的围堰，工程量按围堰中心线的长度计算。

（4）围堰高度按施工期内的最高临水面加 0.5m 计算。

三、支撑工程

（1）大型基坑支撑安装及拆除工程量按设计质量计算，其余支撑工程按施工组织设计确定的支撑面积计算。

【例 3-24】 某工程沟槽采用两侧支撑木挡土板，其支撑高度为 3m，长度 25m，试计算支撑的工程量。

解： 其支撑的工程量为：

$$S=3×25×2=150（m^2）$$

【例 3-25】 某工程沟槽采用一侧密支撑木挡土板，其支撑高度为 2m，长度 30m，试计算挡土板的工程量。

解： 其单面支撑挡土板的工程量为：

$$S=2×30=60（m^2）$$

【例 3-26】 某工程沟槽上层放坡，下层支挡土板，尺寸如图 3-24 所示，沟槽长度为 50 m，试计算其支撑的工程量。

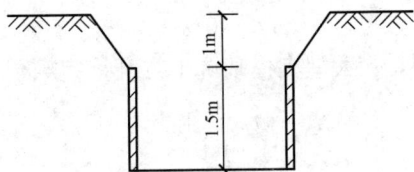

图 3-24　沟槽支撑剖面图

解： 其支撑的工程量为：

$$S=1.5×50×2=150（m^2）$$

【例 3-27】 某城市中排水管道长 300m，宽度 1.2m，深度 2m，开挖时需密支木挡土板，木支撑，两侧设挡土板，试计算所需的木挡土板和木材用量。

解：（1）支撑工程量：

$$S=300×2×2=1\,200（m^2）$$

（2）木挡土板用量：

$$V_1 = \frac{1\,200}{100} × 0.395 = 4.74 （m^3）$$

原木用量：

$$V_2 = \frac{1\,200}{100} × 0.226 = 2.71 （m^3）$$

板枋材用量：

$$V_3 = \frac{1\,200}{100} × 0.065 = 0.78 （m^3）$$

（2）大型基坑支撑使用费=设计使用量×使用天数×使用费标准。

大型基坑支撑的使用费标准［元/（t·d）］是按摊销 10 年考虑。钢支撑的损耗量按其使用量的 1% 计算。钢支撑若由施工单位提供，则其损耗费应支付给做支撑的施工单位；若使用租赁的钢支撑，则按租赁费计算。

四、脚手架工程

（1）脚手架工程量按墙面水平边线长度乘以墙面砌筑高度以面积计算。

（2）柱形砌体按图示柱结构外围周长另加 3.6m 乘以砌筑高度以面积计算。

（3）浇混凝土用仓面脚手按仓面的水平面积计算。

五、井点降水

（1）轻型井点以 50 根为一套，喷射井点以 30 根为一套，大口径井点以 10 根为一套；井点的安装、拆除以"10 根"计算；井点使用的定额单位为"套·d"，累计根数不足一套的按一套计算。

（2）深井井点的安装、拆除以"座"计算，井点使用的定额单位为"座·d"。

（3）井点使用一天按 24h 计算。

习　题

一、单选题（每题的备选项中，只有 1 个正确选项）

1. 底宽 7m 以内，底长大于底宽 3 倍以上按开挖（　　）土方计算。

　　A．一般道路　　　B．沟槽　　　　　C．基坑　　　　　D．平整场地

2. 底长小于底宽 3 倍以内，且底面积在 150m² 以内，按开挖（　　）土方计算。

　　A．一般道路　　　B．沟槽　　　　　C．基坑　　　　　D．平整场地

3. 含水率大于或等于（　　）不超过液限的土为湿土。

　　A．20%　　　　　B．25%　　　　　C．30%　　　　　D．40%

4. 挖湿土时，由于土壤容重增加和对机具的黏附作用，除大型支撑基坑土方开挖定额子目外，人工和机械乘以系数（　　）。

　　A．1.18　　　　　B．1.08　　　　　C．1　　　　　　D．1.1

5. 某项目土方开挖面尺寸如下，长度 28.5m，宽度 8m，深度 2.5m，采用人工开挖，则定额套用时应套用（　　）。

　　A．人工挖一般土方　　　　　B．人工挖沟槽土方

　　C．人工挖基坑土方　　　　　D．人机配合土方开挖

6. 人工沟槽开挖，深度为 1.20m，二类土，放坡系数取（　　）。

　　A．0　　　　　　B．0.25　　　　　C．0.33　　　　　D．0.50

7. 机械挖沟槽，深度为 1.8m，槽边作业，三类土，放坡系数取（　　）。

　　A．0　　　　　　B．0.75　　　　　C．0.67　　　　　D．0.33

8. 推土机推运土方上斜坡，斜道坡度 15%，则运距系数为（　　）。

　　A．1.75　　　　　B．2　　　　　　C．2.25　　　　　D．2.5

9. 某沟槽土方工程，土方开挖工程量 1 300m³，采用现场土方平衡，回填至原地面标高。其中管道、基础、垫层及各类井所占体积 458m³，则土方外运工程量为（　　）m³。

　　A．331.70　　　　B．842.00　　　　C．968.30　　　　D．526.70

10. 土方开挖工程中，底宽 8m，底长 31m，挖深 2.3m，应套用的土方开挖形式为（　　）。

　　A．一般土方开挖　B．沟槽土方开挖　C．基坑土方开挖　D．平整场地

11. φ800 钢筋混凝土排水管道土方开挖，管座采用 180°基础，断面如图 3-25 所示，两侧支挡土板，则沟槽开挖底宽为（　　）m。

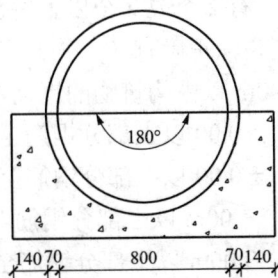

图 3-25 管道断面图（单位：mm）

　　　A. 2.52　　　　　B. 1.72　　　　　C. 1.82　　　　　D. 2.32

12. 人工沟槽开挖，上层为 2m 二类土，下层为 1.5m 三类土，放坡系数取（　　）。
　　　A. 0.50　　　　　B. 0.33　　　　　C. 0.415　　　　D. 0.427

13. 管沟回填土时应扣除管径（　　）mm 以上的管道所占的体积。
　　　A. 150　　　　　B. 200　　　　　C. 250　　　　　D. 300

14. 某预制板内主筋采用Ⅱ级钢筋，直径为 16mm，每根长 15m，共 10 根，这些主筋总的质量为（　　）。
　　　A. 236.93kg　　B. 236.93t　　　C. 245.77kg　　D. 245.77t

15. 拆除旧路及人行道工程量按（　　）计算。
　　　A. 长度　　　　　B. 面积　　　　　C. 体积　　　　　D. 质量

16. 人工挖土堤台阶工程量，按挖前的堤坡（　　）计算。
　　　A. 水平面积　　　B. 垂直面积　　　C. 斜坡面积　　　D. 台阶面积

17. 土石方运距应以挖土重心至填土重心或弃土重心（　　）距离计算。
　　　A. 算术平均　　　B. 最近　　　　　C. 加权平均　　　D. 最远

18. 道路沿线各种井室、管道接口作业坑，按土石方挖沟槽全部土石方量的（　　）计算。
　　　A. 3‰　　　　　B. 2.5%　　　　　C. 3%　　　　　D. 4%

19. 支撑工程定额中除槽钢挡土板外，均按横板竖撑计算，如采用竖板横撑时，人工工日乘系数（　　）。
　　　A. 1.5　　　　　B. 1.0　　　　　C. 1.2　　　　　D. 1.8

20. 定额中挡土板按槽坑两侧同时支撑挡土板考虑，支撑宽度是按（　　）m 以内考虑的。
　　　A. 3　　　　　　B. 4　　　　　　C. 4.1　　　　　D. 4.5

21. 推土机推土的平均土层厚度小于（　　）时，推土机台班乘以系数 1.25。
　　　A. 20cm　　　　B. 25cm　　　　C. 30cm　　　　D. 40cm

22. 砌筑物高度超过（　　）可计算脚手架搭拆费用。
　　　A. 1.0m　　　　B. 1.2m　　　　C. 1.5m　　　　D. 2.0m

23. 大型支撑基坑土方开挖定额适用于地下连续墙、混凝土板桩、钢板桩等围护的跨度大于（　　）的深基坑开挖。
　　　A. 8m　　　　　B. 9m　　　　　C. 10m　　　　　D. 12m

二、多选题（每题的备选项中，有 2 个或 2 个以上符合题意，至少有 1 个错项）

1．关于钢筋的垂直运输，下列说法正确有（   ）。

  A．以设计地坪为界，±3.00m 以内构筑物的钢筋不计算垂直运输费

  B．超过+3.00m 的构筑物，±0.00 以上部分钢筋全部计算垂直运输费

  C．−3.00m 以下的构筑物，±0.00 以下部分钢筋全部计算垂直运输费

  D．超过+3.00m 的构筑物，+3.00m 以上部分钢筋全部计算垂直运输费

  E．−3.00m 以下的构筑物，−3.00m 以下部分钢筋全部计算垂直运输费

2．土方开挖时，放坡系数与（   ）相关。

  A．土的含水率   B．土的类别

  C．土的开挖方式   D．土的抗剪强度

  E．土的开挖宽度

3．土石方工程中遇下列项目，（   ）套用定额时人工或机械应乘以相应的系数。

  A．人工挖湿土   B．人工夯实土堤

  C．人工挖沟槽土方一侧弃土   D．挖掘机在垫板上作业

  E．推土机重车上坡，坡度 8%

4．围堰工程中，（   ）项目是按照围堰的施工断面乘以围堰的中心线长度计算工程量的。

  A．筑土围堰   B．圆木桩围堰

  C．钢桩围堰   D．草袋围堰

  E．土石混合围堰

5．拆除工程中，（   ）套用定额时人工应乘以相应的系数。

  A．拆除井深在 4m 以上的检查井时   B．拆除石砌构筑物时

  C．小型机械拆除石灰土   D．拆除石砌检查井时

  E．拆除混凝土管道

6．（   ）是按面积计算定额工程量的。

  A．脚手架工程   B．围堰工程

  C．拆除人行道   D．一般支撑工程

  E．打拔工具桩工程

三、判断题

1．市政工程定额中有人工夯实土堤子目。   （   ）

2．横截面法适用于道路土方量的计算。   （   ）

3．支撑工程按施工组织设计确定的支撑长度以"m"计算。   （   ）

4．拆除旧路、侧缘石及人行道按实际拆除面积以"m^2"计算。   （   ）

5．以延长米计算的围堰工程按围堰中心线的长度计算。   （   ）

四、计算题

1．确定下列工程项目的定额编号与基价。

（1）挖掘机垫板上挖一类湿土，装车。

（2）机械挖基坑土方，挖深 3m，三类湿土，不装车；

（3）沟槽开挖，宽 4.5m，采用木挡土板（疏撑、钢支撑）竖板横撑。

（4）草袋围堰（黏土外购单价 20 元/ m^3）。

2．某桥台基础（无防潮层）的长、宽分别为 12、1.2m，基础埋深为 2.1m，土质类型为三类土，采用人工开挖，试计算该基础的定额挖方工程量。

3．已知某沟槽长 500m、底宽 1.5m，原地面标高 102.0m，沟槽底标高为 100.2m，地下常水位标高为 101.3m，土质类型为二类土，机械开挖，坑上作业；试计算沟槽开挖时干土、湿土的工程量。

4．计算钢材料单位质量。

（1）断面直径为 12mm 的螺纹钢；

（2）边宽 40mm、厚 5mm 的扁钢。

5．已知某广场工程场地方格网如图 3-26 所示，方格网的边长为 20m，试计算基挖、填土方工程量。

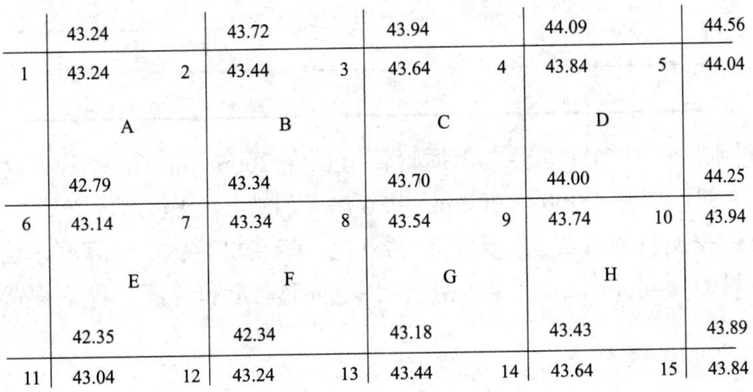

	43.24		43.72		43.94		44.09		44.56
1	43.24	2	43.44	3	43.64	4	43.84	5	44.04
	A		B		C		D		
	42.79		43.34		43.70		44.00		44.25
6	43.14	7	43.34	8	43.54	9	43.74	10	43.94
	E		F		G		H		
	42.35		42.34		43.18		43.43		43.89
11	43.04	12	43.24	13	43.44	14	43.64	15	43.84

图 3-26　场地方格网图

五、案例分析

1．已知某道路土方量采用横截面法计算，如表 3-30 所示。

问题：1）计算道路的挖方量（填表计算）。

2）道路采用反铲挖掘机挖土，自卸汽车运土。土质类型为二类土，外弃土挖方中心至外弃土点中心距离 6km。试计算道路土方工程的分部分项工程费。

表 3-30　　　　　　　　　道路路基土方量计算表

桩号	桩间距离（m）	挖 土		
		断面积（m²）	平均断面积（m²）	挖土体积（m³）
K0+000		40		
K0+030		50		
K0+060		35		
K0+090		25		

续表

桩号	桩间距离（m）	挖土		
		断面积（m²）	平均断面积（m²）	挖土体积（m³）
K0+090				
K0+100		60		
K0+120		45		
K0+150		55		
K0+160		20		
合计				

2. 某城市排水工程，钢筋混凝土承插管管道长度 200m，胶圈接口，沟槽平均深度（含垫层）3.6m，非定型检查井 1 000×1 000mm 共 6 座（两端各一座），管道基础如图 3-27 所示，沟槽开挖采用反铲挖掘机挖三类土，人工辅助开挖，装载机装土，自卸汽车运土，运距 5km，已知回填的土方量为 1 400m³，试计算该沟槽土方的工程量和分部分项工程费。

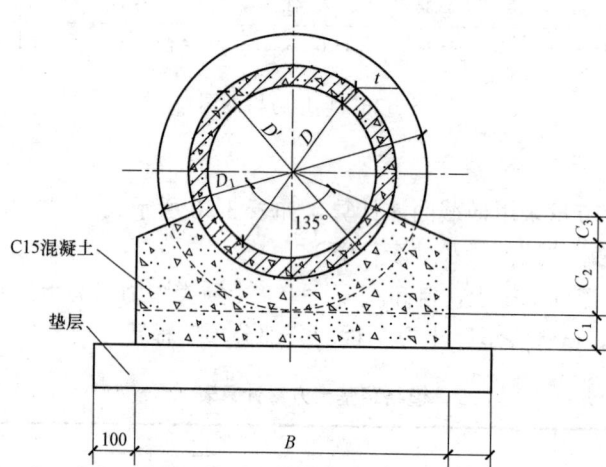

图 3-27　管道基础断面图

管道基础的尺寸如表 3-31 所示。

表 3-31　　　　　　　　　　　　管道基础尺寸表　　　　　　　　　　　　（mm）

D	D′	D_1	t	B	C_1	C_2	C_3
600	720	910	60	1 010	80	246	71

第 4 章 市 政 道 路 工 程

📖 学习目标

　　熟悉道路的基本概念及分类、城市道路的组成和特点、城市道路的分级和城市道路的结构等；了解道路路基、路面、附属设施施工技术；掌握道路工程定额说明和工程量计算规则，能够独立计算道路工程量及分部分项工程费。

4.1　道路工程基础知识

4.1.1　道路的基本概念及分类

　　道路是供各种车辆和行人等通行的工程设施。按其所处位置、交通性质、使用特点不同分为公路、城市道路、厂矿道路、林区道路及乡村道路等。它主要承受车辆荷载的重复作用和经受各种自然因素的长期影响。根据道路的不同组成和功能特点，主要可分为公路和城市道路两大类。

　　一、公路

　　（一）基本概念

　　公路是指连接城市之间、城乡之间、乡村与乡村之间和工矿基地之间按照国家技术标准修建的，由公路主管部门验收认可的道路，主要供汽车行驶并具备一定技术标准和设施。公路的主要组成部分有路基、路面、桥梁、涵洞、渡口码头、隧道、绿化、通信、照明等设备及其他沿线设施。

　　（二）公路的分类

　　1. 行政等级划分

　　公路按行政等级可分为国家公路、省公路、县公路和乡公路（简称为国、省、县、乡道）以及专用公路五个等级。一般把国道和省道称为干线，县道和乡道称为支线。

　　（1）国道。指具有全国性政治、经济意义的主要干线公路，包括重要的国际公路，国防公路、连接首都与各省、自治区、直辖市首府的公路，连接各大经济中心、港口枢纽、商品生产基地和战略要地的公路。国道中跨省的高速公路由交通运输部批准的专门机构负责修建、养护和管理。

　　（2）省道。指具有全省（自治区、直辖市）政治、经济意义，并由省（自治区、直辖市）公路主管部门负责修建、养护和管理的公路干线。

　　（3）县道。指具有全县（县级市）政治、经济意义，连接县城和县内主要乡（镇）、主要商品生产和集散地的公路，以及不属于国道、省道的县际间公路。县道由县、市公路主管部门负责修建、养护和管理。

　　（4）乡道。指主要为乡（镇）村经济、文化、行政服务的公路，以及不属于县道以上公路的乡与乡之间及乡与外部联络的公路。乡道由人民政府负责修建、养护和管理。

（5）专用公路。指专供或主要供厂矿、林区、农场、油田、旅游区、军事要地等与外部联系的公路。专用公路由专用单位负责修建、养护和管理。也可委托当地公路部门修建、养护和管理。

2. 按使用任务、功能和适应的交通量划分

根据《公路工程技术标准》（JTG B01—2014），公路按使用任务、功能和适应的交通量分为高速公路、一级公路、二级公路、三级公路、四级公路五个等级。

（1）高速公路为专供汽车分向分车道行驶并应全部控制出入的多车道公路。

1）四车道高速公路应能适应将各种汽车折合成小客车的年平均日交通量 25 000～55 000 辆。

2）六车道高速公路应能适应将各种汽车折合成小客车的年平均日交通量 45 000～80 000 辆。

3）八车道高速公路应能适应将各种汽车折合成小客车的年平均日交通量 60 000～100 000 辆。

（2）一级公路为供汽车分向分车道行驶并可根据需要控制出入的多车道公路。

1）四车道一级公路应能适应将各种汽车折合成小客车的年平均日交通量 15 000～30 000 辆。

2）六车道一级公路应能适应将各种汽车折合成小客车的年平均日交通量 25 000～55 000 辆。

（3）二级公路为供汽车行驶的双车道公路。一般能适应每昼夜 3 000～7 500 辆中型载重汽车交通量。

（4）三级公路为主要供汽车行驶的双车道公路。一般能适应每昼夜 1 000～4 000 辆中型载重汽车交通量。

（5）四级公路为主要供汽车行驶的双车道或单车道公路。

1）双车道四级公路能适应每昼夜中型载重汽车交通量 1 500 辆以下。

2）单车道四级公路能适应每昼夜中型载重汽车交通量 200 辆以下。

二、城市道路

（一）基本概念

城市道路是指城市内部，供车辆和行人通行的具备一定技术条件和设施的道路，是城市组织生产、安排生活、搞活经济、物质流通所必须具备的条件，是联结城市各个功能分区和对外交通的纽带。城市道路也为城市通风、采光以及保持城市生活环境提供所需要的空间，并为城市防火、绿化提供通道和场地。

（二）城市道路的分类

根据城市道路在道路系统中的地位、交通功能以及对沿线建筑物的服务功能及车辆、行人进出频度，《城市道路设计规范》（CJJ 37—2012）按城市道路在道路网中的地位、交通功能以及对沿线的服务功能等，把城市道路分为以下四类。

1. 快速路

快速路是为较高车速的长距离交通而设置的主要道路，快速路的设计行车速度为 60～100km/h，单向设置应不少于两条车道。为保证车辆高速安全行驶，应中央分隔，要求进出口采用全控制或部分控制，与其他道路交叉时应采用立体交叉，并设有配套的交通安全和管理设施。

2. 主干路

主干路是城市道路网的骨架，为连接各主要分区的交通干路，以交通功能为主；自行车跑量大时，宜采用机动车与非机动车分流的形式。设计行车速度为40-60km/h，主干路一般红线宽度为 40m 左右。

3. 次干路

次干路是城市交通干路，兼有服务功能，它配合主干道组成道路网，承担主干路与各分区间的交通集散作用，兼有服务功能，起着连接城市各部分与集散交通的作用。次干路的设计行车速度为 30～40km/h，一般红线宽度为 30m 左右。

4. 支路

支路是次干路与街道路的连接线，解决局部地区交通，以服务功能为主。设计行车速度为 20～40km/h，一般红线宽度为 15m 左右。

4.1.2　城市道路的组成和特点

一、城市道路的组成

城市道路在空间上是一条带状的实体构筑物。主要由以下几部分组成。

（1）车行道。供各种车辆行驶的路面部分，其中有供汽车、电车、摩托车等行驶的机动车道；供自行车、三轮车、平板车、兽力车等行驶的非机动车道。

（2）人行道。专供行人步行交通的通行带，包括地下人行通道和人行天桥。

（3）分隔带（隔离带）。是安全防护的隔离设施。防止车辆越道逆行的分隔带设在道路中线位置，将左右或上下行车道分开，称为中央分隔带。

（4）排水系统。用以排除地面水的街沟、边沟、雨水口、支管等。

（5）地面设施。如照明灯柱、架空电线杆、给水栓、邮筒、清洁箱、接线柱等。

（6）地下设施。如电缆、煤气管、暖气管、给水管、污水管等。

（7）交通辅助设施。为组织指挥交通和保障维护交通安全而设置的辅助性设施。如：交通信号灯、各种交通标志标线以及安全岛、护栏、隔离墩、人行横道线（斑马线）、分车道线及临时停车场和公共交通车辆停靠站等。

二、城市道路用地范围

城市道路用地范围为城市道路红线宽度。

城市道路红线是指划分城市道路用地和城市建筑用地、生产用地及其他备用地的分界控制线。

红线宽度为包括车行道、人行道、绿化带等在内的规划道路的总宽度，所以也称为规划路幅。

三、城市道路的特点

与公路相比，城市道路具有以下特点：

（1）功能多样、组成复杂、艺术要求高。

（2）车辆多、类型混杂、车速差异大。

（3）道路交叉口多，易发生交通阻滞和交通事故。

（4）城市道路需要大量附属设施和交通管理设施。

（5）城市道路规划、设计和施工的影响因素多。

（6）行人交通量大，交通吸引点多，使得车辆和行人交通错综复杂，机动车、非机动车相互干扰严重。

（7）城市道路规划、设计政策性强，必须贯彻有关的方针和政策。

4.1.3　城市道路的路幅形式

根据道路功能、交通组成及交通量的大小，结合当地地形地物条件，道横断面有多种组合形式，按组合形式的不同，可将车行道横向布置分为单幅路、双幅路、三幅路、四幅路，或称一块板、两块板、三块板和四块板，如图 4-1 所示。

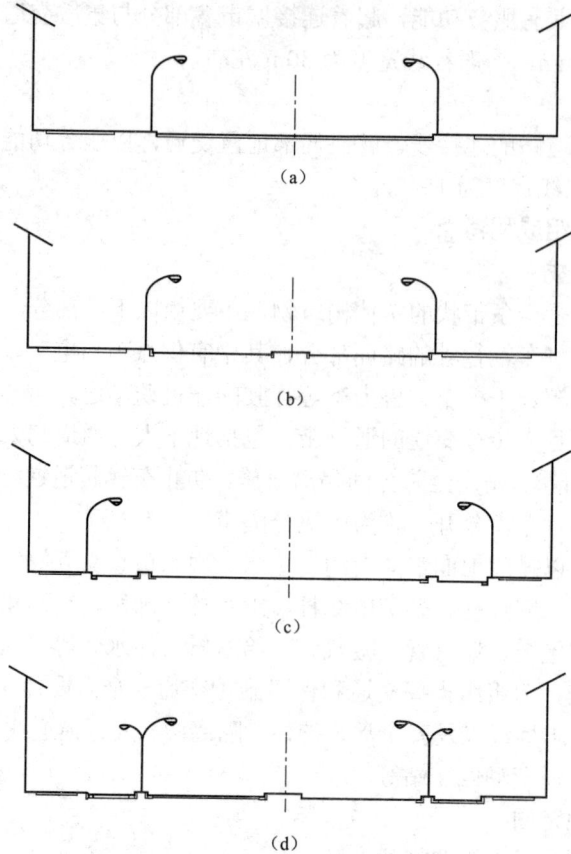

(a)

(b)

(c)

(d)

图 4-1 城市道路横断面路幅形式

(a) 单幅路（一块板）；(b) 双幅路（二块板）；(c) 三幅路（三块板）；(d) 四幅路（四块板）

各种路幅的特性见表 4-1。

表 4-1 各种路幅形式特性表

道路类别	车辆行驶情况	适 用 范 围
单幅路（一块板）	机动车与非机动车混合行驶	一般适用于道路宽度较窄（小于 40m），混合行驶，交通量不大，非机动车不多的情况；占地困难，大量拆迁地段，出入口较多的繁华道路；主要用于次干路和支路
双幅路（二块板）	机动车与非机动车分流向混合行驶	适用于郊区机动车多、非机动车很少及车速要求高的道路，可减少对向行驶的机动车之间的互相干扰，尤其是夜间；附近有辅路可供非机动车行驶的大中城市主干路或快速路。 由于此种形式的道路不能保障机动车与非机动车同向行驶的安全，车辆行驶时机动灵活性较差
三幅路（三块板）	机动车与非机动车分道行驶，非机动车分流向行驶	适用于路幅宽度较宽（大于 40m），非机动车多，交通量大，混合行驶四车道已不能满足要求，车速高及分期修建的主要干道。 不适用两个方向交通量过分悬殊或机动车和非机动车高峰小时不在同一时间出现的道路
四幅路（四块板）	机动车与非机动车分道、分流向行驶	适用于路幅宽，机动车速度高，交通量大，机动车之间和机动车与非机动车之间需要分离的情况，常用于城市快速路与近郊区的过境道路

4.1.4　道路结构

一、结构层次的划分

由于行车荷载对路面的作用随着深度而逐渐减弱，同时，路基的湿度和温度等也会影响路面的工作状况。因此从受力情况、自然因素等对路面作用程度的不同以及经济的角度考虑，一般将路面分成若干层次来铺筑。道路结构是层状体系，从上向下依次为面层、基层、垫层、路基。面层、基层、垫层合称为路面，如图 4-2 所示。

二、路基

路基也称为土基，是一种土工结构物，由填方和挖方修筑而成。路基必须满足压实度的要求。

（一）路基典型横断面

路基典型横断面的形式：路堤（填方）、路堑（挖方）和挖填结合。

1. 路堤

路堤是指高于原地面的填方路基。路堤的几种常用横断面形式如下。

（1）矮路堤。填土高度低于 1.0m，如图 4-3（a）所示。

（2）高路堤。填土高度大于 18m（土质）或 20m（石质），如图 4-3（b）所示。

（3）一般路堤。填土高度介于上述两者之间，如图 4-3（c）所示。

（4）浸水路堤如图 4-3（d）所示。

（5）护脚路堤如图 4-3（e）所示。

（6）挖沟填筑路堤如图 4-3（f）所示。

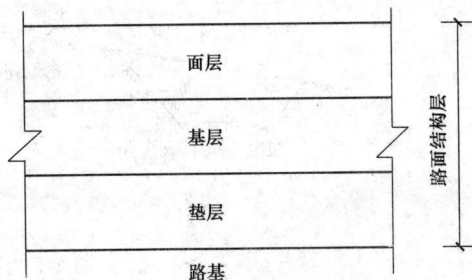

图 4-2　路面结构示意图

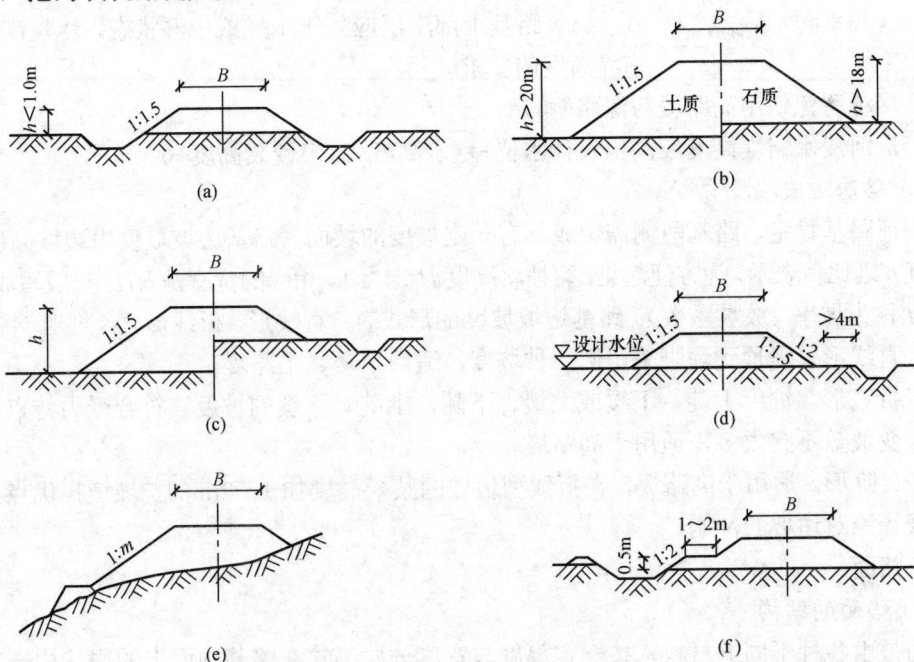

图 4-3　填方路基横断面图的基本形式

2. 路堑

路堑是指低于原地面的挖方路基。

路堑横断面的几种基本形式：全挖式路基［图 4-4（a）］、台口式路基［图 4-4（b）］、半山洞式路基［图 4-4（c）］。

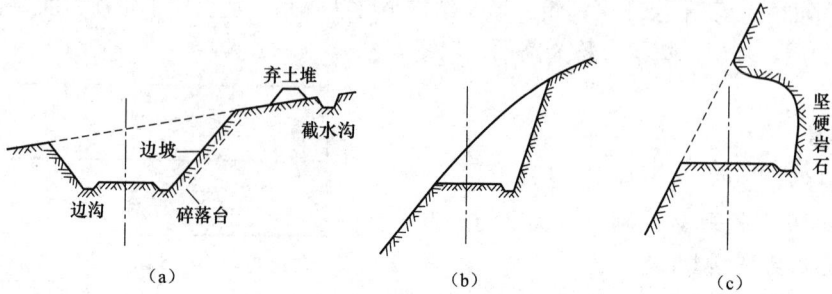

图 4-4 路堑的常用的断面形式

3. 半填半挖路基

当原地面横坡大，且路基较宽，需一侧开挖另一侧填筑时，为挖填结合路基，也称半填半挖路基（图 4-5）。在丘陵或山区公路上，挖填结合是路基横断面的主要形式。

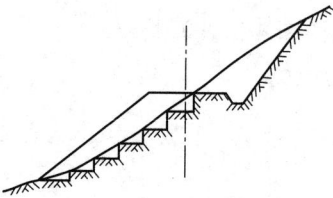

（二）路基高度

路基高度指路堤的填筑高度和路堑的开挖深度，是路基设计标高与地面标高之差。

路基高度是影响路基稳定性的重要因素，它也直接影响到路面强度和稳定性、路面厚度和结构以及道路的工程造价，它的设计要求包括如下。

图 4-5 半填半挖路基形式

（1）路基上部土层应处于干燥或中湿状态，尽量满足路基临界高度的要求。

（2）尽量避免使用高路堤与深路堑。

（3）沿河浸水路堤高度应高出设计水位+壅水高度+波浪侵袭高度+0.5m。

（三）路基边坡坡度

为保证路基稳定，路基两侧需做成具有一定坡度的坡面。路基边坡坡度用边坡高度 H 与边坡宽度 b 之比值表示，为方便起见，习惯将高度 H 定为 1，相应的宽度是 b/H，一般写成 $1:m$，$m=b/H$ 称为坡率（放坡系数）。路基边坡坡度的形式有：直线形、折线形、台阶形（图 4-6）。

（1）直线形。堤顶到堤脚采用同一种坡度，适用于矮、中路堤。

（2）折线形。坡度上陡、下缓或上缓、下陡，上陡、下缓的坡度较符合受力特点，从施工角度，变坡数不宜太多，适用于高路堤。

（3）台阶形。适用于高路堤，在折线型边坡的某一高度加 1～2m 的护坡道；优点是可以减缓地表径流对边坡的冲刷。

三、路面

（一）路面的结构

路面是由各种不同的材料，按一定厚度与宽度分层铺筑在路基顶面上的层状构造物。路面层次结构包括面层、基层和垫层。

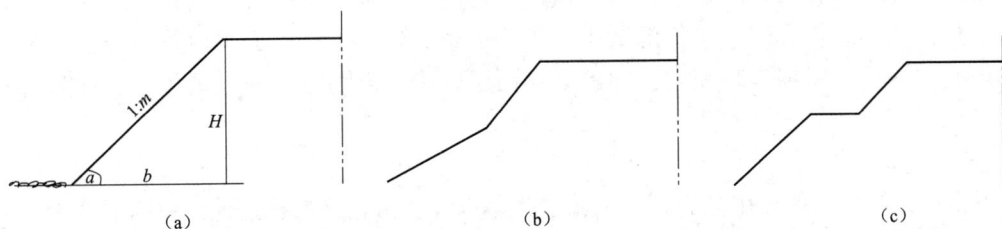

图 4-6 路基边坡坡度示意图

（a）直线形边坡；（b）折线形边坡；（c）台阶形边坡

1. 面层

面层是修筑在基层上的表面层次，保证汽车以一定的速度安全、舒适而经济地运行。面层是直接同行车和大气接触的表面层次，它承受行车荷载的垂直力、水平力和冲击力作用以及雨水和气温变化的不利影响。面层的作用是直接承受车辆荷载及外界的作用，并且将荷载传递至基层，因此面层要求有较高的强度，耐磨性，不透水性，温度稳定性，好的平整度和粗糙程度，抗滑性，耐久性，扬尘少，噪声小。

2. 基层

基层是设置在面层之下，并与面层一起将车轮荷载的反复作用传递到底基层、垫层、土基等起主要承重作用的层次。基层材料必须具有足够的强度、水稳性、扩散荷载的性能。在沥青路面基层下铺筑的次要承重层称为底基层。基层、底基层视道路等级或交通量的需要可设置一层或两层。当基层底基层较厚需分两层施工时，可分别称为基层、下基层，或上底基层、下底基层。

3. 垫层

在路基土质较差、水温状况不好时，宜在基层（或底基层）之下设置垫层，起排水、隔水、防冻、防污、扩散荷载应力、改善土基的温湿状况、保证面层与基层的强度和稳定性、不受冻胀翻浆等作用，因此要求垫层的水稳定性好，隔热性、吸水性好。

（二）路面的分类

路面类型从路面结构的力学特性和设计方法的相似性出发，将路面划分为柔性路面、刚性路面和半刚性路面三类。

1. 柔性路面

柔性路面主要包括各种未经处理的粒料基层和各类沥青面层、碎（砾）石面层、块料面层所组成的路面结构。柔性路面的总体结构刚度较小，弯沉变形较大，抗弯拉强度较低，它通过各结构层将车辆荷载传递给土基，使土基承受较大的单位压力。路基路面结构主要靠抗压强度和抗剪强度承受车辆荷载的作用。

2. 刚性路面

刚性路面主要指用水泥混凝土作面层或基层的路面结构。它的抗弯拉强度高，弹性模量高，故呈现出较大的刚性。路面结构主要靠水泥混凝土板的抗弯拉强度承受车辆荷载，通过板体的扩散分布作用，传递给基础上的单位压力较柔性路面小得多。

3. 半刚性路面

用水泥、石灰等无机结合料处治的土或碎（砾）石及含有水硬性结合料的工业废渣修筑的基层，在前期具有柔性路面的力学性质，后期的强度和刚度均有较大幅度的增长，但是最终的强度和刚度仍远小于水泥混凝土。由于这种材料的刚性处于柔性路面与刚性路面之间，因此把这种基层和铺筑在它上面的沥青面层统称为半刚性路面。这种基层称为半刚性基层。

（三）路面分级

通常按路面面层的使用品质、材料组成类型以及结构强度和稳定性，将路面分为以下四个等级。

1. 高级路面

高级路面包括由沥青混凝土、水泥混凝土、厂拌沥青碎石、整齐条石等材料所组成的路面，它的特点是强度高，刚度大，稳定性好，使用寿命长，能适应较繁重的交通量，路面平整，无尘埃，能保证高速行车。高级路面养护费用少，运输成本低，初期建设投资高，适用于快速路、主干路。使用年限：水泥混凝土、整齐条石路面一般为 20～30 年；沥青混凝土、厂拌沥青碎石路面一般为 15～20 年。

2. 次高级路面

次高级路面包括由沥青贯入式、路拌沥青碎（砾）石、沥青表面处治和半整齐块石等材料组成的路面，与高级路面相比，其使用品质稍差，使用寿命较短，造价较低。我国城市道路中主干路、次干路、支路采用次高级路面形式。使用年限：一般为 10～15 年。

3. 中级路面

中级路面包括泥结或级配碎砾石、不整齐条块石和其他粒料等材料所组成的路面，它的强度和刚度低，稳定性差，使用期限短，平整度差，易扬尘，仅能适应较小的交通量、行车速度低。初期建设投资虽然很低，但是养护工作量大，需要经常维修和补充材料，运输成本也高。使用年限：一般为 5 年。

4. 低级路面

低级路面包括由各种粒料或当地材料将土稍加改善后所形成的路面，如煤渣土、砾石土、砂砾土等，它的强度和刚度最低，水稳定性差，路面平整性差，易扬尘，能保证低速行车，所适应的交通量最小，在雨季有时不能通车。初期建设投资最低，但要求经常养护修理，而且运输成本最高。使用年限：一般为 2～5 年。

4.1.5 道路附属设施

一、人行道

人行道指的是道路中用路缘石或护栏及其他类似设施加以分隔的专供行人通行的部分，一般位于车行道的两侧，通常高于车行道 15cm。人行道作为城市道路中重要的组成部分之一，随着城市的快速发展，其使用功能已不再单纯是行人通行的专用通道，它在城市发展中被赋予了新的内涵，对城市交通的疏导、城市景观的营造、地下空间的利用、城市公用设施的依托都发挥着重要的作用。

二、侧平石

1. 侧石

侧石是指设用在路面边缘的界石，也称立道牙或立缘石，它是在路面上区分车行道、人行道、绿地、隔离带和道路其他部分的界线，一般高于车行道 15cm，起到保障行人、车辆交通安全和保证路面边缘整齐的作用。侧石的形式有立式、斜式和平式等，如图 4-7 所示。

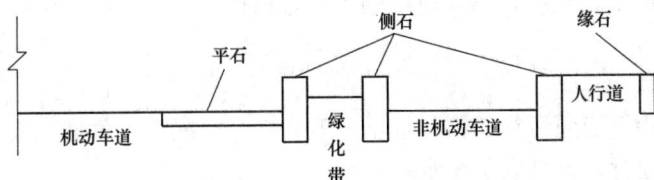

图 4-7　人行道与侧、平石示意图

2. 平石

平石是行车道的一部分，一般为 40cm 宽，呈带状，铺砌在沥青混凝土面层的边缘，紧贴侧石，与路面一平，起到排水和保护路边的作用。

3. 缘石

缘石适用于路面边缘与路肩之间，人行道与路肩之间，或车行道与铺装步道边缘，保护路面边缘用，又称镶边石、平道牙。

三、道路交通管理设施

交通管理设施是指为保障行车和行人的安全，充分发挥道路的作用，在道路沿线所设置的护栏、标注、标志、标线等设施的总称，包括：交通标志、交通标线、防撞设施、隔离栅、交通信号灯、视线诱导设施、防眩设施等。交通管理设施对减轻事故的严重度，排除各种纵、横向干扰，提供路侧保护和视线诱导，防止眩光对驾驶人视觉性能的伤害，改善道路景观等起着重要的作用。

1. 交通标志

交通标志是用图形符号、颜色和文字向交通参与者传递特定信息，用于管理交通的设施，主要起到提示、诱导、指示等作用。它主要包括警告标志、禁令标志、指示标志、指路标志、旅游区标志、道路施工安全标志等主标志以及附设在主标志下的辅助标志。标志的支撑结构主要包括柱式（单柱、双柱）、悬臂式（单悬臂、双悬臂）、门架式和悬挂式几种。

2. 交通标线

交通标线的主要作用是管制和引导交通。它是由标画于路面上的各种线条、箭头、文字、立面标记、突起路标等构成的。用于施划路面标线的涂料分为溶剂型、热熔型、双组分、水性等，如果路面标线有反光要求，则在施工时，还应在涂料中掺入或在施工时面撒玻璃珠。突起路标根据其是否具备逆反射性能分为 A、B 两类：具备逆反射性能的为 A 类突起路标；不具备逆反射性能的为 B 类突起路标。

3. 防撞设施

防撞设施主要包括护栏、防撞筒等。护栏的主要作用是防止失控车辆越过中央分隔带或在路侧比较危险的路段冲出路基，不致发生二次事故。同时，还具有吸收能量，减轻事故车辆及人员的损伤程度，以及诱导视线的作用。护栏的形式按刚度的不同可分为柔性护栏、半刚性护栏和刚性护栏，按结构可分为缆索护栏、波形梁护栏、混凝土护栏、梁柱式钢护栏、组合式护栏等，其中，波形梁护栏板又分为双波和三波两种。防撞筒的主要作用是吸收能量，减轻事故车辆及人员的损伤程度，同时也有诱导视线的作用。

4. 隔离栅

隔离栅的主要作用是将公路用地隔离出来，同时将可能影响交通安全的人和畜等与公路分离，保证公路的正常运营。它主要包括编织网、钢板网、焊接网、刺铁丝、隔离墙以及常青绿篱等形式。

5. 交通信号灯

交通信号灯是指挥交通运行的信号灯，一般由红灯、绿灯、黄灯组成。红灯表示禁止通行，绿灯表示准许通行，黄灯表示警示。

交通信号灯分为：机动车信号灯、非机动车信号灯、人行横道信号灯、方向指示灯（箭头信号灯）、车道信号灯、闪光警告信号灯、道路与铁路平面交叉道口信号灯等。

6. 视线诱导设施

视线诱导设施主要包括分合流标志、线形诱导标、轮廓标等，主要作用是在夜间通过对车灯光的反射，使司机能够了解前方道路的线形及走向，使其提前做好准备。分合流标志、线形诱导标的结构与交通标志相同，轮廓标主要包括附着式、柱式等形式。用于轮廓标上的逆反射材料主要包括反射器和反光膜，其中，反射器有微棱镜型和玻璃珠型两种形式。

7. 防眩设施

防眩设施的主要作用是避免对向车灯造成的眩光，保证夜间行车安全。防眩设施主要分为人造防眩设施和绿化防眩设施，人造防眩设施主要包括防眩板、防眩网等结构形式。

4.2 道路施工技术

4.2.1 路基施工技术

一、路基施工测量和放样

1. 测量要点

开工前按图纸及有关规定进行线路及高程的复测，水准点及控制桩的核对和增设，并对路线横断面进行测量与绘制，其测量结果应记录并形成资料报监理工程师审查签字认可。在测量放线前一定要对所使用的仪器进行检测。看仪器是否损坏，精度是否达到要求，一切检验合格后才可进行实际的施工测量。

2. 操作要点

一是要认真熟悉图纸，复测后检查与设计是否有误；二是为满足施工期间应用需要，在中线复测中增设临时水准基点标高和加桩的地面标高；三是在每道工序施工测量放线时，测量误差要满足规范要求，必须保证纵横断面定位的精度，使施工路基及构造物的定位及几何尺寸满足设计质量要求；四是要注意道路下面覆盖的管网路线，以免在施工中造成损失。

二、路基填方施工

1. 基底处理

路堤基底，指地基与堤身的接触部分，应视不同情况分别予以处理，以保证堤身稳固。

（1）基底土密实稳定、地面坡度缓于 1:5 时，路堤可直接填筑在天然地面上。但地表有树根草皮或腐殖土等应予以清除，以免日后形成滑动面或产生较大的沉陷。

（2）路堤基底为耕地或较松的土时，应在填筑前进行压实。高速公路、一级公路和二级公路路堤基底的压实度不应小于 85%；路基填土高度小于路床厚度（80cm）时，基底的压实度不宜小于路床的压实标准。基底松散土层厚度大于 30cm 时，应翻挖后再分层回填压实。

（3）路线经过水田、池塘或洼地时，应根据积水和淤泥层等具体情况，采取排水疏干、清淤换填、晾晒或掺灰等处理措施，经碾压密实后再填路堤。受地下水影响的低填方路段，还应考虑在边沟下设置渗沟等降、排地下水的措施。当基底土质湿软而深厚时，应按软土地基处理。软土地基处理的方法包括砂垫层法、轻质路堤及加筋路堤、浅层处治、竖向排水体、反压护道、预压、粒料桩、加固土桩、强夯法等，各处理方法的做法见表 4-2。

表 4-2　　　　　　　　　　　　软土地基处理方法及具体做法

软土地基处理方法	具 体 做 法
砂垫层法	砂垫层设置于路堤填土与软土地基之间的透水性垫层，可起排水的作用，从而保证了填土荷载作用下地基中孔隙水的顺利排出，既加快了地基的固结，还可以保护路堤免受孔隙水浸泡
轻质路堤及加筋路堤	通过减轻路堤自重及加筋，以减少路堤沉降及提高路堤稳定安全系数的目的。加筋路堤指用变形小、老化慢的土工格栅、土工织物等抗拉的柔性材料作为路堤的加筋体，可以减少路堤填筑后的地基不均匀沉降，又可以提高地基承载能力，同时也不影响排水，大大增强路堤的整体性和稳定性
浅层处治	表层分布厚度小于 3m 的软土时，可采用浅层拌和、换填、抛石等方法进行处置。浅层拌和添料可用石灰等无机结合料，换填材料宜用水稳性好的材料。换土能根本改善地基，不留后患，效果较好，适用于软土层不厚且易于排水的情况。但因软土地区地下水位较高，挖掘困难，换土深度一般不宜超过 2m。抛石挤淤是强迫换土的一种形式，它不必抽水挖淤，施工简便。爆破挤淤也是一种浅层处置的换土方式。利用炸药爆破时的能量将软土扬弃或压缩，然后抛以强度较高的渗水土或一般黏性土，达到换土的目的。爆破挤淤法的换填深度较深，工效较高，适用于软土层相对较厚、稠度大、路堤较高、施工期紧迫的情况
竖向排水体	软土地基中设置竖向排水体，可大幅度缩短排水距离，再配合预压，可加速地基的固结，明显地提高预压效果，所以当超载预压高度受到稳定性制约时，多应用竖向排水体与预压结合的处置措施。常用的地下排水体有砂井、袋装砂井、塑料排水板等。排水体深度依土层厚度而定，对软薄软土层宜贯通，对较厚软土层，排水体深度据计算确定
反压护道	反压护道是在路堤一侧或两侧填筑一定宽度和高度的护道，运用力学平衡原理，平衡路堤自重作用而产生的滑动力矩，以提高路基的稳定性。反压护道虽然简易，但占地过多，在路堤填料来源困难地段也难以应用。况且，反压护道只能解决软土地基上路堤的稳定问题，对于沉降问题非但无益，往往还会加大沉降量
预压	在软土地基上修筑路堤，如果工期不紧，可以先填一部分或全部，使地基经过一段时间固结沉降，然后再填足或铺筑路面；拟建桥涵等构造物处，先填土预压，待地基强度提高到一定程度后，挖去填土，再建造构造物，称之为预压。预压分等载预压和超载预压，目的在于减少工后沉降，提高地基固结度。预压效果与预压期及预压体高度有着重要关系
粒料桩	采用砂、砂砾、碎石、废渣等散粒材料，以专用震动沉管机或水震冲器来成桩，使粒料桩与周围的地基形成复合地基。粒料桩对地基有置换、挤密和竖向排水作用。粒料桩的深度、直径、间距，应经稳定及沉降计算来确定。桩长、桩径除受地质条件制约外，还受机械设备能力的制约。当地质条件对施工方法的适应性不清楚时，应通过试桩加以核查
加固土桩	用某种深层拌和的专用机械，将软土地基的局部范围用固化材料以改善、加固，形成加固桩，使加固桩与桩间土形成复合地基。设计加固土桩只考虑其置换与应力集中效应，不考虑其固结排水与挤密作用。加固土桩的深度、直径、间距应经稳定性计算，并应满足工后沉降的要求。桩的直径与深度除受地质条件的制约，还受机械设备能力的限制
强夯法	就是将几十吨的重锤从几十米的高处自由落下，对湿软地基进行强力夯实，以提高其强度，它是在重锤夯击法的基础上发展起来又与之截然不同的一种新技术。用强夯法加固的土基，承载力会明显提高，沉降量也会降低，这种方法如采用大的单击夯击能量，可使地基的加固深度达 10～20m，甚至更深

（4）在地面坡度陡于 1:5 的稳定斜坡上填筑路堤时，为使填方部分与原地面紧密结合，

基底应挖成台阶,以防堤身体沿斜坡下滑。台阶宽度不得小于 1.0m,台阶高度宜为路堤分层填土厚度的 2 倍,台阶底应有 2%～4%向内倾斜的坡度。对于半填半挖路基,挖方一侧在行车范围之内宽度不足一个车道的部分,其上路床深度范围之内的原地面土应予以挖除换填,并按上路床填方的要求施工,以增加车道内路基的均匀性及稳定性。若地面横坡陡于 1:2.5,则应进行滑动稳定性验算,并采取必要的支挡措施。

2. 压实工艺试验

路堤填方施工前 28d,先根据填料及压实机的不同选择进行碾压工艺试验,据此选定最佳工艺参数,包括填料的最佳含水量、填料的松铺厚度,以及压实机型、行进速度、压实遍数等。

3. 路堤填筑

在施工中始终坚持"三线四度","三线"即:中线、两侧边线;"四度"即:厚度、密实度、拱度、平整度。施工时在三线上每隔20m插一小红旗,明确中线、边线的控制点。控制路基分层厚度以确保每层层底的密实度;控制密实度以确保路基的压实质量及工后沉降不超标;控制拱度以确保雨水及时排出;控制平整度以确保路基碾压均匀及在下雨时路基上不积水。

在路基中心线每 200m 处设一处固定桩,随填筑增高。在固定桩上标出每层的厚度及标高。路基填筑时在路基两侧每间隔 50m(局部可加密到 20m)同步设置一道临时泄水槽至路基外排水沟,确保在雨季路基上的水从泄水槽中排出,避免雨水冲刷边坡。

土方填筑工艺如图 4-8 所示。

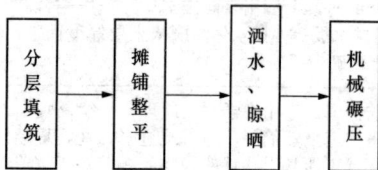

石方填筑路堤填石工艺采取四区段、八流程的施工工艺:四区段是填石区段、整平区段、碾压区段、检验区段;八流程是施工准备、基底处理、边坡码砌、分层填筑、摊铺平整、振动碾压、检验签证、路面整修。碾压工艺参数由现场试验段确定,并经监理工程师检验批准。

```
┌──────┐   ┌──────┐   ┌──────┐   ┌──────┐
│ 分层 │   │ 摊铺 │   │ 洒水、│   │ 机械 │
│ 填筑 │ → │ 整平 │ → │ 晾晒 │ → │ 碾压 │
└──────┘   └──────┘   └──────┘   └──────┘
```

图 4-8 土方填筑工艺流程图

4. 路基整修

(1)填筑至标高后,进行平整和测量,恢复中线,水平测量,施放路基边桩,修筑路拱,并用光轮压路机碾压一遍。

(2)修整的路基表层厚 150mm 内,不应留有尺寸大于 100mm 的材料。

(3)路基整修采用人工或机械的方法将路基两侧超填的余土清除场外。

(4)整修需加固的坡面时,应预留加固位置。

(5)整修路基时应将边沟内的杂物清除干净,保证排水畅通。

5. 结构物台背回填

(1)桥台缺口填筑,待构造强度达到允许强度后进行。

(2)填筑范围。台背填土顺路线方向长度,顶部为距翼墙不小于台高加 2m;底部距基础内缘不小于 2m,桥台背填土长度不应小于台高的 3～4 倍,填土长度每侧不小于 2 倍孔径长度。

(3)使用机械。在桥台周围 1m 以外使用大型机械分层填筑,振动碾压,在桥台周围 1m 以内采用冲击夯,分层夯填。

(4)填筑材料。填筑材料应符合设计和规范要求。

（5）填筑方法。在回填压实作业中，应对称回填压实，保持结构物完好，每层松铺厚度不大于 15cm。

6. 施工质量控制要点

（1）分层填筑。满足上一层压实要求后，再填压下一层，压实前必须对含水量进行测定，含水量符合要求后再碾压，避免返工浪费。

（2）干密度试验标定要准确。对不同的土质要分别标定干密度，不可以用同一个干密度去评定不同土质的压实度。

（3）分段施工。纵向搭接两段交接处不在同一时间填筑，则先填地段应按 1:1 坡分层留台阶，若两个地段同时填，则应分层相互交叠衔接，搭接长度不得小于 2m，否则路基会出现不均匀沉陷，影响路面平整度。

（4）预防地下水的影响。当路基稳定受到地下水影响时，应在路堤底部填以水稳性优良、不易风化的砂石材料或用无机结合料进行加固处理，使基底形成水稳性好的厚约 20～30cm 的稳定层。

三、路基挖方施工

首先清除开挖施工范围内的表土、杂草等，自上而下逐层挖掘。施工中注意：首先，平曲线外边沟沟底纵坡与曲线前后的沟底相衔接，曲线内侧不得有积水或外溢现象发生；其次，路基交接处的边沟应徐缓引向路堤两侧的天然沟或排水沟，防止冲刷路堤；最后，所有排、截水设施要沟基稳固、沟形整齐、坡底平顺。

截水沟弃土置于路堑与截水沟间，形成土台，台顶截水沟设 2%的横坡，土台边坡脚距堑顶的距离不小于设计规定。路基挖方应注意开挖程序，预留碾压沉降高度，并应有处理超挖或土质松软地段措施。常见的软土类别有淤泥、淤泥质黏土、冲填土、杂填土等。现场管理的重点是：保证设计单位出具齐全的地质勘测资料；全面了解软土的厚度、成因、物理化学特性以及各项力学指标；根据地勘资料选择处理方案，完善设计；选择有利季节尽早安排施工，确保足够的工后沉降期。

四、路基防护工程施工

路基防护是提高路基强度及稳定性不可缺少的环节，通常采用浆砌片石挡土墙、浆砌片石护坡、绿化种植护坡。砌筑材料采用结构密实、质地均匀、不易风化且无裂缝的硬质石料，其抗压强度不小于 30MPa，并尽量选用较大的石料砌筑。块石选用形状大致方正，上、下面大致平整，厚度不小于 0.2m，宽度和长度约为厚度的 1～1.5 倍和 1.5～3 倍，用作镶面时，由外露面四周向内稍加修凿。片石选用具有两个大致平行的面，其厚度不小于0.15m，宽度和长度不小于厚度的 1.5 倍，所使用砂浆配合比符合设计要求。

4.2.2　路面施工技术

一、道路基层施工技术

（一）石灰土稳定土基层

石灰土稳定土基层包括石灰土、石灰碎石土和石灰砂砾土，具有较高的抗压强度，一定的抗弯强度和抗冻性，稳定性较好，但干缩性较大；可用于各种交通类别的底基层，可作次干路和支路的基层，但不应用作高级路面的基层。在冰冻地区的潮湿路段以及其他地区过分潮湿路段，不宜用石灰土做基层，如必须用，应采取防水措施。

石灰稳定土施工技术要求如下：

（1）粉碎土块，最大尺寸不应大于 15mm。生石灰在使用前 2～3d 需要消解，并用 10mm 方孔筛筛除未消解灰块。工地上消解石灰的方法有：花管射水和坑槽注水消解法两种。为提高强度减少裂缝，可掺加最大粒径不超过 0.6 倍（且不大于 10cm）石灰土厚度的粗集料。

（2）拌和应均匀，摊铺厚度虚厚不宜超过 20cm。

（3）应在混合料处于最佳含水量时碾压，先用 8t 稳压，后用 12t 以上压路机碾压。控制原则是："宁高勿低，宁刨勿补"。

（4）交接及养护。施工间断或分段施工时，交接处预留 30～500mm 不碾压，便于新旧料衔接。养生期内严禁车辆通行。

（5）应严格控制基层厚度和高程、其路拱横坡与面层一致。

（二）水泥稳定土基层

水泥稳定土基层包括水泥土、水泥砂、水泥碎石和水泥砂砾，具有良好的整体性，足够的力学强度，抗水性和耐冻性；适用于各种交通类别的基层和底基层，不应做高级沥青路面的基层，只能作底基层；在快速路和主干路的水泥混凝土面板下，水泥土也不应用作基层。

水泥稳定土施工技术要求如下。

（1）必须采用流水作业法。一般情况下，每一作业段以 200m 为宜。

（2）宜在春季和气温较高的季节施工。施工期日最低气温应在 5℃ 以上，在有冰冻地区，应在第一次重冰冻到来之前 0.5～1 个月前完成。

（3）雨季施工，应注意天气变化，防止水泥和混合料遭雨淋，下雨时停止施工，已摊铺的水泥土结构层应尽快碾压密实。

（4）配料应准确，洒水、拌和、摊铺应均匀。应在混合料处于最佳含水量 1%～2% 时碾压，碾压时先轻型后重型。

（5）宜在水泥初凝前碾压成活。

（6）严禁用薄层贴补法进行找平。

（7）必须保湿养生，防止忽干忽湿。常温下成活后应 7d 养护。

（8）养生期内应封闭交通。

（三）石灰工业废渣稳定土（砂砾、碎石）基层

石灰工业废渣稳定土分为两大类：石灰粉煤灰类和石灰煤渣（煤渣、高炉矿渣、钢渣等）类。石灰工业废渣稳定土具有良好的力学性能、板体性、水稳性和一定的抗冻性，其抗冻性比石灰土高得多，抗裂性能比石灰稳定土和水泥稳定土都好。石灰工业废渣稳定土适合各类交通类别的基层和底基层，但二灰土不应作高级沥青路面的基层；在快速路和主干路的水泥混凝土面板下，二灰土也不应做基层。

石灰工业废渣稳定土施工技术要求如下。

（1）宜在春末和夏季组织施工。施工期间日最低气温应在 5℃ 以上，并应在第一次重冰冻（−3～−5℃）到来前 1～1.5 个月完成。

（2）配料应准确。以石灰:粉煤灰:集料的质量比表示。

（3）城市道路宜选用集中厂拌法，运到现场摊铺。应在混合料处于或略大于最佳含水量时碾压。基层厚度小于等于 150mm 时，用 12～15t 三轮压路机；厚度大于 150mm 且小于等于 200mm 时，可用 18～20t 三轮和振动压路机。

（4）二灰砂砾基层施工时，严禁用薄层贴补法进行找平，应适当挖补。

（5）必须保湿养生，不使二灰砂砾层表面干燥，在铺封层或者面层前，应封闭交通，临时开放交通时，应采取保护措施。

（四）级配碎石和级配砾石基层（粒料基层）

级配型集料可分为级配碎石、级配砾石、级配碎砾石。

级配碎石和级配砾石施工技术要求如下。

（1）级配碎石中的碎石颗粒组成曲线应是一根顺滑的曲线。

（2）配料必须准确。混合料应拌和均匀，没有粗细颗粒离析现象。

（3）在最佳含水量时进行碾压。

（4）应用 12t 以上三轮压路机碾压，轮迹小于 5mm。

（5）未洒透层沥青或未铺封层时，禁止开放交通，以保护表层不受破坏。

二、道路面层施工技术

（一）沥青混凝土面层

（1）下面层边部钢丝绳挂线，施工前在下承层上恢复中线，两侧设高程指示桩（钢钎），每 10m 设一桩。

（2）拌和。集料和沥青按配合比规定的用量送进拌和机，拌和时间根据试拌确定，必须使集料的颗粒被沥青完全包裹，混合料充分拌和均匀。

（3）运输。沥青混合料的运输采用自卸车运至摊铺地点。

（4）摊铺。摊铺前，首先对下承层进行清扫。

摊铺前熨平板应预热至少 0.5h 以上，达到规定温度，且熨平板必须拼接紧密，不许存在缝隙，防止卡入粒料将摊铺面拉出条痕。

摊铺时，采用平衡梁法施工，以保证厚度和平整度。经摊铺机初步压实的摊铺层应符合平整度、横坡的规定要求。

在铺筑过程中，摊铺机螺旋送料器应不停顿地转动，两侧应保持有不少于送料器高度 2/3 的混合料，使熨平板的挡板前混合料的高度在全宽范围内保持一致，并保证在摊铺机全宽度断面上不发生离析。如发生离析，应及时人工找补或换填。

（5）沥青混合料的压实。沥青混合料压实应紧跟在摊铺后，温度较高的情况下尽快完成，碾压时遵循"高频、低幅、紧跟、慢压、少水、高温""由外到内、由低向高"的原则，即压路机应采用高振频低振幅的方式，碾压时向前紧跟到摊铺机时再返回，行驶速度应慢速、匀速，洒水量以不粘轮为准。采用双钢轮压路机与重吨位胶轮压路机组合的方式，碾压分为：初压、复压、终压。

1）初压。摊铺之后立即进行（高温碾压），用静态双钢轮压路机完成（2 遍），上面层改性沥青混凝土采用同等型号双钢轮压路机并列梯队压实，初压温度控制在 160℃，复压不低于 140℃，终压不低于 120℃。压路机从外侧向中心碾压，相邻碾压带重叠 1/3～1/2 轮宽，碾压时将驱动轮面向摊铺机。碾压路线及碾压方向不应突然改变而导致混合料产生推移。初压后检查平整度和路拱，必要时应予以修整。

2）复压。复压紧接在初压后进行，复压用双钢轮压路机和轮胎压路机完成，一般是先用双钢轮压路机碾压 4 遍，再用轮胎压路机碾压 1～2 遍，使其达到规定压实度。上面层改性沥青混凝土复压采用同等型号双钢轮压路机并列梯队碾压 4～6 遍，不用胶轮压路机。

3）终压。终压紧接在复压后进行，上、下面层终压都采用双钢轮式压路机碾压 2～3 遍，消除轮迹。

（6）沥青混凝土面层的交通放行及养护。热拌沥青混合料路面应待摊铺层完全自然冷却，隔日开放交通。沥青混凝土上面层应从施工的次日起开始养护，直到交工证书签发之日为止。养护期间安排专人分段对沥青混凝土路面进行清扫，保持路面清洁。

（二）水泥混凝土路面施工

1. 施工放样

施工前根据设计要求利用水稳层施工时设置的临时桩点进行测量放样，确定板块位置和做好板块划分，并进行定位控制，在车行道各转角点位置设控制桩，以便随时检查复测。

2. 支模

根据混凝土板纵横高程进行支模。

3. 混凝土搅拌、运输

混凝土应提前按照设计要求进行试验配合比设计，搅拌时严格按试验室提供的配合比准确下料。混凝土采用混凝土运输车运送。

4. 钢筋制作安放

钢筋统一在场外按设计要求加工制作后运至现场，水泥混凝土浇筑前安放。

（1）自由板边缘钢筋安放。离板边缘不少于 5cm，用预制混凝土垫块垫托，垫块厚度为 4cm，垫块间距不大于 80cm，两根钢筋安放间距不少于 10cm。在浇筑混凝土过程中，钢筋中间保持平直，不变形挠曲，并防止移位。

（2）角隅钢筋安放。在混凝土浇筑振实至与设计厚度差 5cm 时安放，距胀缝和板边缘各为 10cm，平铺就位后继续浇筑、振捣上部混凝土。

（3）检查井、雨水口防裂钢筋安放同自由板边缘钢筋安放方法。

5. 混凝土摊铺、振捣

钢筋安放就位后即进行混凝土摊铺，摊铺前刷脱模剂，摊铺时保护钢筋不产生移动或错位。即混凝土铺筑到厚度的 1/2 后，先采用平板式振动器振捣一遍，等初步整平后再用平板式振动器再振捣一遍，自一端向另一端依次振动两遍。

6. 抹面与压纹

混凝土板振捣后用抹光机对混凝土面进行抹光后用人工对混凝土面进行催光，催光后用排笔沿横坡方向轻轻拉毛，以扫平痕迹，后用压纹机进行混凝土面压纹。

7. 拆模

拆模时小心谨慎，勿用大锤敲打以免碰伤边角，拆模时间掌握在混凝土终凝后 36～48h 以内，以避免过早拆模、损坏混凝土边角。

8. 胀缝

胀缝板采用 2～3cm 厚沥青木板，两侧刷沥青各 1～2mm，埋入路面，板高与路面高度一致。在填灌填缝料前，将其上部刻除 4～5cm 后再灌填缝料。

9. 切缝

缩缝采用混凝土切割机切割，深度为 4～5cm，割片厚度采用 3mm，切割在拆模后进行，拆模时将已做缩缝位置记号标在水泥混凝土块上，如横向缩缝（不设传力杆）位置正位于检查井及雨水口位置，重新调整缩缝位置，原则上控制在距井位 1.2m 以上。

10. 灌缝

胀缝、缩缝均灌注填缝料，灌注前将缝内灰尘、杂物等清洗干净，待缝内完全干燥后再灌注。

11. 养护

待道路混凝土终凝后进行养护，养护期间不堆放重物，行人及车辆不在混凝土路面上通行。

4.2.3　道路附属设施施工技术

一、人行道块料铺设

1. 放样

人行道铺砌前，根据设计的平面及高程，沿人行道中线（或边线）进行测量放线，每 5～10m 安测一块砖作为控制点，并建立方格网，以控制高程及方向。

2. 垫层

根据测量测设的位置及高程，进行垫层施工。

3. 铺砌

（1）一般采用"放线定位法"顺序铺砌，彩砖应紧贴垫层，不得有"虚空"现象。

（2）经常用 3m 直尺沿纵横和斜角方向测量面层平整度，发现不符要求，及时整修。

（3）铺砌必须平整稳定，纵横缝顺直，排列整齐，缝隙均匀。

4. 灌缝及养生

铺筑完成后，经检查合格后方可进行灌缝。用过筛干砂掺水泥拌和均匀将砖缝灌满，并在砖面洒水使砂灰下沉，表面用符合设计要求的水泥砂浆勾缝，勾缝必须勾实勾满，并在表面压成凹缝；待砂浆凝固后，洒水养生 7d 方可通行。

二、排砌侧平石

1. 放样

（1）核对道路中心线无误后，依次丈量出路面边界，进行边线放样，定出边桩。

（2）按路面设计纵坡与侧石纵坡相平行的原则，计算出侧石顶面标高，定出侧石标高。

（3）道路改建翻排侧平石，应按新排砌的要求进行现场放样，做好原有雨水口标高调整，并与原有侧平石衔接和顺。

2. 槽夯实

根据设计图放线开挖基槽，整平夯实槽底。

3. 铺筑垫层及混凝土基础

（1）路床施工宽度应包括侧平石基础宽度，侧平石基础用相应的路面材料替代。

（2）混凝土基座底面以下部分应用合适的筑路材料填高，整平夯实。

4. 排砌侧平石

（1）侧石施工。根据施工图确定的侧石平面位置和顶面标高，放出施工线，人行道斜坡处的侧石，一般比平石高出约 2～3cm，两端接头应做成斜坡（俗称"牛腿式"）。

（2）相邻侧石接缝必须平齐，缝宽 1cm，检查无误后及时坞塝。

（3）平石施工。平石和侧石应错缝对中相接，平石间缝宽 1cm，与侧石间的缝隙≤1cm。

（4）平石与路面接边线必须顺直。

（5）侧平石灌缝，灌缝用水泥砂浆抗压强度应大于 10MPa。灌缝必须饱满嵌实，勾缝以平缝或凹型缝为宜。

（6）新砌侧平石应设护栏防护，接缝应湿治养护不得少于 3d，冬季应注意防冻。

（7）侧平石排砌应整齐稳固，线型顺直，圆角和顺，灌缝应饱满，勾（抹）缝光洁坚实。

（8）平石排水必须畅通，无积水和阻水现象。

（9）侧平石坞膀应拍实，紧密无松动，外侧填土必须夯实。

三、交通管理设施施工

1. 标志牌施工

标志牌施工的工艺流程如下：施工区域交通管制→施工放样→基础施工→标志标牌加工制作→现场安装（立柱→横梁安装→面板安装）→现场清理、撤离。

2. 路面标线施工

反光标线一般可采用刮板机式施工，所使用的设备如下：釜、画线车、底油车、斑马线机、施工专用车辆、玻璃微珠撒播器等。

（1）施划标线的路面表面保持清洁干燥，无松散颗粒、灰尘、沥青、油污或其他有害物质。

（2）在喷涂底油下涂剂后，按试验测定的间隔时间喷涂涂料，以提高其黏结力。

（3）所有标线均具有顺直、平顺、光洁、均匀及精美外观；湿膜厚度符合图纸要求。

（4）对于有缺陷的、施工不当、尺寸不正确或位置错误的标线均清除，路面则修补，材料则更换。

（5）涂料喷涂于路面时的温度，应符合涂料生产商提供的使用说明的要求。

（6）喷涂施工在白天进行，雨天、尘埃大、风大、温度低于 10℃时则暂时停止施工。

（7）撒布玻璃珠在涂料喷涂后立即进行，以规定的用量加压撒布在所有标线上。

（8）喷涂标线时，有交通安全措施，并设置适当警告标志，阻止车辆及行人在作业区内通行，防止将涂料带出或形成车辙，直至标线充分干燥。

3. 信号灯安装施工

（1）勘察道路，做好开挖路灯基础的前期工作。

（2）开挖基础坑。

（3）把做好的基础钢筋笼放进挖好的坑里用水泥混凝土浇筑好，并放好电缆穿线管，把基础面做水平，保养 3～8d。

（4）放好电缆线，把电缆的出线口拉出穿线管上面 40cm 左右预留。

（5）把交通信号灯杆运到各个点位，组装立杆和横杆。

（6）用吊装机把组装好的信号灯杆吊装到基础上和钢筋预埋件对接，用螺母固定好。

（7）打开工作门把电线和电缆对接。

4.3　道路工程定额说明和工程量计算规则

4.3.1　路基处理

一、定额说明

（1）本章定额包括预压地基、强夯地基、掺石灰、掺砂石、抛石挤淤等项目。

（2）堆载预压工作内容中包括了堆载四面的放坡和修筑坡道，未包括堆载材料的运输，发生时费用另行计算。

（3）真空预压砂垫层厚度按 70cm 考虑，当设计材料厚度不同时，可以调整。

（4）袋装砂井直径按 7cm 编制，当设计砂井直径不同时，按砂井截面积的比例关系调整中（粗）砂的用量，其他消耗量不作调整。袋装砂井及塑料排水板处理软弱地基，工程量为设计深度，定额材料消耗中已包括砂袋或塑料排水板的预留长度。

（5）振冲桩（填料）定额中不包括泥浆排放处理的费用，需要时另行计算。

（6）水泥搅拌桩分为深层搅拌法（简称湿法）和粉体喷搅法（简称干法），空搅部分按相应项目的人工及搅拌机械乘以系数 0.5。

（7）水泥搅拌桩中深层搅拌法的单（双）头搅拌桩、三轴水泥搅拌桩定额按二搅二喷施工工艺考虑，设计不同时，每增（减）一搅一喷按相应项目的人工、机械乘以系数 0.4 进行增（减）。SMW 工法桩（型钢水泥土搅拌墙）项目执行第三册《桥涵工程预算定额》相应项目。

（8）单、双头深层搅拌桩，三轴搅拌桩水泥掺量分别按加固土重（1 800kg/m^3）的 13% 和 15%考虑，当设计与定额取定不同时，执行相应项目。

（9）水泥粉煤灰碎石桩（CFG）土方场外运输执行第一册"土石方工程"相应项目。

（10）高压旋喷桩设计水泥用量与定额不同时，根据设计有关规定进行调整。

（11）石灰桩是按桩径 500mm 编制的，设计桩径每增加 50mm，人工、机械乘以系数 1.05。当设计与定额取定的石灰用量不同时，可以换算。

（12）分层注浆加固的扩散半径为 80cm，压密注浆加固半径为 75cm。当设计与定额取定的水泥用量不同时，可以换算。

（13）混凝土滤管盲沟定额中不含滤管外滤层材料。

（14）褥垫层按实际施工和规范要求，每层的最大铺设厚度按 20cm 考虑，超过 20cm 的按两层考虑，不足 20cm 的按相应定额子目进行调整。

二、定额工程量计算规则

（1）堆载预压、真空预压按设计图示尺寸以加固面积计算。

（2）强夯分满夯、点夯，区分不同夯击能量，按设计图示尺寸的夯击范围以面积计算。设计无规定时，按每边超过基础外缘的宽度 3m 计算。

（3）掺石灰、改换炉渣、改换片石，均按设计图示尺寸以体积计算。

（4）掺砂石按设计图示尺寸以面积计算。

（5）抛石挤淤按设计图示尺寸以体积计算。

【例 4-1】 某道路 K0+130～K0+410 之间由于是常年积水的洼地，排水困难，采用在路基底部抛投一定数量片石的方法对其进行处理，道路横断面如图 4-9 所示，试求抛石挤淤的工程量。

解：抛石挤淤工程量：$V = 15 \times (410 - 130) \times 0.8 = 3\ 360$（m^2）

（6）袋装砂井、塑料排水板，按设计图示尺寸以长度计算。

（7）振冲桩（填料）按设计图示尺寸以体积计算。

（8）振动砂石桩按设计桩截面乘以桩长（包括桩尖）以体积计算。

（9）水泥粉煤灰碎石桩（CFG）按设计图示尺寸以桩长（包括桩尖）计算。取土外运按成孔体积计算。

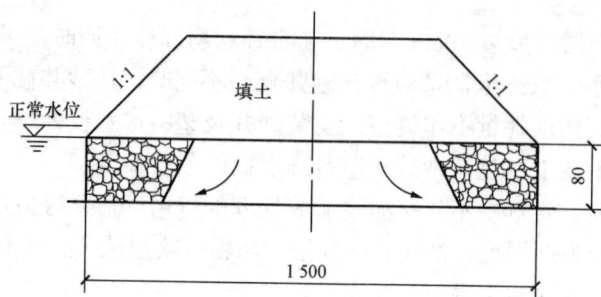

图 4-9 抛石挤淤道路横断面图（单位：cm）

（10）水泥搅拌桩（含深层水泥搅拌法和粉体喷搅法）工程量按桩长乘以桩径截面积以体积计算，桩长按设计桩顶标高至桩底长度另增加 500mm；若设计桩顶标高已达打桩前的自然地坪标高小于 0.5m 或已达打桩前的自然地坪标高时，另增加长度应按实际长度计算或不计。

（11）高压旋喷桩工程量，钻孔按原地面至设计桩底的距离以长度计算，喷浆按设计加固桩截面面积乘以设计桩长以体积计算。

（12）石灰桩按设计桩长（包括桩尖）以长度计算。

（13）地基注浆加固以孔为单位的项目，按全区域加固编制，当加固深度与定额不同时可内插计算；当采取局部区域加固，则人工和钻机台班不变，材料（注浆阀管除外）和其他机械台班按加固深度与定额深度同比例调减。

（14）注浆加固以体积为单位的项目，已按各种深度综合取定，工程量按加固土体以体积计算。

（15）褥垫层、土工合成材料按设计图示尺寸以面积计算。

【例 4-2】 某道路为水泥混凝土路面，全长为 1 700m，其路面宽度为 14m，K0+000～K0+600 为软土地基，为了保证路基的压实度以及满足道路的设计使用年限，需要对软土地基用土工布（人工铺）进行处理，以增强路基稳定性，土工布道路横断面图如图 4-10 所示，试计算土工布的工程量。

图 4-10 土工布道路横断面图（单位：cm）

解： 土工布工程量：$S = (14 + 0.10 \times 2 + 0.15 \times 2) \times 600 = 8\,700$（m^2）

（16）排（截）水沟按设计图示尺寸以体积计算。

（17）盲沟按设计图示尺寸以体积计算。

【例 4-3】 某道路全长 500m，道路宽 12m，由于该路段为淤泥，土质渗水性不好，需要设置边沟用以排水，边沟下设砂石盲沟，以便排除路基范围内的水，保证路基稳定，降低地下水位，道路横断面如图 4-11 所示，试求盲沟的工程量。

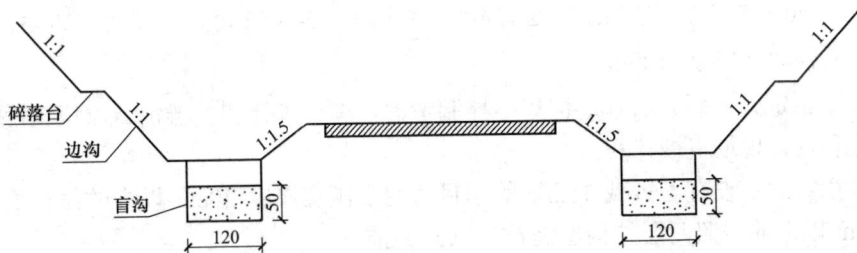

图 4-11 道路横断面示意图（单位：cm）

解： 盲沟工程量：$V=500×1.2×0.5×2=600$（m³）

4.3.2 道路基层

一、定额说明

（1）本章定额包括路床整形、石灰稳定土摊铺、水泥稳定土摊铺、石灰、粉煤灰、土摊铺等项目。

（2）路床整形已包括平均厚度 10cm 以内的人工挖高填低，路床整平达到设计要求的纵、横坡度。

（3）边沟成型已综合了边沟挖土不同土壤类别，考虑边沟两侧边坡培整面积所需的挖土、培土、修整边坡及余土抛出沟外的全过程所需人工。边坡所出余土应弃运路基 50m 以外。

（4）多合土基层中各种材料是按常用的配合比编制的，当设计与定额取定的材料不同时，可以换算，人工、机械不调整。

多合土基层材料数量计算公式为：

$$C_1 = [C_d + B_d × (H_1 - H_0)] × L_i / L_d \tag{4.1}$$

式中：C_1——按实际配合比换算后的材料数量；

C_d——定额中基本压实厚度的材料数量；

B_d——定额中压实厚度每增减 1cm 的材料数量；

H_0——定额的基本压实厚度；

H_1——实际的压实厚度；

L_d——定额标明的材料百分比；

L_i——实际配合的材料百分比。

【例 4-4】 石灰、粉煤灰、碎（砾）石基层定额取定的配合比为 10:20:70，基本压实厚度为 20cm，若设计配合比为 7:13:80，厚度 18cm，各种材料调整后的数量为多少？调整后的基价为多少？

解：（1）各种材料调整后的数量为：

生石灰=［3.955+0.197×（18−20）］×7/10=2.493（t/100m²）

粉煤灰=［10.547+0.527×（18−20）］×13/20=6.170（m³/100m²）

碎石=［18.909+0.945×（18−20）］×80/70=19.450（m³/100m²）

（2）调整后的基价：

换后基价=（1 141.54−56.98×2）+（2.493×120.12+6.170×102.96+19.450×67.90+6.300×5.27−

0.315×5.27×2+43.172−2.156×2）+（145.72−3.66×2）+（1 027.39−51.28×2）

=4 414.93 元/100m²

（5）水泥稳定碎（砾）石基层按集中拌制考虑，综合了拌和、摊铺、碾压工序，其他基层混合料拌和均按现场机械拌和。

（6）本章定额中设有"每减 1cm"的子目适用于压实厚度 20cm 以内的结构层铺筑。压实厚度 20cm 以上的按照两层结构层铺筑，以此类推。

（7）混合料多层次铺筑时，其基础各层需进行养生，养生期按 7d 考虑，其用水量已综合在多合土养生项目内，使用时不得重复计算用水量。

（8）本章定额凡使用石灰的项目，均未包括消解石灰的工作内容，编制预算时先计算出石灰总用量，再执行消解石灰项目。

【例 4-5】 某道路长度为 5 000m，基层宽 8.5m，采用石灰、粉煤灰、土基层，厚度 20cm，配合比为 10:30:60，试计算其消解石灰的工程量。

解：（1）定额中石灰、粉煤灰、土基层的配合比为 12:35:53，与设计配合比不同，所以应调整材料用量。

调整后生石灰的数量=3.535×10/12=2.946（t/100m²）

（2）消解石灰的工程量=2.946×5 000×8.5÷100=1 252.05（t）

（9）消解石灰、集中拌和执行集中消解石灰项目，原槽拌和执行小堆沿线消解石灰项目。

（10）多合土实际养生时，没有使用塑料薄膜，应扣除材料，人工、机械不变。

二、定额工程量计算规则

（1）道路路床碾压按设计道路路基边缘图示尺寸以面积计算，不扣除各类井所占面积。在设计中明确加宽值，按设计规定计算。设计中未明确加宽值时，按设计车行道宽度每侧加宽 30cm 计算。

【例 4-6】 某道路横断面如图 4-12 所示，施工界限为 K0+100～K0+200，计算车行道路床碾压检验工程量。

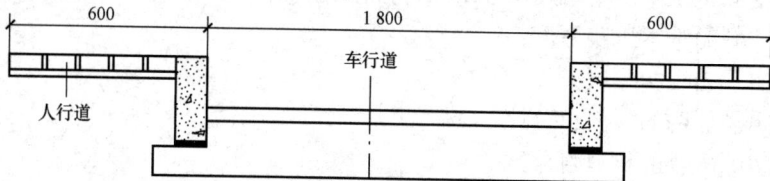

图 4-12　道路横断面图（单位：mm）

解：车行道路床碾压检验工程量：$S = (18 + 0.3 \times 2) \times 100 = 1\ 860$（m²）

（2）土边沟成形按设计图示尺寸以体积计算。

（3）道路基层、养生工程量均按设计摊铺层的面积之和计算，不扣除各种井位所占的面积；设计道路基层横断面是梯形时，应按其截面平均宽度计算面积。

【例 4-7】 某市环城路南口段至大东门段全长 3 500m，道路基层宽度为 24.50m，采用石灰、粉煤灰、碎（砾）石基层（10:20:70），基层摊铺定额项目表见表 4-3，基层厚度为 35cm，养生采用洒水车洒水，试计算基层工程量和分部分项工程费。

表 4-3　　　　　　　　　石灰、粉煤灰、碎（砾）石摊铺定额项目表

工作内容：放线、运料、铺石灰、焖水、拌和机拌和、找平、碾压　　　　　　单位：100m²

定　额　编　号				2-116	2-117
项　目　名　称				石灰:粉煤灰:碎（砾）石	
				10:20:70	
				厚度（cm）	
				20	每减 1
基　　价（元）				5 235.94	257.83
其中	人　工　费（元）			1 141.54	56.98
	材　料　费（元）			2 921.29	145.91
	机　械　费（元）			145.72	3.66
	管理费、利润（元）			1 027.39	51.28
名　称		单　位	单价（元）	数　量	
人工	综合工日	工日	107.51	10.618	0.530
材料	碎石 25～40	m³	67.90	18.909	0.945
	粉煤灰	m³	102.96	10.547	0.527
	生石灰	t	120.12	3.955	0.197
	水	m³	5.27	6.300	0.315
	其他材料费	元	—	43.172	2.516
机械	钢轮内燃压路机 12t	台班	514.04	0.064	—
	钢轮内燃压路机 15t	台班	609.64	0.056	—
	沥青混凝土摊铺机 8t	台班	914.85	0.086	0.004
其他	管理费	%	—	45.000	45.000
	利润	%	—	45.000	45.000

解： 由于基层的厚度为 35cm＞20cm，因此应按两层结构层铺筑，可分别按 20cm 和 15cm 厚计算。

（1）计算工程量（表 4-4）。

表 4-4　　　　　　　　　工 程 量 计 算 表

序号	项目名称	单位	工程量计算公式	数量
1	道路基层	m²	3 500×24.50	85 750
2	多合土养生工程量	m²	85 750×2	171 500
3	消解石灰	t	（3.955+3.955−0.197×5）×85 750÷100	5 938.188

（2）计算分部分项工程费（表 4-5）。

表 4-5　　　　　　　　　　道路基层分部分项工程计价表

定额编号	项目名称	工程量		分部分项工程费		其中人工费	
		单位	数量	单价（元）	合价（元）	单价（元）	合价（元）
2-116	石灰:粉煤灰:碎（砾）石（10:20:70）摊铺　厚度20cm	100m²	857.5	5 235.94	4 489 819	1 141.54	978 871
2-116 换	石灰:粉煤灰:碎（砾）石（10:20:70）摊铺　实际厚度（cm）：15	100m²	857.5	3 946.78	3 384 364	856.64	734 569
2-142	多合土养生洒水车洒水	100m²	1 715	156.55	268 483	9.46	16 224
2-144	集中消解石灰	t	5 938.188	42.97	255 164	7.10	42 161
	合计				8 397 830		1 771 825

4.3.3　道路面层

一、定额说明

（1）本章定额包括沥青表面处治、沥青贯入式路面、透层、黏层、封层等项目。

（2）水泥混凝土路面按预拌混凝土考虑。

（3）水泥混凝土路面按平口考虑，当设计为企口时，按相应项目执行，其中人工乘以系数 1.01，模板摊销量乘以系数 1.05。混凝土路面接缝示意图如图 4-13 所示。

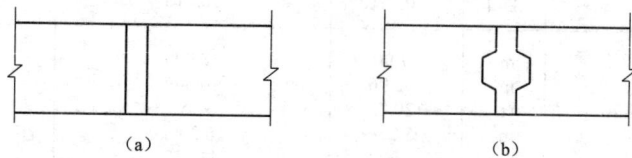

图 4-13　混凝土路面接缝示意图

（a）平口缝；（b）企口缝

（4）水泥混凝土路面的钢筋项目执行第一册"钢筋工程"相应项目。

（5）喷洒沥青油料中，透层、黏层、封层分别列有石油沥青和乳化沥青两种油料，其中透层适用于无结合料粒料基层和半刚性基层，黏层适用于新建沥青层、旧沥青路面和水泥混凝土。当设计与定额取定的喷油量不同时，可以调整，人工、机械不调整。

二、定额工程量计算规则

（1）道路工程沥青混凝土、水泥混凝土及其他类型路面工程量以设计图示面积计算，不扣除各类井所占面积，但扣除路面相连的平石、侧石、缘石所占的面积。

【例 4-8】某道路全长 3 500m，宽度 24m，面层采用中粒式沥青混凝土面层，厚度 5cm，机械摊铺，试计算面层摊铺的工程量。

解：面层摊铺工程量：S=3 500×24=84 000（m²）

（2）伸缝、嵌缝按设计缝长乘以设计缝深以面积计算。

1）伸缝。一般称为真缝，是施工时预留的空间缝隙，当混凝土受热膨胀时占领空余位置而不在内部产生压应力。施工时在伸缝位置混凝土板顶部放置压缝板条，混凝土凝固后，伸缝的压缝板及时拔出，然后灌入填缝料，是在水泥混凝土路面上做成贯通整个板厚的缝。

2）嵌缝。一般称为假缝或缩缝，是在整体路面切割一条缝，当混凝土受冷收缩时拉开切割的缝隙而在内部产生拉应力。为了防止地面不正常开裂缝系，使水泥混凝土板在收缩时不产生不规则的裂缝，定额考虑用路面锯缝机锯缝，是在水泥混凝土路面上做成不贯通整个板厚的缝。

（3）锯缝机切缩缝、填灌缝按设计图示尺寸以长度计算。

（4）土工布贴缝按混凝土路面缝长乘以设计宽度以面积计算（纵横相交处面积不扣除）。

三、转角路口面积计算

转角路口增加的面积，如图 4-14 中阴影所示。

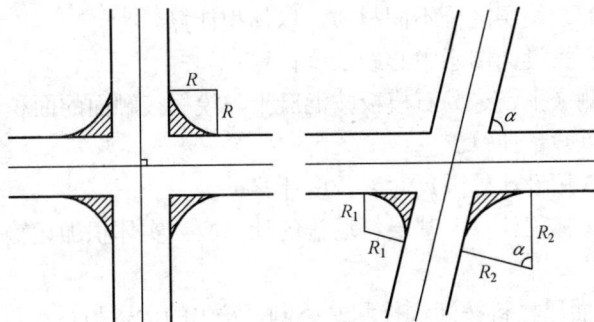

图 4-14　转角路口面积计算图

当道路直交时

$$每个转角的路口面积 = R^2 - \frac{1}{4}\pi R^2 \approx 0.214\,6R^2$$

当道路斜交时

$$每个转角的路口面积 = \tan\frac{\alpha}{2} \cdot R^2 - \frac{\alpha}{360°}\pi R^2 \approx R^2\left(\tan\frac{\alpha}{2} - 0.008\,73\alpha\right)$$

相邻的两个转角的圆心角是互为补角的，即一个中心角是 α，另一个中心角是（$180-\alpha$），R 是每个路口的转角半径。

4.3.4　人行道侧平石及其他

一、定额说明

（1）本章定额包括人行道整形碾压、人行道板安砌、人行道块料铺设、混凝土人行道等项目。

（2）本章定额采用的人行道板、人行道块料、广场砖与设计材料规格或型号不同时，可以调整，人工、机械不调整。

（3）人行道整形已包括平均厚度 10cm 以内的人工挖高填低、整平、碾压。

（4）侧平石安砌包括直线、弧线，综合考虑编制。

（5）小型构件运输指单件体积在 0.1m³ 以内的构件。场内运混凝土（熟料）指混凝土（熟料）场内转运。

（6）检查井、雨水进水井升高均不包含更换井盖等工作内容。发生升高并更换井盖时，执行"更换铸铁盖"相应项目。

（7）本章所列"人行道砖铺装""侧缘石安砌"均包括结合层项目，均不包括基础垫层项目，其基础垫层已单列子目，可根据图纸设计使用。人行道块料下砂浆均按 2cm 厚度考虑，人行道面层下砂浆垫层按 2cm 厚度考虑，损耗率 2.5%，实际铺设厚度不同时，垫层厚度可以调整，其他不变。

二、定额工程量计算规则

（1）人行道整形碾压面积按设计人行道图示尺寸以面积计算，不扣除树池和各类井所占面积。

（2）人行道板安砌、人行道块料铺设、混凝土人行道铺设按设计图示尺寸以面积计算，不扣除各类井所占面积，但应扣除侧石、缘石、树池所占面积。

（3）花岗岩人行道板伸缩缝按图示尺寸以长度计算。

（4）侧（平、缘）石垫层区分不同材质，以体积计算。

（5）侧平石、缘石按设计图示中心线长度计算。

（6）现浇混凝土侧（平、缘）石模板按混凝土与模板接触面的面积计算。

（7）检查井升降以数量计算。

（8）砌筑树池侧石按设计外围尺寸以长度计算。

（9）基层料运输按体积计算。基层料运输的计算应为实体积加运输损耗，运输损耗按实体积的 2.5%计入。

（10）沥青混凝土面层材料按沥青拌和站编制，发生的运费另行计算，运输工程量为实体积加运输损耗，运输损耗按实体积的 1%计入。

【例 4-9】 某道路全长 8 000m，宽度 12m，面层采用细粒式沥青混凝土面层，厚度 4cm，机械摊铺，面层料运距 8km，定额项目见表 4-6、表 4-7。试计算面层摊铺和运输的工程量、分部分项工程费。

表 4-6　　　　　　　　细粒式沥青混凝土面层机械摊铺定额项目表

工作内容：清扫基层、整修侧缘石、测温、摊铺、接茬、找平、点补、碾压清理　　　　单位：100m²

定　额　编　号				2-190
项　目　名　称				机械摊铺
				厚度（cm）
				4
基　　价（元）				3 397.79
其中	人　工　费（元） 材　料　费（元） 机　械　费（元） 管理费、利润（元）			112.56 2 892.32 291.60 101.31
名　称		单　位	单价（元）	数　量
人工	综合工日	工日	107.51	1.047
材料	柴油 沥青混凝土 细粒式 其他材料费	t m³ 元	5 637.06 699.76 —	0.004 4.040 42.744
机械	轮胎式压路机 26t 钢轮振动压路机 12t 钢轮振动压路机 15t 沥青混凝土摊铺机 8t	台班 台班 台班 台班	913.24 791.70 1 045.20 976.46	0.050 0.113 0.103 0.050
其他	管理费 利润	% %	— —	45.00 45.00

表 4-7 汽车运沥青混凝土半成品定额项目表

工作内容：运输、自卸、返回 单位：m^3

定 额 编 号			2-278	2-279
项 目 名 称			汽车运沥青混凝土半成品	
			10km 以内	每增 1km 以内
基 价（元）			18.88	1.89
其中		人 工 费（元）	—	—
		材 料 费（元）	—	—
		机 械 费（元）	18.88	1.89
		管理费、利润（元）	—	—
名 称	单 位	单价（元）	数 量	
机械	自卸汽车 15t	台班	943.97	0.020	0.002
其他	管理费	%	—	45.000	45.000
	利润	%	—	45.000	45.000

解： 面层摊铺工程量：$8\,000×12×=96\,000.00$（m^3）

面层摊铺的分部分项工程费：$3\,397.79×96\,000.00÷100=3\,261\,878$（元）

面层料运输工程量：$8\,000×12×0.04×（1+1\%）=3\,878.40$（$m^3$）

面层料运输的分部分项工程费：

$18.88×3\,878.40=73\,224$（元）

三、转角转弯平侧石长度计算

转角转弯平侧石长度计算，如图 4-15 所示。当道路正交时，每个转角的转弯平侧石长度 1.570 8R；当道路斜交时，每个转角的转弯平侧石长度 0.017 45$R\alpha$。

相邻的两个转角的圆心角是互为补角的，即一个中心角是 α，另一个中心角是（$180-\alpha$），R 是每个路口的转角半径。

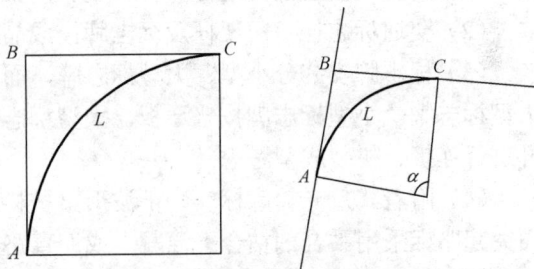

图 4-15 转角转弯侧石长度计算图

【例 4-10】 计算图 4-16 中道路转角处的道路面层、人行道及侧石（350mm×150mm）的工程量。

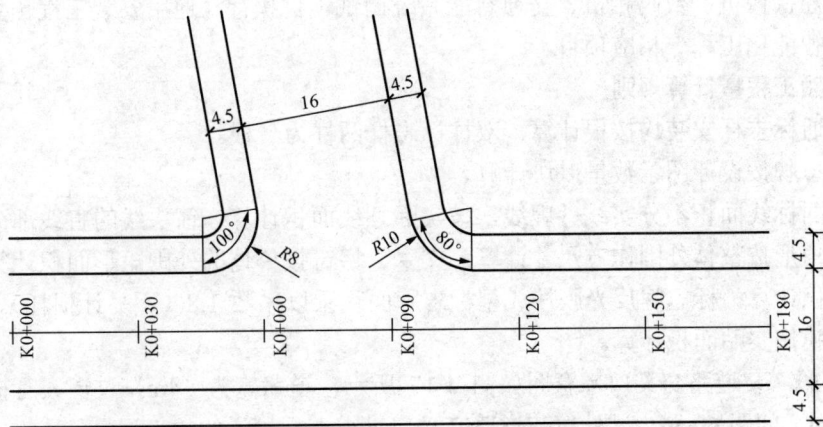

图 4-16 道路平面图（单位：m）

解：道路转角处工程量计算见表 4-8。

表 4-8　　　　　　　　　　　道路转角处工程量计算表

序号	项目名称	单位	工程量计算公式	数量
1	道路面层	m²	$8^2 \times \left(\tan\frac{100°}{2} - 0.008\,73 \times 100° \right) + 10^2 \times \left(\tan\frac{80°}{2} - 0.008\,73 \times 80° \right)$	34.47
2	人行道	m²	$\frac{100°}{360°} \times \pi \times (8-0.15)^2 - \frac{100°}{360°} \times \pi \times (8-4.5)^2$	43.09
			$\frac{80°}{360°} \times \pi \times (10-0.15)^2 - \frac{80°}{360°} \times \pi \times (10-4.5)^2$	46.62
			43.09+46.62	89.71
3	侧石安砌	m	$0.017\,45 \times 8 \times 100° + 0.017\,45 \times 10 \times 80°$	27.92

4.3.5　交通管理设施

一、定额说明

（1）本章定额包括交通标志杆安装、门架安装、标志牌安装、视线诱导器等项目。

（2）交通标志杆、门架杆及标志牌按成品考虑，其中标志牌成品不含反光膜。

（3）标志牌安装分小型、大型标志牌，面积在 1m² 以内为小型标志牌，面积 1m² 以外为大型标志牌。小型标志牌按普通板，大型标志牌为挤压板。标志牌安装按地面组装，与标志杆进行连接、拼装成型考虑。

（4）附着式反光轮廓标安装于波形梁护栏或其他护栏上，已综合考虑各种安装方法。路面突起路标采用黏结剂粘合于混凝土或沥青路面上，包括反光型与非反光型。

（5）纵向标线包括中心线、边缘线和分道线；标记包括文字、字符及图形；横道线包括人行横道线、停止线及导流带标线等；其他标线的均按横道线相应项目执行。

（6）标志牌、标志杆及门架安装的螺栓（垫圈、垫片）当设计与定额取定的材料规格及数量不同时，可以调整。

（7）塑质隔离筒（墩）内灌水（砂）费用，另行计算。

（8）监控摄像机、数码相机、交通智能系统调试项目执行《通用安装工程预算定额》第五册"建筑智能化工程"相应项目。

二、定额工程量计算规则

（1）交通标志杆安装均按根计算，双柱标志杆两柱为一根。

（2）标志牌按设计图示数量以块计算。

（3）路面标线面积不分实线、虚线，按实际划线面积计算；箭头线的直线部分按实际面积计算，三角形按整体外围作方尺寸计算；文字、字符按单体的外围矩形面积计算；图形按外框尺寸面积计算。标志牌反光膜按成型标志牌面积乘以系数 1.8（不另计损耗）。其他表面警示用反光膜按实贴面积计算。

【例 4-11】 某道路交叉口示意图如图 4-17 所示，道路宽为 14m，过街人行横道线的长 5m，宽 45cm，间距 60cm，试计算该道路交叉口过街人行横道线的工程量。

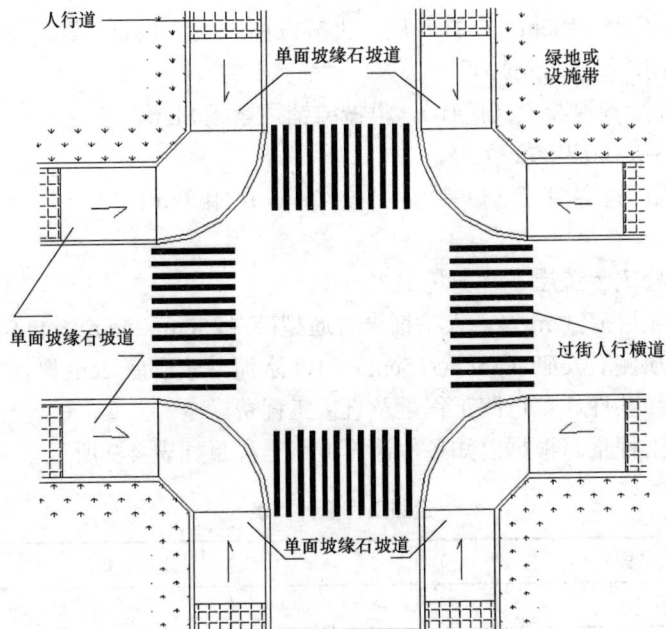

图 4-17　道路交叉口示意图

解：每一条过街人行横道线的面积：$S=5×0.45=2.25$（m^2）

　　　　过街人行横道线的数量（取整）=［$14÷(0.45+0.6)+1$］$×4≈56$（条）

　　　　过街人行横道线的工程量：$S=2.25×56=126.00$（m^2）

（4）环形检测线圈敷设按实埋长度（包括进控制箱部分）计算。

（5）混凝土隔离墩按设计图示尺寸以体积计算。

（6）塑质隔离筒（墩）按设计图示数量以个计算。

4.4　道路工程计量与计价案例

案例一：某市区主干道全长 1 250m，道路横断面为三块板形式，机动车道设计宽度为 12m，5%水泥稳定砂砾厂拌基层宽 12.5m，天然砂砾底层宽 13m；非机动车道 3m×2 宽，5%水泥稳定砂砾厂拌基层 3.5m×2 宽，天然砂砾底层 4.0m×2 宽；人行道 2.5m×2 宽；快慢车道分隔带 2m×2 宽，侧石宽 14cm，已知各道路工程做法如下：

（1）机动车道。

1）天然砂砾底层，人机配合铺装 15cm；

2）5%水泥稳定砂砾 20cm，厂拌基层，机械摊铺，运距 8km（洒水车洒水养生）。

3）乳化沥青透层（0.7kg/m^2）。

4）6cm 中粒式沥青混凝土（厂拌），机械摊铺，运距 8km。

5）乳化沥青黏层（0.3kg/m^2）。

6）3cm 细粒式沥青混凝土（厂拌），机械摊铺，运距 8km。

（2）非机动车道。

1）天然砂砾底层，人机配合铺装 15cm。

2）5%水泥稳定砂砾 10cm，厂拌基层，机械摊铺，运距 8km（洒水车洒水养生）。

3）乳化沥青透层（0.7kg/m²）。

4）3cm 中粒式沥青混凝土（厂拌），机械摊铺，运距 8km。

5）乳化沥青黏层（0.3kg/m²）。

6）2cm 细粒式沥青混凝土（厂拌），机械摊铺，运距 8km。

（3）人行道。

1）15cm 石灰稳定土垫层（含灰量 10%）；

2）1:3 水泥砂浆卧底 3cm 厚，人工铺设普通型砖（25cm×25cm×5cm）。

（4）侧石。石质侧石安砌（35cm×15cm），1:3 水泥砂浆卧底 2cm 厚。

问题：根据已知条件计算道路工程量及直接工程费。

解：（1）计算工程量。根据已知条件计算道路工程量如表 4-9 所示。

表 4-9　　　　　　　　　　　　　　　　道路工程量计算表

序号	项目名称	单位	工程量计算公式	数量
一、机动车道				
1	路床碾压检验	m²	13×1 250	16 250.00
2	天然砂砾底层	m²	13×1 250	16 250.00
3	厂拌 5%水泥稳定砂砾基层	m²	12.5×1 250	15 625.00
4	基层料运输	m³	15 625×0.2×（1+2.5%）	3 203.13
5	基层养生	m²	12.5×1 250	15 625.00
6	乳化沥青透层（0.7kg/m²）	m²	12×1 250	15 000.00
7	6cm 中粒式沥青混凝土面层	m²	12×1 250	15 000.00
8	乳化沥青黏层（0.3kg/m²）	m²	12×1 250	15 000.00
9	3cm 细粒式沥青混凝土面层	m²	12×1 250	15 000.00
10	汽车运沥青混凝土半成品	m³	（0.03+0.06）×15 000×（1+1%）	1 363.50
二、非机动车道				
11	路床碾压检验	m²	4×1 250×2	10 000.00
12	天然砂砾底层	m²	4×1 250×2	10 000.00
13	厂拌 5%水泥稳定砂砾基层	m²	3.5×1 250×2	8 750.00
14	基层料运输	m³	8 750×0.1×（1+2.5%）	896.88
15	基层养生	m²	3.5×1 250×2	8 750.00
16	乳化沥青透层（0.7kg/m²）	m²	3×1 250×2	7 500.00
17	3cm 中粒式沥青混凝土面层	m²	3×1 250×2	7 500.00
18	乳化沥青黏层（0.3kg/m²）	m²	3×1 250×2	7 500.00
19	2cm 细粒式沥青混凝土面层	m²	3×1 250×2	7 500.00
20	汽车运沥青混凝土半成品	m³	（0.03+0.02）×7 500×（1+1%）	378.75
三、人行道				
21	人行道整形碾压	m²	（2.50-0.15）×1 250×2	5 875.00

续表

序号	项目名称	单位	工程量计算公式	数量
22	15cm 石灰稳定土垫层	m³	(2.5-0.15)×1 250×2	5 875.00
23	人行道砖铺装	m²	(2.5-0.15)×1 250×2	5 875.00
四、侧石				
24	侧石安砌	m	1 250×6	7 500.00

（2）计算分部分项工程费。道路的分部分项工程费计算过程见表 4-10。

表 4-10　　　　　　　　　道路工程分部分项工程计价表

定额编号	项目名称	工程量		分部分项工程费		其中人工费	
		单位	数量	单价（元）	合价（元）	单价（元）	合价（元）
一、机动车道					1 976 167		104 265
2-99	路床整形　路床碾压检验	100m²	162.5	185.26	30 105	29.24	4 752
2-122 换	砂砾石摊铺（天然级配）厚度 20cm 实际厚度（cm）：15	100m²	162.5	1 514.79	246 153	255.21	41 472
2-134	水泥稳定碎（砾）石摊铺　水泥含量（5%）厚度 20cm	100m²	156.25	3 165.54	494 616	176.53	27 583
2-276	基层料运输　自卸汽车运输　运距 10km 以内	10m³	320.313	100.83	32 297		
2-142	基层养生　洒水车洒水	100m²	156.25	156.56	24 463	9.46	1 478
2-160	透层　半刚性基层　乳化沥青 0.7kg/m²	1 000m²	15	2 368.41	35 526	32.25	484
2-183	沥青混凝土路面　中粒式机械摊铺　厚度 6cm	100m²	150	4 598.13	689 720	103.43	15 515
2-162	黏层　沥青层　乳化沥青 0.3kg/m²	1 000m²	15	1 011.18	15 168	21.5	323
2-189	沥青混凝土路面　细粒式机械摊铺　厚度 3cm	100m²	150	2 549.18	382 377	84.4	12 660
2-278	汽车运沥青混凝土半成品 10km 以内	m³	1 363.5	18.88	25 743		
二、非机动车道					679 881		49 832
2-99	路床整形　路床碾压检验	100m²	100	185.26	18 526	29.24	2 924
2-122 换	砂砾石摊铺（天然级配）厚度 20cm 实际厚度（cm）：15	100m²	100	1 514.79	151 479	255.21	25 521
2-134 换	水泥稳定碎（砾）石摊铺　水泥含量（5%）厚度 20cm 实际厚度（cm）：10	100m²	87.5	1 776	155 400	137.83	12 060
2-276	基层料运输　自卸汽车运输　运距 10km 以内	10m³	89.688	100.83	9 043		
2-142	基层养生　洒水车洒水	100m²	87.5	156.56	13 699	9.46	828
2-160	透层　半刚性基层　乳化沥青 0.7kg/m²	1 000m²	7.5	2 368.41	17 763	32.25	242

定额编号	项目名称	工程量		分部分项工程费		其中人工费	
		单位	数量	单价（元）	合价（元）	单价（元）	合价（元）
2-181 换	沥青混凝土路面　中粒式机械摊铺　厚度 4cm　实际厚度（cm）：3	100m²	75	2 299.07	172 430	51.71	3 878
2-162	黏层　沥青层　乳化沥青 0.3kg/m²	1 000m²	7.5	1 011.18	7 584	21.5	161
2-189 换	沥青混凝土路面　细粒式机械摊铺　厚度 3cm　实际厚度（cm）：2	100m²	75	1 690.74	126 806	56.23	4 217
2-278	汽车运沥青混凝土半成品 10km 以内	m³	378.75	18.88	7 151		
三、人行道					429 546		75 823
2-214	人行道整形碾压	100m²	58.75	349.29	20 521	176.53	10 371
2-101 换	石灰稳定土摊铺　含灰量 10%　厚度 20cm　实际厚度（cm）：15	100m²	58.75	1 271.36	74 692	314.13	18 455
2-231 换	人行道块料铺设　普通型砖　水泥砂浆　换为【预拌水泥砂浆 1:3】	100m²	58.75	5 581	327 884	781.81	45 931
2-144	集中消解石灰	t	150.047 5	42.98	6 449	7.1	1 065
四、侧石					676 358		51 774
2-253 换	侧石安砌　石质　换为【预拌水泥砂浆 1:3】	100m	75	9 018.11	676 358	690.32	51 774
	合计				3 761 952		281 693

　　案例二：某道路工程，尺寸如道路结构图 4-18 所示，水泥混凝土路面采用塑料膜养生，人行道砖为 25cm×25cm×6cm 普通型砖，求道路工程工程量及分部分项工程费。

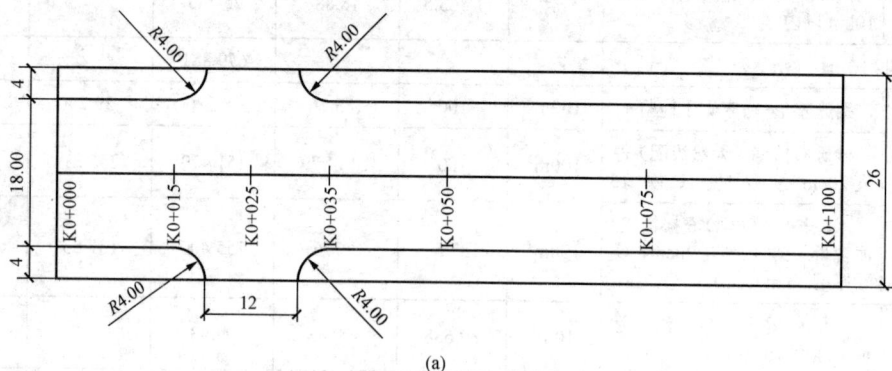

(a)

图 4-18　水泥混凝土道路工程图（一）

(a) 道路平面图（单位：m）

(b)

(c)

(d)

(e)

(f)

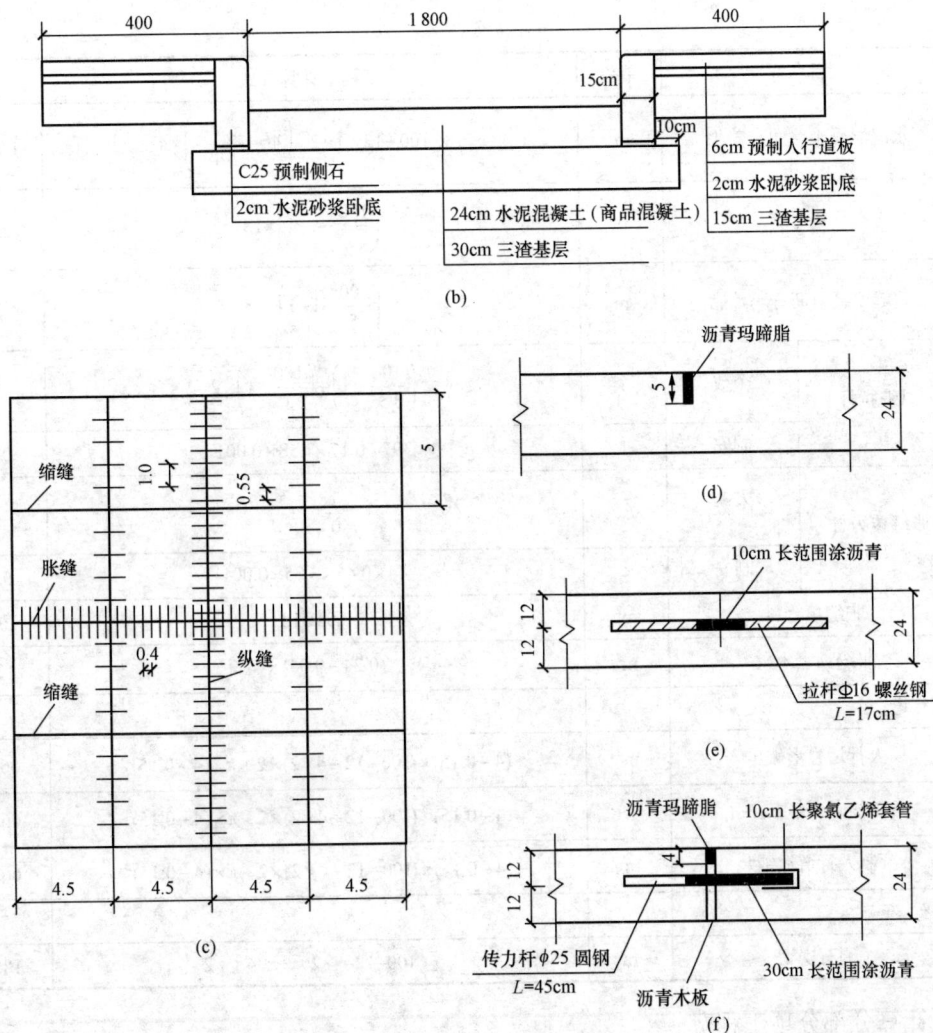

图 4-18　水泥混凝土道路工程图（二）

（b）路面结构图（单位：cm）；（c）板块划分示意图（单位：m）；（d）缩缝结构图（单位：cm）；

（e）纵缝结构图（单位：cm）；（f）胀缝结构图（单位：cm）

解： 1. 根据已知条件和设计图，计算道路工程量如表 4-11 所示。

表 4-11　　　　　　　　　　　　道路工程量计算表

序号	项目名称	单位	工程量计算公式	数量
一、车行道				
1	路床碾压检验	m²	$(18+0.25\times2)\times100+(12+0.25\times2)\times$ $(4-0.25)\times2+\left[(4-0.25)^2-\dfrac{\pi\times(4-0.25)^2}{4}\right]\times4$	1 955.82
2	30cm 三渣基层	m²	$(18+0.25\times2)\times100+(12+0.25\times2)\times$ $(4-0.25)\times2+\left[(4-0.25)^2-\dfrac{\pi\times(4-0.25)^2}{4}\right]\times4$	1 955.82

序号	项目名称		单位	工程量计算公式	数量
3	水泥混凝土路面、养生		m²	$18\times100+12\times4\times2+\left(4^2-\dfrac{\pi\times4^2}{4}\right)\times4$	1 909.73
4	缩缝锯缝		m	$\left(\dfrac{100}{5}-1-1\right)\times18$	324
5	缩缝填缝料沥青玛蹄脂		m	$\left(\dfrac{100}{5}-1-1\right)\times18$	324
6	纵缝拉杆	个数	个	$\left(\dfrac{100}{0.55}-1\right)+\left(\dfrac{100}{1}-1\right)\times2$	379
		制安	t	$397\times0.17\times1.58\times0.001$	0.102
7	胀缝传力杆	个数	个	$\dfrac{18}{0.4}-1$	44
		制安	t	$44\times0.45\times3.85\times0.001$	0.076
8	胀缝填缝料		m²	0.04×18	0.72
9	胀缝沥青木板		m²	$(0.24-0.04)\times18$	3.6
二、人行道					
10	人行道整形碾压		m²	$(4-0.15)\times(100-12-4\times2)\times2+\pi\times(4-0.15)^2$	662.57
11	15cm 三渣基层		m²	$(4-0.15)\times(100-12-4\times2)\times2+\pi\times(4-0.15)^2$	662.57
12	预制人行道板铺装		m²	$(4-0.15)\times(100-12-4\times2)\times2+\pi\times(4-0.15)^2$	662.57
三、侧石					
13	侧石安砌		m	$\left[(100-12-4\times2)+\pi\times4\right]\times2$	185.13

2. 计算分部分项工程费

道路的分部分项工程费计算过程见表 4-12。

表 4-12 　　　　　　　　　　道路工程分部分项工程计价表

定额编号	项目名称	工程量		分部分项工程费		其中人工费	
		单位	数量	单价（元）	合价（元）	单价（元）	合价（元）
	车行道				374 580		61 157
2-99	路床整形　路床碾压检验	100m²	19.558 2	185.26	3 623	29.24	572
2-132	粉煤灰三渣摊铺　厚度 20cm　石灰:粉煤灰:石渣（15:22:63）	100m²	19.558 2	4 819.37	94 258	1 046.5	20 468
2-132 换	粉煤灰三渣摊铺　厚度 20cm　石灰:粉煤灰:石渣（15:22:63）实际厚度（cm）: 10	100m²	19.558 2	2 484.91	48 600	524	10 249
2-197	水泥混凝土路面　预拌混凝土　厚度 24cm 以内	100m²	19.097 3	11 245.11	214 751	1 315.39	25 120

续表

定额编号	项目名称	工程量		分部分项工程费		其中人工费	
		单位	数量	单价（元）	合价（元）	单价（元）	合价（元）
2-201	水泥混凝土路面　水泥混凝土养生　塑料膜养护	100m²	19.097 3	301.68	5 761	102.67	1 961
2-206	水泥混凝土路面　缩缝　锯缝机切缝　缝宽 6mm 缝深 5cm	100m	3.24	572.28	1 854	162.23	526
2-208 换	水泥混凝土路面　缩缝　人工填灌缝塑料油膏　缝宽 6mm 缝深 5cm 换为【石油沥青玛蹄脂（多组分）】	100m	3.24	990.2	3 208	441.33	1 430
1-489	拉杆　直径 20mm 以内	t	0.102	14 446.39	1 474	4 958.36	506
1-492 换	道路传力杆制作安装　带套筒 φ25 人工*0.78，机械*0.78	t	0.076	4 633.82	352	842.77	64
2-204	水泥混凝土路面　伸缝　沥青玛蹄脂	10m²	0.072	1 408.59	101	355	26
2-203	水泥混凝土路面　伸缝　沥青木板	10m²	0.36	1 654.51	596	657.85	237
	人行道				63 683		11 553
2-214	人行道整形碾压	100m²	6.625 7	349.29	2 314	176.53	1 170
2-132 换	粉煤灰三渣摊铺　厚度 20cm 石灰:粉煤灰:石渣（15:22:63）实际厚度（cm）：15	100m²	6.625 7	3 652.13	24 198	785.25	5 203
2-231 换	人行道块料铺设　普通型砖　水泥砂浆　换为【人行道路面砖 250×250×60】	100m²	6.625 7	5 610.05	37 171	781.81	5 180
	侧石				5 455		950
2-252 换	侧石安砌　混凝土　换为【水泥砂浆 1:3（水泥 32.5）】	100m	1.851 3	2 946.74	5 455	513.36	950
	合计				443 718		73 660

习　题

一、单选题（每题的备选项中，只有 1 个正确选项）

1．混凝土路面锯缝机锯缝的定额计量单位以（　　）计。

　　A．延长米　　　　　B．平方米　　　　　C．立方米　　　　　D．条

2．侧平石安砌定额工作内容不包括（　　）。

　　A．养护　　　　　B．砂浆垫层　　　　　C．放样　　　　　D．砂浆勾缝

3．定额中道路基层设有"每增减"子目，适用于压实厚度（　　）cm 以内。

　　A．15　　　　　B．20　　　　　C．25　　　　　D．30

4．水泥混凝土路面是按平口为准编制的，如设计为企口则按照相应定额（　　）乘以 1.01。

A．人工和机械　　　B．基价　　　　　　　C．人工　　　　　　D．机械

5．水泥混凝土道路，设计厚度 20cm，宽度 16m，长度 100m，填缝料深 4cm，道路设有一道横向涨缝，涨缝填缝的工程量等于（　　　）。

A．0.64m² 　　　　B．40m² 　　　　　　C．3.2m² 　　　　　D．20m²

6．某道路宽 8 米，桩号为 K0+000～K0+700，则路床碾压检验的工程量为（　　　）m²。

A．5 600 　　　　　B．6 020 　　　　　C．5 850 　　　　D．5 810

7．沥青混凝土路面面层材料按沥青拌和站编制，发生的运费（　　　）。

A．另行计算　　　　　　　　　　　B．已包括在定额中

C．按实际发生费用计算　　　　　　D．不予考虑

8．某道路桩号为 K1+250～K1+800，两侧每侧侧石宽 15cm，则侧石的工程量为（　　　）。

A．82.5m³ 　　　　B．82.5m² 　　　　C．1 100m 　　　D．550m

9．沥青混凝土路面工程量按实铺面积计算，不扣除（　　　）所占面积。

A．侧石　　　　　　B．雨水井　　　　　C．绿化带　　　　D．平石

10．彩色异形人行道板铺设，采用 3cm 厚 M10 水泥砂浆基层，在套用定额时，除材料换算外，（　　　）。

A．人工及机械含量均不变　　　　B．人工含量调整，机械含量不变

C．人工含量不变，机械含量调整　　D．人工及机械含量均调整

11．多合土基层中各种材料是按常用配合比考虑的，设计与定额不符时，可以调整（　　　）。

A．人工费　　　　　B．材料费　　　　　C．机械费　　　　D．人工和材料费

12．道路路床碾压宽度按路基边缘尺寸计算，两侧加宽值按设计规定执行，无设计规定的按设计车行道每侧加宽（　　　）计算。

A．25cm 　　　　　B．28cm 　　　　　C．30cm 　　　　D．20cm

13．道路工程的人行道砖铺砌以（　　　）计算。

A．体积 m³ 　　　　B．面积 m² 　　　　C．长度 m 　　　D．质量 kg

14．（　　　）是城市道路中人行道与绿化带高出路面时，为保护和支承边缘用的立式构筑物。

A．平石　　　　　　B．侧石　　　　　　C．缘石　　　　　D．卧石

15．标志牌的工程量按（　　　）计算。

A．块　　　　　　　B．面积　　　　　　C．长度　　　　　D．质量

16．某条道路为水泥混凝土路面，全长 1 000 m，路面宽度为 13 m，在 K0+500～K0+700 段为软土地带，需对软土地基用土工布进行处理，则土工布的工程量为（　　　）。

A．2 600m² 　　　　B．2 800m² 　　　　C．2 820m² 　　　　D．13 000m²

二、多选题（每题的备选项中，有 2 个或 2 个以上符合题意，至少有 1 个错项）

1．（　　　）的工程量按面积进行计量。

A．道路基层　　　B．侧石　　　　　　C．平石　　　　　D．树池

E．道路面层

2．路基处理方法包括（　　　）。

A．强夯土方　　　　　　　　　　　B．掺石灰

C．设置伸缩缝　　　　　　　　　　D．铺设土工布

E. 袋装砂井

3. 路面类型从路面结构的力学特性和设计方法的相似性出发，将路面划分为（　　　）。

  A. 柔性路面   B. 主干路

  C. 支路   D. 半刚性路面

  E. 刚性路面

4. 道路横断面有多种组合形式，按组合形式的不同，可将车行道横向布置分为（　　　）。

  A. 单幅路   B. 双幅路   C. 三幅路   D. 四幅路

  E. 五幅路

5. 路基处理定额包括（　　　）等内容。

  A. 路床碾压检验   B. 强夯地基

  C. 掺石灰   D. 预压地基

  E. 抛石挤淤

6. 人行道板铺设工程量计算时，应扣除（　　　）所占面积。

  A. 雨水检查井   B. 污水检查井   C. 侧石   D. 平石

  E. 树池

7. 定额中（　　　）均按设计图示尺寸以体积计算。

  A. 掺石灰   B. 改换炉渣   C. 改换片石   D. 掺砂石

  E. 抛石挤淤

8. 道路工程面层工程量以设计图示面积计算，扣除（　　　）所占的面积。

  A. 各类井所占面积   B. 与路面相连的平石

  C. 与路面相连的侧石   D. 与路面相连的缘石

  E. 与路面不相连的缘石

9. 定额中人行道侧平石的工程量计算规则中，下列说法正确的有（　　　）。

  A. 人行道整形碾压面积按设计人行道图示尺寸以面积计算，扣除树池和各类井所占面积

  B. 侧（平、缘）石垫层区分不同材质，以体积计算

  C. 侧平石、缘石按设计图示中心线长度计算

  D. 现浇混凝土侧（平、缘）石模板按混凝土与模板接触面的面积计算

  E. 砌筑树池侧石按设计外围尺寸以长度计算

三、判断题

1. 公路工程属于市政工程。   （　　　）

2. 石灰桩按设计桩长（包括桩尖）以长度计算。   （　　　）

3. 混合料多层次铺筑时，其基础各层需进行养生。   （　　　）

4. 检查井升降按升降高度以"m"计算。   （　　　）

5. 人行道砖厚度不同时可换算人行道砖单价，定额中其他消耗量也可相应调整。

                    （　　　）

四、计算题

1. 确定下列工程项目的定额编号与基价：

（1）石灰、粉煤灰、碎（砾）石（5:15:80）基层，厚38cm；

（2）梅花形彩色人行道板（单价 48 元/m²）铺设，厚 3cm；

（3）现浇混凝土路面，厚 20cm，采用企口形式。

2．某新建城市次干道为市区临街工程，施工起点桩号 K1+000，终点桩号 K1+550，其横断面布置为：5m 人行道+20 米机非混合车道+5m 人行道，该道路路面结构如图 4-19 所示，试计算下列工程量：

（1）行车道路床碾压检验；

（2）水泥稳定碎石（6%）基层；

（3）人行道板铺设。

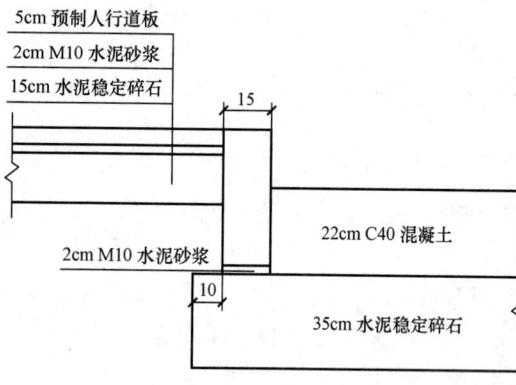

图 4-19　道路结构图（单位：cm）

五、案例分析

1．某市区道路全长 1 500m，路面设计宽度为 15m，两侧人行道每侧宽度为 3m，已知道路工程做法如下：

1）5%水泥稳定砂砾基层15cm，宽 15.5m，厂拌基层，机械摊铺，运距 10km；

2）3cm 中粒式沥青混凝土（厂拌），机械摊铺，运距 10km；

3）2cm 细粒式沥青混凝土（厂拌），机械摊铺，运距 10km；

4）人行道砖为人工铺装压制砖，30cm×30cm×5cm，水泥砂浆垫层（厚 3cm）；

5）侧石为混凝土预制侧石，50cm×30cm×12cm，水泥砂浆垫层（厚 3cm）。

问题：试计算其道路工程量及分部分项工程费、人工费。

2．某市区新建道路平面图和路面结构层布置如图 4-20、图 4-21 所示，有关说明如下：

1）水泥混凝土、水泥稳定碎石砂采用现场集中拌制，场内采用机动翻斗车运输；

2）混凝土路面草袋养护，路面刻防滑槽，间距为 5m；

3）在人行道两侧共有 52 个 1m×1m 的石质块树池。

问题：试计算其道路工程量及分部分项工程费、人工费。

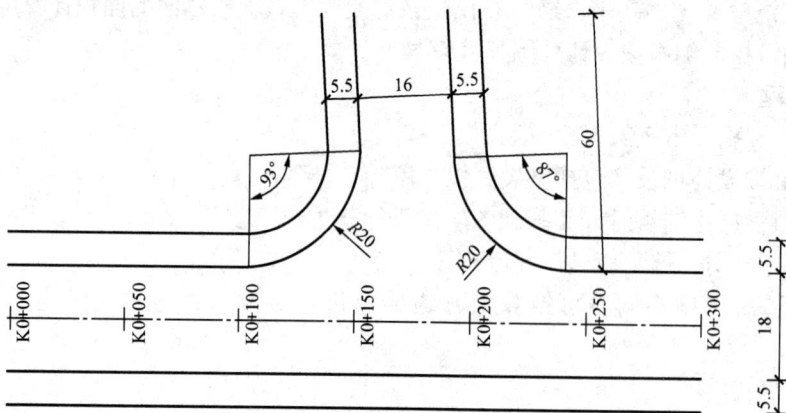

图 4-20　道路平面图（单位：m）

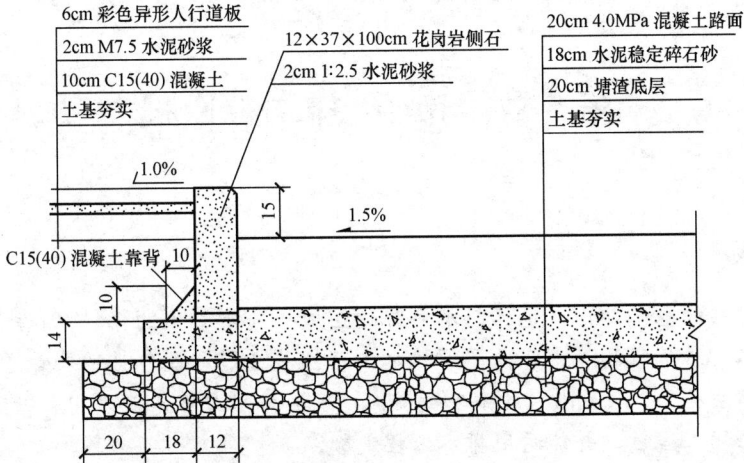

图 4-21 道路结构图（单位：cm）

3. 某山区潮湿路段共长 870m，路面宽度为 15m，路肩宽度为 1.5m，抛石挤淤层上面用石屑和砂垫层来保证路基稳定性，抛石挤淤断面示意如图 4-22 所示，道路结构示意图如图 4-23 所示，题中涉及黄土的价格为 20 元/m³。试计算该道路工程工程量及分部分项工程费、人工费。（基层结构每层比上一结构层每侧加宽 0.25m）

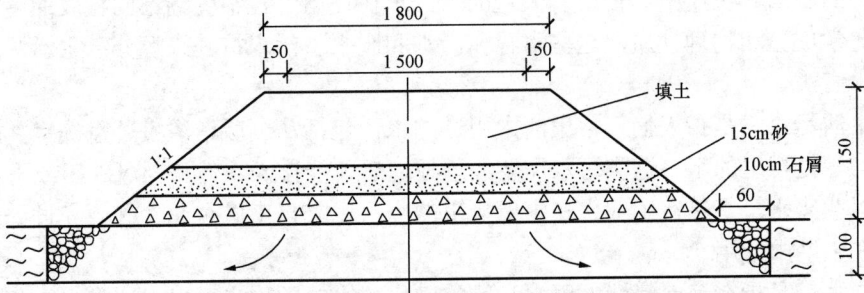

图 4-22 抛石挤淤断面图（单位：cm）

2cm 细粒式沥青混凝土
4cm 中粒式沥青混凝土
6cm 粗粒式沥青混凝土
16cm 人工拌和石灰、粉煤灰，土基层 (8:80:12)
18cm 人工拌和石灰土基层 (12%)
20cm 人机配合卵石底层

图 4-23 道路结构图

第 5 章 市政排水工程

学习目标

掌握排水工程的基础知识，包括排水系统的组成、排水管渠的材料、排水管道的接口及基础类型、排水附属构筑物等内容；了解排水工程的施工过程，包括室外管道开槽法施工和室外管道不开槽法施工，以及附属构筑物的施工；掌握排水工程定额说明和工程量计算规则，能够计算排水工程工程量，并能运用排水工程定额。

5.1 排水工程基础知识

5.1.1 排水系统的组成

一、概述

在人类的生活和生产中，使用着大量的水。水在使用过程中受到不同程度的污染，改变了原有的化学成分和物理性质，这些水称作污水和废水。污水按其来源分：生活污水、工业废水和降水三类。

（1）生活污水。是指人们日常生活中用过的水，包括从厕所、浴室、盥洗室、厨房、食堂和洗衣房等处排出的水。这类污水需要经过处理后才能排入水体、灌溉农田或再利用。

（2）工业废水。是指在工业生产中所排出的废水，来自工矿企业，必须经过处理后方能排放，或在生产中使用。

（3）降水。是指在地面流淌的雨水和冰雪融化的水，常称为雨水。这类水大部分比较清洁，但径流量大，若不及时排泄能使居民区、工厂等遭受淹没，交通受阻，积水危害，影响人们的正常生活和生产。一般情况下雨水不需要处理，可直接就近排入水体。

根据不同的生产要求，经过处理后的污水其最后出路：一是排入水体；二是灌溉农田；三是重复利用。

二、排水系统的主要组成部分

排水系统是指排水的收集、输送、处理、利用以及排放等设施以一定方式组合成的总体。

（一）城市污水排水系统的主要组成部分

城市污水排水系统由下列几个主要部分组成。

1. 室内污水管道系统及设备

室内污水管道系统及设备的作用是收集生活污水并将其排送至室外居住小区污水管道中去。在住宅及公共建筑内，各种卫生设备既是人们用水的容器，也是承受污水的容器，是生活污水排除系统的起端设备，生活污水从这里经水封管、支管、竖管和出户管等室内管道系统流入居住小区污水管道系统。

2. 室外污水管道系统

分布在地面下的依靠重力流输送污水至泵站、污水厂或水体的管道系统称为室外污水管道系统。它又分为居住小区管道系统及街道管道系统。

（1）居住小区污水管道系统。敷设在居住小区内，连接建筑物出户管的污水管道系统，称居住小区污水管道系统。它分为接户管、小区支管和小区干管。接户管是指布置在建筑物周围接纳建筑物各污水出户管的污水管道。小区污水支管是指布置在居住组团内与接户管连接的污水管道，一般布置在组团内道路下。小区污水干管是指在居住小区内，接纳各居住组团内小区支管流来污水的管道，一般布置在小区道路或市政道路下。居住小区污水排出口的数量和位置，要取得市政部门同意。

（2）街道污水管道系统。敷设在街道下，用以排除居住小区管道流来的污水。由城市支管、干管、主干管等组成。

1）支管是用以排除随居住小区干管流来的污水或集中流量排出的污水。在排水区界内，常按分水线划分成几个排水流域。

2）干管是汇集输送由支管流来的污水，也常称流域干管。

3）主干管是汇集输送由两个或两个以上干管流来的污水，并将污水输送至总泵站、污水厂、出水口等的管道。

（3）管道系统上的附属构筑物有检查井、跌水井、倒虹管等。

3. 污水泵站及压力管道

污水泵站可分为解决低洼地的污水排放的局部提升泵站、解决管网埋深的中途提升泵站以及解决污水处理厂所需水头的终点泵站。

4. 污水处理厂

污水处理厂是指处理、回收利用污水、污泥的构筑物及其附属构筑物的综合体。

5. 污水出水口及事故排放口

污水排入水体的渠道和出口称为出水口，应位于河流下游。而事故排放口是指在污水排水系统的中途，在某些易于发生故障的地方所设置的辅助性出水渠，比如设在泵站前面。

（二）雨水排水系统的组成

雨水一般就近排入水体，而不进行处理。所以雨水排水系统主要组成如下。

（1）建筑物的雨水管道系统。收集屋面雨水，并将其排入室外的雨水管渠系统中去。包括天沟、雨水立管和房屋周围的雨水管沟。

（2）居住小区或工厂、街道雨水管道系统。包括雨水口、小区雨水沟、支管、干管等。

（3）雨水泵站及压力管道。因雨水径流量大，应尽量少设或不设雨水泵站。

（4）出水口及事故排放口。

（三）工业废水排水系统的组成

将工业企业中产生的工业废水收集、回收利用和处理的设施就称为工业废水排水系统，其主要组成如下。

（1）车间内部管道系统及设备。主要用于收集各生产设备排出的工业废水，并将其排送至车间外部的厂区管道系统。

（2）厂区管道系统及其附属构筑物。

（3）污水泵站及压力管道。

（4）废水处理站。回收利用和处理废水、污泥的场所。

三、排水系统的体制及选择

（一）排水系统的体制

1. 合流制排水系统

合流制排水系统是将城市生活污水、工业废水和雨水径流汇集入一个管渠内予以输送、处理和排放。按照其产生的次序及对污水处理的程度不同，合流制排水系统可分为直排式合流制、截流式合流制和全处理式合流制。

城市污水与雨水径流不经任何处理直接排入附近水体的合流制称为直排式合流制排水系统。国内外老城区的合流制排水系统均属于此类。

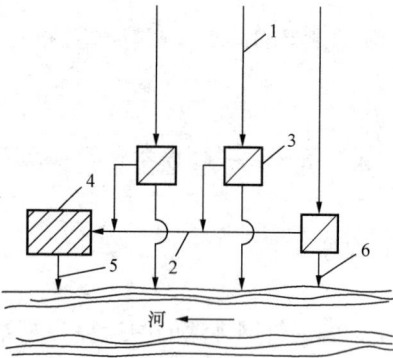

图 5-1　截流式合流制排水系统

1—合流干管；2—截流主干管；3—溢流井；

4—污水处理厂；5—出水口；6—溢流出水口

随着工业化的不断发展，污水对环境造成的污染越来越严重，必须对污水进行适当的处理才能够减轻城市污水和雨水径流对水环境造成的污染，为此产生了截流式合流制（图 5-1）。截流式合流制是在直排式合流制的基础上，修建沿河截流干管，并在适当的位置设置溢流井，在截流主干管（渠）的末端修建污水处理厂。该系统可以保证晴天的污水全部进入污水处理厂，雨季时，通过截流设施，截流式合流制排水系统可以汇集部分雨水（尤其是污染重的初期雨水径流）至污水处理厂。但另一方面雨量过大，混合污水量超过了截流管的设计流量，超出部分将溢流到城市河道，不可避免会对水体造成局部和短期污染。并且，进入处理厂的污水，由于混有大量雨水，使原水水质、水量波动较大，势必对污水厂各处理单元产生冲击，这就对污水厂处理工艺提出了更高的要求。

在雨量较小且对水体水质要求较高的地区，可以采用完全合流制。将生活污水、工业废水和降水径流全部送到污水处理厂处理后排放。这种方式对环境水质的污染最小，但对污水处理厂处理能力的要求高，并且需要大量的投资和运行费用。

2. 分流制排水系统

当生活污水、工业废水和雨水用两个或两个以上排水管渠排除时，称为分流制排水系统（图 5-2）。

其中排除生活污水、工业废水的系统称为污水排水系统；排除雨水的系统称为雨水排水系统。根据排除雨水方式的不同，又分为完全分流制和不完全分流制。

（1）完全分流制排水系统。分设污水和雨水两个管渠系统，前者汇集生活污水、工业废水，送至处理厂，经处理后排放或加以利用。后者通过各种排水设施汇集城市内的雨水和部分工业废水（较洁净），就近排入水体。但初期雨水未经处理直接排放到水体后，将对水体造成污染。

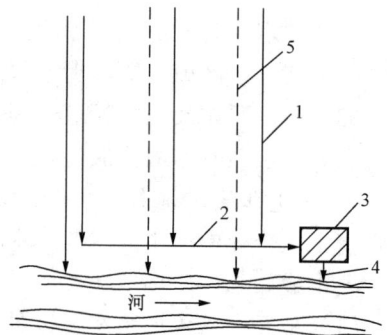

图 5-2　分流制排水系统

1—污水干管；2—污水主干管；3—污水处理厂；

4—处理出水口；5—雨水干管

近年来，对雨水径流的水质调查发现，雨水径流特别是初降雨水径流对水体的污染相当严重，因此提出对雨水径流也要严格控制的截流式分流制排水系统。截流式分流制既有污水排水系统，又有雨水排水系统，与完全分流制的不同之处是它具有把初期雨水引入污水管道的特殊设施，称雨水截流井。小雨时，雨水经初期雨水截流干管与污水一起进入污水处理厂处理；大雨时，雨水跳跃截流干管经雨水管排入水体。截流式分流制的关键是初期雨水截流井，它要保证初期雨水能进入截流管，而中期以后的雨水能直接排入水体，同时截流井中的污水不能溢出泄入水体。截流式分流制可以较好地保护水体不受污染。由于仅接纳污水和初期雨水，截流管的断面小于截流式合流制，进入截流管内的流量和水质相对稳定，亦减少污水泵站和污水处理厂的运行管理费用。

（2）不完全分流制排水系统。只建污水排水系统，未建雨水排水系统，雨水沿着地面、道路边沟和明渠泄入水体，或者在原有渠道排水能力不足之处修建部分雨水管道，待城市进一步发展或有资金时再修建雨水排水系统。该排水体制投资省，主要用于有合适的地形、有比较健全的明渠水系的地方，以便顺利排泄雨水。目前还有很多城市在使用，不过因为没有完整的雨水管道，在雨季容易造成径流污染和洪、涝灾害，所以最终还得改造为完全分流制。对于常年少雨、气候干燥的城市可采用这种体制，而对于地势平坦，多雨易造成积水地区，不宜采用不完全分流制。

分流制的优点是它可以分期建设和实施，一般在城市建设初期建造城市污水管道，在城市建设达到一定规模后再建造雨水管道，收集、处理和排放降水尤其是暴雨径流水。

在一个城市中，有时采用的是复合制排水系统，即既有分流制也有合流制的排水系统。复合制排水系统一般是在由合流制的城市需要扩建排水系统时出现的。在大城市中，因各区域的自然条件以及修建情况可能相差较大，因地制宜地在各区域采用不同的排水体制也是合理的。

（二）城市排水体制的选择

合理地选择排水体制，是城市排水系统规划中一个十分重要的问题。它关系到整个排水系统是否实用，能否满足环境保护要求，同时也影响排水工程的总投资、初期投资和经营费用。对于目前常用的分流制和合流制的分析比较，可从下列几方面说明。

1. 环境保护方面

如果采用合流制将城市生活污水、工业废水和雨水全部截流送往污水厂进行处理，然后再排放，从控制和防止水体的污染来看，是较理想的；但这时截流主干管尺寸很大，污水厂容量也要增加很多，建设费用相应地提高。采用截流式合流制时，在暴雨径流之初，原沉淀在合流管渠的污泥被大量冲起，经截流井送入水体。同时雨天时有部分混合污水溢入水体。实践证明，采用截流式合流制的城市，水体污染日益严重。应考虑将雨天时送流出的混合污水予以储存，待晴天时再将储存的混合污水全部送至污水厂进行处理，或者将合流制改建成分流制排水系统等。

分流制是将城市污水全部送至污水厂处理，但初期雨水未加处理就直接排入水体，对城市水体也会造成污染。分流制虽然具有这一缺点，但它比较灵活，比较容易适应社会发展的需要，一般又能符合城市卫生的要求，所以在国内外获得了广泛的应用，而且也是城市排水体制的发展方向。

2. 工程造价方面

国外有的经验认为合流制排水管道的造价比完全分流制一般要低 20%～40%，但合流的泵站和污水厂的造价却比分流制高。从总造价来看完全分流制比合流制可能要高。从初期投资来看，不完全分流制的初期只建污水排水系统，因而可节省初期投资费用，又可缩短工期，发挥工程效益也快，总之合流制和完全分流制的初期投资均大于不完全分流制。

3. 维护管理方面

在合流制管渠内，晴天时污水只是部分充满管道，雨天时才形成满流，因而晴天时合流制管内流速较低，易于产生沉淀。但经验表明，管中的沉淀物易被暴雨冲走，这样合流管道的维护管理费用可以降低。但是，晴天和雨天时流入污水厂的水量变化很大，增加了合流制排水系统污水厂运行管理中的复杂性。而分流制排水系统可以保持管内的流速，不致发生沉淀；同时，流入污水厂的水量和水质比合流制变化小得多，污水厂的运行易于控制。

混合制排水系统的优、缺点，介于合流制和分流制排水系统两者之间。

总之，排水系统体制的选择是一项既复杂又很重要的工作。应根据城镇及工业企业的规划、环境保护的要求、污水利用情况、原有排水设施、水量、水质、地形、气候和水体状况等条件，在满足环境保护的前提下，通过技术经济比较综合确定。新建地区一般应采用分流制排水系统，但在特定情况下采用合流制可能更为有利。

5.1.2　排水管渠的材料

一、对排水管渠材料的要求

（1）必须具有足够的强度，以承受土壤压力及车辆行驶造成外部荷载和内部的水压，以保证在运输和施工过程中不致损坏。

（2）应具有较好的抗渗性能，以防止污水渗出和地下水渗入。若污水从管渠中渗出，将污染地下水及附近房屋的基础；若地下水渗入管渠，将影响正常的排水能力，增加排水泵站以及处理构筑物的负荷。

（3）应具有良好的水力条件，管渠内壁应整齐光滑，以减少水流阻力，使排水畅通。

（4）应具有抗冲刷、抗磨损及抗腐蚀的能力，以使管渠经久耐用。

（5）排水管渠的材料，应就地取材，可降低管渠的造价，加快进度，减少工程投资。

排水管渠材料的选择，应根据污水性质，管道承受的内、外压力，埋设地区的土质条件等因素确定。

二、常用排水管渠

1. 非金属管

（1）混凝土管和钢筋混凝土管。制造方便、造价低、耗费钢材少、便于就地取材，制造价格较低，其设备、制造工艺简单，可以根据抗压的不同要求，制成无压管、低压管、预应力管等，所以在排水管道系统中得到普遍应用。混凝土管和钢筋混凝土管除用作一般自流水管道外，亦可用作泵站的压力管及倒虹管。缺点是，抗腐蚀性能差，耐酸碱及抗渗性能差，同时抗沉降、抗震性能也差，管节短、接头多、自重大。

（2）陶土管。又称缸瓦管，是用耐火黏土焙烧制成。带釉的陶土管内外壁光滑，水流阻力小，不透水性好，耐磨损，抗腐蚀。但陶土管质脆易碎，不易远运，不能受内压，抗弯拉强度低，不宜敷设在松土或埋深较大的地方。此外，管节短，需要较多的接口，增加施工费用。

由于陶土管耐酸抗腐蚀性好，又能满足污水管道在技术方面的一般要求，常用于排放酸性废水，或管外有侵蚀性地下水的污水管道。

（3）塑料排水管。由于塑料管具有表面光滑、水力性能好、水力损失小、耐磨蚀、不易结垢、重量轻、加工接口搬运方便、漏水率低及价格低等优点，因此，在排水管道工程中已得到应用和普及。其中聚乙烯（PE）管、高密度聚乙烯（HDPE）管和硬聚氯乙烯（UPVC）管的应用较广。但塑料管管材强度低、易老化。

2. 金属管

（1）铸铁管。经久耐用，有较强的耐腐蚀性，缺点是质地较脆，不耐振动和弯折，重量较大。连接方式有承插式和法兰式两种。

（2）钢管。可以用无缝钢管，也可以用焊接钢管。钢管的特点是能耐高压、耐振动、重量较轻、单管的长度大和接口方便，但耐腐蚀性差，采用钢管时必须涂刷耐腐蚀的涂料并注意绝缘，以防锈蚀。钢管用焊接或法兰接口。

合理选择排水管道，将直接影响工程造价和使用年限，因此排水管道的选择是排水系统设计中的重要问题。主要可从以下三个方面来考虑：一是满足技术方面的要求；二是从经济上考虑；三是看市场供应情况。

5.1.3 排水管道的接口

根据接口的弹性，一般将接口分为柔性、刚性和半刚性三种形式。

一、柔性接口

允许管道纵向轴线交错 3～5mm 或交错一个较小的角度，而不致引起渗漏。常用有橡胶圈接口。在土质较差、地基硬度不均匀或地震地区采用，具有独特的优越性。

二、刚性接口

不允许管道有轴向的交错，但比柔性接口造价低，适于承插管、企口管及平口管的连接。常用的刚性接口有水泥砂浆抹带接口和钢丝网水泥砂浆抹带接口。刚性接口抗震性能差，用在地基比较良好，有带形基础的无压管道上。

三、半柔半刚性接口

介于刚性接口及柔性接口之间，使用条件与柔性接口类似。常用预制套环石棉水泥（或沥青砂浆）接口，这种接口适用于地基较弱地段，在一定程度上可防止管道沿纵向不均匀沉陷而产生的纵向弯曲或错口，一般常用于污水管道。

5.1.4 排水管道的基础

排水管道的基础和一般构筑物基础不同。管体受到浮力、土压、自重等作用，在基础中保持平衡。因此，管道基础的形式，取决于外部荷载的情况、覆土的厚度、土壤的性质及管道本身的情况。合理地选择排水管道的基础，可以避免管道产生不均匀沉陷，造成管道漏水、淤积、错口断裂等现象。

排水管道的基础分为地基、基础和管座三个部分。

（1）地基。指沟槽底的土壤部分，常用的有天然地基和人工地基。地基承载管道和基础的重量以及管内水的重量、管上部土的荷载及地面荷载。

（2）基础。也称平基，指管子与地基间的设施，起传递荷载的作用。

（3）管座。指在基础与管子下侧之间的部分，使管子与基础成为一体，以增加管道的刚度。

目前常用的管道基础有砂石基础（图 5-3）和混凝土基础（图 5-4）。

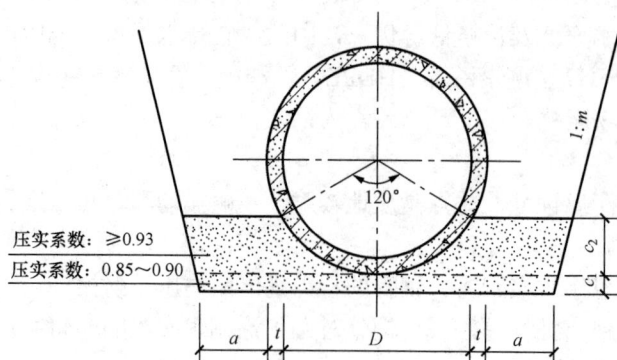

图 5-3　砂石基础断面图

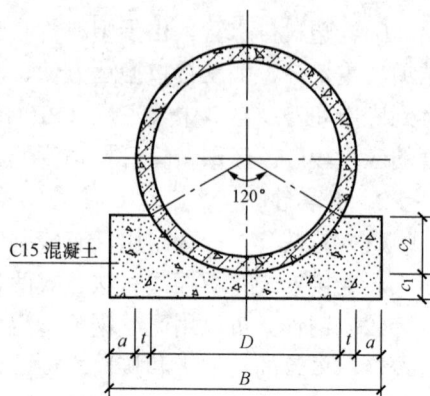

图 5-4　混凝土基础断面图

5.1.5　排水管渠的附属构筑物

一、检查井

检查井通常设置在管道的交汇、转弯和管径、坡度及高程变化处。在排水管道设计中，检查井在直线管径上的最大间距，可根据具体情况确定，一般情况下，检查井的间距按 50m 左右考虑，如图 5-5 所示。

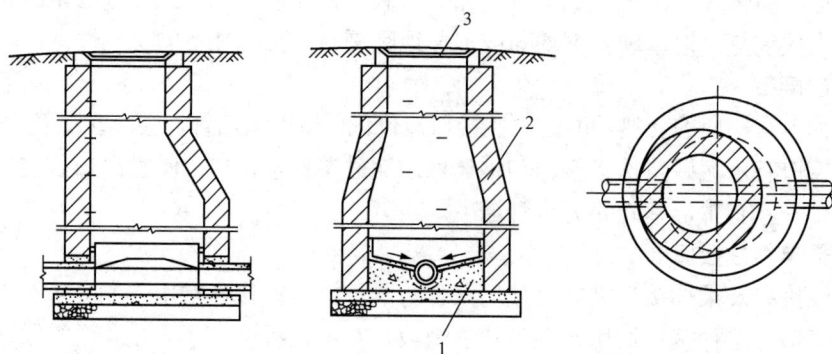

图 5-5　检查井

1—井底；2—井身；3—井盖

二、跌水井

跌水井是设有消能设施的检查井。目前，常用的跌水井有竖管式、溢流堰式和阶梯式跌水井，如图 5-6 所示。

三、水封井

当生产污水能产生引起爆炸或火灾的气体时，其废水管道系统中必须设水封井。

四、换气井

换气井是为了防止污水管道中产生的有害气体危害检修人员，在检查井上设置通风管。

五、冲洗井

当污水在管道内的流速不能保证自清时，为防止淤积可设置冲洗井。

六、雨水溢流井

溢流井的设置，是为了由于停电或抽升水泵（或压力管）发生故障时，要求关闭进水闸，或出现雨水、合流泵站超频率、污水超设计流量等情况时，来水管之流量不能及时抽升，就要通过溢流井中之溢流管临时流入天然水体（或污水排入雨水沟渠），以免淹没集水池和影响排水。溢流井形式有截流槽式、跳越堰式和溢流堰式等。

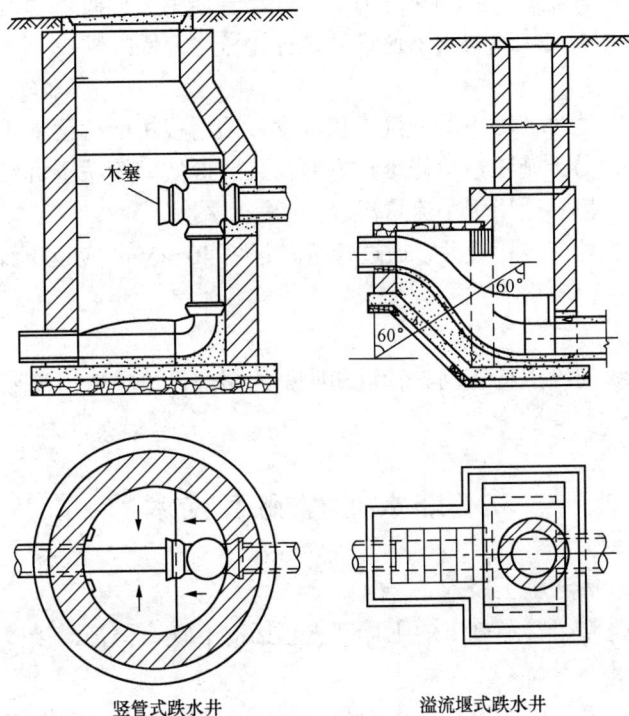

木塞

60°

60°

竖管式跌水井　　　溢流堰式跌水井

图 5-6　跌水井

七、潮门井

临海、临河城市的排水管道，往往会受到潮汐和水体水位的影响。为防止涨潮时潮水或洪水倒灌进入管道，因此应在排水管道出水口上游的适当位置上设置装有防潮门的检查井。

八、雨水口、连接暗井

雨水口是设在雨水管道或合流管道上，用来收集地面雨水径流的构筑物。地面上的雨水经过雨水口和连接管流入管道上的检查井后而进入排水管道。

雨水口的设置，应根据道路（广场）情况、街坊以及建筑情况、地形、土壤条件、绿化情况、降雨强度的大小及雨水口的泄水能力等因素决定。

雨水口的设置位置，应能保证迅速有效地收集地面雨水。一般应设在交叉路口、路侧边沟的一定距离处以及设有道路边石的低洼地方。防止雨水漫过道路造成道路及低洼地区积水而妨碍交通。在十字路口处，应根据雨水径流情况布置雨水口。

雨水口以连接管与街道排水管渠的检查井相连。当排水管直径大于800mm，也可在连接管与排水管连接处不另设检查井，而设连接暗井。连接暗井的作用主要为连接雨水口，设置后，其上游、下游均为普通检查井，普通检查井间距符合规范要求的最大间距。同时考虑相对于污水管道，雨水中的固体杂质较少，且雨水瞬间流量大，对管道本身亦有冲刷疏通作用。

在检修时，采用水力清通或机械清通的方式，均可以满足要求。雨水暗井的设置对管道检修及疏通不会产生不利影响。

九、倒虹管

排水管道有时会遇到障碍物，如穿过河道、铁路等地下设施时，管道不能按原有坡度埋设，而是以下凹的折线方式从障碍物下通过，这种管道称为倒虹管。

十、管桥

当排水管道穿过谷地时，可不改变管道的坡度，采用栈桥或桥梁承托管道，这种设施称为管桥。管桥比倒虹管易于施工，检修维护方便，且造价低。管桥也可作为人行桥，无航运的河道，可考虑采用。但只适用于小流量污水。

管道在上桥和下桥处应设检查井，通过管桥时每隔 40～50m 应设检修口。在上游检查井应设有事故排放口。

十一、出水口

出水口是排水系统的终点构筑物。管道和明渠的尾部无论排入河流还是排入渠道，都要有出水口。

5.2　排 水 工 程 施 工 技 术

5.2.1　室外管道开槽法施工技术

室外管道的安装是整个管道施工的主体，它包括：下管、稳管、接口、质量检查及验收等项。

管道安装铺设前，首先应检查管道沟槽开挖深度、沟槽断面、沟槽边坡及堆土位置是否符合规定，检查管道地基处理情况等。同时，还必须对管材、管件进行检验，质量要符合设计要求，确保不合格或已经损坏的管材及管件不下入沟槽。

一、下管与稳管

（一）下管

下管就是将管节从沟槽上运到沟槽下的过程。在把管子下入沟槽之前，应先在槽上排列成行，即排管。管道经过检验、修复后，运至沟边，按照设计要求经过排管、核对管节、管件位置无误后方可下管。下管可分集中下管和分散下管。下管一般都沿着沟槽把管道下到槽位，管道下到槽内基本上就位于铺管的位置，减少管道在沟槽内的搬动，这种方法称为分散下管；如果沟槽旁边场地狭窄，两侧堆土，或沟槽内设支撑，分散下管不便，或槽底宽度大，便于槽内运输时，则可选择适宜的几处集中下管，再在槽内把管道分散就位，这种方法称为集中下管。

1. 下管方法

下管方法分为人工下管和机械下管。应根据管材种类、单节重量和长度、现场情况、机械设备情况等选择。

（1）机械下管。适用于管径大、自重大，沟槽深、工程量大，施工现场便于机械操作的情况。

（2）人工下管。适用于管径小、重量轻，施工现场狭窄、不便于机械操作，工程量较小，而且机械供应有困难的情况。

2. 不同管材的下管方法

（1）钢管。钢管下沟的方法，可按照管道直径及种类、沟槽情况、施工场地周围环境与施工机具等情况而定。通常要采用汽车式或履带式起重机下管，当沟旁道路狭窄，周围树木、电线杆较多，管径较小时，可以使用人工下管。

（2）铸铁管。铸铁管下沟的方法与钢管基本相同，要尽可能地采用起重机下管。人工下管时，多采用压绳下管法。铸铁管以单根管道放到沟内，不可碰撞或突然坠入沟内，避免将铸铁管碰裂。

（3）塑料管。聚乙烯管道应在沟底标高和管基质量检查合格后，方可敷设。聚乙烯管道敷设时，应随管走向埋设金属示踪线；距管顶不小于 300mm 处应埋设警示带，警示带上应标出醒目的提示字样。

（4）钢筋混凝土管。重量较大，通常采用机械下管方法。在施工条件较差时，可因地制宜采用其他方法。

（二）稳管

稳管是将管道按设计高程和位置，稳定在地基或基础之上。对距离较长的重力流管道工程一般由下游向上游进行施工，以便使已安装的管道先期投入使用，同时也有利于地下水的排除。

1. 管轴线位置控制

管轴线位置控制是指所铺设的管线符合设计规定的坐标位置，其方法是在稳管前由测量人员将管中心钉测设在坡度板上，稳管时由操作人员将坡度板上中心钉挂上小线，即为管子轴线位置。

（1）中线对中法。在中心线上挂一垂球，在管内放置一块带有中心刻度的水平尺，当垂球线穿过水平尺的中心刻度时，则管子已经对中。若垂线往水平尺中心刻度左边偏离，则管子往右偏离中心线相等距离，调整管位置，使其居中为止。

（2）边线对中法。在管子同一侧，钉一排边桩，其高度接近管中心处，在边桩上钉小钉子，其位置距中心垂线保持同一常数值。稳管时，将边桩上的小钉挂上边线，即边线与中心垂线相距同一距离的平行线。在稳管操作时，使管外皮与边线保持同一距离，则表示管道中心处于设计轴线位置。

2. 管内底高程控制

沟槽开挖接近设计标高，由测量人员埋设坡度板，坡度板上标出桩号、高程和中心线。坡度板埋设间隙，排水、燃气管道一般为 15~20m。管道平面及纵向折点和附属构筑物处，根据需要增设坡度板。稳管时，用一木制丁字形高程尺，上面标出下反数刻度，将高程尺垂直放在管内底中心位置，调整管子高程，使高程尺下反数的刻度与坡度线相重合，则表明管内底高程正确。

二、管材与管道接口

（一）铸铁管及其接口

铸铁管是采用铸造生铁（灰口铸铁）以离心浇注法或砂型法铸造而成。可用于给水管道、供热通风及煤气管道。它能承受较大的水压、气压，耐腐蚀性强并且价格较无缝钢管、有缝钢管低廉。但因铸铁管为脆性材料，在方法不当时易撞坏。铸铁管由于焊接、套丝、煨弯等加工困难，因此它的接口形式主要采用承插式及法兰连接两种方法。

1. 承插式接口

承插式接口主要用于内径为 100～1 200mm 的铸铁管。刚性接口是承插铸铁管的主要接口形式之一，由嵌缝材料和密封填料组成。其形式主要有麻-石棉水泥接口、石棉绳-石棉水泥接口、麻-膨胀水泥砂浆接口、麻-铅接口等。施工时，先填塞嵌缝填料，然后再填打密封材料，养护后即可。

（1）嵌缝材料。嵌缝的主要作用是使承插口缝隙均匀，增加接口的黏着力，确保密封填料击打密实，而且能防止填料掉入管内。嵌缝的材料有麻、橡胶圈、粗麻绳和石棉绳等。

（2）密封材料。

1）石棉水泥填料。是一种最常用的密封填料，有较高的抗压强度，石棉纤维对水泥颗粒有较强的吸附能力，水泥中掺入石棉纤维可以提高接口材料的抗拉强度。水泥在硬化过程中收缩，石棉纤维可以组织其收缩，提高接口材料与管壁的黏着力及接口的水密性。

2）膨胀水泥砂浆。用膨胀水泥砂浆作为密封填料，也是铸铁管常用的一种刚性接口形式。膨胀水泥是由作为强度组分的硅酸盐水泥及作为膨胀剂的矾土水泥和二水石膏组成，在水化过程中体积膨胀，增加其与管壁的黏着力，提高了水密性，且产生密封性微气泡，提高接口抗渗性能。

2. 柔性接口

承插式铸铁管的刚性接口抗应变性能差，受外力作用时，填料容易碎裂而渗水，尤其在弱地基、沉降不均匀地区和地震区，接口的破坏率较高。为此，在上述不利条件下，应尽量以柔性接口来取代。

（1）承插式橡胶圈接口。属于柔性接口。此种承插式接口在插式口处设一凹槽，防止橡胶圈脱落，该种接口的管道有配套的"O"形橡胶圈。此种接口施工方便，适用于地基土质较差、地基硬度不均匀或地震区。接口形式如图 5-7 所示。

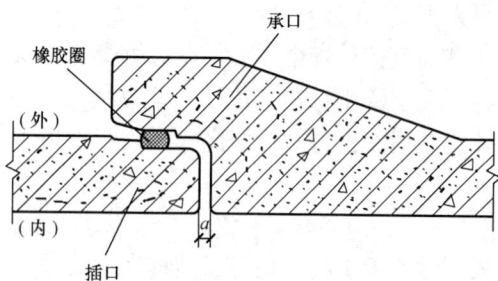

图 5-7　承插式橡胶圈接口

（2）其他形式橡胶圈接口。为了改进施工工艺，铸铁管可以采用角唇形、圆形、螺栓压盖形及中缺形胶圈接口。螺栓压盖形的特点是抗震性能良好，安装与拆修方便，但是配件较多，造价较高；中缺形是插入式接口，接口仅需一个胶圈，操作简单，但是承口制作尺寸要求较高；角唇形的承口可固定安装胶圈，但胶圈耗胶量较大，造价较高；圆形则具有耗胶量小，造价低的优点，但只适用于离心铸铁管。

（二）钢管及其接口

钢管的接口多为螺纹接口、焊接接口、法兰盘接口和各种柔性接口形式。钢管耐腐蚀性差，使用前需进行防腐处理。

1. 钢管的接口

（1）钢管螺纹连接。是在管段端部加工螺纹，然后拧上带内螺纹的管子配件（如管箍、三通、弯头、活接头），再与其他管段连接起来构成管路系统。

1）接口形式。螺纹接口的螺纹形式分圆柱螺纹和圆锥螺纹。

a. 圆柱螺纹。也称平行螺纹，用于活箍等管件。

b．圆锥形螺纹。具有 1/16 的锥度，圆锥形螺纹接口作为管道接口，螺纹长度较短。

2）套丝连接（丝口连接）。人工套丝的工具是管道丝板，每种规格的丝板都分别附有相应的板牙，加工螺纹时可按口径分别选用相应的丝板和板牙。

（2）钢管焊接。焊接的优点是：①接口牢固严密，焊缝强度一般达到管子强度的 85%以上，甚至超过母材强度；②焊接系段间直接连接，构造简单，管路美观整齐，节省了大量定型管件（管箍、三通等），也减少了材料管理工作；③焊接口严密不用填料，减少维修工作；④焊接口不受管径限制，速度快，比起螺纹连接减轻了劳动强度。

钢管电弧焊接接口常为对接焊或角接焊，由于管材的自重，管口会产生椭圆度，当两管端的椭圆度不一样时或由于施工时管口两端基础误差使管口不能完全正对接时，称为错口，错口过大，也会影响施焊质量，所以错口应控制在一定范围内。

（3）钢管法兰连接。在高压管路系统中，凡经常需要检修或定期清理的阀门、管路附属设备与管子的连接，一般采用法兰连接。法兰连接强度高、严密性好，拆卸安装方便，但垫圈易腐蚀。

法兰盘接口是依靠螺栓的拉紧将两个法兰盘紧固在一起，比其他接口耗钢量多，用人工多，造价较高。

（三）塑料管及其接口

1．聚合塑料管接口

聚合塑料管中的硬聚氯乙烯塑料管在管道中常用。接口形式有不可拆卸和可拆卸两种。不可拆卸的接口有焊接、承插和套管胶接等；可拆卸接口有法兰接口。

（1）焊接口。塑料焊接是根据塑料的热塑性，用热压缩空气对塑料加热，在塑料软化温度时，使焊件和焊条相互粘接。但焊接温度超过软化点时，塑料会分化燃烧而无法焊接。此种接口技术要求高，但成本低，整体性好，不易漏水，而且接头变化灵活。

（2）承插接口。承插连接的管口先将管端扩口，插口端切成坡口，插入深度视管径确定，管口应保持干燥、清洁。此种接口易连接，封存性好，但胶合剂有异味，接口只能连接使用一次，不得重复使用。

（3）法兰接口。塑料管法兰接口，常采用可拆卸式；法兰系塑料，与管口连接有焊接、凸缘接、翻边接等形式；法兰盘面应垂直于管口；垫圈常采用橡胶。此种接口易连接，但易渗漏，接口零件可重复使用。

2．缩聚塑料管接口

缩聚塑料管以玻璃钢管为常见，常用于小型排水管道。玻璃钢管道接口有可拆卸和不可拆卸两种：可拆卸式接口为法兰连接；不可拆卸式接口为承插式或套管式。

（四）钢筋混凝土管及其接口

钢筋混凝土管多用于大口径的给水管道和污水、雨水管道。其接口形式有刚性、柔性和半柔半刚性三种。给水管道多采用柔性接口；雨、污水管道多采用刚性接口；半柔半刚性接口介于柔性和刚性两种形式之间，使用条件和柔性接口类似。

1．抹带接口

抹带接口有水泥砂浆抹带和钢丝网水泥砂浆抹带。

（1）水泥砂浆抹带接口。属于刚性接口。在管的接口处用 1:2.5（重量比）水泥砂浆配比抹成半椭圆形或其他形状的砂浆带，带宽 120～150mm，带厚 30mm。抹带前保持管口洁净。

一般适用于地基土质较好的雨水管道。企口管、平口管、承插管均可采用这种接口。

（2）钢丝网水泥砂浆抹带接口。属于刚性接口。将抹带范围的管外壁凿毛，抹 1:2.5（重量比）水泥砂浆一层，厚 15mm，中间采用 20 号 10×10 钢丝网一层，两端插入基础混凝土中，上面再抹砂浆一层，厚 10mm，带宽 200mm。适用于地基土质较好的一般污水管道和内压低于 0.05MPa 的低压管道接口。接口形式如图 5-8 所示。

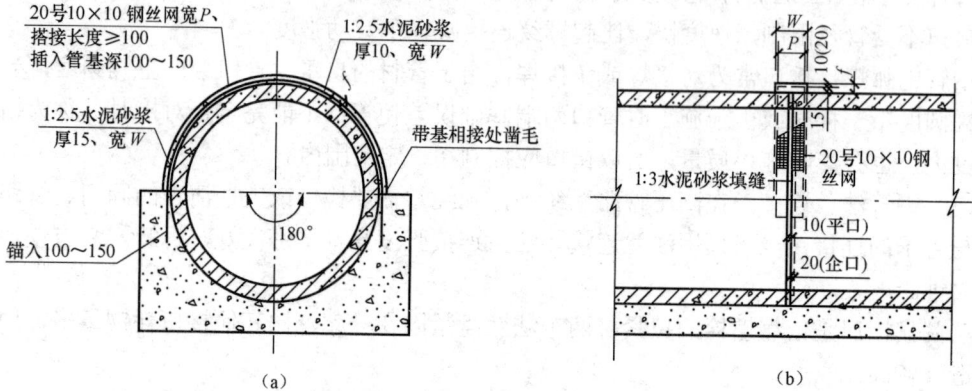

图 5-8　钢丝网水泥砂浆抹带接口

（a）接口横断面；（b）接口纵面图

2. 承插式接口

承插式接口多用于管径在 400mm 以下的混凝土管，其接口方法基本上与铸铁管相同。接口材料有普通水泥砂浆、膨胀水泥砂浆、石棉水泥、沥青砂浆或沥青油膏等。

3. 柔性接口

柔性接口有沥青砂浆灌口、石棉沥青带接口及沥青麻布接口等形式。为了防止因地基不均匀沉降而造成管道漏水时可采用此接口。

三、质量检查和竣工验收

（一）质量检查

排水管道工程竣工后，应分段进行工程质量检查。质量检查内容包括如下。

（1）外观检查。对管道基础、管座、管道接口、节点、检查井、支墩及其他附属构筑物进行检查。

（2）断面检查。断面检查是对管子的高程、中线和坡度进行复测检查。

（3）接口严密性检查。排水管道一般做闭水试验。

（二）竣工验收

1. 管道竣工测量

（1）管道竣工纵断面图。应能全面地反映管道及其附属构筑物的高程。一定要在回填土以前测定检查井口和管顶的高程。如果管道互相穿越，在断面图上应表示出管道的相互位置，并注明尺寸。

（2）管道竣工平面图。应能全面地反映管道及其附属构筑物的平面位置。测绘的主要内容有：管道的主点、检查井位置以及附属构筑物施工后的实际平面位置和高程。图上还应标有：检查井编号、井口顶高程和管底高程，以及井间的距离、管径等。管道竣工平面图的测绘，可利用施工控制网测绘竣工平面图。当已有实测详细的平面图时，可以利用已测定的永久性的建筑物，来测绘管道及其构筑物的位置。

2. 竣工验收内容

室外排水管道验收时，应填写中间验收记录表和竣工验收记录表。

验收的内容主要包括：管道及附属构筑物的地基与基础；管道的位置与高程；管道的结构与断面尺寸；管道的接口、变形缝及防腐层；管道及附属构筑物防水层；地下管道交叉的处理。

3. 竣工验收资料

室外排水管道工程竣工后，施工单位应提交下列文件：施工设计图并附设计变更图和施工洽商记录；主要材料、制品和设备的出厂合格证或试验记录；管道的位置及高程的测量记录；混凝土、砂浆、防腐、防水及焊接检验记录；管道的闭水试验记录；中间验收记录及有关资料；回填土压实度的检验记录；工程质量检验及评定记录；工程质量事故处理记录；隐蔽工程验收记录及有关资料；竣工后管道平面图、纵断面图及管件结合图等；有关施工情况的说明。

5.2.2 室外管道不开槽法施工技术

地下管道在穿越铁路、河流、重要构筑物或在城市干道上不适宜采用开槽法施工时，可选用不开槽法施工。

不开槽法施工的优点包括：不需要拆除地上建筑物；不影响地面交通；减少土方开挖量；管道不必设置基础和管座；不受季节影响也有利于文明施工等。

管道不开槽法施工的种类包括掘进顶管法和盾构法等。

一、掘进顶管法

掘进顶管法施工工艺过程为：开挖工作坑→工作坑底修筑基础、设置导轨→制作后背墙、顶进设备（千斤顶）安装→安放第一节管子（在导轨上）→开挖管前坑道→管子顶进→安接下一节管道→循环。

1. 人工掘进顶管

（1）工作坑及其布置。工作坑又称竖井，其位置按下列条件选择：管道井室的位置；可利用坑壁土体做后背；便于排水、出土和运输；对地上与地下建筑物、构筑物易于采取保护和安全施工的措施；距电源和水源较近，交通方便；单向顶进时宜设在下游一侧。

工作坑按照其功能不同，通常可分为单向坑、双向坑、多向坑、接收坑、转向坑、交汇坑等几种。

工作坑纵断面形状有直槽形、阶梯形等。由于操作需要，工作坑最下部的坑壁通常为直壁，高度不小于 3m。如果开挖斜槽，则顶管前进方向两端要为直壁。土质不稳定的工作坑壁要设支撑或板柱。

（2）工作坑的基础。如果在地下水位以上且土质较好时，工作坑内采用方木基础；如果在地下水位以下时，要浇筑混凝土基础。为防止工作坑地基沉降，导致管子顶进位置误差过大，要在坑底修筑基础或加固地基。

为了安放导轨，要在混凝土基础内预埋方木轨枕。方木轨枕分横铺与纵铺两种。

密实地基土可采用木筏基础，由方木铺成，平面尺寸与混凝土基础相同，分为密铺及疏铺两种。

（3）导轨安装。顶管都安装导轨，控制导轨的中心位置及高程，可保证顶入管节中心及高程能符合设计要求。

2. 机械掘进顶管

机械掘进顶管法一般可分为切削掘进、纵向切削挖掘、水平钻进和水力掘进等。

（1）切削掘进。钻进设备主要由切削轮及刀齿组成。

（2）纵向切削挖掘。掘进机械为球形框架或刀架，刀架上安装刀臂，切齿装于刀臂上。切削旋转的轴线垂直于管子中心线，刀架纵向掘进，切削面呈半球状。该设备构造简单，拆装维修方便，挖掘效率高，适用于在粉质黏土和黏土中掘进。

（3）水平钻进。通常采用螺旋掘进机，主要由旋转切削式钻头切土，由螺旋输送器运土。

（4）水力掘进。利用管端工具管内设置的高压水枪喷出高压水，将管前端的水冲散，变成泥浆，然后使用水力吸泥机或泥浆泵将泥浆排出去，这样边冲边顶，不断前进。此法优点是效率高，成本低，缺点是顶进时方向不易控制。

二、盾构法

盾构法是暗挖法施工中的一种全机械化施工方法，它是将盾构机械在地中推进，通过盾构外壳和管片支承四周围岩防止发生往隧道内的坍塌，同时在开挖面前方用切削装置进行土体开挖，通过出土机械运出洞外，靠千斤顶在后部加压顶进，并拼装预制混凝土管片，形成排水管沟结构的一种机械化施工方法。

5.2.3　附属构筑物施工技术

一、砖砌检查井施工

（一）井室

（1）浇筑井室混凝土基础。

（2）当混凝土基础验收后，抗压强度达到设计要求，基础面处理平整和洒水润湿后，严格按设计要求砌筑检查井。

（3）工程所用主要材料，符合设计规定的种类和标号；砂浆随拌随用，常温下，在 4h 内使用完毕；气温达 30℃以上时，在 3h 内使用完毕。

将墙身中心轴线放在基础上，并根据此墙身中心轴线弹出纵横墙边线。

（4）立皮数杆控制每皮砖砌筑的竖向尺寸，并使铺灰、砌砖的厚度均匀，保证砖皮水平。

（5）铺灰砌筑应横平竖直、砂浆饱满和厚薄均匀、上下错缝、内外搭砌、接槎牢固。随时用托线板检查墙身垂直度，用水平尺检查砖皮的水平度。圆形井砌筑时随时检测直径尺寸。

（6）井室砌筑时同时安装踏步，位置应准确。踏步安装后，在砌筑砂浆未达到规定抗压强度前不得踩踏。

（7）检查井接入圆管的管口与井内壁平齐，当接入管径大于 300mm 时，砌砖圈加固。

（8）检查井砌筑至规定高程后，及时安装浇筑井圈，盖好井盖。

（9）井室做内外防水，井内面用 1:2.5 防水砂浆抹面，采用三层做法，共厚 20mm，高度至闭水试验要求的水头以上 500mm 或地下水以上 500mm，两者取大值。井外面用 1:2.5 防水砂浆抹面，厚 20mm。井建成后经监理工程师检查验收后方可进行下一道工序。

（二）井筒、井盖和踏步

检查井在现况道路和规划道路上的井盖采用重型铸铁井盖，在绿地上和河坡上的井盖采用轻型铸铁井盖，对于井盖设于污水厂厂外的采用"五防"井盖，即防响、防跳、防盗、防坠落、防位移。

检查井内采用塑钢踏步，按设计尺寸及规格设置。

井筒为预制混凝土井筒，采用二级以上预制构件专业厂商生产的定型产品。

二、雨水口施工

雨水口的施工与道路工程施工配合进行。

1. 施工准备

雨水口位置按照道路设计图确定，同时按照雨水口位置及设计要求确定雨水支线管的槽位，雨水口圈面高程比附近地面低 30mm，与附近地面接顺。依照设计图纸选择正确的雨水口井圈，对于不能及时加盖井圈和井篦的雨水口加盖保护。

2. 基础施工

依照设定的雨水口位置及外形尺寸，开挖雨水口槽，开挖雨水口支管槽，每侧留出 300～500mm 的肥槽。

槽底要夯实，遇有松软土质，换填石灰土，及时浇筑混凝土基础。

3. 砌筑雨水口

雨水口圈面高程比附近路面低 3cm，并与附近路面顺接，雨水口管坡度不得小于 1%。

在基础上放出雨水口侧墙位置线，并安放雨水管，管端面露于雨水口内，其露出长度不大于 20mm，管端面完整无损。

砌筑雨水口灰浆饱满，随砌随勾缝，雨水口内保持清洁，砌筑时随砌随清理，砌筑完成后及时加盖。雨水口底面用水泥砂浆抹出雨水口泛水坡。雨水口平面尺寸及位置施工误差不超过 ±10mm，高程误差不超过 ±10mm。

4. 雨水口质量

（1）雨水口位置符合设计要求；内壁勾缝应直顺、坚实，不得漏勾、脱落。

（2）井框、井篦应完整、无损，安装平稳、牢固。

（3）井周回填土应符合要求。

（4）管应直顺，管内应清洁，不得有错口、反坡、管内接口灰浆外露的"舌头灰"、存水及破损现象。管端面完整无损与井壁平齐。

三、雨水方沟施工

（1）雨水方沟施工工序。验槽线→挖槽→钎探验收→支模→浇筑垫层混凝土→绑扎钢筋、安装止水带→支模→浇筑混凝土基础→砌筑→安装盖板→回填。

（2）槽底经验收合格后，即进行支模，按设计规定垫层宽度，高度，几何尺寸支好模板，模板以钢模为主，木模为辅，后背用木方及架子管连接固定，支撑木与槽帮垫好木楔子固定，使整体模板牢固可靠，模板内侧每隔 5m 加净距支撑木，保证结构尺寸准确，经驻地监理验收合格后，进行浇筑垫层混凝土和混凝土养生。

（3）钢筋绑扎。在垫层强度达到 5MPa 以上进行钢筋绑扎，绑扎时按设计钢筋间距尺寸，在垫层上弹线，控制钢筋间距，且每隔 1.5m 间距设架立筋一道，保持上层钢筋的整体平整和钢筋的净保护层的要求。同时用同标号砂浆垫块把底层网筋托起达到钢筋净保护层要求。

（4）伸缩缝。在弹钢筋位置线的同时，根据设计要求弹出伸缩缝正确位置线，砖墙的伸缩缝与底板的伸缩缝应垂直贯通，伸缩缝的间隙尺寸应符合设计要求，安装止水带位置应正确牢固，浇筑混凝土过程中，应保证止水带不变位、不垂、不浮，止水带附近混凝土应振捣密实。

（5）支模浇筑混凝土。按设计规定结构尺寸支装模板，模板垂直平整、牢固可靠，浇筑混凝土时采用行夯振捣或平板振捣器，木抹搓平，墙体部位搓成麻面，其他部位压实抹光。达到设计要求及市政规范规定要求。

（6）砌砖。根据弹出墙体宽度线和高程点处的层数杆拉线找平，底层用细石混凝土找平，摆砖摆底，砌墙应上下错缝，内外搭接，但最下层和最上一层砖应用丁砖砌筑，且必须灰浆饱满。

（7）安装盖板。盖板使用经过驻地监理工程师考察合格的生产厂家供应盖板及小型构件，上盖板时铺设 1:2 水泥砂浆。

5.3 排水工程定额说明和工程量计算规则

5.3.1 管道铺设

一、定额说明

（1）本章定额包括管道（渠）垫层及基础、管道铺设、水平导向钻进、顶管、新旧管连接等项目。

（2）本章定额中的管道铺设工作内容除另有说明外，均包括沿沟排管、清沟底、外观检查及清扫管材。

（3）本章定额中的管道的管节长度为综合取定。

（4）本章定额中的管道安装不包括管件（三通、弯头、异径管）、阀门的安装。管件、阀门安装执行本册第二章相应项目。

（5）本章定额中的管道铺设采用胶圈接口时，如管材为成套购置，即管材单价中已包含了胶圈价格，胶圈价值不再计取。

（6）在沟槽土基上直接铺设混凝土管道时，人工、机械乘以系数 1.18。

【例 5-1】 某排水管道工程，长 1 000m，采用 D400 定型钢筋混凝土管，承插式接口，人机配合下管，无基础，试确定其铺设的定额编号及基价。

解：定额编号：5-99

换后基价：798.58×1.18×（1+20%+16%）+245.30×1.18=1 571.02（元/100m）

（7）人工下管沟槽深是 3m 计算的，当沟槽深度超过 3m 时，人工乘以系数 1.15。

（8）混凝土管道需满包混凝土加固时，满包混凝土加固执行现浇混凝土枕基项目，人工、机械乘以系数 1.2。

（9）顶管工程。

1）挖工作坑、回填执行第一册"土石方工程"相应项目；支撑安装拆除执行第一册"措施项目"相应项目。

2）工作坑垫层、基础执行本章相应项目，人工乘以系数 1.1，其他不变。

3）顶管工程按无地下水考虑，遇地下水排（降）水费用另行计算。

4）顶管工程中钢板内、外套环接口项目，仅适用于设计要求的永久性套环管口。顶进中为防止错口，在管内接口处所设置的工具式临时性钢胀圈不应套用。

5）顶进断面大于 $4m^2$ 的方（拱）涵工程，执行第三册"桥涵工程"相应项目。

6）单位工程中，管径 1 650mm 以内敞开式顶进在 100m 以内、封闭式顶进（不分管径）在 50m 以内时，顶进相应项目人工、机械乘以系数 1.3。

7）顶进定额仅包括土方出坑，不包括土方外运费用。

8）顶管采用中继间顶进时，顶进定额中的人工、机械按调整系数分级计算，见表 5-1。

表 5-1　　　　　　　　　　　　　中继间顶进调整系数表

序号	中继间顶进分级	人工、机械调整系数
1	一级顶进	1.36
2	二级顶进	1.64
3	三级顶进	2.15
4	四级顶进	2.8
5	五级顶进	另计

【例 5-2】 某 ϕ1 000 加强钢筋混凝土管顶进工程，总长度为 160m，设置 2 级中继间顶进，求顶进人工用量和机械用量（图 5-9）。

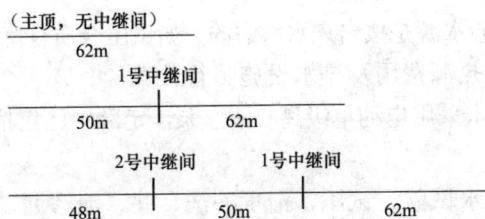

图 5-9　顶管工程示意图

解： 顶进人工用量：$(62+50\times1.36+48\times1.64)\times\dfrac{43.682}{10}=911.73$（工日）

汽车式起重机 8t：$(62+50\times1.36+48\times1.64)\times\dfrac{0.964}{10}=20.121$（台班）

立式油压千斤顶 200t：$(62+50\times1.36+48\times1.64)\times\dfrac{7.378}{10}=153.994$（台班）

电动双筒慢速卷扬机 30kN：$(62+50\times1.36+48\times1.64)\times\dfrac{3.689}{10}=76.997$（台班）

高压油泵 50MPa：$(62+50\times1.36+48\times1.64)\times\dfrac{3.689}{10}=76.997$（台班）

（10）新旧管线连接管径是指新旧管中的最大管径。

（11）本章中石砌体均按块石考虑，如采用片石或平石时，项目中的块石和砂浆用量分别乘以系数 1.09 和 1.19，其他不变。

（12）现浇钢筋混凝土方沟底板，执行管道（渠）基础中平基相应项目。

（13）拱（弧）形混凝土盖板的安装，按相应矩形板子目人工、机械乘以系数 1.15。

（14）钢丝网水泥砂浆抹带接口按管座 120° 和 180° 编制。如管座角度为 90° 和 135°，按管座 120° 定额分别乘以系数 1.33 和 0.89。

【例 5-3】 排水管道管径 500mm，钢丝网水泥砂浆抹带接口，管座角度 135°，确定其接口的定额编号及基价。

解： 定额编号：5-688

换后基价：383.42×0.89=341.24（元/10 个口）

（15）钢丝网水泥砂浆接口均不包括内抹口，如设计要求内抹口，按抹口周长每 100m 增加水泥砂浆 $0.042m^3$、9.22 工日计算。

【例 5-4】 管径为 600mm 的钢筋混凝土平口排水管道（135°），钢丝网水泥砂浆抹带接口，内抹口为 1:2.5 预拌水泥砂浆，10 个口的内抹口周长为 18.85m，试确定其接口的定额编号及基价。

解： 定额编号：5-689

换后基价：

477.44×0.89+［0.042×265.98+9.22×107.51×（1+20%+16%）］×18.85÷100=681.14（元/10 个口）

（16）闭水试验、试压、吹扫。

1）水压试验、气压试验、气密性试验，均考虑了管道两端所需的卡具、盲（堵）板，临时管线用的钢管、阀门、螺栓等材料的摊销量，也包括了一次试压的人工、材料和机械台班的耗用量。

2）闭水试验、水压试验水源是按自来水考虑的，如试压介质有特殊要求，介质可按实调整。

3）试压水如需加温，热源费用及排水设施另行计算。

4）井、池渗漏试验注水采用电动单级离心清水泵，定额中已包括了泵的安装与拆除用工。

（17）其他有关说明。

1）新旧管道连接、闭水试验、试压、消毒冲洗、井、池渗漏试验不包括排水工作内容，排水应按批准的施工组织设计另行计算。

2）新旧管连接工作坑的土方执行第一册"土石方工程"相应项目，工作坑垫层、抹灰执行本章相应项目，人工乘以系数 1.1，马鞍卡子、盲板安装执行本册第二章相应项目。

3）如遇穿洞穿管时，按实际洞长计算，其人工、机械乘以系数 1.2，如遇特殊情况，必须在支撑下穿管铺设，人工、机械乘 1.33 系数。

二、定额工程量计算规则

（1）管道（渠）垫层和基础设计图示尺寸以体积计算。

（2）排水管道铺设工程量，按设计井中至井中的中心线长度扣除井的长度计算（表 5-2）。

表 5-2　　　　　　　　　　　　　　　　　　每座井扣除长度表

检查井规格（mm）	扣除长度（m）	检查井规格	扣除长度（m）
$\phi700$	0.40	各种矩形井	1.00
$\phi1\,000$	0.70	各种交汇井	1.20

检查井规格（mm）	扣除长度（m）	检查井规格	扣除长度（m）
$\phi 1\,250$	0.95	各种扇形井	1.00
$\phi 1\,500$	1.20	圆形跌水井	1.60
$\phi 2\,000$	1.70	矩形跌水井	1.70
$\phi 2\,500$	2.20	阶梯式跌水井	按实扣

【例 5-5】 某排水管道长 360m，采用 D500 的混凝土管道，有 10 座 $\phi 1\,000$ 的检查井（管道两端各有一座检查井），试计算管道铺设长度。

解：管道两端的检查井扣除的长度应为每座检查井应扣除长度的 1/2。

管道的铺设长度：360–（10–1）×0.7=353.70（m）

（3）水平导向钻进定额中，钻导向孔及扩孔工程量按两个工作坑之间的水平长度计算，回拖布管工程量按钻导向孔长度加 1.5m 计算。

（4）顶管。

1）各种材质管道的顶管工程量，按设计顶进长度计算。

2）顶管接口应区分接口材质分别以实际接口的个数或断面积计算。

（5）新旧管连接时，管道安装工程量计算到碰头的阀门处，阀门及与阀门相连的承（插）盘短管、法兰盘的安装均包括在新旧管连接内，不再另计。

（6）渠道沉降缝应区分材质按设计图示尺寸以面积或铺设长度计算。

（7）混凝土盖板的制作、安装按设计图示尺寸以体积计算。

（8）混凝土排水管道接口区分管径和做法，以实际接口个数计算。

（9）方沟闭水试验的工程量，按实际闭水长度乘以断面积以体积计算。

（10）管道闭水试验，以实际闭水长度计算，不扣除各种井所占长度。

（11）各种管道试验、吹扫的工程量均按设计管道中心线长度计算，不扣除管件、阀门、法兰、煤气调长器等所占的长度。

（12）井、池渗漏试验，按井、池容量以体积计算。

（13）防水工程：

1）各种防水层按设计图示尺寸以面积计算，不扣除 $0.3m^2$ 以内孔洞所占面积。

2）平面与立面交接处的防水层，上卷高度超过 500mm 时，按立面防水层计算。

（14）各种材质的施工缝填缝及盖缝不分断面面积按设计长度计算。

（15）警示（示踪）带按铺设长度计算。

（16）塑料管与检查井的连接按砂浆或混凝土的成品体积计算。

（17）管道支墩（挡墩）按设计图示尺寸以体积计算。

（18）管道安装总工程量不足 50m 时，其人工、机械按相应项目乘以 1.67 系数。

5.3.2 管道附属构筑物

一、定额说明

（1）本章定额包括定型井、砌筑非定型井、塑料检查井、井筒、出水口等项目。

（2）本章各类定型井按《市政给水管道工程及附属设施》07MS101、《市政排水管道工程及附属设施》06MS201 编制，设计要求不同时，砌筑井执行本章砌筑非定型井相应项目，混凝土井执行第五册"水处理工程"构筑物相应项目。

整体化粪池执行《房屋建筑与装饰工程预算定额》相应项目；给水、排水箱涵、电力箱涵执行第三册"桥涵工程"箱涵制作相应子目。

（3）各类定型井的井盖、井座按重型球墨铸铁考虑，爬梯按塑钢考虑。设计要求不同时，井盖、井座及爬梯材料可以换算，其他不变。

（4）塑料检查井按设在非铺装路面考虑，本章其他各类井均按设在铺装路面考虑的。

（5）跌水井跌水部位的抹灰，执行流槽抹面相应项目。

（6）抹灰项目适用于井内侧抹灰，井外壁抹灰时执行井内侧抹灰相应项目，人工乘以系数 0.8，其他不变。

（7）石砌井执行非定型井相应项目，石砌体按块石考虑。采用片石或平石时，项目中的块石和砂浆用量分别乘以系数 1.09 和 1.19，其他不变。

（8）各类井的井深是指井盖顶面到井基础或混凝土底板顶面的距离，没有基础的到井垫层顶面。

（9）井深大于 1.5m 的井不包括井字架的搭拆费用，井字架的搭拆执行本册"措施项目"相应子目。

（10）模板安装拆除执行本册"措施项目"相应子目；钢筋制作安装执行第一册"钢筋工程"相应项目。

（11）定型井盖板如按预制考虑，盖板运距据实结算。

二、工程量计算规则

（1）各类定型井按设计图示数量计算。

（2）非定型井各项目的工程量按设计图示尺寸计算。

1）砌筑按体积计算，扣除管道所占体积。

2）抹灰、勾缝按面积计算，扣除管道所占面积。

【例 5-6】 某市区排水工程，共有 430×210 非定型雨水口 100 个，采用铸铁雨水井箅井座，C30 钢筋混凝土预制井圈，M10 水泥砂浆砖砌井身，内表面 1:2 水泥砂浆抹灰，具体尺寸如图 5-10 所示。试根据以上条件，计算雨水口的工程量（雨水管道壁厚 30mm，模板采用木模，不计土方及钢筋工程量）。

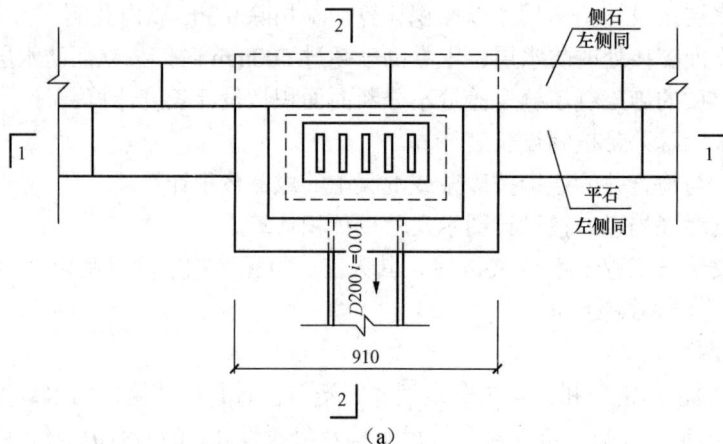

图 5-10　单算雨水口设计图（一）（单位：mm）

（a）平面图

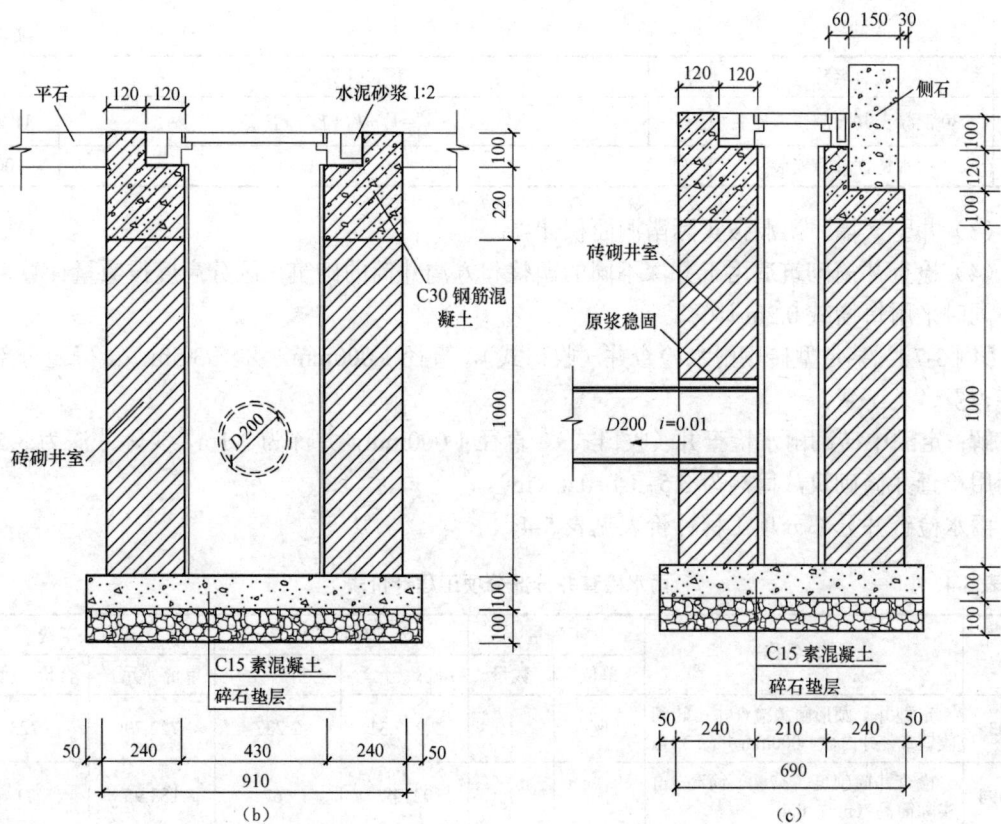

图 5-10 单算雨水口设计图（二）（单位：mm）

(b) 1-1；(c) 2-2

解： 工程量计算见表 5-3。

表 5-3   雨水口工程量计算表

序号	项目名称	单位	工程量计算公式	数量
1	碎石垫层	m³	$(0.91+0.05\times2)\times(0.69+0.05\times2)\times0.1\times100$	7.98
2	C15 素混凝土垫层	m³	$(0.91+0.05\times2)\times(0.69+0.05\times2)\times0.1\times100$	7.98
3	混凝土基础模板	m²	$[(0.91+0.05\times2)+(0.69+0.05\times2)]\times2\times0.1\times100$	36.00
4	M10 水泥砂浆砖砌井室	m³	$[(0.43+0.24)+(0.21+0.24)]\times2\times0.24\times1\times100$ $-\pi\times\left(\dfrac{0.2}{2}+0.03\right)^2\times0.24\times100$	52.49
5	井室内壁 1:2 砂浆	m²	$\left[(0.43+0.21)\times2\times1.22-\pi\times\left(\dfrac{0.2}{2}+0.03\right)^2\right]\times100$	150.85
6	C30 混凝土井圈制作、安装	m³	$V_1=[(0.43+0.24)+(0.06+0.21+0.12)\times2]\times0.24\times0.22\times100$	7.656
		m³	$V_2=[(0.43+0.24+0.12)+(0.06+0.21+0.18)\times2]\times0.12\times0.10\times100$	2.028
		m³	$V_3=0.91\times0.18\times0.1\times100$	1.638
		m³	$V_4=0.06\times0.22\times0.43\times100$	0.568

续表

序号	项目名称	单位	工程量计算公式	数量
6	C30 混凝土井圈制作、安装	m³	$V = V_1 + V_2 + V_3 + V_4$	11.89
7	雨水铸铁井篦安装	座		100

（3）井壁（墙）凿洞按实际凿洞面积计算。

（4）检查井筒砌筑适用于井深不同的调整和方沟井筒的砌筑，区分高度按数量计算，高度不同时采用每增减 0.2m 计算。

【例 5-7】 某定型砖砌雨水检查井（收口式），直径 1 000mm，井深 3.5m，试确定分部分项工程费、人工费。

解： 定额中砖砌雨水检查井（收口式），直径 1 000mm，井深为 3.1m，实际井深为 3.5m，应套用检查井筒砌筑，筒高为 3.5–3.1=0.4（m）。

雨水检查井分部分项工程计价表见表 5-4。

表 5-4   雨水检查井分部分项工程计价表

定额编号	项目名称	工程量		分部分项工程费		其中人工费	
		单位	数量	单价（元）	合价（元）	单价（元）	合价（元）
5-2035	定型井 圆形雨水检查井 砖砌收口式 井内径 1 000mm 井深 3.1m	座	1	2 237.31	2 237	722.79	723
5-2394	检查井筒砌筑（ϕ700）筒高 1m 实际筒高（m）：0.4	座	1	921.42	667	183.95	71
合计					2 904		794

（5）塑料检查井按设计图示数量计算。

（6）井深及井筒调增按实际发生数量计算。

（7）管道出水口区分形式、材质及管径，以"处"为计量单位计算。

5.3.3 混凝土模块井

一、定额说明

（1）本章定额包括混凝土模块排水检查井、混凝土模块砌筑、抹面及勾缝等项目。

（2）本章定额依据国家建筑标准设计图集 12S522《混凝土模块式排水检查井》编制。

（3）混凝土模块类别：

Ⅰ类：MY7、MY8、MY9、MY11、MY13、MY15、MY18、30M、40M、40M-L、40M-R。

Ⅱ类：30M-L、30M-R、30M-30L、30M-30R、40M-22.5L、40M-22.5R。

Ⅲ类：40M-6。

（4）有防水要求的砌体按设计要求执行相应定额子目。

（5）方沟工程各种检查井盖板以下的砌体、热力小室砌体、保护墙砌体执行混凝土模块砌直墙相应定额子目。

（6）非定型模块井执行混凝土模块砌体相应项目。

（7）井筒与井室的划分：各种井及热力小室以盖板划分，盖板以上执行井筒相应定额子目；无盖板的以收口式结束处划分，收口结束处以上执行井筒相应定额子目。

（8）砌筑工程的级配砂石垫层执行《市政管网工程预算定额》"管道铺设"相应项目。

二、工程量计算规则

检查井按设计图示数量计算。

5.3.4 措施项目

一、定额说明

（1）本章定额包括现浇混凝土模板工程、预制混凝土模板工程、脚手架等项目。

（2）模板定额中包括了钢筋垫块和第一层底浆的人工、材料及看模工日，使用时不应重复计算。

（3）地、胎模和砖、石拱圈的拱盔、支架执行第三册《桥涵工程》相应项目。

（4）模板安拆以槽（坑）深3m为准，超过3m时，人工乘以系数1.08，其他不变。

（5）现浇混凝土梁、板、柱、墙的支模高度按3.6m考虑，支模高度大于3.6m时，执行本章相应项目。

（6）除章节另有说明外，砌筑物高度超过1.2m应计算脚手架搭拆费用。木、钢管脚手架已包括斜道及拐弯平台的搭设。

（7）小型构件系指单件体积在0.05m³以内定额未列出的构件。

（8）墙帽分矩形墙帽和异形墙帽，矩形墙帽按圈梁考虑，异形墙帽按异型梁考虑。

二、工程量计算规则

（1）现浇及预制混凝土构件模板按模板与混凝土构件的接触面积计算。

（2）井字架区分材质和搭设高度按搭设数量计算。

（3）脚手架工程量按墙面长度乘以高度以面积计算；柱按设计图示柱结构外围周长另加3.6m乘以高度以面积计算。

5.4 排水工程计量与计价案例

某新建污水工程，长200m，设计采用$D1\,000$mm钢筋混凝土平口管（单价600元/m），钢丝网水泥砂浆接口，C15混凝土基础（135°），人机配合下管，检查井为定型检查井（矩形直线砖砌污水检查井，内径$1\,100\times1\,300$mm），已知每节钢筋混凝土管道长度为2m，如图5-11、图5-12所示。

问题：计算该排水工程的工程量（不计土方工程）及分部分项工程费、单价措施项目费、人工费。

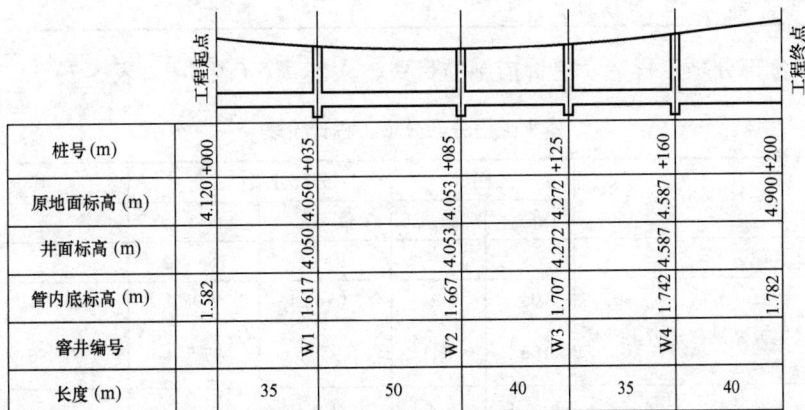

桩号（m）	+000	+035	+085	+125	+160	+200
原地面标高（m）	4.120	4.050	4.053	4.272	4.587	4.900
井面标高（m）		4.050	4.053	4.272	4.587	
管内底标高（m）	1.582	1.617	1.667	1.707	1.742	1.782
窨井编号		W1	W2	W3	W4	
长度（m）		35	50	40	35	40

图5-11 排水工程纵断面图

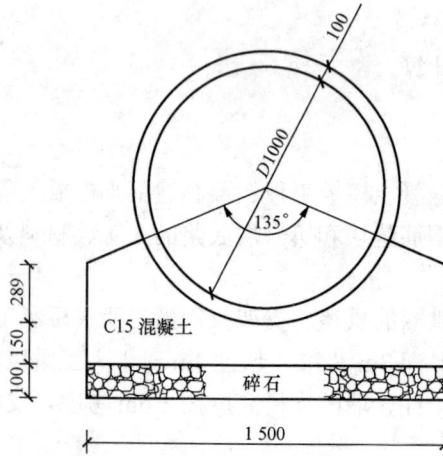

图 5-12 管道剖面图（单位：mm）

解：（1）计算工程量（表 5-5）

表 5-5   排水工程量计算表

序号	项目名称	单位	工程量计算公式	数量
1	管道铺设	m	200−1×4	196.00
2	管道碎石垫层	m³	196×1.5×0.1	29.40
3	管道混凝土平基	m³	196×0.15×1.5	44.10
4	管道混凝土管座	m³	$196\times\left(0.289\times1.5+\dfrac{1.5}{2}\div\tan\dfrac{135°}{2}\times\dfrac{1}{2}\times1.5-\pi\times(0.5+0.1)^2\times\dfrac{135°}{360°}\right)$	47.51
5	平基模板	m²	0.15×196×2	58.80
6	管座模板	m²	0.289×196×2	113.29
7	管道接口	个	17+24+19+16+19	95
8	管道截断	根	1+1+0+0+0	2
9	管道闭水实验	m		200
10	定型检查井	座		4
11	检查井平均井深	m	[(4.050−1.617)+(4.053−1.667)+(4.272−1.707)+(4.587−1.742)]÷4	2.56
12	井字架	座		4

（2）计算分部分项工程费、单价措施项目费、人工费。（表 5-6、表 5-7）

表 5-6   排水工程分部分项工程计价表

定额编号	项目名称	工程量		分部分项工程费		其中人工费	
		单位	数量	单价（元）	合价（元）	单价（元）	合价（元）
	一、排水管道				184 462		25 186
5-3	垫层 碎石 干铺	10m³	2.94	2 036.24	5 987	801.70	2 357
5-19	管道（渠）基础 混凝土平基混凝土	10m³	4.41	3 980.5	17 554	1 035.86	4 568
5-26	管道（渠）基础 混凝土管座现浇	10m³	4.751	4 857.67	23 079	1 618.03	7 687

续表

定额编号	项目名称	工程量		分部分项工程费		其中人工费	
		单位	数量	单价（元）	合价（元）	单价（元）	合价（元）
5-54	平接（企口）钢筋混凝土管道铺设 人机配合下管 管径 1 000mm 以内	100m	1.96	65 076.7	127 550	2 418.22	4 740
5-980	混凝土管截断 有筋 管径 1 000mm 以内	10 根	0.2	1 180.67	236	868.14	174
5-693 ×0.89	钢丝网水泥砂浆抹带接口 120° 混凝土基础 管径 1 000mm 以内 135° 单价×0.89	10 个口	9.5	739.30	7 023	465.12	4 419
5-843	管道闭水试验 管径 1 000mm 以内	100m	2	1 516.38	3 033	620.66	1 241
	二、检查井				32 889		10 942
5-2146	定型井 矩形直线污水检查井 混凝土 井室净尺寸（长×宽×高）（m）1.3×1.1×2.8 适用管径 1 000mm 井深 3.4m	座	4	8 222.16	32 889	2 735.59	10 942
	合计				217 351		36 128

表 5-7   排水工程单价措施项目费计价表

定额编号	项目名称	工程量		单价措施项目费		其中人工费	
		单位	数量	单价（元）	合价（元）	单价（元）	合价（元）
5-2716	现浇混凝土模板工程 管、渠道平基 钢模	100m²	0.588	5 195.8	3 055	2 793.43	1 643
5-2718	现浇混凝土模板工程 管座 钢模	100m²	1.132 9	7 562.51	8 568	4 530.58	5 133
5-2766	木制井字架井深 4m 以内	座	4	267.79	1 071	176.64	707
	合计				12 694		7 482

习 题

一、单选题（每题的备选项中，只有 1 个正确选项）

1. 污水按其来源分为（　　）。

　　A. 生活污水、工业废水和降水　　　　B. 生活污水和工业废水

　　C. 生活污水和降水三类　　　　　　　D. 工业废水和降水三类

2. （　　）是设在雨水管道或合流管道上，用来收集地面雨水径流的构筑物。

　　A. 污水井　　　　B. 雨水口　　　　C. 检查井　　　　D. 出水口

3. D300～D700 混凝土管铺设分为人工下管和人机配合下管，其中人工下管是按沟槽深度（　　）m 以内考虑的。

　　A. 3　　　　　　B. 4　　　　　　C. 2　　　　　　D. 5

4. 钢丝网水泥砂浆抹带接口按管座 120°和 180°编制。如管座角度为 90°和 135°，按（　　）

分别乘以系数 1.33 和 0.89。

    A．管座 120°定额   B．管座 180°定额

    C．管座 120°人工   D．管座 180°人工

5．顶管采用中继间顶进时，顶进定额中的（   ）按调整系数分级计算。

    A．人工   B．机械   C．材料   D．人工和机械

6．新旧管线连接管径是指新旧管中的（   ）。

    A．平均管径   B．最小管径   C．最大管径   D．新管管径

7．管道闭水试验，以实际闭水长度计算，并且（   ）。

    A．扣除各种井所占长度   B．不扣除各种井所占长度

    C．扣除检查井所占长度   D．扣除雨水井所占长度

8．跌水井跌水部位的抹灰，按（   ）项目执行。

    A．流槽抹灰   B．井底抹灰   C．井内侧抹灰   D．井外侧抹灰

9．定额中井深大于（   ）的井不包括井字架的搭拆费用，井字架的搭拆执行排水工程措施项目。

    A．1.0m   B．1.2m   C．1.5m   D．2.0m

10．排水工程混凝土管道铺设，按井中至井中的中心扣除检查井长度计算，每座圆形非定型井的扣除长度为（   ）。

    A．实际管道长度

    B．管线方向井室内径长度

    C．管线方向井室内径每侧减 15cm

    D．视具体井的种类而定

11．各类井的井深是指（   ）到井基础或混凝土底板顶面的距离，没有基础的到井垫层顶面。

    A．井盖顶面   B．井盖底面   C．井筒底   D．井筒中心

12．如混凝土管道在沟槽土基上铺设，其（   ）乘以系数 1.18。

    A．定额基价   B．人工和机械   C．人工和材料   D．机械和材料

13．非定型项目定额只计列了井内抹灰的子目，如井外壁需要抹灰，砖、石井均按井内侧抹灰项目（   ）。

    A．人工乘系数 0.8，其他不变   B．定额基价乘系数 0.8

    C．人工、机械乘系数 0.8   D．人工乘系数 1.2，其他不变

14．石砌体非定型井砌筑项目定额中石砌体均按（   ）考虑。

    A．块石   B．片、平石   C．碎石   D．片、块石

15．排水工程中，各种防水层按设计图示尺寸以面积计算，不扣除（   ）以内孔洞所占面积。

    A．0.1m^2 B．0.2m^2 C．0.3m^2 D．0.5m^2

16．管道安装总工程量不足（   ）时，其人工、机械按相应项目乘以 1.67 系数。

    A．50m   B．60m   C．80m   D．100m

17．排水工程定额中，模板安拆以槽（坑）深 3m 为准，超过 3m 时，（   ）乘以系数 1.08，其他不变。

    A．人工   B．机械   C．人工和机械   D．材料

18. 排水工程定额中,小型构件系指单件体积在(   )以内定额未列出的构件。
    A. 0.5m³   B. 0.3m³   C. 0.1m³   D. 0.05m³

19. 非定型检查井现浇及预制混凝土构件模板按(   )计算。
    A. 混凝土构件的体积   B. 模板与混凝土构件的接触面积
    C. 混凝土构件的表面积   D. 模板体积

20. 脚手架工程量按(   )计算。
    A. 墙面长度乘以高度以面积   B. 墙面厚度乘以长度以面积
    C. 墙面长度   D. 墙面高度

二、多选题(每题的备选项中,有 2 个或 2 个以上符合题意,至少有 1 个错项)

1. 根据接口的弹性,一般将接口分为(   )。
   A. 柔性接口   B. 刚性接口
   C. 承插式接口   D. 半刚性接口
   E. 水泥砂浆抹口

2. 排水管渠的附属构筑物包括(   )。
   A. 雨水管道   B. 污水管道   C. 检查井
   D. 跌水井   E. 雨水口

3. 室外管道的安装是整个管道施工的主体,它包括(   )等项。
   A. 下管   B. 稳管   C. 接口
   D. 砌筑   E. 质量检查及验收

4. 可套用排水工程定额的项目包括(   )等。
   A. 工作坑垫层   B. 挖工作坑
   C. 采用中继间顶进   D. 顶进断面 6m² 的拱涵工程
   E. 管径 1 500mm 管道敞开式顶进 80m

5. 下列说法中正确的有(   )。
   A. 现浇钢筋混凝土方沟底板,执行管道(渠)基础中平基相应项目
   B. 各类定型井按设计图示数量计算
   C. 非定型井各项目的工程量按设计图示尺寸计算
   D. 非定型井砌筑按体积计算,不扣除管道所占体积
   E. 非定型井抹灰、勾缝按面积计算,扣除管道所占面积

6. 下列工程量中,(   )是按长度计量的。
   A. 管道(渠)垫层和基础   B. 警示(示踪)   C. 管道闭水试验
   D. 顶管工程   E. 管道出水口

7. 排水工程措施项目定额说法中正确的有(   )。
   A. 模板安拆以槽(坑)深 3m 为准,超过 3m 时,人工乘以系数 1.08,其他不变
   B. 现浇混凝土梁、板、柱、墙的支模高度按 3.0m 考虑,支模高度大于 3.0m 时,执行措施项目定额相应项目
   C. 砌筑物高度超过 1.2m 应计算脚手架搭拆费用
   D. 井字架区分材质和搭设高度按搭设数量计算
   E. 柱按设计图示柱结构外围周长乘以高度以面积计算

三、判断题

1．铸铁管的连接方式包括焊接和法兰连接。　　　　　　　　　　　　　（　　）

2．拱（弧）形混凝土盖板的安装，按相应体积的矩形板人工乘以系数 1.15 执行。（　　）

3．平面与立面交接处的防水层，上卷高度超过 500mm 时，按平面防水层计算。（　　）

4．分流制排水系统是将城市生活污水、工业废水和雨水径流汇集入在一个管渠内予以输送、处理和排放。　　　　　　　　　　　　　　　　　　　　　　　　　　　　　　　　　　　　　（　　）

5．定额中的钢丝网水泥砂浆抹带接口均包括内抹口。　　　　　　　　（　　）

四、计算题

1．确定下列工程项目的定额编号与基价。

（1）D300 混凝土管道，钢丝网水泥砂浆抹带接口，管座角度 90°；

（2）管径为 1 000mm 的钢筋混凝土平口管道（180°），钢丝网水泥砂浆抹带接口，内外抹口均为 1:2.5 水泥砂浆；

（3）矩形直线砖砌雨水检查井（定型井），内径为 1 100mm×1 200mm，井深 3.7m。

2．某 D1 800 钢筋混凝土管顶进工程，总长度为 180m，设置 4 级中继间顶进，主顶长度 53m，一级顶进长度 50m，二级顶进长度 47m，三级顶进长度 30m，四级顶进长度 43m，求顶进人工用量和机械用量。

五、案例分析

1．某市政排水管道工程，采用 D400×3 000mm 钢筋混凝土管，壁厚 50mm，承插接口（水泥砂浆接口），人机配合下管，135°现浇混凝土管道基础，其中道路桩号 K0+165.00～K0+285.40 段管道纵断面和管道基础如图 5-13、图 5-14 所示。检查井为 1 100mm×1 100mm 定型砖砌矩形雨水检查井。

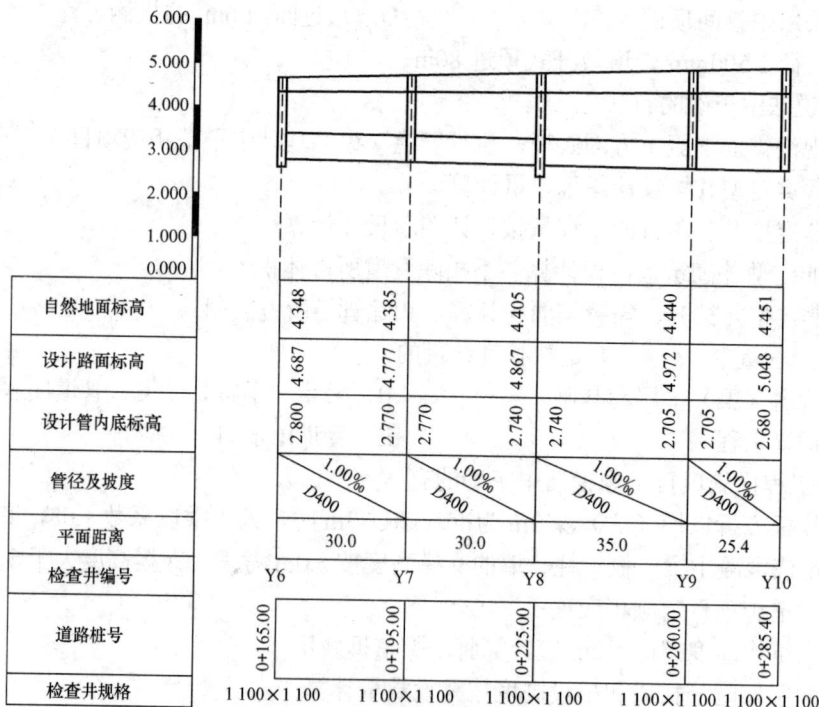

图 5-13　排水管道纵断面图（单位：mm）

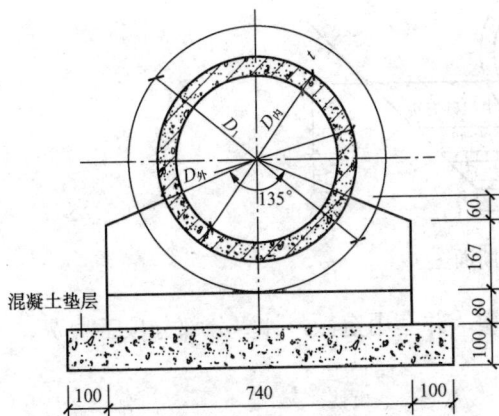

图 5-14　DN400 管道基础（单位：mm）

试根据以上条件，计算排水管道及检查井工程量，并套用定额，计算分部分项工程费、单价措施项目费、人工费。

2. 某道路排水工程：K0+450～K0+278，钢筋混凝土管，D400 排水管为 45m，D600 排水管为 112m，D800 排水管为 76m，管道接口平接式钢丝网水泥砂浆接口，2m 一节，D400 排水管单价 122 元/m，D600 排水管单价 140 元/m，D800 排水管单价 168 元/m，人机配合下管；设雨水检查井 7 座，雨水检查井为矩形直线砖砌定型雨水检查井，1 100mm×1 300mm。管道纵断面与管道基础断面如图 5-15、图 5-16 所示。各管径的排水管道基础的尺寸见表 5-8。

表 5-8　　　　　　　　　　　　　　排水管基础尺寸表

管内径 D（mm）		400	600	800
壁厚（mm）		40	60	80
大头 $\phi 1$（mm）		614	884	1 164
基础尺寸	B（mm）	720	1 080	1 440
	h（mm）	300	300	300
	c_1（mm）	150	200	200
	c_2（mm）	136	272	272

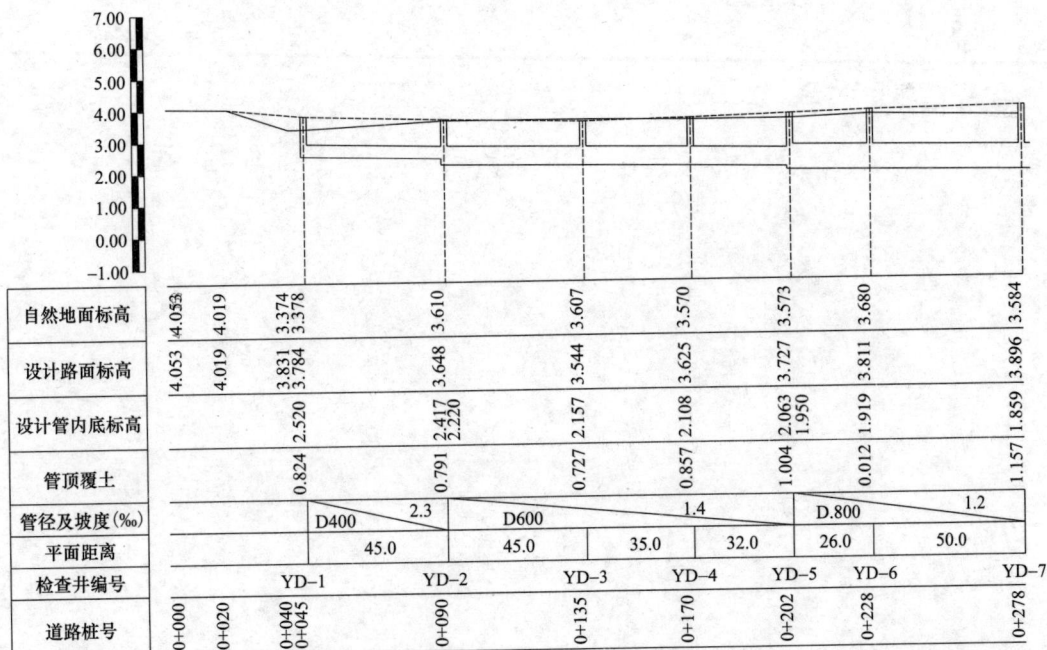

自然地面标高	4.053	4.019	3.374 3.378	3.610	3.607	3.570	3.573	3.680		3.584
设计路面标高	4.053	4.019	3.831 3.784	3.648	3.544	3.625	3.727	3.811		3.896
设计管内底标高	4.053 2.520		2.417 2.220		2.157	2.108	2.063 1.950	1.919		1.859
管顶覆土	0.824		0.791		0.727	0.857	1.004	0.012		1.157
管径及坡度（‰）		D400	2.3	D600		1.4		D.800		1.2
平面距离		45.0		45.0	35.0	32.0	26.0		50.0	
检查井编号		YD-1	YD-2		YD-3	YD-4	YD-5	YD-6		YD-7
道路桩号	0+000	0+020	0+040 0+045	0+090	0+135	0+170	0+202	0+228		0+278

图 5-15　排水管道纵断面图

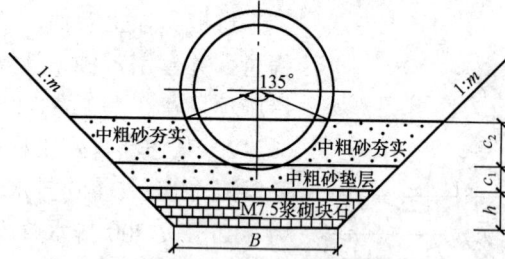

图 5-16　管道基础断面图

　　试根据以上条件，计算排水管道及检查井工程量，并套用定额，计算分部分项工程费、单价措施项目费、人工费。

第6章 市政桥涵工程

📖 **学习目标**

熟悉桥涵工程的基础知识，包括桥涵的组成和分类，桥涵的主要尺寸和术语名称；熟悉桥涵工程的施工过程，包括不同类型桥梁基础施工技术，桥梁墩、台施工技术，桥梁承台施工技术，桥梁上部结构和桥面系、附属工程施工技术；掌握桥涵工程定额说明和工程量计算规则，要求能够独立计算桥涵工程的工程量，并能熟练运用桥涵工程定额计算桥涵工程的分部分项工程费。

6.1 桥梁工程基础知识

在道路工程建设中，为跨越各种障碍（如江河、沟谷或其他线路）必须修建各种类型的桥梁与涵洞，一方面要保护桥上的车辆运行，同时也要保证桥下水流的宣泄、船只的通航或车辆的运行。

6.1.1 桥梁的组成和分类

一、桥梁的组成

桥梁的组成如图6-1所示。

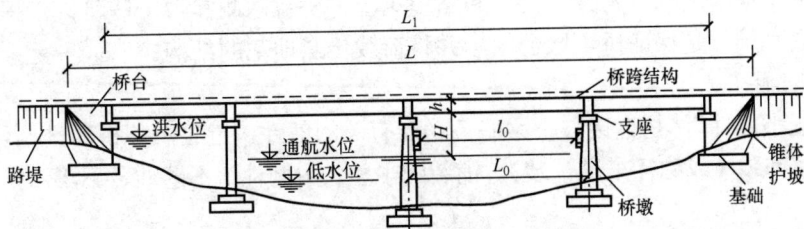

图6-1 桥梁组成示意图

（一）传统说法

桥梁一般由上部结构、下部结构、支座和附属工程四部分组成。

1. 上部结构

上部结构指桥梁位于支座以上的部分，通常称桥跨结构，桥跨结构是在线路中断时跨越障碍物的主要承重结构。它的主要作用是承受其上桥面荷载和交通荷载。

2. 下部结构

下部结构通常包括桥墩、桥台和基础。

桥墩和桥台是支撑桥跨结构并将恒载和车辆等活载传至基础的结构物。通常设置在桥两端的称为桥台，它起到支撑桥跨结构的作用，还起到衔接桥梁和路堤的作用，并抵御路堤土压力，防止路堤填土的滑坡和塌落。

　　桥墩和桥台中使全部荷载传至地基的底部奠基部分，通常称为基础，承受桥墩和桥台传来的全部荷载包括竖向荷载以及地震力、船舶撞击力等引起的水平荷载。基础是桥梁结构的根基，是确保桥梁能安全使用的关键。由于基础往往埋深于土层之中，并且需在水下施工，故也是桥梁建筑中施工比较困难的一部分。

　　3. 支座

　　支座是桥梁中在桥跨结构与桥墩或桥台的支承处所设置的传力装置，它不仅要传递很大的荷载，并且要保证桥跨结构能产生一定的变位。

　　4. 附属工程

　　附属工程是在桥梁建筑工程中，除上述基本结构外，根据需要还常常修筑护岸、导流结构物和导航装置，包括护岸、锥形护坡和导流结构物等。

　　（二）现在提法

　　桥梁由"五大部件"与"五小部件"组成。

　　1. 五大部件

　　所谓"五大部件"是指桥梁承受汽车或其他运输荷载的桥跨上部结构与下部结构，是桥梁结构安全性的保证。

　　（1）桥跨结构（或称桥孔结构、上部结构）。它是路线遇到障碍（如江河、山谷或其他路线等）中断时，跨越这类障碍的结构物。

　　（2）支座系统。是将桥跨结构所承受的荷载传递至桥梁的墩台系统（构件）上。应能保证上部结构在预计的荷载、温度变化或其他因素作用下的位移功能。

　　（3）桥墩。是设在河中或岸上以支承桥跨上部结构的结构部件。

　　（4）桥台。是设在桥梁两端的结构。桥台的一端与路堤相接并防止路堤滑塌，另一端则支承桥跨上部结构的端部。为保护桥台和路堤填土，桥台两侧常做一些防护工程。

　　（5）墩台基础。是保证桥梁墩台安全并将荷载传至地基的结构。

　　2. 五小部件

　　所谓"五小部件"，是直接与桥梁服务功能有关的部件，过去总称桥面结构。

　　（1）桥面铺装（或称行车道铺装）。铺装的平整、耐磨性、不翘曲、不渗水是保证行车舒适的关键。

　　（2）排水防水系统。应能迅速排除桥面积水，并使渗水的可能性降至最小限度。此外，城市桥梁排水系统应保证桥下无滴水和结构上无漏水现象。

　　（3）栏杆（或防撞栏杆）。它既是保证安全的构造措施，又是最具观赏性的装饰件。

　　（4）伸缩缝。是在桥跨上部结构之间或桥跨上部结构与桥台端墙之间所设的缝隙，可以保证结构在各种因素作用下的变位。为使行车不颠簸，桥面上要设置伸缩缝构造。尤其是大桥或城市桥梁的伸缩缝，不但要保证结构建造牢固、外观光洁，而且需要经常扫除倒入伸缩缝中的泥土、杂物，以保证其功能。

　　（5）灯光照明。现代城市中，大型桥梁通常是一个城市的标志性建筑，大多装置了灯光照明系统，从而构成城市夜景的重要组成部分。

　　二、桥梁的分类

　　（一）按受力特点分类

　　结构工程上的受力构件，有拉、压和弯三种主要的受力方式，桥梁按结构的受力体系可分为梁式、拱式和悬吊式三种基本体系以及它们之间的各种组合。其中梁式以受弯为主，拱桥以受压为主，悬索以受弯为主。下面从受力特性、建桥材料、适用跨度等方面来阐述桥梁各种体系的特点。

1. 梁式桥

梁式桥在竖向荷载作用下，支座只产生竖向反力，梁中内力主要是弯矩和剪力，以受弯为主。梁式桥可分为简支梁桥、连续梁桥和悬臂梁桥。图 6-2 所示为各种体系的基本图式。目前简支梁桥和连续梁桥应用最为普遍，一般钢筋混凝土简支梁常用在跨径在 25m 以下，预应力混凝土简支梁常用跨径不超过 50m。当跨径较大时，根据通航、地质等条件等修建悬臂梁桥和连续梁桥。连续梁桥受力比较合理，行车平顺，是大跨度桥梁常采用的桥式。将简支梁桥梁体加长至支点外就成为悬臂梁桥，悬臂梁桥的跨中弯矩比简支梁桥小，但构造复杂，行车不够平顺，目前已较少采用。

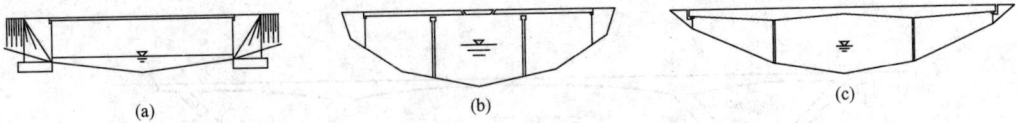

图 6-2　梁式桥

（a）简支梁桥；（b）悬臂梁桥；（c）连续梁桥

2. 拱式桥

拱式桥的主要承重结构是拱圈或拱肋，这种结构在竖向荷载作用下桥墩或桥台将承受水平推力，同时这种水平推力将显著抵消荷载所引起的在拱圈内的弯矩作用。因此，与同跨径的梁相比，拱的弯矩和表型变形要小得多。鉴于拱圈的承重结构以受压为主，常用抗压能力强的圬工材料（如砖、石、混凝土）和钢筋混凝土来建造。

由于拱式桥是推力结构，其墩台基础必须承受强大的拱脚内力，对地基要求高，施工较复杂，适建于地基和地质条件较好的桥址。在地基条件不适合修建具有很大推力的拱桥情况，可修建水平推力由受拉系杆来承受的系杆拱桥。

根据行车道位置不同，拱桥的桥跨结构可以做成上承式、中承式和下承式三 3 种，如图 6-3 所示。

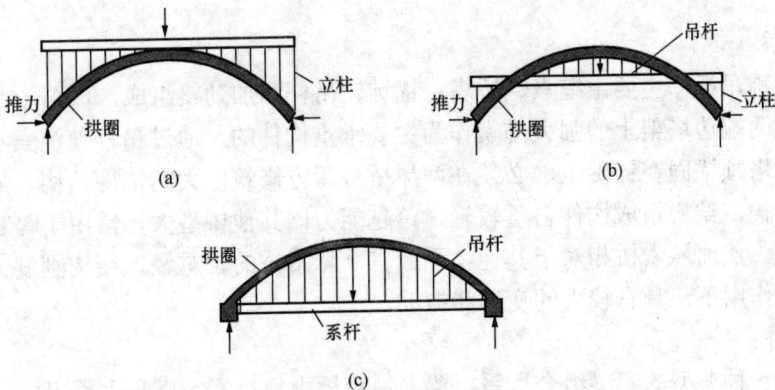

图 6-3　拱式桥

（a）上承式拱；（b）中承式拱；（c）下承式拱（系杆拱）

3. 刚架桥

刚架桥是一种梁与墩台刚性连接成整体的结构，由于梁柱结点是刚性连接的，在竖向荷载作用下，柱脚处具有水平反力和支座弯矩；梁部主要受弯，但弯矩较同跨径的简支梁小，跨中建筑高度可做得较小，一般适用于需要较大桥下净空和建筑高度受到限制的情况，如立体交叉桥和跨线桥；普通钢筋混凝土刚架桥的梁柱节点处一般较容易产生裂缝，如图 6-4 所示。

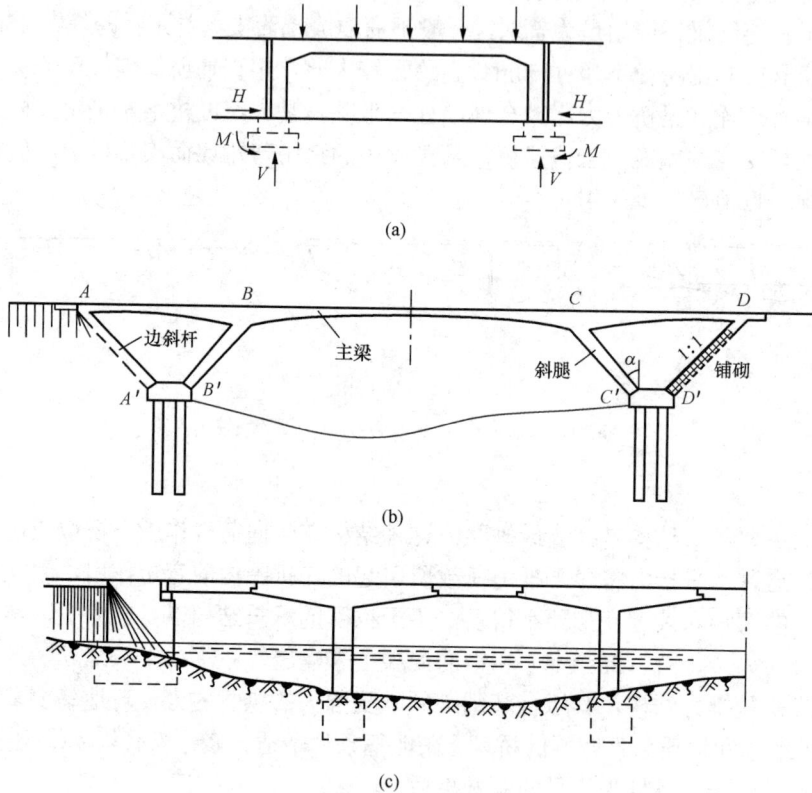

(a)

(b)

(c)

图 6-4　刚架桥

（a）门式刚架桥；（b）斜腿刚架桥；（c）连续式刚架桥

4. 悬索桥

悬索桥又称吊桥，主要由缆索、桥塔、锚锭、吊杆和加劲梁组成，如图 6-5 所示。悬索桥是以悬挂在两端边塔架上的强大缆索作为主要承重构件的，通过吊杆使缆索承受很大的拉力，缆索跨过塔顶锚固在锚碇上，必须在两岸桥台后方修筑巨大的锚碇结构。悬索桥所需成卷钢缆易于运输，结构组成构件自重较轻，跨越能力比其他桥型大，常用于跨越大江大河和跨海的特大桥。然而悬索桥相对于其他体系而言，悬索桥的自重轻，结构刚度太差，在车辆荷载和风荷载作用下，具有较大的变形和振动。

5. 斜拉桥

斜拉桥是一种典型的索梁组合体系桥梁，斜拉桥由斜拉索、塔和主梁组成，如图 6-6 所示。斜拉索利用锚固系统，一端锚固在塔柱上，一端锚固在主梁上，其水平分力相当于对主梁施加了一个预应力，从而使主梁内力分布均匀，大大减小了建筑高度，结构自重显著减轻，既节省了材料，又大幅度增加了桥梁的跨越能力。与悬索桥相比，斜拉桥不需要笨重的锚固装置，抗风能力也优于悬索桥。

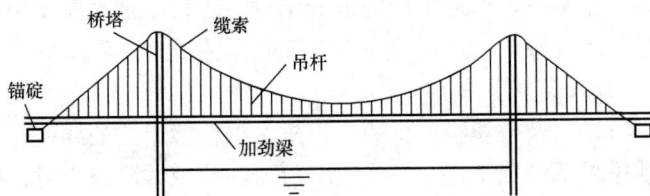

图 6-5　悬索桥

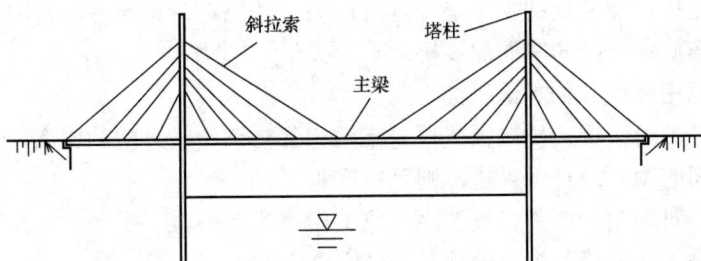

图 6-6　斜拉桥

6. 组合体系桥

组合体系桥是由不同体系组合而成的桥梁。组合体系的种类很多，图 6-3 所示的系杆拱桥即为梁拱组合体系，梁和拱共共同承受拉力，其跨越能力比一般简支梁桥大。

（二）桥梁的其他分类

除了上述按受力特点分成不同的结构体系外，人们还习惯按桥梁的用途、规模和建桥的材料等其他方面来进行分类。

1. 按用途划分

可将桥梁按用途分为公路桥、铁路桥，公路铁路桥、农桥、人行桥、运水桥和其他专用桥梁（如通过管路和电缆等）。

2. 按工程规模划分

桥梁总长和单孔跨径都是桥梁建设规模的标志，按桥梁跨径和全长的不同，分为特大、大桥、中桥、小桥和涵洞。划分标准如表 6-1 所示。

表 6-1　　　　　　　　　　　　　桥梁、涵洞跨径分类

桥涵分类	多孔跨径总长 L_d（m）	单孔跨径 L_0（m）
特大桥	$L_d \geqslant 1\,000$	$L_0 \geqslant 150$
大桥	$100 \leqslant L_d < 1\,000$	$40 \leqslant L_0 < 150$
中桥	$30 < L_d < 100$	$20 \leqslant L_0 < 40$
小桥	$8 \leqslant L_d \leqslant 30$	$5 \leqslant L_0 < 20$
涵洞	—	$L_0 < 5$

3. 按主要承重结构所用的材料划分

按主要承重结构所用的材料划分为钢桥、混凝土桥、石桥、木桥等。混凝土桥又分为钢筋混凝土桥、预应力混凝土桥、部分预应力混凝土桥。工程上把混凝土桥和砖石桥称为圬工桥。木材易腐，而且资源有限，因此，除了少数临时性的桥梁外，一般不采用。

4. 桥梁按平面布置分类

有正桥、斜桥、弯桥、坡桥和匝道桥等。正桥是指桥梁所在的线路与所跨河流或线路正交的情况，绝大多数桥梁都做成正桥。当桥梁与所跨河流或线路斜交时，桥梁在平面上设计成平行四边形，称为斜桥；曲线线路上通常把桥梁设计成与线路一致的弯桥。斜桥和弯桥的设计与施工都比较麻烦，其好处是给线路设计带来较多的方便和自由。城市立交桥常设坡度很大的坡桥和匝道桥，使高处的主车道与地处的另一线路在占地不多的情况下迅速相连，所谓匝道桥就是呈螺旋状下降的空间曲线桥。

6.1.2 桥梁的主要尺寸和术语名称

（1）标准跨径。对于梁式桥或板式桥是指两相邻桥墩中线之间的距离，或桥墩中心线至桥台台背前缘之间的距离；对于拱桥，则是指净跨径。

（2）净跨径。对于梁式桥是指设计洪水位上相邻两个桥墩（桥台）之间的净距，用 l_0 表示。对于拱式桥是每孔拱跨两个拱脚截面最低点之间的水平距离。

（3）总跨径。在单孔桥中即为桥梁的净跨径，在多孔桥中是指多孔桥梁中各孔净跨径的总和，以 Σl_0 表示。它反映了桥下宣泄洪水的能力。

（4）计算跨径。对于有支座的桥梁，是指桥跨结构相邻两个支座中心之间的水平距离，以 l 表示。对于图 6-7 所示的拱式桥，是两相邻拱脚截面形心点之间的水平距离。桥跨结构的力学计算式以计算跨径 l 为基准。

（5）桥梁全长。简称桥长，是桥梁两端两个桥台的侧墙或八字墙后端点之间的距离，以 L 表示。

（6）桥梁高度。简称桥高，是指桥面与低水位之间的高差，以 H_1 表示。桥高在某种程度上反映了桥梁施工的难易性。

（7）桥下净空高度。简称净高，是设计通水位至桥跨结构最下缘之间的距离，以 H 表示。它应能保证安全排洪，并不得小于对该河流通航水位所规定的净空高度。

（8）建筑高度，是桥上行车路面标高至桥跨结构最下缘之间的距离，以 h_0 表示。它不仅与桥跨结构的体系和跨径大小有关，而且还随行车部分在桥上布置的高度位置而异。显然，桥梁的建筑高度不得大于其容许建筑高度，否则就不能保证桥下的通航要求。

（9）净矢高。对于拱式桥，是从拱顶截面下缘至相邻两拱脚截面下缘最低点连线的垂直距离，以 f_0 表示（如图 6-7）。

（10）计算矢高。是从拱顶截面形心至相邻两拱脚截面形心连线的垂直距离，以 f 表示（如图 6-7）。

（11）矢跨比。是拱桥中拱圈的计算矢高 f 与计算跨径 l 之比，以 f/l 表示，也称拱矢度，它是反映拱桥受力特性的一个重要指标。

（12）水位。河流中的水位是变动的，在枯水季节的水位称为低水位或枯水位，洪峰季节河流中的最高水位称为高水位；桥梁结构中按规定的设计洪水频率计算所得的高水位称为设计洪水位；在通航河流，满足正常通航净空要求的最高水位称为设计通航水位。

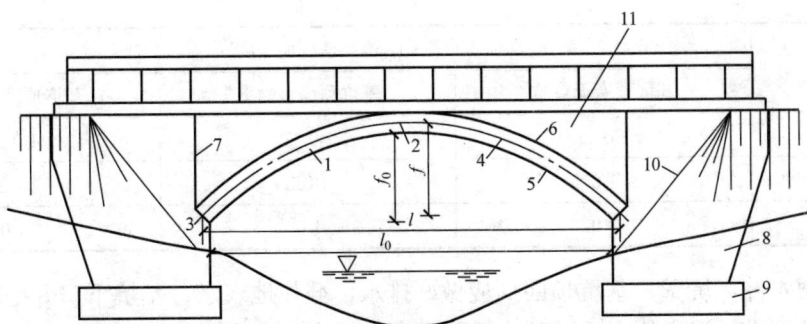

图 6-7 拱式桥的基本组成

1—主拱圈；2—拱顶；3—拱脚；4—拱轴线；5—拱腹；6—拱背；

7—伸缩缝；8—桥台；9—基础；10—锥坡；11—拱上建筑

（13）标高。桥梁沿高度方向的结构位置，用国家标准水准高程表示，主要的控制部位有基底、地面、襟边、墩（台）顶、桥面等处。

（14）桥梁荷载。桥梁结构设计所应考虑的各种可能出现的荷载的统称，包括恒载、活载和其他荷载。

1）恒载。包括桥梁各部分的自重、预加应力、混凝土的收缩和徐变的影响、土因自重产生的竖向和水平压力、静水压力、浮力等。

2）活载。包括车辆荷载及其所引起的冲击力、离心力、制动力或牵引力，人群荷载等。

3）其他荷载。包括风荷载、地震荷载，此外，尚有流水压力、冰压力、船只、排筏或漂流物的撞击力以及视具体情况而定的施工阶段出现的临时荷载等。

6.2 桥梁工程施工技术

6.2.1 桥梁基础施工技术

一、明挖扩大基础

对刚性扩大基础的施工，一般均采用明挖，根据开挖深度、边坡土质、渗水情况及施工场地，其开挖方式和施工方法可以有多种选择。

（1）测量放线。用经纬仪测出墩、台基础纵、横中心线，放出上口开挖边线桩，边坡的放坡率可参照表 6-2。

表 6-2 基坑坑壁坡度表

坑壁土质	坑壁坡度		
	基坑顶缘无载重	基坑顶缘有静重	基坑顶缘有动重
砂类土	1:1	1:1.25	1:1.5
碎石、卵石类土	1:0.75	1:1	1:1.25
亚黏土	1:0.67	1:0.75	1:1
亚黏土、黏土	1:0.33	1:0.5	1:0.75

续表

坑壁土质	坑 壁 坡 度		
	基坑顶缘无载重	基坑顶缘有静重	基坑顶缘有动重
极软岩	1:0.25	1:0.33	1:0.67
软质岩	1:0	1:0.1	1:0.25
硬质岩	1:0	1:0	1:0

为避免雨水冲坏坑壁，基坑顶四周应做好排水，截住地表水，基坑下口开挖的大小应满足基础施工的要求，渗水的土质，基底平面尺寸可适当加宽 50～100cm，便于设置排水沟和安装模板，其他情况可放小加宽尺寸。

（2）开挖作业方式以机械作业为主，采用反铲挖掘机配自卸汽车运输作业辅以人工清槽。单斗挖掘机（反铲）斗容量根据上方量和运输车辆的配置可选择 0.4～0.1m^3，控制深度 4～6m。挖基土应外运或远离基坑边缘卸土，以免塌方和影响施工。

（3）基坑开挖前，依据设计图提供的勘探资料，先估算渗水量，选择施工方法和排水设备，采用集水坑排水方法施工时按集水坑底应比基坑底面标高低 50～100cm，以降低地下水位保持基底无水，抽水设备可采用电动或内燃的离心式水泵或潜水泵，采用人工降低地下水位。

（4）基坑开挖应连续施工，避免晾槽，一次开挖距基坑底面以上要预留 20～30cm，待验槽前人工一次清除至标高，以保证基坑顶面坚实。

（5）坑壁的支撑。坑壁的支撑方式可选以下几种。

1）挡板支撑。适用于基坑断面尺寸较小，可以边挖边支撑的情况，挡板可竖或横立，板厚 5～6cm，加方木带，板的支撑用钢、木均可。

2）喷射混凝土护壁是一种常用的边坡支护方法，在人工修整过的边坡上采用混凝土喷射机喷射混凝土，厚度一般为 5～10cm（或特殊设计），喷射法随着基坑向下开挖 1.0～2.0m，即开始喷射混凝土护壁，以后挖一节喷一节直到基底。

3）围堰。在有地表水的地段，开挖基坑应设置围堰，根据施工的不同环境，水文情况，围堰可以采用土围堰、草（麻）袋围堰、木板或钢板桩围堰等多种形式，施工时应注重充分利用当地材料和现有设备，尽可能缩短工期，提高工效，保证安全。要求堰顶面至少高出施工期最高水位 0.5～1.0m，围堰应尽量减少压缩河床断面，要满足强度和稳定的要求。

二、桥梁打桩工程施工

当地基浅层土质较差，持力土层埋藏较深，需要采用深基础才能满足结构物对地基强度、变形和稳定性要求时，可用桩基础。桩基础是常用的桥梁基础类型之一，基桩按材料分类有木桩、钢筋混凝土桩、预应力混凝土桩与钢桩。打桩工程的包括如下施工程序。

（1）整理场地。打桩机进场，因多数桩基需要在工地进行拼装，为保证桩机拼装就位，施工前应清理场地，修建临时便道。

（2）测量放线。沉入桩施工由于桩径较细，每一基础内桩的根数较多，现场施工用经纬仪放出墩（台）基础纵横轴线，并拉线，根据轴线位置放出桩位桩，并经复核、确认。施工中注意看管，及时复位。

（3）开挖排水沟，保证桩基施工时，基础内有良好的排水措施。

（4）桩锤的选择。沉入桩施工时，应适当选择桩锤重量，桩锤过轻，桩难以打下，效率低，还可能打坏桩头，所以常拟选重锤轻击，但桩锤过重，则动力、机具都加大，不经济。

（5）打桩工作。

1）桩的吊运，由于预制钢筋混凝土桩主筋都是沿桩长均匀分布的，所以吊运时吊点位置处正负弯矩应相等，一般桩在吊运时选择两个吊点，桩长 L，吊点距离每端应为 $0.207L$，接桩时单点起吊–M=+M 时，吊点设在 $0.293L$ 处。

2）打桩的顺序应由基础的一端向另一端进行。当桩基础平面尺寸很大时，也可由中间向两端进行。

3）在打桩前应检查锤的重心与桩的中心是否一致，桩位是否正确，桩顶应采用桩帽，桩垫保护，以免打裂。

4）桩在起吊前，自桩尖向上应画尺寸线，画线的等分应满足打桩记录的要求。

5）桩开始击打时，应轻击慢打，随着桩的沉入，逐渐增大锤击的冲击能量。

6）随着桩入土深度的增加，贯入度会随之减少，因此在沉桩时，必须有专人做好打桩记录（按规定的格式）。依据用动力公式计算出的下沉量/击次，决定桩是否达到设计荷载力的要求。遇有不正常情况时，如桩身倾斜，突然下沉，桩顶破碎或桩身开裂，锤回弹严重应停打，探明原因再行施工。沉完一根桩后，应立即进行检查，确认桩身无问题再移动桩架。

7）在浮船上进行水下打（沉）桩时，浮船要锚固牢靠，水面波浪超过二级时，停止沉桩。

8）管桩填充前，应用吸泥机将桩内泥浆吸除干净，用水泵将桩内水排出，然后按设计要求填充。

9）加桩。如发现断桩等质量问题，确认此桩质量不合格，经监理工程师同意，可在邻近的位置上加桩，加桩按正常桩一样施工，并做好加桩记录。

10）复打。是沉桩工作完成后，经过一段时间有选择地进行复打，以检验沉桩是否真正满足了设计贯入度，复打的具体要求依标书的技术条款规定为准。

11）接桩。就地接桩宜在下截桩头露出地面（或水面）1m 以上进行，接桩时上、下两根桩应同一轴心，接触面应平齐，连接应牢固。

12）送桩。在打桩时，由于打桩架底盘离地面有一定距离，不能将桩打入地面以下设计位置，而需要用打桩机和送桩机将预制桩共同送入土中，这一过程称为送桩。

13）沉好的基桩，验收前不得截桩头，验收后的桩头可用小锤开槽，扩大加深将桩头截断或用破碎机切割。

三、钻孔灌注桩基础施工

钻孔灌注桩是指采用不同的钻孔方法，在土中形成一定直径和深度的井孔，达到设计标高后，将钢筋骨架（笼）吊入井孔中，灌注混凝土形成桩基础。

（1）准备场地、测量放线。施工前应进行场地平整，清除杂物，钻机位置处平整夯实，准备场地，同时对施工用水、泥浆池位置，动力供应，砂石料场，拌和机位置，钢筋加工场地，施工便道，做统一的安排。测量放线，根据设计图纸用经纬仪（或全站仪）现场进行桩位精确放样，在桩中心位置钉以木桩，并设护桩，放线后由主管技术人员进行复核，施工中护桩要妥善看管，不得移位和丢失。

（2）埋设护筒。护筒因考虑多次周转，采用 3~10mm 钢板制成，护筒内径，使用旋转钻机时比桩径大 10~20cm，使用冲击钻时比桩径大 20~30cm，埋置护筒要考虑桩位的地质和水文情况，为保持水头护筒要高出施工水位（或地下水位）1.5m，无水地层护筒宜高出地面0.3～0.5m，为避免护筒底悬空，造成塌孔、漏水、漏浆，护筒底应坐在天然的结实的土层上（或夯实的黏土层上），护筒四周应回填黏土并夯实，护筒平面位置的偏差应不超5cm。护筒埋置深度：在无水地区一般为1～2倍的护筒直径，在有水地区一般为入土深度与水深的0.8～1.1倍（无冲刷之前）。

（3）选择钻孔机械。

1）正循环钻机。黏性土、砂类土：砾、卵石粒径小于2cm，钻孔直径80～250cm，孔深30～100m。

2）反循环钻机。黏性土、砂类土、卵石粒径小于钻杆内径2/3，钻孔直径80～250cm，孔深泵吸小于40m，气举小于100m。

3）正循环潜水钻机。淤泥、黏性土、砂类土、砾卵石粒径小于10cm，钻孔直径60～150cm，孔深小于50m。

4）全套管冲抓和冲击钻机。适用于各类土层，孔径80～150cm，孔深30～40m。

在钻孔过程中，钻机（架）必须保持平稳，不能发生位移和沉陷，因此钻机安装就位时，底座应用枕木垫实塞紧，顶端用风绳固定平稳。

（4）制备泥浆应选用塑性指数IP＞10的黏性土或膨润土，对不同上层泥浆比重可按下列数据选用。

1）黏性土和亚黏土可以就地造浆，泥浆比重1.1～1.2。

2）粉土和砂土应制备泥浆，泥浆比重1.5～1.25。

3）砂卵石和流砂层应制备泥浆，泥浆比重1.3～1.5。

（5）钻孔灌注桩施工。

1）将钻机调平对准钻孔，把钻头吊起徐徐放入护筒内，对正桩位，启动泥浆泵和转盘，等泥浆输到孔内一定数量后，方可开始钻孔。具有导向装置的钻机开钻时，应慢速推进，待导向部位全部钻进土层后，方可全速钻进。

正循环钻机开孔时，应先启动泥浆泵和转盘，待泥浆进入孔内一定数量后，方可开始钻进。

用泵吸式反循环钻进时，钻头应距孔底20～30cm，防止堵塞吸渣口，在接长钻杆时，应注意接头紧密，防止漏气、漏水和钻杆松脱。

用气举式反循环钻开孔时，钻杆必须在钻孔内埋入水中约6m，才能扬水排渣。反循环钻进时，必须注意连续补充泥浆，维持护筒内应有的水头，避免坍塌。

2）钻孔应连续进行，不得间断，视土质及钻进部位调整钻进速度。开始钻进及护筒刃脚部位或砂层、卵砾石层中时，应低档慢速钻进。钻进过程中，要确保泥浆水头高度高出孔外水位0.5m以上，泥浆如有损失、漏失，应及时补充，并采取堵漏措施。钻进过程中，每进2～3m应检查孔径、竖直度，在泥浆池捞取钻渣，以便和设计地质资料核对。

3）钻进时，为减少扩孔、弯孔和斜孔，应采用减压法钻进，使钻杆维持垂直状态，使钻头平稳回转。

4）终孔检查合格后，应迅速清孔，清孔方法有抽浆法（适用于孔壁不易坍塌的柱桩和摩擦桩）、换浆法（用于正循环钻机）、淘渣法（适用于冲抓、冲击、成孔，掏渣后的泥浆比重应小于1.3）。清孔时必须保证孔内水头，提管时避免碰孔壁。清孔后的泥浆性能指标，沉渣厚度应符合规范要求。不论采用何种方法清孔排渣，都必须注意保持孔内水头，防止坍孔。

5）清孔后用检孔器测量孔径，检孔器的焊接可在工地进行，监理工程师检验合格后，即可进行钢筋笼的吊装工作。

6）钢筋笼骨架，焊接时注意焊条的使用一定要符合规范要求，骨架一般分段焊接，长度由起吊设备的高度控制，钢筋笼的接长，可采用搭接焊或套管冷挤压连接等方法，钢筋笼安放要牢固，以防在混凝土浇筑过程中钢筋笼浮起，钢筋笼周边要安放圆的混凝土保护层垫块。

7）水下混凝土采用导管法进行灌注，导管内径一般为 25～35cm，导管使用前要进行闭水试验（水密、承压、接头抗拉），合格的导管才能使用，导管应居中稳步沉放，不能接触到钢筋笼，以免导管在提升中将钢筋笼提起，导管可吊挂在钻机顶部滑轮上或用卡具吊在孔口上，导管底部距桩底的距离应符合规范要求，一般 0.25～0.4m，导管顶部的贮料斗内混凝土量，必须满足首次灌注剪球后导管端能埋入混凝土中 0.8～1.2m，施工前要仔细计算贮料斗容积，剪球后向导管内倾倒混凝土宜徐徐进行防止产生高压气囊。施工中导管内应始终充满混凝土。随着混凝土的不断浇入，及时测量混凝土顶面高度和埋管深度，及时提拔拆除导管，使导管埋入混凝土中的深度保持在 2～6m。混凝土面检测锤随孔深而定，一般不小于 4kg。

8）每根导管的水下混凝土浇筑工作，应在该导管首批混凝土初凝前完成，否则应掺入缓凝剂，推迟初凝时间。

9）混凝土的坍落度应满足设计要求，混凝土浇筑应连续进行，为保证桩的质量，应留比桩顶标高高出 0.5～1.0m 左右的桩头，处于干处的桩头，可在混凝土初凝后、终凝前清除。

10）技术人员应对钻孔灌注桩各项原始记录及时进行整理签认。

（6）环保措施。为保护施工范围内的环境卫生、农田，钻孔桩废弃的泥浆应在施工完成后，用汽车或罐车将泥浆池（槽）中的泥浆清运到指定的排放地点。

6.2.2　承台施工技术

承台指的是为承受、分布由墩身传递的荷载，在基桩顶部设置的联结各桩顶的钢筋混凝土平台。承台是桩与柱或墩联系部分，承台把几根，甚至十几根桩联系在一起形成桩基础。承台分为高桩承台和低桩承台：低桩承台一般埋在土中或部分埋进土中，高桩承台一般露出地面或水面。高桩承台由于具有一段自由长度，其周围无支撑体共同承受水平外力。基桩的受力情况极为不利。桩身内力和位移都比同样水平外力作用下低桩承台要大，其稳定性因为比低桩承台差。高桩承台一般用于港口、码头、海洋工程及桥梁工程。低桩承台一般用于工业与民用房屋建筑物。桩头一般伸入承台 0.1m，并有钢筋锚入承台。承台上再建柱或墩，形成完整的传力体系。

一、围堰及开挖方式的选择

（1）当承台位置处于干处时，一般直接采用明挖基坑，并根据基坑状况采取一定措施后，在其上安装模板，浇筑承台混凝土。

（2）当承台位置位于水中时，一般先设围堰（钢板桩围堰或吊箱围堰），将群桩围在堰内，然后在堰内河底灌注水下混凝土封底，凝结后，将水抽干，使各桩处于干地，再安装承台模板，在干处灌筑承台混凝土。

（3）对于承台底标高位于河床以上的水中，采用有底吊箱或其他方法在水中将承台模板支撑和固定。如利用桩基，或临时支撑直接设置，承台模板安装完毕后抽水，堵漏，即可在干处灌筑承台混凝土。承台模板支承方式的选择应根据水深、承台的类型、现有的条件等因素综合考虑。

二、开挖基坑

（1）基坑开挖一般采用机械开挖，并辅以人工清底找平，基坑的开挖尺寸要求根据承台的尺寸，支模及操作的要求，设置排水沟及集水坑的需要等因素进行确定。

（2）基坑的开挖坡度以保证边坡的稳定为原则，根据地质条件，开挖深度，现场的具体情况确定，当基坑壁坡不易稳定或放坡开挖受场地限制，或放坡开挖工作量大不经济时，可按具体情况采取加固坑壁措施，如挡板支撑、混凝土护壁、钢板桩、锚杆支护，地下连续壁等。

（3）基坑顶面应设置防止地面水流入基坑的措施，如截水沟等。

（4）当基坑地下水采用普遍排水方法难以解决，可采用井点法降水，井点类型根据其土层的渗透系数，降水的深度及工程的特点进行确定。

三、承台底的处理

（1）低桩承台。当承台底层土质有足够的承载力，又无地下水或能排干时，可按天然地基上修筑基础的施工方法进行施工。当承台底层土质为松软土，且能排干水施工时，可挖除松软土，换填 10～30cm 厚砂砾土垫层，使其符合基底的设计标高并整平，即立模灌筑承台混凝土。如不能排干水时，用静水挖泥方法换填水稳性材料，立模灌筑水下混凝土封底后，再抽干水灌筑承台混凝土。

（2）高桩承台。当承台底以下河床为松软土时，可在板桩围堰内填入砂砾至承台底面标高。填砂时视情况决定，可抽干水填入或静水填入，要求能承受灌注封底混凝土的重量。当底层土承载力小于 $0.15H\text{kg/cm}^2$ [H 为水中封底混凝土厚度（m）]，而围堰内水不易排干，填砂砾尚不能支承封底混凝土的重时，则应考虑提请监理和设计单位进行变更设计或降低承台到能承受封底混凝土重量的土层上，或提高承台采用吊箱围堰施工。

四、模板及钢筋

在设置模板前应按前述做好承台底的处理，破除桩头，调整桩顶钢筋，做好喇叭口。模板一般采用组合钢模，纵、横椤木采用型钢，在施工前必须进行详细的模板设计，以保证使模板有足够的强度、刚度和稳定性，能可靠地承受施工过程中可能产生的各项荷载，保证结构各部形状、尺寸的准确。模板要求平整，接缝严密，拆装容易，操作方便。一般先拼成若干大块，再由吊车或浮吊（水中）安装就位，支撑牢固。钢筋的制作严格按技术规范及设计图纸的要求进行，墩身的预埋钢筋位置要准确、牢固。

五、混凝土的浇筑

（1）混凝土的配制要满足技术规范及设计图纸的要求外，还要满足施工的要求。如泵送对坍落度的要求。为改善混凝土的性能，根据具体情况掺加合适的混凝土外加剂。如减少剂、缓凝剂、防冻剂等。

（2）混凝土的拌和采用拌和站集中拌和，混凝土罐车通过便桥或船只运输到浇筑位置。采用流槽、漏斗或泵车浇筑，也可由混凝土地泵直接在岸上泵入。

（3）混凝土浇筑时要分层，分层厚度要根据振捣器的功率确定，要满足技术规范的要求。

（4）大体积混凝土的浇筑：随着桥梁跨度越来越大，承台的体积变得很大。越来越多的承台混凝土的施工必须按照大体积混凝土的方法进行。大体积混凝土的施工除遵照一般混凝土的要求外，施工时还应注意以下几点：

1）水泥。选用水化热低，初凝时间长的矿清水泥，并控制水泥用量，一般控制在 300kg/m³ 以下。

2）砂、石。砂选用中、粗砂，石子选用 0.5～3.2cm 的碎石和卵石。夏季砂、石料堆可设简易遮阳棚，必要时可向骨料喷水降温。

3）外加剂。可选用复合型外加剂和粉煤灰以减少绝对用水量和水泥用量，延缓凝结时间。

4）按设计要求敷设冷却水管，冷却水管应固定好。

5）如承台厚度较厚，一次浇筑混凝土方量过大时，在设计单位和监理同意后可分层浇筑，以通过增加表面系数，利于混凝土的内部散热。分层厚度以 1.5m 左右为宜，层间间隔时间 5～14d，上层浇筑前，应清除下层水泥薄膜和松动石子以及软弱混凝土面层，并进行湿润，清洗。

六、混凝土养生和拆模

混凝土浇筑后要适时进行养生，尤其是体积较大，气温较高时要尤其注意，防止混凝土开裂。混凝土强度达到拆模要求后再进行拆模。

6.2.3 桥梁墩、台施工技术

桥梁墩、台施工是建造桥梁墩、台的各项工作的总称。其主要工作有：墩、台定位，放样，基础施工，在基础襟边上立模板和支架，浇筑墩、台身混凝土或砌石，绑扎顶帽钢筋，浇顶帽混凝土并预留支座锚栓孔等。

桥梁墩、台施工方法通常分为两大类：一类是现场就地浇筑与砌筑；一类是拼装预制的混凝土砌块、钢筋混凝土或预应力混凝土构件。前者工序简便，机具较少，技术操作难度较小，但是施工期限较长，需消耗较多的劳力和物力。后者的特点是可确保施工质量、减轻工人劳动的强度，又可加快工程进度，提高经济效益，对施工场地狭窄，尤其是缺少砂石地区或干旱缺水地区建造桥墩、台有着更重要的意义。

一、砌筑墩、台

石砌墩、台是用片石、块石及粗料石以水泥砂浆砌筑的，具有就地取材和经久耐用等优点，在石料丰富地区建造墩台时，在施工期间允许的条件下，为节约水泥，应优先考虑石砌墩、台方案。砌筑质量应符合以下规定。

（1）砌体所用各项材料类别、规格及质量符合要求；

（2）砌缝砂浆或小石子混凝土铺填饱满、强度符合要求；

（3）砌缝宽度、错缝距离符合规定，勾缝坚固、整齐，深度和形式符合要求；

（4）砌筑方法正确；

（5）砌体位置、尺寸不超过允许偏差。

二、装配式墩（柱式墩、后张法预应力墩）

装配式墩台施工适用于山谷架桥、跨越平缓无漂流物的河沟、河滩等的桥梁，特别是在工地干扰多、施工场地狭窄，缺水与沙石供应困难地区，其效果更为显著。其优点是：结构形式轻便，建桥速度快，坞工省，预制构件质量有保证等。

装配式墩有柱式墩、后张法预应力墩两种形式。

（1）装配式柱式墩。将桥墩分解成若干轻型部件，在工厂或工地集中预制，再运送到现场装配成桥梁。

（2）后张法预应力墩。分为基础、实体墩身和装配墩身三大部分。装配墩身由基本构件、隔板、顶板及顶帽四种不同形状的构件组成，用高强钢丝穿入预留的上下贯通的孔道内，张拉锚固而成。

三、现场浇筑墩台（V 形墩等）

主要有两个工序：一是制作与安装墩台模板；二是混凝土浇筑。

（1）模板。常用的模板类型有：拼装式模板，整体吊装模板，组合型钢模板，滑动钢模板。

模板安装前应对模板尺寸进行检查；安装时要坚实牢固，以免振捣混凝土时引起跑模漏浆；安装位置要符合结构设计要求。

（2）混凝土浇筑。墩、台身混凝土施工前，应将基础顶面冲洗干净，凿除表面浮浆，整修连接钢筋。灌注混凝土时，应经常检查模板、钢筋及预埋件的位置和保护层的尺寸，确保位置正确，不发生变形。混凝土施工中，应切实保证混凝土的配合比、水灰比和坍落度等技术性能指标满足规范要求。

6.2.4 桥梁上部结构施工技术

桥梁上部结构的施工方法总体上分为现场（就地）浇筑法和预制安装法。

一、就地浇筑法

就地浇筑法是在桥位处搭设支架，在支架上浇筑桥体混凝土，达到强度后拆除模板、支架。

就地浇筑法无需预制场地，而且不需要大型起吊、运输设备，梁体的主筋可不中断，桥梁整体性好。它的主要缺点是工期长，施工质量不容易控制；对预应力混凝土梁由于混凝土的收缩、徐变引起的应力损失比较大；施工中的支架、模板耗用量大，施工费用高；搭设支架影响排洪、通航，施工期间可能受到洪水和漂流物的威胁。

二、预制安装法

在预制工厂或在运输方便的桥址附近设置预制场进行梁的预制工作，然后采用一定的架设方法进行安装。预制安装法施工一般是指钢筋混凝土或预应力混凝土简支梁的预制安装，分预制、运输和安装三部分。

预制安装施工法的主要特点如下。

（1）由于是工厂生产制作，构件质量好，有利于确保构件的质量和尺寸精度，并尽可能多地采用机械化施工。

（2）上、下部结构可以平行作业，因而可缩短现场工期。

（3）能有效的利用劳动力，并由此而降低了工程造价。

（4）由于施工速度快，可适用于紧急施工工程。

（5）将构件预制后由于要存放一段时间，因此在安装时已有一定龄期，可减少混凝土收缩、徐变引起的变形。

6.2.5 桥面系以及附属工程施工技术

一、桥梁支座安装

1. 安装前的准备工作

（1）安装前对支座进行检查、验收，所有的橡胶支座必须有产品合格证书。

（2）垫石混凝土的强度应符合设计要求，检查支座垫石顶面标高，要求准确一致。尤其是一片梁一端安置两个支座时，此两个支承垫石顶面标高的水平误差要严格控制，相对误差不得超过 3mm。标高及平整度不符合设计要求的，可用环氧树脂砂浆抹平。

2. 支座安装

（1）连续湿接头处橡胶支座的安装。

1）先将墩台垫石顶面的浮砂除去，墩台表面应清洁、平整、无油污。

2）在支承垫石上按设计图纸标出支座位置中心线，同时在橡胶支座上也标出十字交叉中心线，将橡胶支座安放在垫石上，使支座中心线同墩台上的设计中心线重合，支座就位准确。

3）在浇筑混凝土前，在橡胶支座位置上需加设一块比支座平面稍大的支承钢板，钢板上焊接锚固钢筋与梁体连接。将支承钢板视作现浇梁体底面模板的一部分。

（2）连续湿接头处四氟滑板支座的安装。安装方法与板式橡胶支座基本相同，应注意以下几点。

1）支座应按设计支承中心准确就位，梁底钢板下钢板顶面尽可能保持平行平整，与支座上下面全部密贴。同一片梁的各个支座应置于同一个平面上，避免支座出现偏心受压、不均匀支承及个别脱空现象。

2）支座安装后，发现问题及时调整，调整时，可在支座底面与支承垫石（或下钢板）间涂一层环氧树脂砂浆来调节。

3）支座四氟板的储油凹坑内，安装时应充满不会挥发的"295"硅脂作润滑剂，以降低摩擦系数。

4）与四氟板面接触的不锈钢板面不允许有损伤、拉毛现象。

5）支座与不锈钢板的相对位置要视安装时的温度而定，不锈钢板有足够的长度，则安装时将支座与钢板的中心对齐即可。

（3）端梁端头四氟滑板支座的安装。

1）先将支承垫石顶面浮砂除去，墩台表面应清洁、平整、无油污。

2）预制梁与支座接触的底平面应保证水平与平整，若有蜂窝状或倾斜度应先处理好。

3）先在支承垫石上按设计图纸标出支座位置中心线，同时按橡胶支座上也标上十字交叉中心线。将支座安放在垫石上，使支座中心线同支座垫石上的支座位置中心线重合，使支座准确就位。架设梁体、落梁时，预制梁的纵向轴线应同支座中心线相重合。为使落梁准确，在架第一孔梁时，可在梁底画好两个支座的十字位置中心线，在梁的端面标出两个支座位置中心铅直线，落梁时同墩台上的位置中心线相吻合。多跨梁可依第一跨梁为基准落梁。

4）架梁、落梁时操作应平稳，为防止梁与支座发生横向滑移，宜用木制三角块在梁两侧加以定位，落梁工作全部完成后拆除。

5）一般情况下，四氟滑板支座安装落梁后，其顶面应保持水平。

6）支座安装时的调整：调整方法一般可用千斤顶顶起梁端，在支座上下表面涂抹一层环氧树脂砂浆。再次落梁，使支座上、下表面相互平行且同梁底、墩台顶面全部密贴，同时使一片梁梁端的支座处在同一平面内。梁的纵向倾斜度应加以控制，以支座不产生明显初始剪切变形为佳。

支座安装的关键是：尽量保证梁底与垫石顶面平行、平整，使其与支座上、下面全部密贴。

二、桥涵锥坡施工

1. 测量放样

根据桥台施工设计图，结合台背回填高度放出锥坡的轴线控制桩，放样点设带钉木桩，拉线确定锥坡坡度，碎石垫层厚度、片石砌筑厚度和基础开挖深度、尺寸，并用白灰线洒出开挖轮廓线。拉线放样时，坡顶宜预先放高 2～3cm，以消除后期锥体沉降对坡度的影响。

2. 坡面修整

按照设计边坡标准线进行刷坡,锥体边坡主要采用挖掘机进行刷坡,刷坡时预留 20cm 采用人工进行。边坡修整时用坡度尺拉线修整,修整后的边坡坡度不得大于设计值,同时,将坡脚地面整平。刷坡时防止出现较大超欠挖,超挖部分要夯填密实,欠挖部分清挖至设计断面。

3. 基坑开挖

开挖前基础轴线控制桩应延长至基坑外用木桩加以固定,以便于基坑开挖完后能及时恢复垂裙线。然后根据测量放样的尺寸开挖基础,采用人工配合小型挖掘机进行开挖,基底预留 20cm 左右,采用人工按基础设计尺寸拉线进行开挖并修整,基底浮土全部清理干净,同时保证原土不受扰动。

4. 碎石垫层

待基础砌筑完成后铺筑碎石垫层,碎石垫层厚 10cm。垫层分两次铺筑,第一次铺至平台(包括平台),待平台及平台以下施工完毕后方可铺筑平台以上坡段至锥顶底部。

5. 浆砌片石砌体砌筑

砌筑前先按设计图纸尺寸要求挂线,然后洒水湿润片石,表面如有泥土、水锈应清洗干净。

砂浆采用搅拌机搅拌,严禁人工拌制,拌和时间控制在 3～5min,严格按照配合比进行配置,随拌随用,每桶砂浆控制在 2～4h 内用完,已凝结的砂浆不得再使用。

浆砌片石采用挤浆法分层、分段砌筑,分段位置宜设在沉降缝或伸缩缝处。各砌层应先砌外圈定位砌块,并与里层片石交错连成一体,定位砌块宜选用表面较平整且尺寸较大的石料,定位砌缝应铺满砂浆,不得镶嵌小石块。定位砌块表面砌缝的宽度不得大于 4cm,砌体表面与三块相邻石料相切的内切圆直径不得大于 7cm,两层间的错缝不得小于 8cm,每砌筑 120cm 高度以内应找平一次。

定位砌块砌完后,应先在圈内底部铺一层砂浆,其厚度应使石料在挤压安砌时能紧密连接,且砌缝砂浆密实、饱满。镶面石砌筑宜用一顺一丁或两顺一丁方式砌筑,砌缝宽度不得大于 3cm,采用水平分层砌筑。每层中相邻石块间的砌缝应竖直,每层高度宜固定不变,也可向上逐层递减。相邻层中垂直砌缝相错不得小于 10cm,在丁石的上层或下层,均不得有垂直砌缝。当错缝确有困难时,丁石顶面或底面一侧的错缝可稍小,但不得小于 4cm。

6. 勾缝养护

在砌体砌筑时应留出 2cm 深的空缝,勾缝采用凹缝形式,勾缝所用的砂浆强度不得小于砌体所用的砂浆强度。封面高度比砌体略低,勾缝砂浆面应平整、光滑,勾缝后砌石轮廓不能被掩盖,砌缝的准确位置和宽度应清晰可见。

勾缝完毕后应及时覆盖土工布或湿草帘,四周固定在牢固的物体上以免被风刮走,并经常洒水保持湿润,常温下养护期不得少于 7d。养护期间避免外力碰撞、振动或承重。

6.3 桥涵工程定额说明和工程量计算规则

6.3.1 册说明

(1)第三册《桥涵工程》(以下简称本册定额),包括桩基、基坑与边坡支护、现浇混凝土构件、预制混凝土构件、砌筑、立交箱涵、钢结构和其他,共八章。

（2）本册定额适用。

1）城镇范围内的桥梁工程。

2）单跨 5m 以内的各种板涵、拱涵工程（圆管涵执行第四册《市政管网工程》一相关项目,其中管道铺设及基础项目人工、机械费乘以系数 1.25）。

3）穿越城市道路及铁路的立交箱涵工程。

（3）本册定额编制依据。

1）《市政工程工程量计算规范》GB 50857—2013;

2）《全国统一市政工程消耗量定额》ZYA1-31—2015;

3）《城市轨道交通工程预算定额》GCG103—2008;

4）《公路工程预算定额》JTG/TB06-02—2007;

5）现行的市政工程设计、施工验收规范、安全操作规程、质量评定标准等;

6）现行的市政工程标准图集和具有代表性工程的设计图纸。

（4）本册定额预制混凝土构件中预制均为现场预制,不适用于商品构配件厂所生产的构配件,采用商品构配件编制造价时,按构配件到达工地的价格计算。

（5）本册定额中混凝土均采用预拌混凝土,定额中未考虑混凝土输送,发生时执行第三章"现浇混凝土构件"中混凝土输送相关项目。

（6）本册定额中提升高度按原地面标高至梁底标高 8m 为界,若超过 8m 时,超过部分可另行计算超高费。

1）现浇混凝土项目按提升高度不同将全桥划分为若干段,以超高段承台顶面以上混凝土（不含泵送混凝土）、模板的工程量,按表 6-3 调整相应定额中人工、起重机械台班的消耗量分段计算。

2）陆上安装梁按表 6-3 调整相应定额中的人工及起重机械台班的消耗量分段计算。

表 6-3　　　　现浇混凝土、陆上安装梁的人工及起重机械消耗量调整表

项　目	现浇混凝土、陆上安装梁	
	人工	起重机械
提升高度 H（m）	消耗量系数	消耗量系数
$H \leq 15$	1.10	1.25
$H \leq 22$	1.25	1.60
$H > 22$	1.50	2.00

【例 6-1】 某桥梁工程,支架上现浇混凝土箱梁,混凝土提升的高度为 9m,试确定箱梁混凝土与混凝土模板其定额编号与基价。

解：（1）现浇混凝土箱梁混凝土。

定额编号：3-320

换后基价：830.30×1.1×（1+25%+20%）+3 318.79=4 643.12（元/10m³）

（2）现浇混凝土箱梁混凝土模板。

定额编号：3-321

换后基价：724.83×1.1×（1+25%+20%）+346.62+（0.698×22.47+0.170×1.25×740.46）= 1 675.76（元/10m²）

【例6-2】 某桥梁工程，陆上安装预制混凝土T梁，梁长18m，提升高度16m，确定其安装的定额编号与基价。

解：定额编号：3-372

换后基价：

132.35×1.25×（1+25%+20%）+（0.250×1.6×3 167.82）=1 507.01（元/10m³）

（7）本册定额河道水深取定为3m。

（8）本册定额中均未包括各类操作脚手架，发生时执行第一册《措施项目》相关项目。

（9）本册说明未尽事宜，详见各章节说明。

6.3.2 桩基

一、定额说明

（1）本章定额内容包括搭拆桩基础工作平台、组装拆卸柴油打桩机、钢筋混凝土方桩、钢筋混凝土管桩、钢管桩、埋设钢护筒、旋挖钻机钻孔、回旋钻机钻孔、冲击式钻机钻孔、卷扬机带冲抓锥冲孔、泥浆制作、灌注桩混凝土、人工挖孔桩、灌注桩后注浆、截桩头、声测管等项目。

（2）本章定额桩基工作平台适用于陆上、支架上打桩及钻孔灌注桩。

（3）本章项目不包括桩基施工中遇到障碍必须清除的工作，发生时另行计算。

（4）打桩工作平台根据相应的打桩项目打桩机的锤重进行选择。钻孔灌注桩工作平台按孔径ϕ≤1 000mm套用锤重小于或等于2 500kg打桩工作平台；ϕ>1 000mm套用锤重小于或等于5 000kg打桩工作平台。

（5）打桩土质类别综合取定。本章定额均为打直桩，打斜桩（包括俯打、仰打）斜率在1:6以内时，人工乘以系数1.33，机械乘以系数1.43。

（6）陆上、支架上打桩项目均未包括运桩。

（7）送桩定额按送4m为界，如实际超过4m时，按相应项目乘以下列调整系数：

1）送桩5m以内乘以系数1.2；

2）送桩6m以内乘以系数1.5；

3）送桩7m以内乘以系数2.0；

4）送桩7m以上，以调整后7m为基础，每超过1m递增系数0.75。

【例6-3】 某陆上送桩工程，桩截面为50cm×50cm，桩长10m，送桩的长度为6.6m，试确定其送桩的定额编号及基价。

解：定额编号：3-30

换后基价=5 469.37×2=10 938.74（元/10m³）

（8）打钢管桩项目不包括接桩费用，如发生接桩，按实际接头数量套用钢管桩接桩定额；打钢管桩送桩，按相应打桩项目调整计算：不计钢管桩主材，人工、机械数量乘以系数1.9。

（9）打桩机械场外运输费可另行计算。

（10）本章项目钻孔的土质分类按现行国家标准《岩土工程勘察规范》GB 50021—2001（2009年局部修订版）和《工程岩体分级标准》GB 50218—2014划分。

（11）成孔项目按孔径、深度和土质划分项目，若超过定额使用范围时，应另行计算。

（12）埋设钢护筒项目钢护筒按摊销量计算，若在深水作业或其他特殊情况，钢护筒无法拔出时，经建设单位签证后，可按钢护筒实际用量（或参考表 6-4）减去定额数量一次增列计算，但该部分不得计取除税金外的其他费用。

表 6-4　　　　　　　　　　　　　　单位长度护筒质量表

桩径（mm）	800	1 000	1 200	1 500	2 000
每米护筒质量（kg/m）	155.06	184.87	285.93	345.09	554.60

（13）灌注桩混凝土均按水下混凝土导管倾注考虑，采用非水下混凝土时混凝土材料可抽换。项目已包括设备（如导管等）摊销，混凝土用量中均已包括了充盈系数和材料损耗（见表 6-5）。

表 6-5　　　　　　　　　　　　灌注桩充盈系数和材料损耗率表

项目名称	充盈系数	损耗率（%）
回旋（旋挖）钻孔	1.20	1.00
冲击钻孔	1.25	1.00
冲抓钻孔	1.30	1.00

（14）本章项目未包括：钻机场外运输、泥浆池制作、泥浆处理及外运。其费用可另行计算。

二、定额工程量计算规则

（1）搭拆打桩工作平台面积计算如图 6-8 所示。

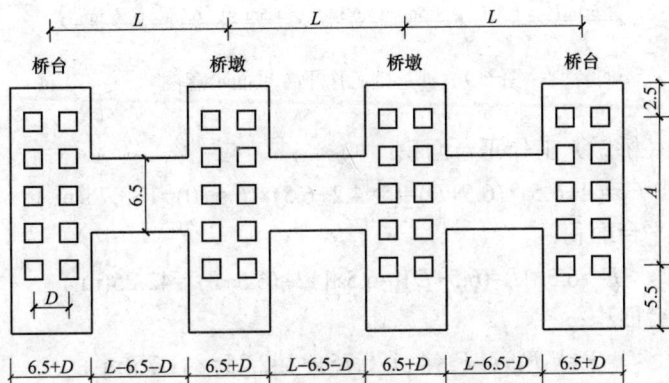

图 6-8　工作平台面积计算示意图（单位：m）

1）桥梁打桩：　　　　　　　　　　　$F=N_1F_1+N_2F_2$　　　　　　　　　　　（6.1）

每座桥台（桥墩）：　　　　$F_1=(5.5+A+2.5)\times(6.5+D)$　　　　　　（6.2）

每条通道：　　　　　　　　$F_2=6.5\times[L-(6.5+D)]$　　　　　　　　（6.3）

2）钻孔灌装柱：　　　　　　　　　　$F=N_1F_1+N_2F_2$　　　　　　　　　　　（6.4）

每座桥台（桥墩）：　　　　　$F_1=(A+6.5)\times(6.5+D)$　　　　　　　（6.5）

每条通道：　　　　　　　　$F_2=6.5\times[L-(6.5+D)]$　　　　　　　　（6.6）

式中　F ——工作平台总面积；

　　　F_1——每座桥台（桥墩）工作平台面积；

　　　F_2——桥台至桥墩间或桥墩至桥墩间通道工作平台面积；

　　　N_1——桥台和桥墩总数量；

　　　N_2——通道总数量；

　　　D——排桩之间的距离（m）；

　　　L——桥梁跨径或护岸第一根桩中心至最后一根桩中心之间的距离（m）；

　　　A——桥台（桥墩）每排桩的第一根桩中心至最后一根桩中心之间的距离（m）。

【例 6-4】 某 3—13m 预应力简支 T 梁桥，采用 $\phi150$cm 钻孔灌注基础，其工作平台平面示意图如图 6-9 所示，试计算其搭拆桩基础工作平台的工程量。

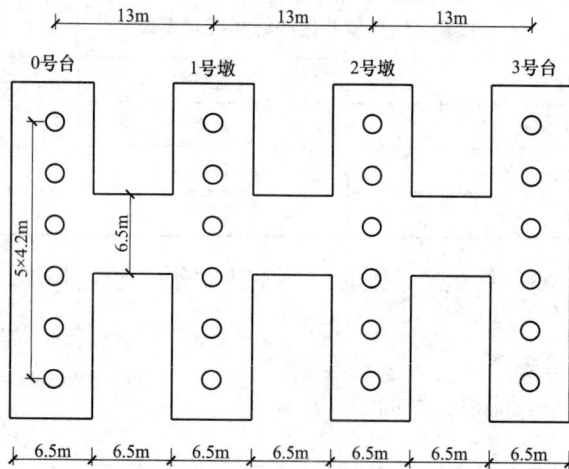

图 6-9　桩基础工作平台平面示意图

解： 每座桥台（桥墩）工作平台面积：

$$F_1=(A+6.5)\times(6.5+D)=(5\times4.2+6.5)\times(6.5+0)=178.75(\text{m}^2)$$

每条通道工作平台面积：

$$F_2=6.5\times[L-(6.5+D)]=6.5\times[13-(6.5+0)]=42.25(\text{m}^2)$$

桩基础工作平台面积：

$$F=N_1F_1+N_2F_2=4\times178.75+3\times42.25=841.75(\text{m}^2)$$

（2）打桩。

1）钢筋混凝土方桩按桩长度（包括桩尖长度）乘以桩截面面积计算。

2）钢筋混凝土管桩按桩长度（包括桩尖长度）乘以桩截面面积，空心部分体积不计。

3）钢管桩按成品桩考虑，以"t"计算。钢管桩的单位质量计算公式见表 3-26。

【例 6-5】 某打钢管桩工程，设计桩长 10m（设计桩顶至桩底标高），钢管桩直径 1.5m，壁厚 5cm，求打钢管桩的工程量。

解： $\omega=0.024\,6\times S\times(D-S)=0.024\,6\times50\times(1\,500-50)=1\,783.50(\text{kg/m})$

打钢管桩的工程量：$1\,783.50\times10\div1\,000=17.835(\text{t})$

（3）焊接桩型钢用量可按实调整。

（4）送桩。

1）陆上打桩时，以原地面平均标高增加 1m 为界，界线以下至设计桩顶标高之间的打桩实体积为送桩工程量；

2）支架上打桩时，以当地施工期间的最高潮水位增加 0.5m 为界线，界线以下至设计桩顶标高之间的打桩实体积为送桩工程量。

【例 6-6】 自然地坪标高 1m，桩顶面设计标高 0.3m，设计桩长 15m（包括桩尖）（图 6-10）。桥台基础共有 10 根 C30 预制钢筋混凝土方桩，采用焊接接桩，试计算陆上打桩、接桩与送桩的工程量。

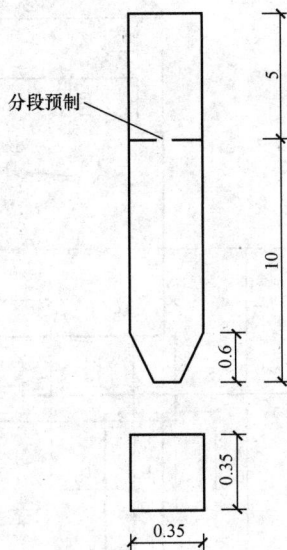

图 6-10　钢筋混凝土方桩（单位：m）

解：打桩、接桩、送桩的工程量计算如表 6-6。

表 6-6　　　　　　　　　　　　　　　　打桩工程量计算表

序号	项目名称	单位	工程量计算公式	数量
1	打桩	m³	0.35×0.35×15×10	18.38
2	接桩	个		10
3	送桩	m³	0.35×0.35×（1+1−0.3）×10	2.08

（5）灌注桩。

1）回旋钻机钻孔、冲击式钻机钻孔、卷扬机带冲抓锥冲孔的成孔工程量按设计入土深度计算。项目的孔深指原地面至设计桩底的深度。成孔项目同一孔内的不同土质，不论其所在的深度如何，均执行总孔深定额。旋挖钻机钻孔按设计入土深度乘以桩截面面积计算，入岩增加费按实际入岩体积计算，中风化岩和微风化岩做入岩计算。

2）灌注桩水下混凝土工程量按设计桩长增加 1.0m 乘以设计桩径截面面积计算。

3）人工挖孔工程量按护壁外缘包围的面积乘以深度计算，现浇混凝土护壁和灌注桩混凝土按设计图示尺寸以 "m³" 计算。

4）灌注桩后注浆工程量计算按设计注浆量计算，注浆管管材费用另计，但利用声测管注浆时不得重复计算。

5）声测管工程量按设计数量计算。

【例 6-7】 某单跨混凝土简支梁桥，桥宽 22.5m，桥台基础采用 ϕ100 钻孔灌注桩基础（C30 商品混凝土），地质为砂黏土层，如图 6-11 所示。护筒的埋置深度为 2.5m，桩基施工方案为围堰抽水施工法，旋挖钻机钻孔。假设承台与桥同宽，纵横向桩距相同，灌注桩 16 根/台。竖拆桩架费用不计。计算该工程一个桥台钻孔灌注桩（不计钢筋、声测管、搭拆支架平台）的工程量。

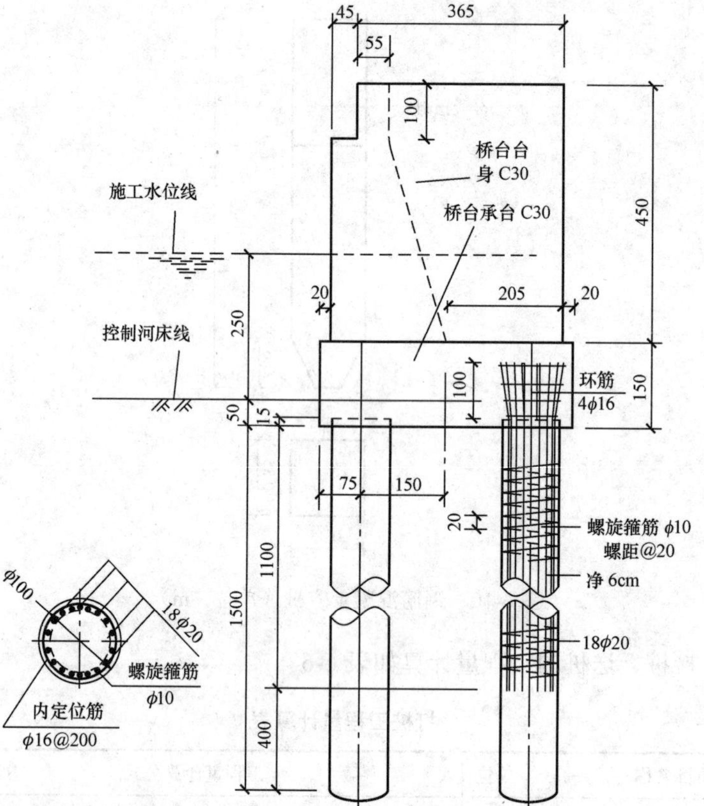

图 6-11　钻孔灌注桩基础图（单位：cm）

解： 钻孔灌注桩的工程量计算见表 6-7。

表 6-7　　　　　　　　　　　　　　钻孔灌注桩工程量计算表

序号	项目名称	单位	工程量计算公式	数量
1	埋设钢护筒	m	2.5×16	40.00
2	旋挖钻机钻孔	m³	$\pi \times \left(\dfrac{1}{2}\right)^2 \times (15+0.5) \times 16$	194.78
3	泥浆制作	m³	$\pi \times \left(\dfrac{1}{2}\right)^2 \times (15+0.5) \times 16$	194.78

序号	项目名称	单位	工程量计算公式	数量
4	灌注桩水下混凝土	m^3	$\pi \times \left(\dfrac{1}{2}\right)^2 \times (15 + 0.15 + 1) \times 16$	202.95
5	截桩头	m^3	$\pi \times \left(\dfrac{1}{2}\right)^2 \times 1 \times 16$	12.57

（6）台与墩或墩与墩之间不能连续施工时（如不能断航、断交通或拆迁工作不能配合），每个墩、台可计一次组装、拆卸柴油打桩架及设备运输费。

6.3.3 基坑与边坡支护

一、定额说明

（1）本章定额内容包括钢筋混凝土板桩、地下连续墙、咬合灌注桩、型钢水泥搅拌墙、锚杆（索）、土钉、喷射混凝土等项目。

（2）本章定额适用于黏土、砂土及冲填土等软土层土质情况下桥涵工程基坑与边坡支护项目，遇其他较硬地层时执行相应项目。

（3）本章定额均为打直桩，打斜桩（包括俯打、仰打）斜率在 1:6 以内时，人工乘以系数 1.33，机械乘以系数 1.43。

（4）打桩工作平台根据相应的打桩项目打桩机的锤重进行选择，执行本册第一章桩基相关项目。

（5）打板桩项目均已包括打、拔导向桩内容，不得重复计算。

（6）陆上、支架上打桩项目均未包括运桩。

（7）地下连续墙成槽的护壁泥浆，是按普通泥浆编制的，若需要重晶石泥浆时，可自行调整。

（8）地下连续墙项目未包括泥浆池的制作、拆除、发生时根据施工组织设计另行计算。泥浆使用后的废浆运弃，其费用可另行计算。

（9）咬合灌注桩导墙执行地下连续墙导墙相应项目。

（10）砂浆土钉定额钢筋按ϕ10mm 以外编制，材料品种、规格不同时允许换算。

二、定额工程量计算规则

（1）打桩。钢筋混凝土板桩按桩长度（包括桩尖长度）乘以桩截面面积计算。

（2）地下连续墙成槽土方量及浇筑混凝土工程量按连续墙设计截面面积（设计长度乘以宽度）乘以槽深（设计槽深加超深 0.5m）以"m^3"为单位计算；锁口管、接头箱吊拔及清底置换按设计图示连续墙的单位元以"段"为单位，其中清底置换按连续墙设计段数计算，锁口管、接头箱吊拔按连续墙段数加 1 段计算。

（3）水泥土搅拌墙按设计截面面积乘以设计长度以"m^3"为单位计算，搅拌桩成孔中重复套钻工程量已在项目考虑，不另行计算。

（4）咬合灌注桩按设计图示单桩尺寸以"m^3"为单位计算。

（5）锚杆和锚索的钻孔、压浆按设计图示长度以"m"为单位计算，制作、安装按照设计图示主材（钢筋或钢绞线）重量以"t"为单位计算，不包括附件重量；砂浆土钉、钢管护坡土钉按照设计图示长度以"m"为单位计算；喷射混凝土按设计图示尺寸以"m^2"为单位计算，挂网按设计用钢量计算。

6.3.4　现浇混凝土构件

一、定额说明

（1）本章定额包括垫层、基础、承台、墩（台）帽、墩（台）身、支撑梁及横梁、墩（台）盖梁、拱桥、梁、板、挡墙、小型构件、桥面铺装、桥头搭板、桥涵支架、挂篮等项目。

（2）本章定额适用于桥涵工程现浇各种混凝土构筑物。

（3）本章项目均未包括预埋铁件，如设计要求预埋铁件时，执行其他分册相关项目。

（4）本章项目毛石混凝土的块石含量为 15%，如与设计不同时可以换算，但人工、机械不做调整。

（5）承台分有底模及无底模两种，应按不同的施工方法执行本章相应的项目。

（6）项目混凝土按常用强度等级列出，如设计要求不同时可以换算。

（7）钢纤维混凝土中的钢纤维含量，如设计含量不同时可以相应调整。

（8）本章项目模板按部位取定木模、工具式钢模（除防撞护栏采用定型模外），并结合桥梁实际情况综合了不分部位的复合模板与定型钢模项目。

（9）定型钢模板数量包括配件在内，接缝的橡胶板费用已摊入定型钢模板单价中。

（10）现浇梁、板等模板项目均已包括铺筑底模内容，但不包括支架部分，如发生时执行本章有关项目。

（11）桥梁支架不包括底模及地基加固。

（12）挂篮与 0 号块扇形支架场外运输费用另行计算。

二、定额工程量计算规则

（1）混凝土工程量按设计尺寸以实体积计算（不包括空心板、梁的空心体积），不扣除钢筋、铁丝、铁件、预留压浆孔道和螺栓所占的体积。

（2）模板工程量按模板接触混凝土的面积计算。

（3）现浇混凝土墙、板上单孔面积在 $0.3m^2$ 以内的孔洞不予扣除，洞侧壁模板面积亦不再计算；单孔面积在 $0.3m^2$ 以上时应予扣除，洞侧壁模板面积并入墙、板模板工程量之内计算。

（4）桥涵拱盔、支架空间体积计算。

1）桥涵拱盔体积按起拱线以上弓形侧面积乘以（桥宽+2m）计算。

2）桥涵支架体积为结构底到原地面（水上支架为水上支架平台顶面）平均高度乘以纵向距离再乘以（桥宽+2m）计算。

（5）支架堆载预压按设计要求计算，设计未规定时按支架承载的梁体设计重量乘以系数 1.1 计算。

（6）装配式钢支架定额只含万能杆件搭拆损耗，其使用费（t·d）执行各盟市公布的信息价格文件，工程量按每立方米 125kg 计算。

（7）满堂式钢管支架定额只含搭拆损耗，其使用费（t·d）执行各盟市公布的信息价格文件，工程量按每立方米空间体积 50kg 计算（包括扣件等）。

（8）0 号块扇形支架安拆工程量按顶面梁宽计算。边跨采用挂篮施工时，其接合段扇形支架的安拆工程量按梁宽的 50%计算。

（9）项目的挂篮形式为自锚式无压重钢挂篮，钢挂篮重量按设计要求确定。推移工程量按挂篮重量乘以推移距离以"t·m"计算。

（10）混凝土输送及泵管安拆使用。

1）混凝土输送按混凝土相应定额子目的混凝土消耗量以"m³"为单位计算，若采用多级输送时，工程量应分级计算。

2）泵管安拆按实际需要的长度以"m"为单位计算。

3）泵管使用以延长米"m·d"为单位计算。

【例 6-8】　某正交 1～6.0m 小桥的桥台为现浇混凝土桥台，构造图如图 6-12 所示，台帽、台身为 C30 现浇混凝土，基础为 C25 现浇混凝土，试计算一个桥台现浇混凝土与模板的工程量。

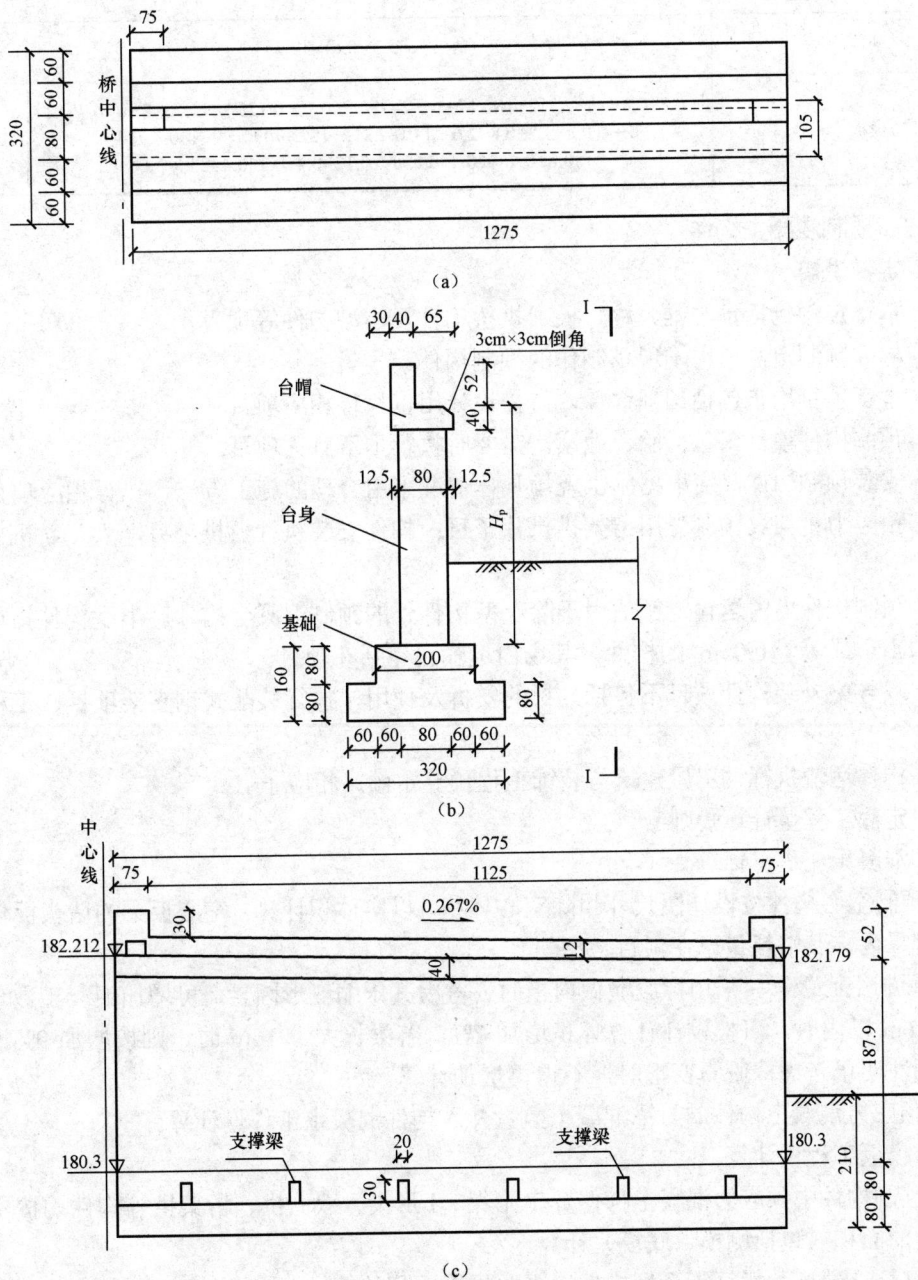

图 6-12　桥台构造图（单位：cm）

（a）平面；（b）立面；（c）Ⅰ—Ⅰ

解：计算桥台现浇混凝土与模板工程量，见表 6-8。

表 6-8 桥台混凝土与模板工程量计算表

序号	项目名称	单位	工程量计算公式	数量
1	台帽	m³	0.4×（0.30+0.12）×0.75×2+0.4×0.12×11.25+（0.4+0.65）×0.4×12.75	6.15
2	台身	m³	0.8×12.75×[(182.212−180.3)−0.4+(182.179−180.3)−0.4]÷2	15.25
3	基础	m³	(2×0.8+3.2×0.8)×12.75	53.04
4	模板	m²	{[0.8+0.8+(182.212+182.179)÷2−180.3+0.12+0.125]×12.75+0.30×0.75×2}×2+{0.8×3.2+0.8×2.0+[(182.212+182.179)÷2−180.3−0.4]×0.8+0.4×（0.4+0.65）+0.12×0.4+0.3×0.4×2}×2	108.41

6.3.5 预制混凝土构件

一、定额说明

（1）本章定额包括预制梁、柱、板、拱桥构件及小型构件等项目。

（2）构件预制定额适用于现场制作的预制构件。

（3）本章项目均未包括预埋铁件，可按设计用量执行相应项目。

（4）预制构件项目未包括胎、地模，需要时执行本章有关项目。

（5）安装预制构件，应根据施工现场具体情况采用合理的施工方法，执行相应项目。

（6）预应力桁架梁预制套用桁架拱拱片子目；构件安装执行板拱项目，人工、机械乘以系数 1.2。

（7）预制构件场内运输定额适用于除小型构件外的预制混凝土构件。小型构件指单件混凝土体积小于或等于 0.05m³ 的构件，其场内运输已包括在项目。

（8）双导梁安装构件项目不包括导梁的安拆及使用，执行装配式钢支架项目，工程量按实计算。

（9）构件运输执行《房屋建筑与装饰工程预算定额》相应子目。

二、定额工程量计算规则

（1）混凝土工程量计算。

1）预制空心构件按设计图尺寸扣除空心体积，以实体积计算。空心板梁的堵头板体积不计入工程量内，其消耗量已在项目考虑。

2）预制空心板梁，采用橡胶囊做内模时，考虑其压缩变形因素，可增加混凝土数量，当梁长在 16m 以内时，可按设计计算体积增加 7%，若梁长大于 16m 时，则按增加 9%计算。如设计图注明已考虑橡胶囊变形时，不得再增加计算。

3）预应力混凝土构件的封锚混凝土数量并入构件混凝土工程量计算。

（2）模板工程量计算。

1）预制构件中预应力混凝土构件及 T 形梁、I 形梁、双曲拱、桁架拱等构件均按模板接触混凝土的面积（包括侧模、底模）计算。

2）灯柱、端柱、栏杆等小型构件按平面投影面积计算。

3）预制构件中非预应力构件按模板接触混凝土的面积计算，不包括胎、地模。

4）空心板梁中空心部分，本定额均采用橡胶囊抽拔，其摊销量已包括在项目内，不再计算空心部分模板工程量。

5）空心板中空心部分，可按模板接触混凝土的面积计算工程量。

（3）安装预制构件以"m³"为计量单位的，均按构件混凝土实体积（不包括空心部分）计算。

【例 6-9】　某 1～13m 空心板桥为 C50 预制空心板，其中空心板梁的一般构造如图 6-13 所示，试计算一块空心板梁的预制混凝土与模板的工程量。

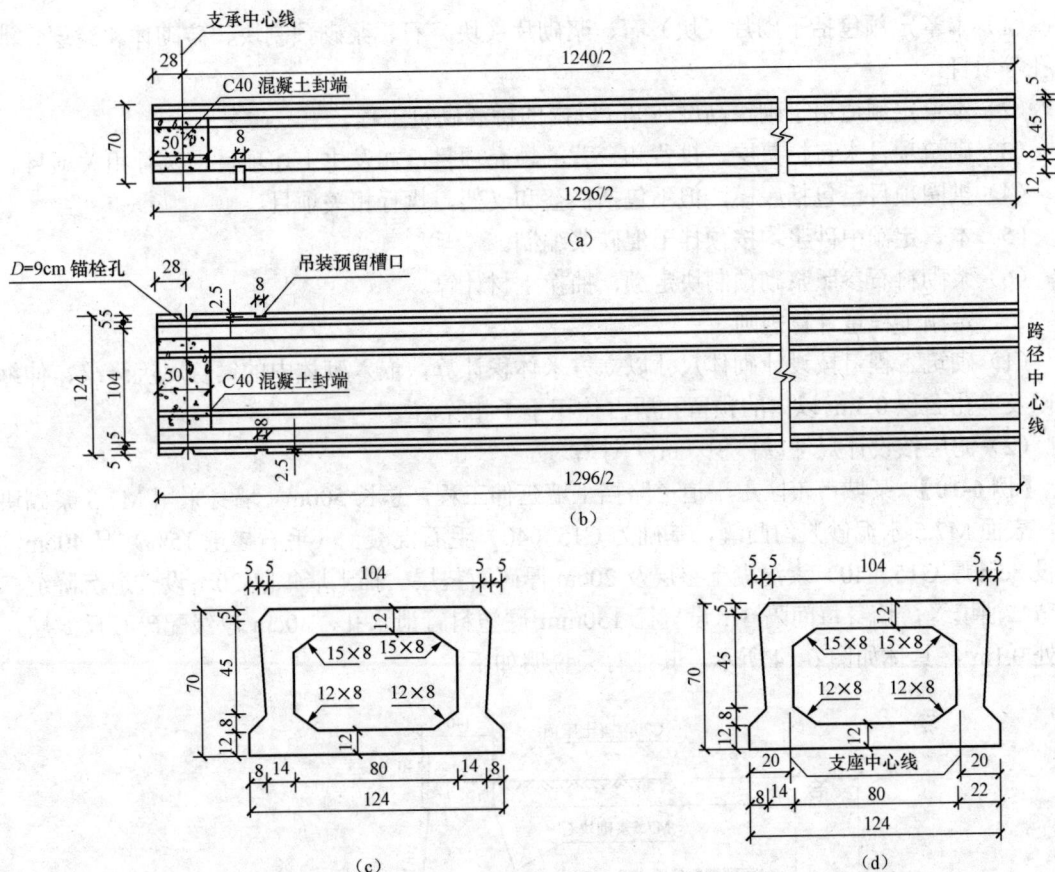

图 6-13　正交 13m 空心板一般构造图（单位：cm）

(a) 1/2 中板立面；(b) 1/2 中板平面；(c) 跨中断面；(d) 板端断面

解： 空心板梁截面积=矩形面积－空心面积－翼上空心面积

矩形面积=1.24×0.7=0.868（m²）

空心面积=（0.7－0.12×2）×0.8－0.15×0.08－0.12×0.08=0.346（m²）

翼上空心面积=0.08×0.08+（0.05+0.08）×0.45+（0.05+0.05+0.05）×0.05=0.072（m²）

预制空心板截面积=0.868－0.34－0.072=0.45（m²）

计算空心板预制混凝土与模板工程量见表 6-9。

表 6-9   空心板混凝土与模板工程量计算表

序号	项目名称	单位	工程量计算公式	数量
1	空心板 C50 混凝土	m³	0.45×12.96	5.83
2	模板	m²	{1.24+ [0.12+ (0.08²+0.08²)⁰·⁵+ (0.45²+0.03²)⁰·⁵+ (0.05²+0.05²)⁰·⁵] ×2}×12.96+0.45×2	36.54

6.3.6 砌筑工程

一、定额说明

（1）本章定额包括干砌片（块）石、浆砌片（块）石、浆砌预制块、砖砌体和滤层、泄水孔等项目。

（2）本章定额适用于砌筑高度在 8m 以内的桥涵砌筑工程。

（3）砌筑项目未包括垫层、拱背和台背的填充项目，如发生上述项目，执行相关项目。

（4）拱圈项目已包括底模，但不包括拱盔和支架，执行相关项目。

（5）本章定额中砂浆均按预拌干混砂浆编制。

（6）浆砌料石参照浆砌预制块定额，抽换主材计算。

二、定额工程量计算规则

（1）砌筑工程量按设计砌体尺寸以立方米体积计算，嵌入砌体中的钢管、沉降缝、伸缩缝以及单孔面积 0.3m² 以内的预留孔所占体积不予扣除。

（2）滤层按设计尺寸以体积（m³）计算。

【例 6-10】 某城市市区主干道道路挡土墙延伸工程，总长 500m。墙身采用 M7.5 浆砌块石，表面 M7.5 水泥砂浆勾凸缝，基础为 C15（40）毛石混凝土（毛石掺量 15%）厚 40cm，下设 8cm 厚 C15（40）素混凝土垫层及 20cm 厚碎石垫层，挡土墙每隔 20m 设一道沉降缝，一毡二油填缝，墙身每间隔 3m 设直径 150mm 硬塑料管泄水孔，30cm 厚级配碎石反滤层，每处 0.1m³，具体如图 6-14 所示，其他有关说明如下：

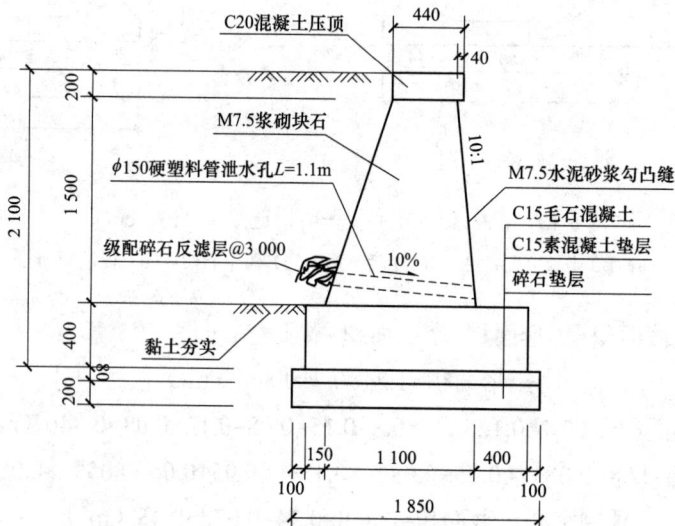

图 6-14 挡土墙断面图（单位：mm）

1）挡土墙土方开挖、墙后背回填不在本次预算范围内；

2）现浇混凝土按现场就近拌制，不考虑场内运输；

3）自挡墙起始位置20m及3m处分别设置第一道沉降缝及泄水孔。

试根据以上条件计算该挡土墙部分定额工程量。

解： 挡土墙工程的工程量计算见表6-10。

表6-10　　　　　　　　　挡土墙工程量计算表

序号	项目名称	单位	工程量计算公式	数量
1	20cm厚碎石垫层	m^3	$1.85×500×0.2$	185.00
2	8cm厚C15素混凝土垫层	m^3	$1.85×0.08×500$	74.00
3	C15毛石混凝土基础	m^3	$（1.10+0.15+0.40）×0.4×500$	330.00
4	M7.5浆砌块石挡土墙	m^3	$（0.44-0.04+1.1）×1.5/2×500$	562.50
5	C20混凝土压顶	m^3	$0.44×0.2×500$	44.00
6	浆砌块石表面M7.5水泥砂浆勾凸缝	m^2	$\sqrt{1.5^2+(1.5÷10)^2}×500$	753.74
7	沉降缝一毡二油	道	$500/20-1$	24.00
8		m^2	$[0.44×0.2+（0.44-0.04+1.1）×1.5/2+0.4×（1.10+0.15+0.40）+0.28×1.85]×24$	57.38
9	级配碎石滤层厚0.3m	道	$500/3$取整	166.00
10		m^3	$166×0.1$	16.60
11	直径150mm硬塑料管泄水孔	m	$166×1.1$	182.60

三、正锥形护坡工程量的计算

桥涵与路线正交时，锥形护坡称为正锥形护坡，如图6-15所示。

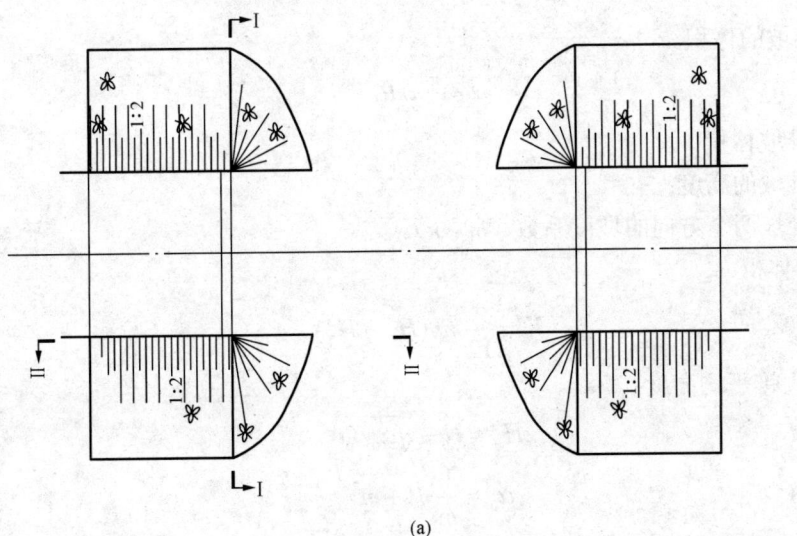

图6-15　锥坡示意图（一）

（a）锥坡平面大样图

(b)

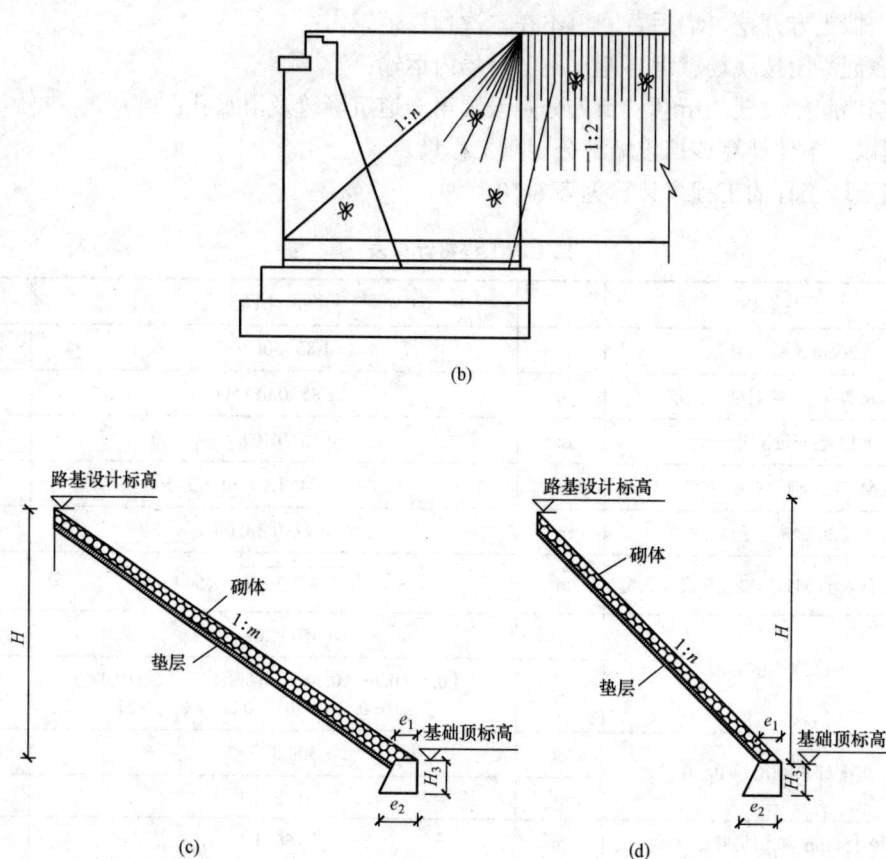

图 6-15　锥坡示意图（二）

（b）锥坡侧面大样图；（c）Ⅰ-Ⅰ；（d）Ⅱ-Ⅱ

1）一个锥坡的体积。

$$V = \frac{\pi}{12} m n H^3 \tag{6.7}$$

式中　V——锥坡体积；

　　　　H——锥坡的高度；

　m、n——锥坡两个方向的坡度系数（$m > n$）。

2）砌体的体积。

$$V_1 = \frac{\pi}{12} m n (H^3 - H_0^3) \tag{6.8}$$

式中　H_0——内锥平均高度；

$$H_0 = H - \sqrt{\alpha_0 \beta_0 t} \tag{6.9}$$

$$\alpha_0 = \frac{1}{m} \sqrt{1 + m^2} \tag{6.10}$$

$$\beta_0 = \frac{1}{n} \sqrt{1 + n^2} \tag{6.11}$$

式中　t——砌体厚度。

3）垫层的体积。

$$V_2 \approx \frac{t_1}{t} V_1 \tag{6.12}$$

式中 t_1——垫层厚度。

4）锥心填土。

$$V_3 = V - V_1 - V_2 \tag{6.13}$$

5）锥形护坡勾缝表面积。

$$A = \frac{\pi}{12} mn(\alpha_0 + \sqrt{\alpha_0 \beta_0} + \beta_0) H^2 \tag{6.14}$$

式中 A——锥形护坡勾缝表面积。

6）锥形护坡基础体积为

$$V_{基} = \frac{1}{2}(e_1 + e_2) \times H_3 \times \frac{1}{4}[2\pi \times nH + 4(m-n)H] \tag{6.15}$$

式中 $V_{基}$——锥形护坡基础体积;

e_1——基础顶宽;

e_2——基础底宽;

H_3——基础高。

【例6-11】 已知某正交中桥锥坡为25cm厚浆砌片石砌体、10cm厚砂砾垫层，两个方向的坡度分别为1:1.25和1:2，路基设计标高为1 412.35m，锥坡基础顶设计标高为1 406.15m，基础顶宽50cm，基础底宽70cm，基础高60cm，试计算一个锥坡的工程量。

解：锥坡高： $H = 1\,412.35 - 1\,406.15 = 6.20(m)$

计算 α_0、β_0：

$$\alpha_0 = \frac{1}{m}\sqrt{1+m^2} = \frac{1}{2}\sqrt{1+2^2} = 1.12$$

$$\beta_0 = \frac{1}{n}\sqrt{1+n^2} = \frac{1}{1.25}\sqrt{1+1.25^2} = 1.28$$

内锥平均高度：

$$H_0 = H - \sqrt{\alpha_0 \beta_0 t} = 6.20 - \sqrt{1.12 \times 1.28 \times 0.25} = 5.60(m)$$

计算锥坡的工程量，见表6-11。

表6-11 锥坡工程量计算表

序号	项目名称	单位	工程量计算公式	数量
1	锥坡的体积	m³	$\frac{\pi}{12} \times 1.25 \times 2 \times 6.20^3$	155.99
2	浆砌片石	m³	$\frac{\pi}{12} \times 2 \times 1.25 \times (6.20^3 - 5.60^3)$	41.04
3	垫层	m³	$\frac{0.1}{0.25} \times 41.04$	16.42
4	锥心填土	m³	$155.99 - 41.04 - 16.42$	98.53
5	锥形护坡勾缝	m²	$\frac{\pi}{12} \times 2 \times 1.25 \times (1.12 + \sqrt{1.12 \times 1.28} + 1.28) \times 6.20^2$	90.50
6	锥形护坡基础	m³	$\frac{1}{2}(0.5+0.7) \times 0.6 \times \frac{1}{4}[2\pi \times 1.25 \times 6.2 + 4 \times (2+1.25) \times 6.2]$	6.06

四、八字翼墙工程量的计算

桥涵与路线正交时，其布置形式如图 6-16 所示。

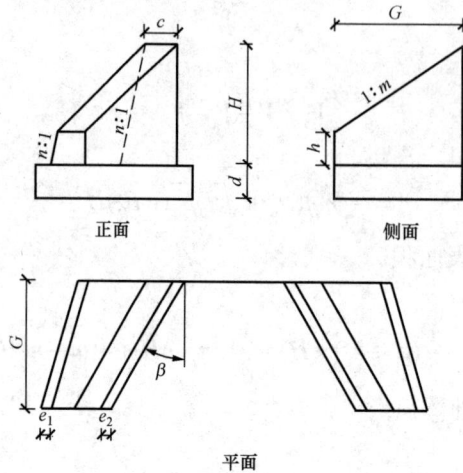

图 6-16　八字翼墙布置图

1）墙身体积计算。单个翼墙体积为：

$$V = \frac{1}{2}m(H^2 - h^2)c + \frac{m}{6n}(H^3 - h^3) \tag{6.16}$$

2）墙基体积计算。单个翼墙基础体积为：

$$V = m(c + e_1 + e_2)(H - h)d + \frac{m}{2n}(H^2 - h^2)d + \left[(e_1 + e_2 + c) + \frac{h}{n}\right]d \tag{6.17}$$

3）抹面面积计算。单个翼墙顶面面积为：$A = c\sqrt{1 + m^2}(H - h)$ （6.18）

6.3.7　立交箱涵

一、定额说明

（1）本章定额包括透水管、箱涵制作、箱涵顶进、箱涵接缝、箱涵外壁及滑板面处理、气垫安拆及使用、箱涵内挖土、金属顶柱护套及支架制作等项目。

（2）本章定额适用于穿越城市道路及铁路的立交箱涵顶进工程及现浇箱涵工程。

（3）本章定额顶进土质按一、二类土考虑，若实际土质与定额不同时，按施工组织设计另行计算。

（4）本章定额中未包括箱涵顶进的后靠背设施等，其费用另行计算。

（5）本章定额中未包括深基坑开挖、支撑及井点降水的工作内容，执行相关项目。

（6）立交桥引道的结构及路面铺筑工程，根据施工方法执行相关项目。

（7）箱涵顶进定额分空顶、无中继间实土顶和有中继间实土顶，有中继间实土顶适用于一级中继间接力顶进。

（8）本章项目箱涵自重是指箱涵顶进时的总重量，应包括拖带的设备重量（按箱涵重量的5%计），采用中继间接力顶进时还应包括中继间的重量。

二、定额工程量计算规则

（1）箱涵滑板下的肋楞，其工作量并入滑板内计算。

（2）箱涵混凝土工程量，不扣除单孔面积 $0.3m^2$ 以下的预留孔洞体积。

（3）顶柱、中继间护套及挖土支架均属专用周转性金属构件，项目已按摊销量计列，不得重复计算。

（4）箱涵顶进工程量计算：

1）空顶工程量按空顶的单节箱涵重量乘以箱涵位移距离计算。

2）实土顶工程量按被顶箱涵的重量乘以箱涵位移距离分段累计计算。

（5）气垫只考虑在预制箱涵底板上使用，按箱涵底面积计算。气垫的使用天数由施工组织设计确定，但采用气垫后在套用顶进定额时乘以系数 0.7。

6.3.8 钢结构

一、定额说明

（1）本章定额包括钢梁、钢管拱和钢立柱的安装等项目。

（2）本章定额适用于工厂制作、现场吊装的钢结构。构件由制作工厂至安装现场的运输费用计入构件价格内。

二、定额工程量计算规则

（1）钢构件工程量按设计图纸的主材（不包括螺栓）质量，以"t"为单位计算。

（2）钢梁质量为钢梁（含横隔板）、桥面板、横肋、横梁及锚筋之和。

（3）钢拱肋的工程量包括拱肋钢管、横撑、腹板、拱脚处外侧钢板、拱脚接头钢板及各种加劲块。

（4）钢立柱上的节点板、加强环、内衬管、牛腿等并入钢立柱工程量内。

6.3.9 其他

一、定额说明

（1）本章定额包括金属栏杆、支座、桥梁伸缩装置、沉降缝、隔声屏障、泄水孔和排水管、桥面防水层等项目。

（2）金属栏杆项目主材品种、规格与设计不符时可以换算，栏杆面漆执行《房屋建筑与装饰工程预算定额》相应项目计算。

（3）与四氟板式橡胶支座配套的上下钢板、不锈钢板、锚固螺栓等费用摊入支座价格中计列。

（4）梳型钢板、钢板、橡胶板及毛勒伸缩缝均按成品考虑。

（5）安装排水管项目已包括集水斗安装工作内容，但集水斗的材料费需按实另行计算。

二、定额工程量计算规则

（1）金属栏杆工程量按设计图纸的主材质量，以"t"为单位计算。

（2）橡胶支座按支座橡胶板（含四氟）尺寸以体积计算。

6.4 桥梁工程计量与计价案例

【**例 6-12**】 已知某 2～8m 预制矩形正交简支板桥，路基边缘设计标高为 138.52m，桥底中心设计标高为 135.28m，小桥设计图如图 6-17～图 6-27 所示，其中每 2～3m 设一根支撑梁，桥台、桥墩每 2～3m 设一道沉降缝，桥底纵坡为 0，桥台基础与台帽、桥墩基础与墩帽、翼墙基础采用 C25 混凝土，台身、墩身、翼墙墙身为浆砌块石砌筑。试计算该矩形板桥的工程量、分部分项工程费、专业技术措施项目费及人工费。（不计土方工程量）

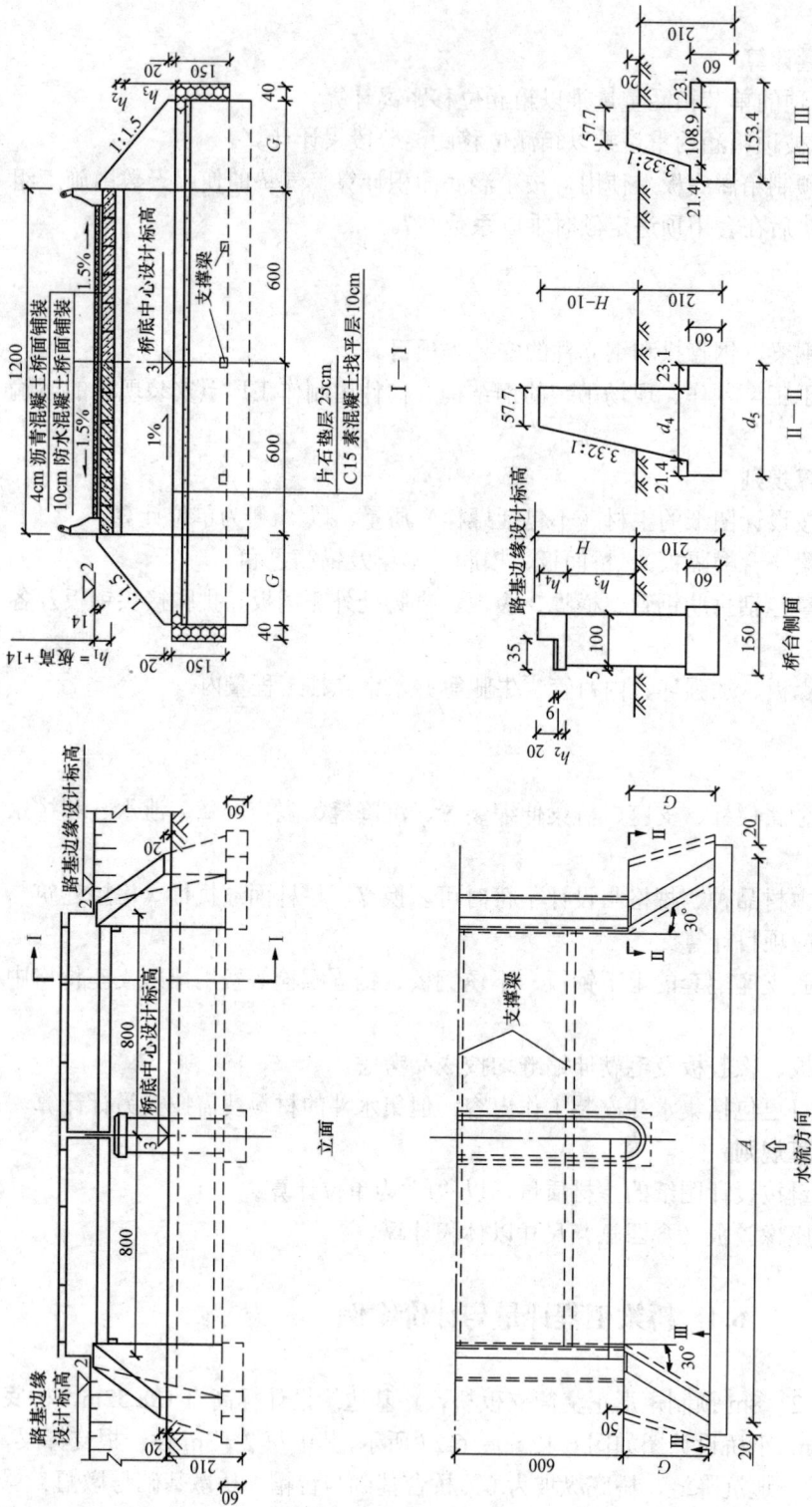

注：1. 本图尺寸除标高以米计外，余均以"cm"为单位。
2. 沉降缝贯穿整个断面，缝宽1～2cm。
3. 盖板支撑处用7.5号砂浆抹平。
4. 石料强度不小于30号。
5. 八字墙与台墙沉降缝隔开。
6. 铺砌采用7.5号浆砌片石，7.5号水泥砂浆勾缝。

图6-17 双孔正交钢筋混凝土板桥一般构造图

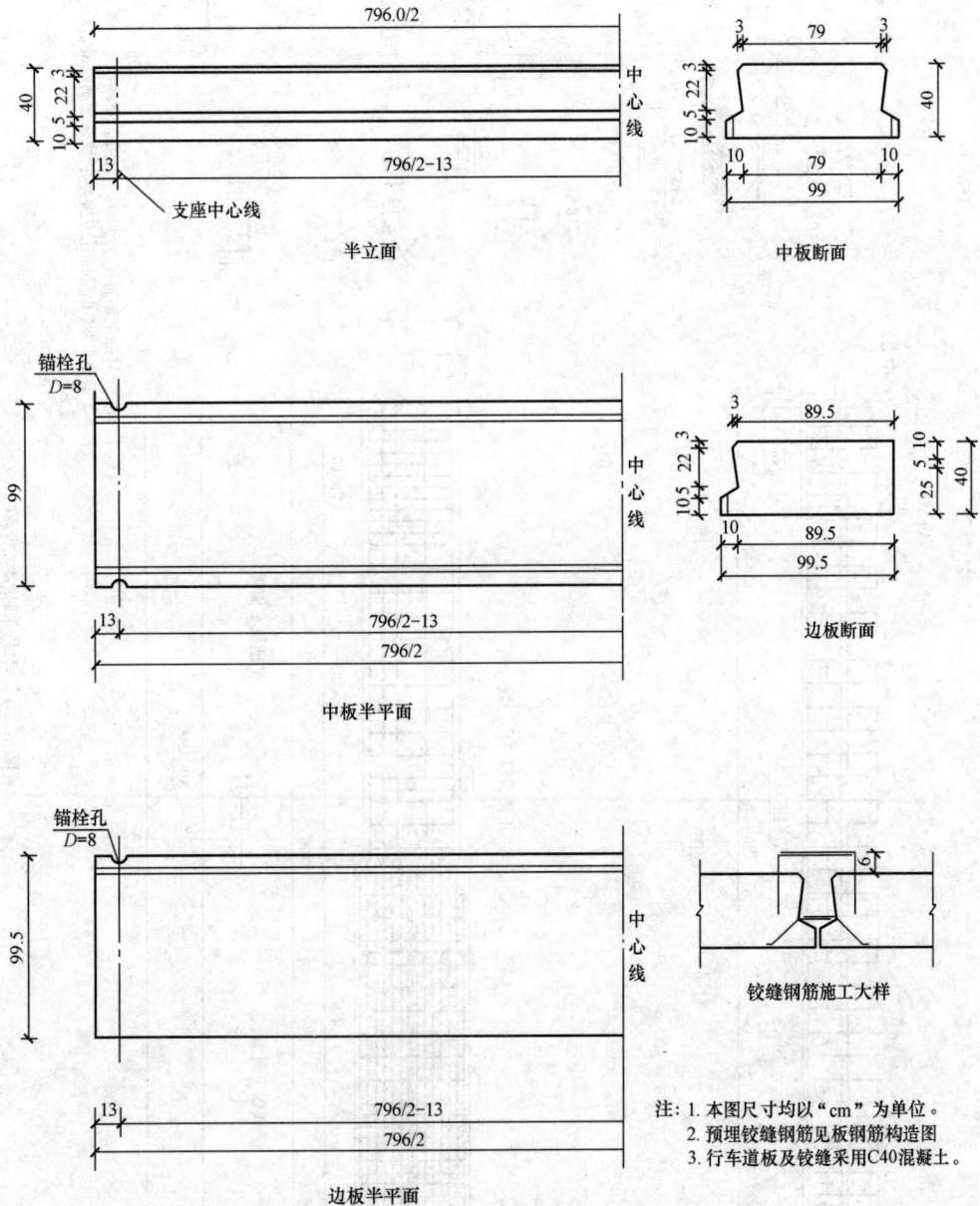

图 6-18 行车道板一般构造图

注：1. 本图尺寸均以"cm"为单位。
2. 预埋铰缝钢筋见板钢筋构造图
3. 行车道板及铰缝采用C40混凝土。

半立面

中板断面

中板半平面

边板断面

边板半平面

铰缝钢筋施工大样

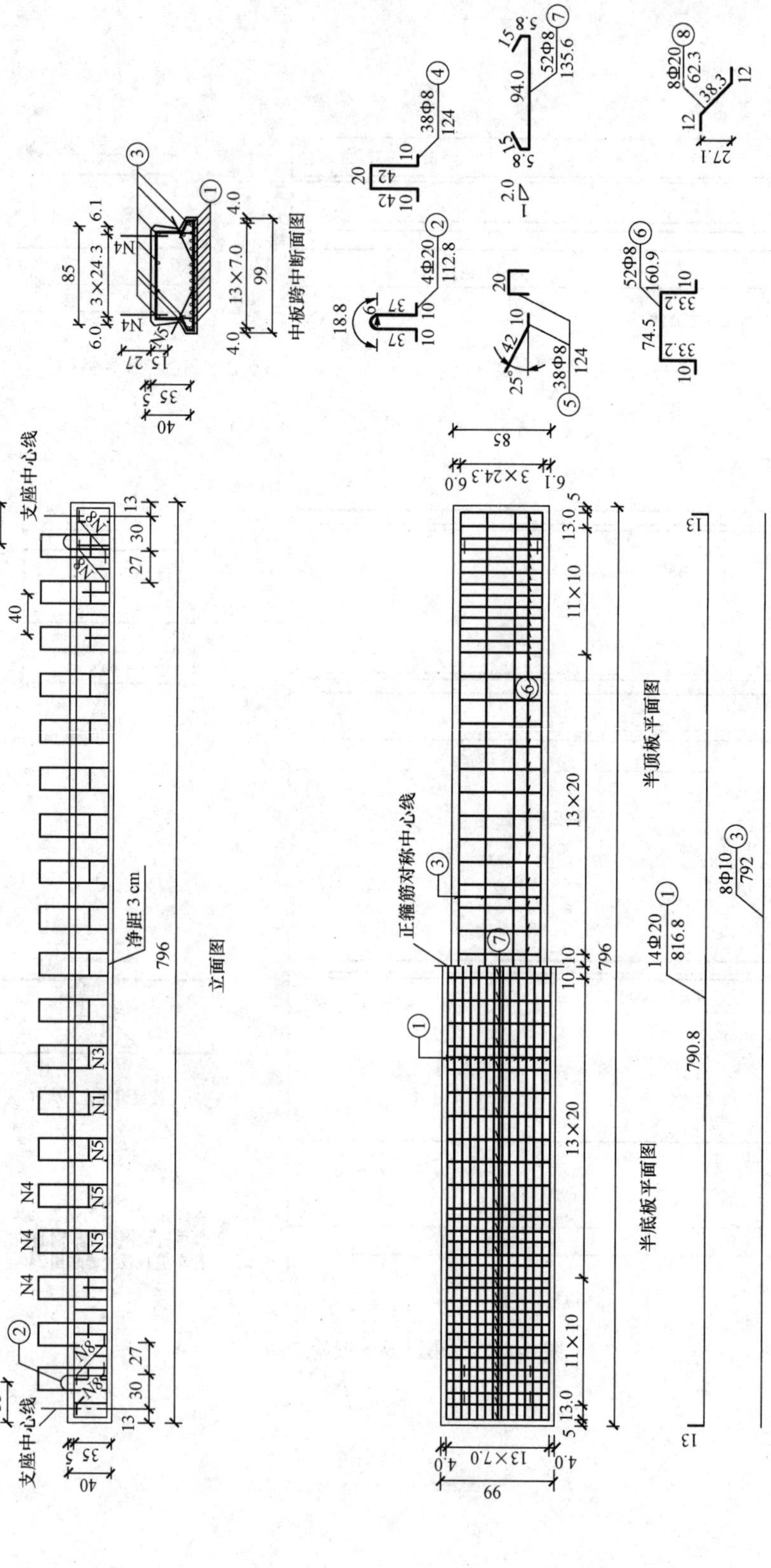

图 6-19　中板钢筋构造图

注：1. 本图尺寸除钢筋直径以"mm"计外，余均以"cm"为单位。
2. N5 钢筋与 N1 钢筋绑扎连接，在块件预制时紧贴侧模，脱模后扳出。

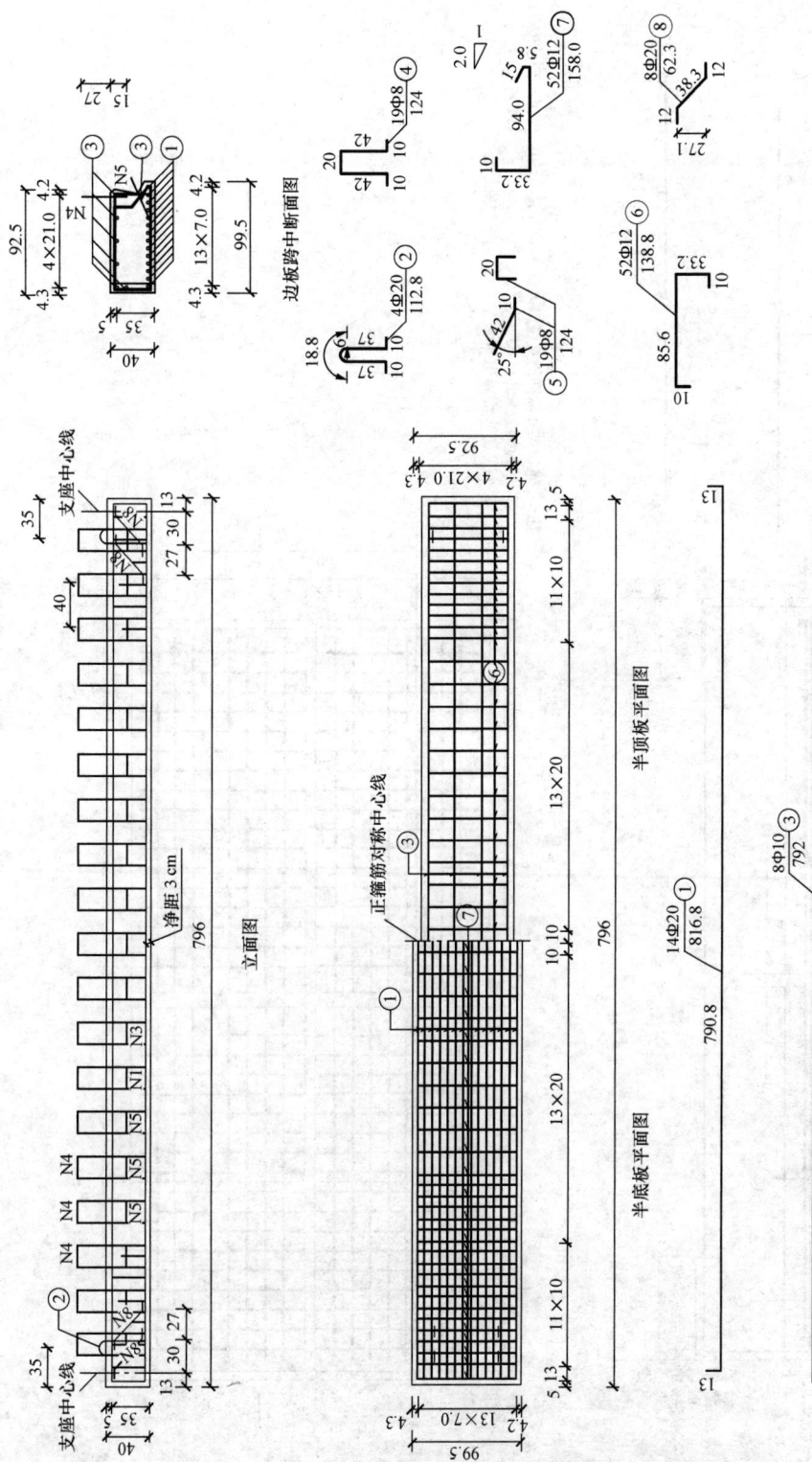

图 6-20 边板钢筋构造图

注：1. 本图尺寸除钢筋直径以"mm"计外，余均以"cm"为单位。
2. N5 钢筋与 N1 钢筋绑扎连接，在块件预制时紧贴侧模，脱模后板出。

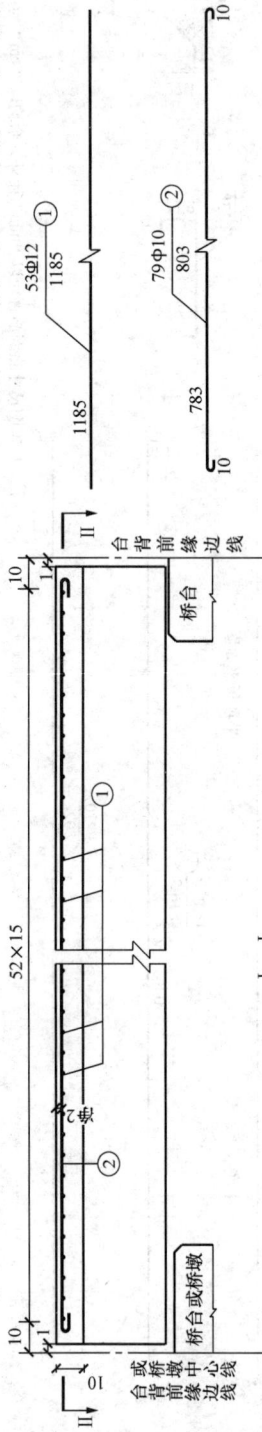

注：1. 本图尺寸除钢筋直径以"mm"计外，余均以"cm"为单位。
　　2. 桥面铺装采用C40混凝土。
　　3. 每立方米混凝土中掺入60kg的钢纤维。

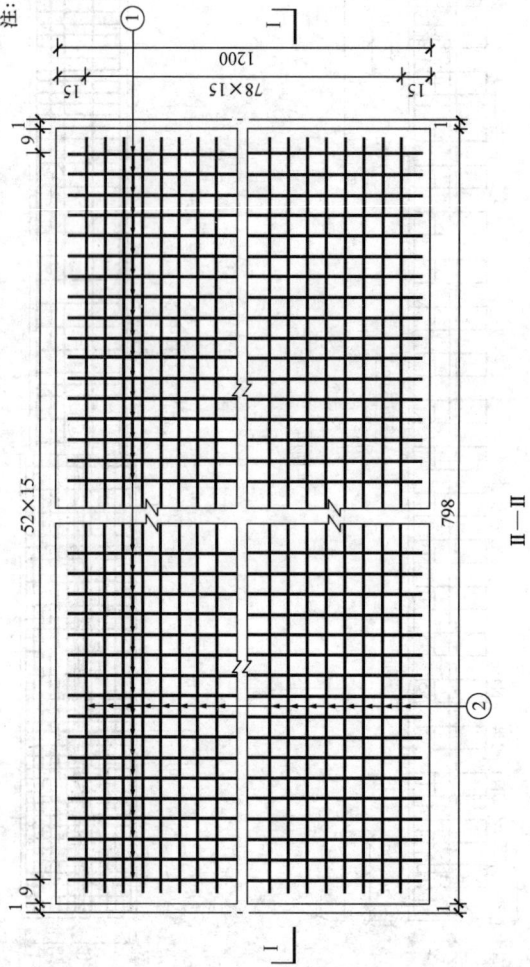

图 6-21　桥面铺装钢筋构造图

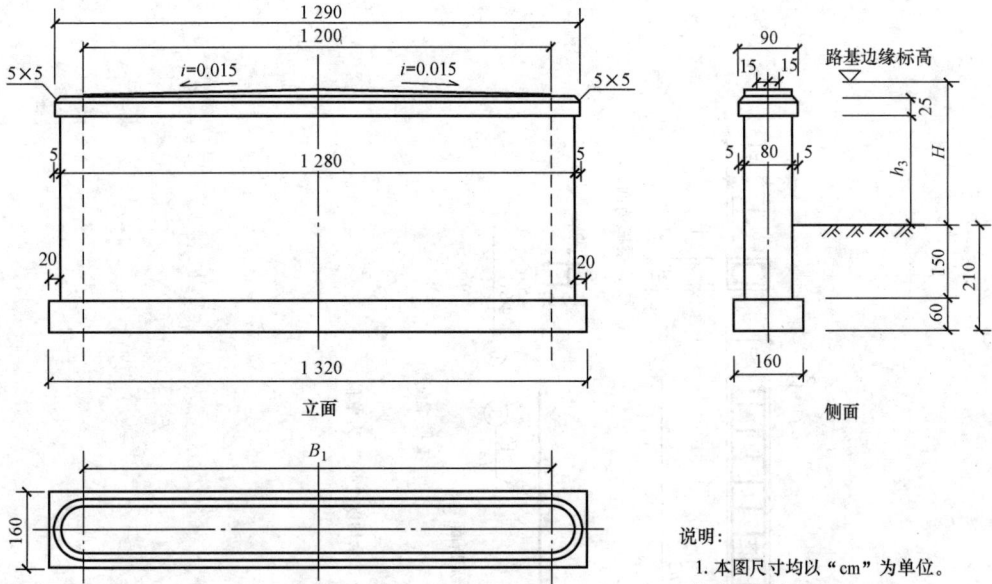

立面

侧面

说明:
1. 本图尺寸均以 "cm" 为单位。
2. 本图比例示意。
3. 桥面横坡度为双向坡时,桥面横坡度由墩帽三角垫层调整,如桥面横坡度为单向坡时桥面横坡度由桥墩身调整。

图 6-22 中墩构造图

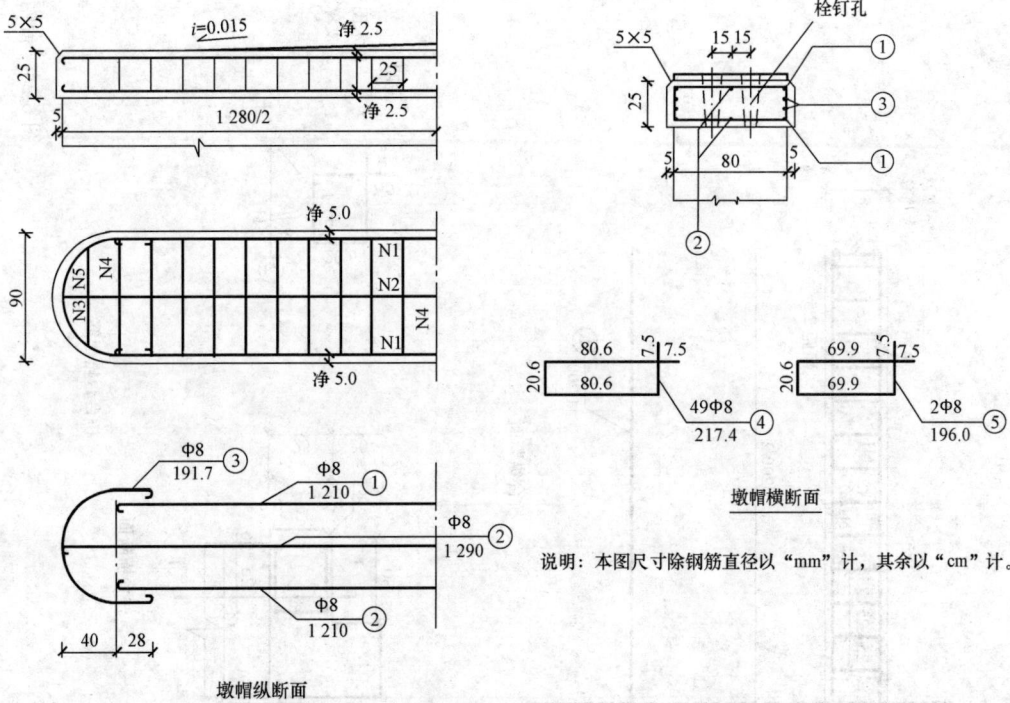

墩帽横断面

说明:本图尺寸除钢筋直径以 "mm" 计,其余以 "cm" 计。

墩帽纵断面

图 6-23 墩帽配筋图

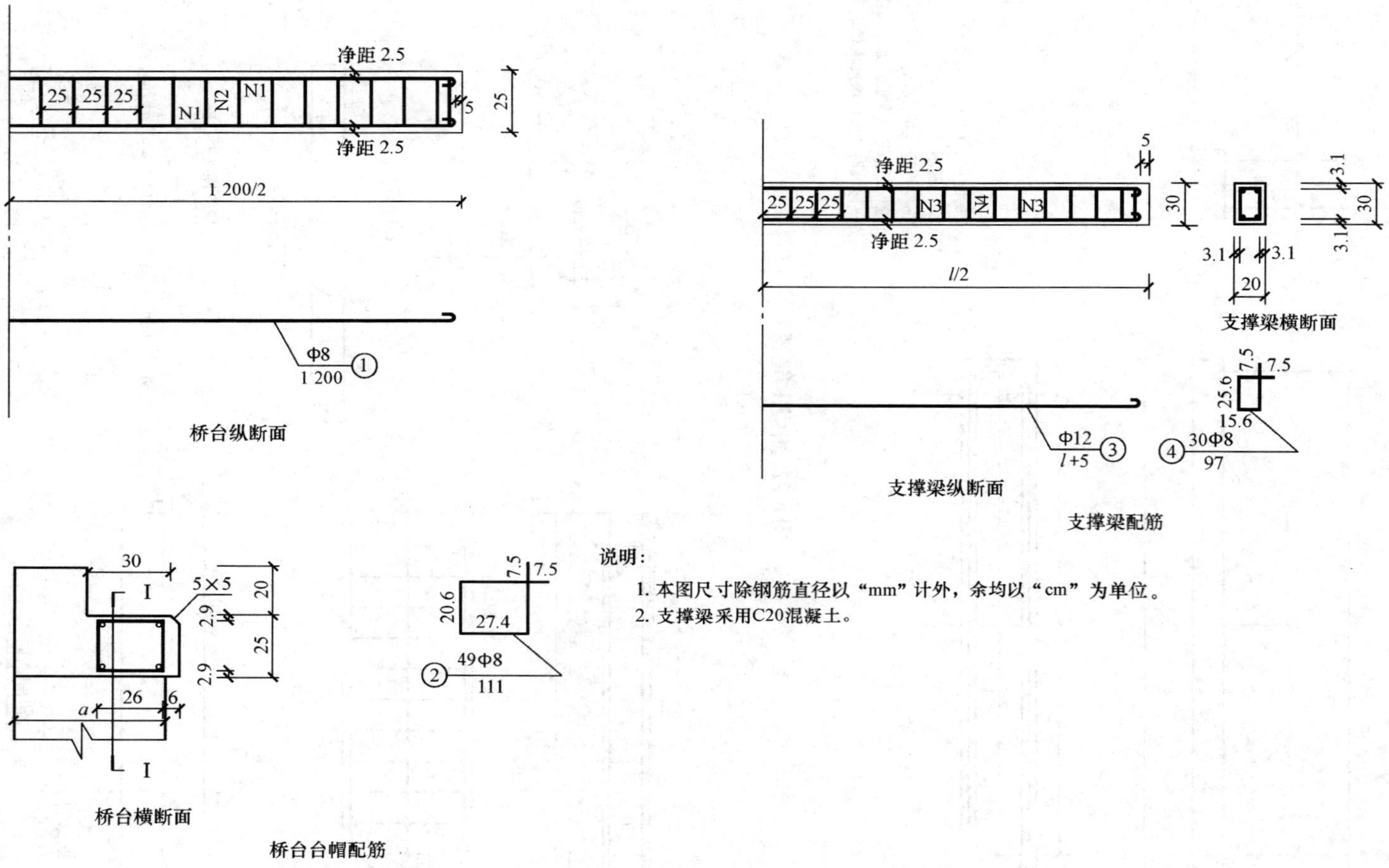

图 6-24 台帽、支撑梁配筋图

一孔防撞墙工程数量表

项目	编号	名称		规格 (mm)	长度 (cm)	根数	单位重 kg/m（个）	共重 (kg)	C40混凝土 (m³)
防撞墙	1	钢筋		Φ8	794	38	0.395	119.2	3.88
	2			Φ12	159.4	102	0.888	214.7	
	3			Φ12	77.6	102	0.888	214.7	
	4			Φ16	115	102	1.580	185.3	
支承架	5	铸钢支承架				10	14.257	142.6	
	6	预埋螺栓		φ16×350		40	0.552	22.1	
	7	螺母		φ16		40	0.034	1.4	
	8	垫圈		φ16		40	0.014	0.6	
	9	预埋钢板		⌴130×4×170		10	0.694	7.0	
	10	钢管		φ80×4	798	2	7.5	119.4	

说明:

1. 本图尺寸除钢筋直径以 "mm" 计外, 余均以 "cm" 为单位。

2. 防撞墙在合背前缘需断开, 其支承架、钢管, 均涂红丹两道, 再涂灰色防锈漆两道。

3. 边梁预制时应预埋 N4 钢筋。

预埋钢板 ⑨

铸钢支承架

防撞护栏支承架示意图

防撞护栏断面

一侧防撞护栏断面

平面

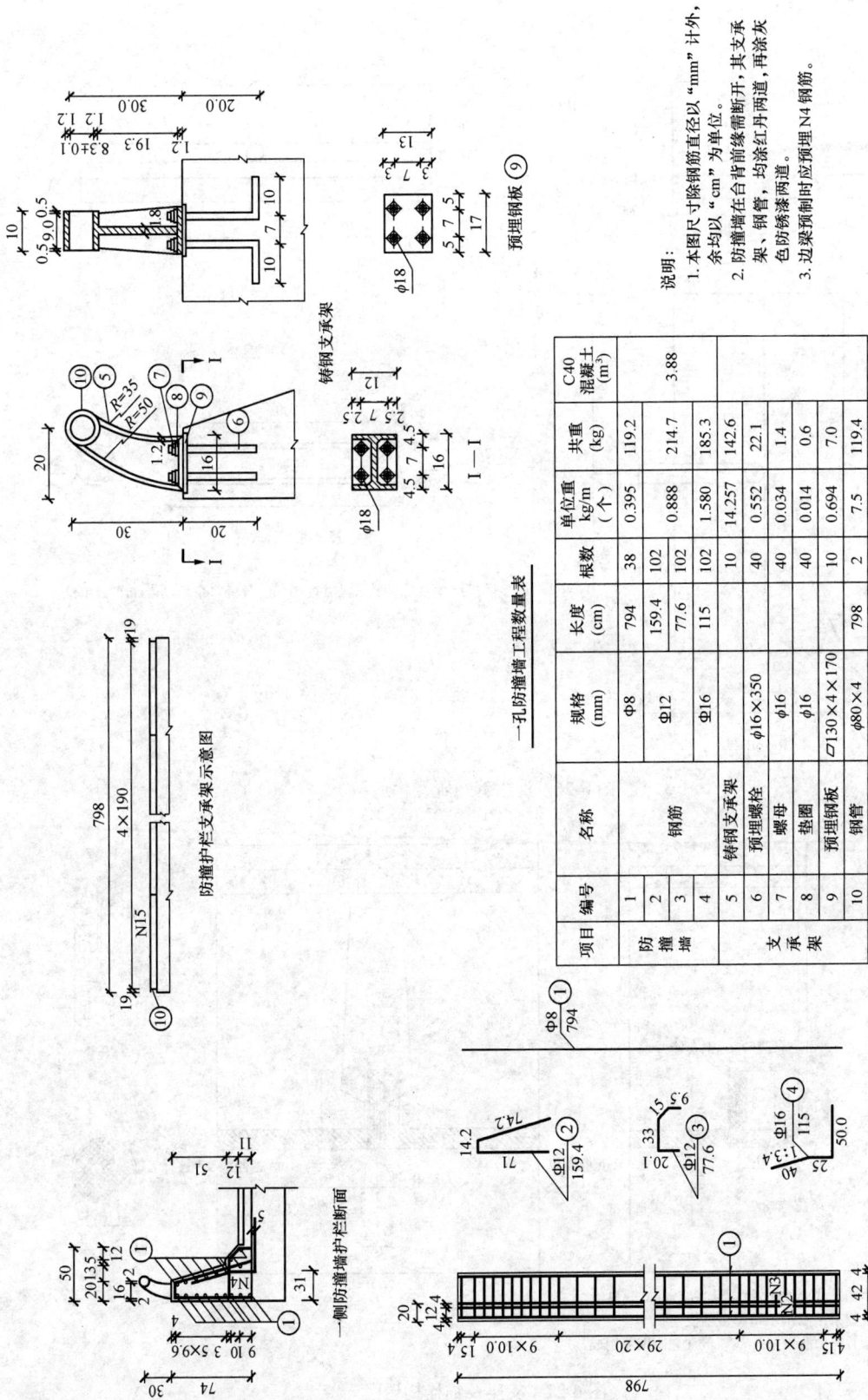

图 6-25　防撞墙构造图

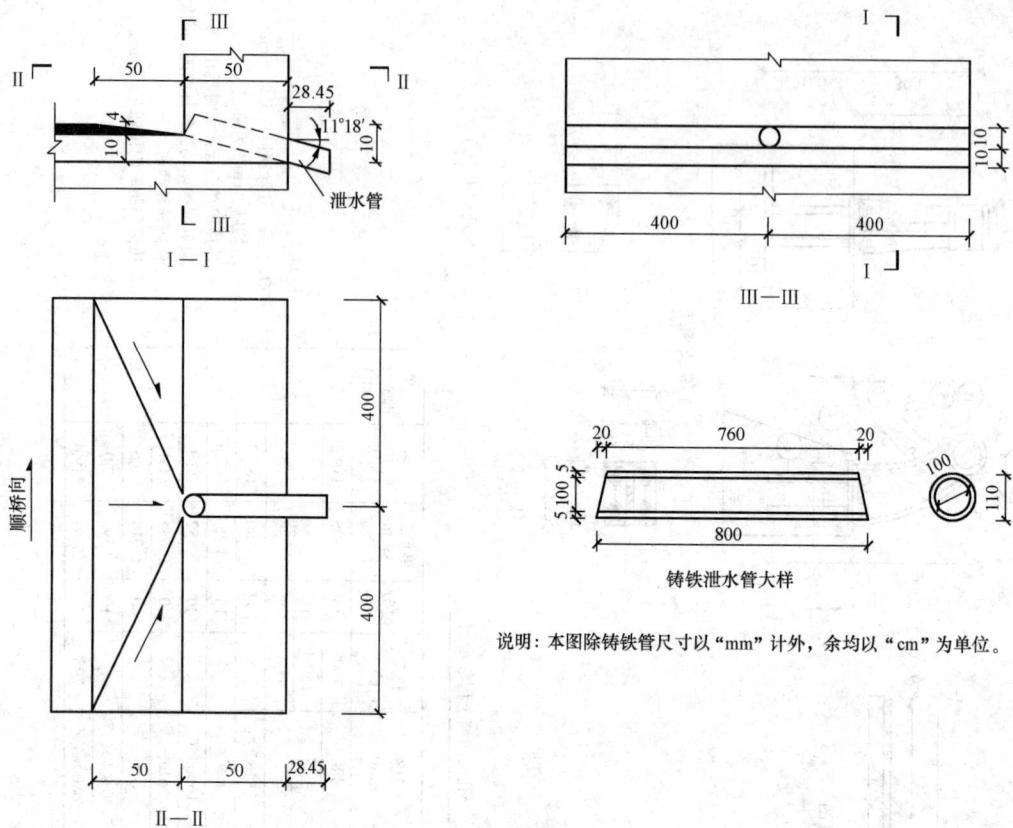

图 6-26 泄水管布置及构造图

说明：本图除铸铁管尺寸以"mm"计外，余均以"cm"为单位。

铸铁泄水管大样

II—II

I—I

III—III

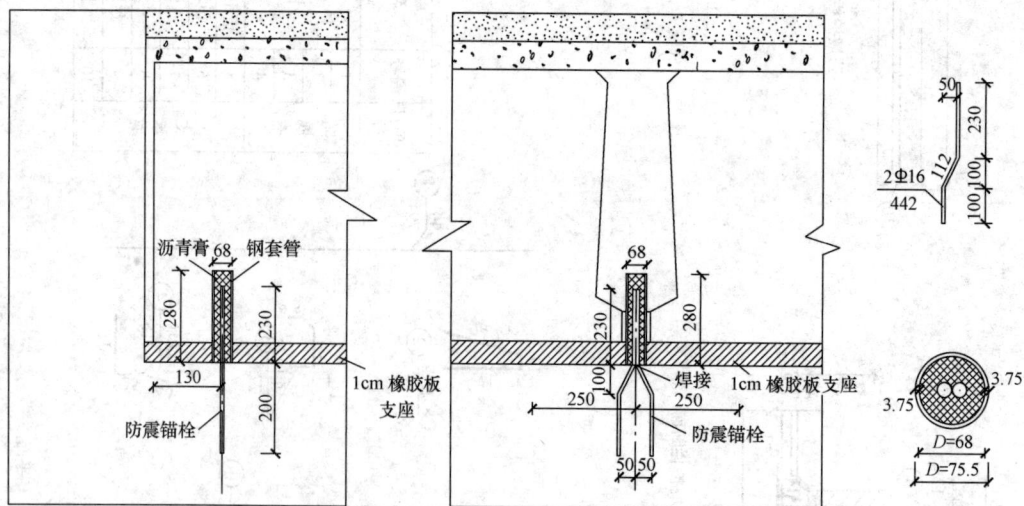

注：1. 本图尺寸除注明者外，均以"mm"为单位。
    2. 支座采用满铺 1cm 橡胶板支座。
    3. 沥青膏由沥青掺入 20% 的废轮胎细粉制成。

图 6-27 支座及锚栓构造图

解：（1）根据已知条件和施工设计图，计算、填写桥梁尺寸，见表 6-12。

表 6-12 桥 梁 尺 寸 表

序号		项 目 名 称	单位	尺寸
1		路基边缘设计标高	m	138.52
2		桥底设计标高	m	135.28
3		桥底设计纵坡坡度 i	%	0
4	行车道板	行车道板长度	m	7.96
5		行车道板高度	m	0.40
6		$H=$路基边缘设计标高−桥底设计标高	m	3.24
7		$h_1=$行车道板高度+0.14	m	0.54
8		h_2	m	0.25
9		$h_3=$路基边缘设计标高−桥底设计标高−支座厚−h_1−h_2	m	2.44
10	桥台	台身宽度 a	m	1.00
11		台身长度	m	12.00
12		桥台基础宽度	m	1.50
13		桥台基础高度	m	0.60
14		桥台基础长度	m	12.00
15		台帽高度	m	0.45
16		$H=$路基边缘设计标高−桥底设计标高	m	3.24
17		$h_3=$路基边缘设计标高−桥底设计标高−支座厚−h_1−h_2	m	2.44
18		墩身宽度	m	0.80
19		墩帽宽度	m	0.90
20		墩帽高度	m	0.25
21	桥墩	桥墩基础宽度	m	1.60
22		桥墩基础高度	m	0.60
23		B_1	m	12.00
24		墩身长度	m	12.80
25		墩帽长度	m	12.90
26		桥墩基础长度	m	13.20
27		$G=(H-0.10-0.20)\times1.5$	m	4.41
28		n		3.32
29	翼墙	m		1.5
30		c	m	0.577
31		e_1	m	0.214

序号		项目名称	单位	尺寸
32		e_2	m	0.231
33		$d_4=0.577+（H-0.10+2.10-0.60）\div 3.32$	m	1.97
34	翼墙	$d_5=d_4+e_1+e_2$	m	2.42
35		翼墙基础高度	m	0.60
36		脚手架平均高度=（$H-0.10+2.10+2.10+0.20$）$\div 2$	m	3.77
37	支撑梁	长度 $l=8.00-0.80/2-（0.35-0.05）$	m	7.30
38	铺砌	$A=$ ［$8.00-（0.35-0.05）+G\times\tan 30°+0.577$］$\times 2$	m	21.65

（2）计算桥梁工程量，见表 6-13。

表 6-13   **桥梁工程量计算表**

序号	项目名称	单位	工程量计算公式	数量
一、行车道板				
1	C40 预制混凝土	m³	11.92+55.48	67.40
1.1	边板块数	块	2×2	4
1.2	中板块数	块	(12−2×1)÷1×2	20
1.3	边板预制混凝土	m³	［0.995×0.4−0.5×0.05×0.1−(0.07+0.1)× 0.22×0.5−(0.1+0.07)×0.03×0.5］×7.96×4	11.92
1.4	中板预制混凝土	m³	0.99×0.4×20×7.96−［0.5×0.05×0.1+(0.07+0.1)× 0.22×0.5+(0.1+0.07)×0.03×0.5］×2×7.96×20	55.48
2	C40 铰缝混凝土	m³	12×7.96×0.4×2−11.92−55.48	9.02
3	混凝土模板	m²	62.58+323.19	385.77
3.1	边板混凝土模板	m²	［0.995+0.4+0.1+(0.1²+0.05²)⁰·⁵+(0.22²+0.03²)⁰·⁵+ (0.03²+0.03²)⁰·⁵］×7.96×4+［0.995×0.4−0.1×0.05×0.5 −(0.07+0.1)×0.22×0.5−(0.07+0.1)×0.03×0.5］×2×4	62.58
3.2	中板混凝土模板	m²	｛0.99+［0.1+(0.1²+0.05²)⁰·⁵+(0.22²+0.03²)⁰·⁵+ (0.03²+0.03²)⁰·⁵]×2｝×7.96×20+［0.99×0.4−0.1 ×0.05−(0.07+0.1)×0.22−(0.07+0.1)×0.03］×2×20	323.19
4	钢筋			
4.1	Φ20	t	8.168×14×2.468×(20+4)÷1 000	6.773
4.2	Φ20（箍筋）	t	(0.623×8+1.128×4)×2.468×(20+4)÷1 000	0.562
4.3	Φ12（箍筋）	t	(1.388+1.58)×52×0.888×4÷1 000	0.548
4.4	Φ10	t	7.92×8×0.617×24÷1 000	0.938
4.5	Φ8（箍筋）	t	［(1.24+1.24)×38×20+(1.24+1.24)×19×4 +(1.609+1.356)×52×20］×0.395÷1 000	2.037
二、桥面铺装				
5	C40 现浇防水混凝土	m³	0.10×12×7.98×2−0.5×(0.11−0.04)×7.98×2×2	18.03

续表

序号	项目名称	单位	工程量计算公式	数量
6	细粒式沥青混凝土	m²	(12−0.5×2)×8×2	176
7	钢筋			
7.1	Φ12	t	11.85×53×0.888×2÷1 000	1.115
7.2	Φ10	t	8.03×79×0.617×2÷1 000	0.783
三、防撞墙、支承架				
8	C40 现浇混凝土	m³	3.88×2	7.76
9	C40 现浇混凝土模板	m²	[0.74+(0.12²+0.12²)^0.5+0.05+(0.51²+0.13²)^0.5]×2×7.98×2+[0.11×0.5+(0.2+0.13+0.05+0.5)×0.12÷2+(0.2+0.2+0.13)×0.51÷2]×2×4	49.38
10	钢筋			
10.1	Φ16	t	185.3×2÷1 000	0.371
10.2	Φ12	t	214.7×2÷1 000	0.429
10.3	Φ8	t	119.2×2÷1 000	0.238
11	钢管扶手	t	0.285+0.239+0.014	0.538
11.1	铸钢支承架	t	142.6×2÷1 000	0.285
11.2	钢管φ80	t	119.4×2÷1 000	0.239
11.3	预埋钢板	t	7×2÷1 000	0.014
12	预埋安装地脚螺栓	t	0.044+0.003+0.001	0.048
12.1	预埋螺栓φ16	t	22.1×2÷1 000	0.044
12.2	螺母φ16	t	1.4×2÷1 000	0.003
12.3	垫圈φ16	t	0.6×2÷1 000	0.001
四、锚栓				
13	锚栓孔个数	个	(10+1)×2×2	44
14	钢筋Φ16	t	[0.442×2+(0.23+0.20)]×44×1.58÷1 000	0.091
15	钢套管	t	0.024 6×3.75×(75.5−3.75)×0.28×44÷1 000	0.082
五、支座				
16	板式橡胶支座	cm³	(35×1 200×2+90×1 200)×1	192 000
六、沉降缝				
17	沉降缝道数			
17.1	桥台	道	(12÷3−1)×2	6
17.2	桥墩	道	12÷3−1	3
17.3	翼墙	道		4

序号	项目名称	单位	工程量计算公式	数量
18	沉降缝面积	m^2	$[1.5×0.6+1×(2.1-0.6+2.44)+0.35×0.25+0.45×(1+0.05-0.35)]$ $×6+[1.6×0.6+0.8×(1.5+2.44)+0.9×0.25]×3+[0.5×(0.577+1.97)$ $×(3.24-0.1+2.1-0.6)+0.6×2.42]×4$	73.91
七、桥台				
19	桥台基础			
19.1	基础 C25 混凝土	m^3	$1.5×0.6×12×2$	21.60
19.2	基础混凝土模板	m^2	$0.6×(12+1.5)×2×2$	32.40
20	台身			
20.1	台身浆砌块石	m^3	$(2.1-0.6+2.44)×1.0×12×2$	94.56
20.2	脚手架	m^2	$12×(2.1+2.44)×2$	108.96
21	台帽			
21.1	台帽 C25 混凝土	m^3	$[0.35×0.25+(1+0.05-0.35)×0.45]×12×2+0.35$ $×(12÷2×1.5\%)÷2×12×2$	10.04
21.2	台帽混凝土模板	m^2	$0.45×2×12×2+0.05×12×2+(12÷2×1.5\%)÷2×12×2+$ $[0.35×0.25+(1+0.05-0.35)×0.45]×2$	24.69
21.3	砂浆抹面、防水层	m^2	$0.35×12×2$	8.40
21.4	Φ8 钢筋	t	$12×4×0.395×2÷1\,000$	0.038
21.5	Φ8 钢筋（箍筋）	t	$1.11×49×0.395×2÷1\,000$	0.043
八、桥墩				
22	桥墩基础			
22.1	基础 C25 混凝土	m^3	$1.6×0.6×13.2$	12.67
22.2	基础混凝土模板	m^2	$0.6×(13.2+1.6)×2$	17.76
23	墩身			
23.1	墩身浆砌块石	m^3	$(0.8×12+\pi×0.4^2)×(1.5+2.44)$	39.8
23.2	脚手架	m^2	$12.8×(2.1+2.44)$	58.11
24	墩帽			
24.1	墩帽 C25 混凝土	m^3	$0.9×12×0.25+\pi×0.45^2×0.25+0.90×(12÷2×1.5\%)÷2×12$	3.35
24.2	墩帽混凝土模板	m^2	$(12+\pi×0.45)×2×(0.25+0.05)+(12÷2×1.5\%)÷2×12×2$	9.13
24.3	砂浆抹面	m^2	$0.90×12$	10.80
24.4	Φ8 钢筋	t	$(12.1×4+12.9×2+1.917×4)×0.395÷1\,000$	0.032
24.5	Φ8 钢筋（箍筋）	t	$(2.174×49+1.96×2)×0.395÷1\,000$	0.044
九、支撑梁				
25	根数		$\left(\dfrac{12}{3}-1\right)×2$	6

序号	项目名称	单位	工程量计算公式	数量
26	支撑梁 C20 混凝土	m³	7.3×0.3×0.2×6	2.63
27	支撑梁混凝土模板	m²	(0.2+0.3×2)×7.3×6	35.04
28	钢筋			
28.1	Φ12	t	7.35×4×0.888×6÷1 000	0.157
28.2	Φ8	t	0.97×30×0.395×6÷1 000	0.069
十、八字翼墙				
29	翼墙基础			
29.1	基础 C25 混凝土	m³	{1.5×(0.577+0.214+0.231)×[(3.24−0.1+2.1−0.6)−(2.1−0.6+0.2)]× 0.6+1.5÷2×3.32×[(3.24−0.1+2.1−0.6)²−(2.1−0.6+0.2)²]×0.6+ [0.214+0.231+0.577+(2.1−0.6+0.2)÷3.32]×0.6}×4	24.60
29.2	基础混凝土模板	m²	{1.534+2.42+4.41÷cos30°+[(4.41×tan30°−2.42+1.534)²+ 4.41²]⁰·⁵}×0.6×4	33.01
30	翼墙墙身浆砌块石	m³	{0.5×1.5×[(3.24−0.1+2.1−0.6)²−(2.1−0.6+0.2)²] ×0.577+1.5÷6÷3.32×[(3.24−0.1+2.1−0.6)³− (2.1−0.6+0.2)³]}×4	60.87
31	翼墙抹面	m²	0.577×(1+1.5²)⁰·⁵×[(3.24−0.1+2.1−0.6)−(2.1−0.6+0.2)]×4	12.23
32	脚手架		3.77×4.41÷cos30°×4	76.79
十一、铺砌				
33	浆砌片石铺砌	m³	43.80+39.57	83.37
33.1	浆砌片石洞身	m³	12×(8−0.4−0.35+0.05)×0.25×2	43.80
33.2	浆砌片石洞口	m³	[(2×8−0.35×2+0.05×2)+(4.41×tan30°)]×4.41×0.25×2	39.57
34	M7.5 水泥砂浆勾缝	m²	(43.80+39.57)÷0.25	333.48
35	找平层			
35.1	C15 素混凝土找平层	m³	83.37×0.1÷0.25	33.35
35.2	C15 素混凝土模板	m²	[(2×8−0.35×2+0.05×2)+(4.41×tan30°)×2]×2×0.1	4.10
36	浆砌片石隔水墙	m³	(21.65+0.2×2)×0.4×1.5×2	26.46
十二、泄水管				
37	泄水管根数	根	2×2	4
38	泄水管长度	m	0.8×4	3.20

（3）计算分部分项工程费、单价措施项目费及人工费，见表6-14、表6-15。

表6-14　　　　　　　　　　　桥梁工程分部分项工程计价表

定额编号	项目名称	工程量		分部分项工程费		其中人工费	
		单位	数量	单价（元）	合价（元）	单价（元）	合价（元）
一、行车道板					81 333		14 790
3-379	预制混凝土构件　实心板梁　混凝土	10m³	6.74	4 040.47	27 233	527.44	3 555

续表

定额编号	项目名称	工程量		分部分项工程费		其中人工费	
		单位	数量	单价（元）	合价（元）	单价（元）	合价（元）
3-385	预制混凝土构件　陆上安装板梁 $L \leqslant 10\text{m}$	10m³	6.74	441.74	2 977	127.08	857
3-455	预制构件场内运输	10m³	6.74	408.16	2 751	15.37	104
3-344 换	现浇混凝土构件　伸缩缝　钢纤维混凝土	10m³	0.902	5 708.51	5 149	576.04	520
1-461	带肋钢筋　直径 25mm 以内	t	6.773	3 206.09	21 715	508.95	3 447
1-472 换	箍筋　直径 12mm　换为【钢筋 Φ20】	t	0.562	4 313.33	2 424	1 103.05	620
1-472	箍筋　直径 12mm	t	0.548	4 672.08	2 560	1 103.05	604
1-455	圆钢　直径 10mm 以内	t	0.938	4 574.93	4 291	1 060.48	995
1-470	箍筋　直径 8mm	t	2.037	6 004.87	12 232	2 007.21	4 089
二、桥面铺装					23 832		2 873
3-343 换	现浇混凝土构件　桥面铺装车行道　换为【预拌混凝土 C40】【钢纤维混凝土】	10m³	1.803	5 683.57	10 247	558.84	1 008
2-190	沥青混凝土路面　细粒式　机械摊铺　厚度 4cm	100m²	1.76	3 397.79	5 980	112.56	198
1-460	带肋钢筋　直径 18mm 以内	t	1.115	3 607.00	4 022	750.53	837
1-455	圆钢　直径 10mm 以内	t	0.783	4 574.93	3 582	1 060.48	830
三、防撞墙					11 705		2 892
3-336 换	现浇混凝土构件　防撞护栏　混凝土　换为【预拌混凝土 C40】	10m³	0.776	4 549.46	3 530	889.32	690
1-472 换	箍筋 直径 12mm　换为【钢筋 Φ16】	t	0.371	4 446.58	1 650	1 103.05	409
1-472	箍筋　直径 12mm	t	0.429	4 672.08	2 004	1 103.05	473
1-455	圆钢　直径 10mm 以内	t	0.238	4 574.93	1 089	1 060.48	252
3-533	防撞护栏　钢管扶手	t	0.538	5 647.36	3 038	1 837.67	989
8-151	预埋安装地脚螺栓	t	0.048	8 206.05	394	1 634.26	78
四、锚栓					792		221
1-456	圆钢　直径 18mm 以内	t	0.091	4 070.59	370	695.59	63
5-1699	套管制作安装　钢套管	t	0.082	5 135.23	421	1 927.55	158
五、支座					16 454		2 074
3-534	板式橡胶支座	100cm³	1 920	8.57	16 454	1.08	2 074
六、沉降缝					135		26
3-552	沉降缝　油毡　一毡	10m²	7.391	18.31	135	3.55	26

续表

定额编号	项目名称	工程量		分部分项工程费		其中人工费	
		单位	数量	单价（元）	合价（元）	单价（元）	合价（元）
七、桥台					41 402		12 811
3-281 换	现浇混凝土构件 混凝土基础 混凝土 换为【预拌混凝土 C25】	10m³	2.16	3 170.98	6 849	316.29	683
3-471	浆砌块石 墩、台、墙	10m³	9.456	3 196.18	30 223	1 195.51	11 305
3-288 换	现浇混凝土构件 台帽 混凝土 换为【预拌混凝土 C25】	10m³	1.004	3 409.87	3 424	468.53	470
5-2386 换	抹面 换为【预拌混合砂浆 M7.5】	m²	8.4	33.43	281	21.72	182
5-955 换	防水工程 油毡防水层 平面换为【一毡二油】	100m²	0.084	2 298.74	193	520.24	44
1-455	圆钢 直径 10mm 以内	t	0.038	4 574.93	174	1 060.48	40
1-470	箍筋 直径 8mm	t	0.043	6 004.87	258	2 007.21	86
八、桥墩					18 906		5 733
3-281 换	现浇混凝土构件 混凝土基础 混凝土 换为【预拌混凝土 C25】	10m³	1.267	3 170.98	4 018	316.29	401
3-471	浆砌块石 墩、台、墙	10m³	3.98	3 196.18	12 721	1 195.51	4 758
3-286 换	现浇混凝土构件 墩帽 混凝土 换为【预拌混凝土 C25】	10m³	0.335	3 426.73	1 148	480.89	161
5-2386 换	抹面 换为【预拌混合砂浆 M7.5】	m²	10.8	33.43	361	21.72	235
5-955 换	防水工程 油毡防水层 平面换为【一毡二油】	100m²	0.108	2 298.74	248	520.24	56
1-455	圆钢 直径 10mm 以内	t	0.032	4 574.93	146	1 060.48	34
1-470	箍筋 直径 8mm	t	0.044	6 004.87	264	2 007.21	88
九、支撑梁					1 903		356
3-300 换	现浇混凝土构件 支撑梁 混凝土 换为【预拌混凝土 C20】	10m³	0.263	3 229.72	849	410.69	108
1-456	圆钢 直径 18mm 以内	t	0.157	4 070.59	639	695.59	109
1-470	箍筋 直径 8mm	t	0.069	6 004.87	414	2 007.21	139
十、八字翼墙					27 757		8 336
3-281 换	现浇混凝土构件 混凝土基础 混凝土 换为【预拌混凝土 C25】	10m³	2.46	3 170.98	7 801	316.29	778
3-471	浆砌块石 墩、台、墙	10m³	6.087	3 196.18	19 455	1 195.51	7 277
借 12-5	一般抹灰 毛石墙	100m²	0.122 3	4 101.85	502	2 295.54	281
十一、铺砌					40 561		13 391
3-464 换	浆砌片石 基础、护底 换为【预拌混合砂浆 M7.5】	10m³	8.337	2 142.81	17 865	714.83	5 960

续表

定额编号	项目名称	工程量		分部分项工程费		其中人工费	
		单位	数量	单价（元）	合价（元）	单价（元）	合价（元）
3-279 换	现浇混凝土构件　垫层　混凝土换为【预拌混凝土 C15】	10m³	3.335	3 054.92	10 188	376.29	1 255
3-467 换	浆砌片石墩、台、墙　换为【预拌混合砂浆 M7.5】	10m³	2.646	2 751.03	7 229	993.39	2 629
5-2389 换	勾石缝　平缝　换为【预拌混合砂浆 M7.5】	m²	333.48	15.68	5 229	10.64	3 548
十二、泄水管					460		31
3-560	泄水孔　铸铁管	10m	0.32	1 437.02	460	96.76	31
合　计					265 240		63 534

表 6-15　　　　　　　　　　　桥梁工程单价措施项目费计价表

定额编号	项目名称	工程量		单价措施项目费		其中人工费	
		单位	数量	单价（元）	合价（元）	单价（元）	合价（元）
3-380	预制混凝土构件　实心板梁　模板	10m²	38.577	470.95	18 168	260.39	10 045
3-337	现浇混凝土构件　防撞护栏　模板	10m²	5.065	765.07	3 875	424.67	2 151
3-282	现浇混凝土构件　桥台混凝土基础　模板	10m²	3.24	393.83	1 276	195.45	633
1-610	钢管脚手架　双排　8m 内　桥台	100m²	1.089 6	1 929.44	2 102	817.61	891
3-289	现浇混凝土构件　台帽　模板	10m²	2.469	1 009.86	2 493	384.03	948
3-282	现浇混凝土构件　桥墩混凝土基础　模板	10m²	1.776	393.83	699	195.45	347
1-610	钢管脚手架　双排　8m 内　桥墩	100m²	0.581 1	1 929.44	1 121	817.61	475
3-287	现浇混凝土构件　墩帽　模板	10m²	0.913	981.73	896	395.64	361
3-301	现浇混凝土构件　支撑梁　模板	10m²	3.504	872.55	3 057	348.33	1 221
3-282	现浇混凝土构件　翼墙混凝土基础　模板	10m²	3.301	393.83	1 300	195.45	645
1-610	钢管脚手架　双排　8m 内　翼墙	100m²	0.767 9	1 929.44	1 482	817.61	628
3-282	现浇混凝土构件　铺砌找平层混凝土　模板	10m²	0.41	393.83	161	195.45	80
合　计					36 632		18 425

习　　题

一、单选题（每题的备选项中，只有 1 个正确选项）

1. 桥梁组成的五大部件是（　　）。

　　A．桥跨结构、支座系统、桥墩、桥台、墩台基础

　　B．桥跨结构、桥面铺装、桥墩、桥台、墩台基础

　　C．桥跨结构、防水系统、桥墩、桥台、墩台基础

　　D．桥跨结构、防撞护栏、桥墩、桥台、墩台基础

2．桥涵定额中提升高度按原地面标高至梁底标高（　　）为界，超过部分可另行计算超高费。

　　A．7m　　　　　B．8m　　　　　C．9m　　　　　D．10m

3．陆上打钢管桩，外径为500mm，壁厚30mm，设计桩长10m（包括桩尖），自然地坪标高为1.3m，设计桩顶标高为0.8m，其单根桩送桩工程量为（　　）。

　　A．0.29m^3　　　B．0.93m^3　　　C．3.469t　　　D．3.999t

4．支架打300×500mm钢筋混凝土预制板桩，设计桩顶标高0.6m，施工期间的最高潮水位标高为2.2m，则单根桩的送桩工程量为（　　）m^3。

　　A．0.315　　　B．0.105　　　C．0.277　　　D．0.302

5．钢筋混凝土方桩的打桩工程量按（　　）计算。

　　A．桩长度（包括桩尖长度）

　　B．桩长度（包括桩尖长度）乘以桩截面面积

　　C．桩长度（不包括桩尖长度）

　　D．桩长度（不包括桩尖长度）乘以桩截面面积

6．陆上打钢管桩，外径为500mm，壁厚30mm，设计桩长10m（包括桩尖），自然地坪标高为1.3m，设计桩顶标高为0.8m，其单根桩打桩工程量为（　　）。

　　A．0.29m^3　　　B．0.93m^3　　　C．3.469t　　　D．3.999t

7．灌注桩水下混凝土工程量按设计桩长增加（　　）乘以设计桩径截面面积计算。

　　A．0.3m　　　　B．0.5m　　　　C．0.8m　　　　D．1.0m

8．混凝土模板工程量按（　　）计算。

　　A．体积　　　　B．质量　　　　C．长度　　　　D．接触面积

9．现浇混凝土墙、板上单孔面积在（　　）以内的孔洞不予扣除，洞侧壁模板面积亦不再计算。

　　A．0.1m^2　　　B．0.2m^2　　　C．0.3m^2　　　D．0.5m^2

10．声测管工程量按（　　）计算。

　　A．设计数量　　B．设计桩长　　C．设计桩体积　　D．护筒底至桩底长度

11．打桩工程中送桩定额按送（　　）为界。

　　A．4m　　　　　B．7m　　　　　C．5m　　　　　D．8m

12．桥梁预制混凝土空心构件工程量按设计尺寸以（　　）计算。

　　A．实体积（扣除空心体积，不计堵头体积）

　　B．实体积（扣除空心体积，计堵头体积）

　　C．外围体积（不扣除空心体积，不计堵头体积）

　　D．外围体积（扣除空心体积，计堵头体积）

13．金属栏杆工程量按设计图纸的（　　）计算。

　　A．栏杆长度　　B．栏杆体积　　C．栏杆面积　　D．主材质量

14. 现浇混凝土定额中混凝土按常用强度等级列出，如设计要求不同时（　　）。

A. 材料不可以换算　　　　　　　　　B. 人工可以换算

C. 机械可以换算　　　　　　　　　　D. 材料可以换算

15. 小型构件安装已包括（　　）场内运输，其他构件的场内运输费用另行计算。

A. 100m　　　　　B. 150m　　　　　C. 50m　　　　　D. 200m

二、多选题（每题的备选项中，有 2 个或 2 个以上符合题意，至少有 1 个错项）

1. 砌筑工程量按设计砌体尺寸以立方米体积计算，嵌入砌体中的（　　）及单孔面积 0.3m^2 以内的预留孔所占体积不予扣除。

A. 钢管　　　　B. 沉降缝　　　　C. 伸缩缝　　　　D. 空心砖

E. 实心砖

2. 下列关于基坑与边坡支护定额工程量计算规则中，正确的有（　　）。

A. 地下连续墙成槽土方量及浇筑混凝土工程量按连续墙设计截面面积（设计长度乘以宽度）乘以槽深（设计槽深加超深 0.5m，）以"m^3"为单位计算

B. 锁口管、接头箱吊拔及清底置换按设计图示连续墙的单位元以"段"为单位，其中清底置换按连续墙设计段数计算，锁口管、接头箱吊拔按连续墙段数加 1 段计算

C. 水泥土搅拌墙按设计截面面积乘以设计长度以"m^3"为单位计算，搅拌桩成孔中重复套钻工程量已在项目考虑，不另行计算

D. 咬合灌注桩按设计图示单桩尺寸以"m"为单位计算

E. 锚杆和锚索的钻孔、压浆按设计图示长度以"m"为单位计算

3. 桥梁工程定额中打桩工程（　　）。

A. 打桩土质类别综合取定　　　　　　B. 均为打直桩

C. 陆上打桩包括运桩　　　　　　　　D. 支架上打桩未包括运桩

E. 打桩机械场外运输费另执行相关项目

4. 打入桩根据桩身材料可分为（　　）。

A. 圆木桩　　　　　　　　　　　　　B. 钢筋混凝土板桩

C. 钢筋混凝土方桩　　　　　　　　　D. 钢管桩

E. 钻孔灌注桩

5. 砌筑工程定额包括（　　）等项目。

A. 浆砌块石　　　　　　　　　　　　B. 浆砌片石

C. 混凝土预制块　　　　　　　　　　D. 料石

E. 砖砌体

6. 下列关于定额工程量中，按体积计算的有（　　）。

A. 板式橡胶支座　　　　　　　　　　B. 现浇混凝土

C. 预制混凝土安装　　　　　　　　　D. 脚手架

E. 钢构件

三、判断题

1. 打钢管桩项目包括接桩费用。　　　　　　　　　　　　　　　　　　　（　　）

2. 陆上打桩时，以原地面平均标高增加 0.5m 为界线，界线以下至设计桩顶标高之间的

打桩实体积为送桩工程量。 （　　）

3．砌筑工程中拱圈底模定额包括拱盔。 （　　）

4．现浇混凝土工程包括基础、预制桩、墩、台等项目。 （　　）

5．凡台与墩或墩与墩之间不能连续施工时（如不能断航、断交通或拆迁工作不能配合），每个墩、台可计一次组装、拆卸柴油打桩架及设备运输费。 （　　）

四、计算题

1．确定下列工程项目的定额编号与基价。

（1）支架上打钢筋混凝土方桩，桩长 10m；

（2）送钢筋混凝土方桩 5.5 m，桩截面尺寸为 15cm×15cm。

2．图 6-28 为一桥墩的 1 根直径为 1.2 m 的灌注桩基础，已知：

1）采用回旋钻机钻孔，土质为砂砾土，泥浆运输为 5km，护筒埋设：高出常水位 1m，埋入 2m。

2）钢筋笼 2t。

计算该桩基础的工程量。

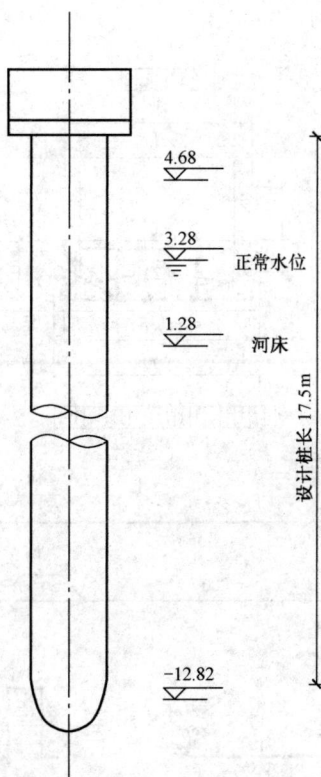

图 6-28　桥墩钻孔灌注桩示意图

五、案例分析

1．某工程有小桥一座，上部结构为 C25 钢筋混凝土实心板梁，其单块板梁的尺寸及配筋如图 6-29 所示。求算一块板梁的工程量及分部分项工程费、人工费。

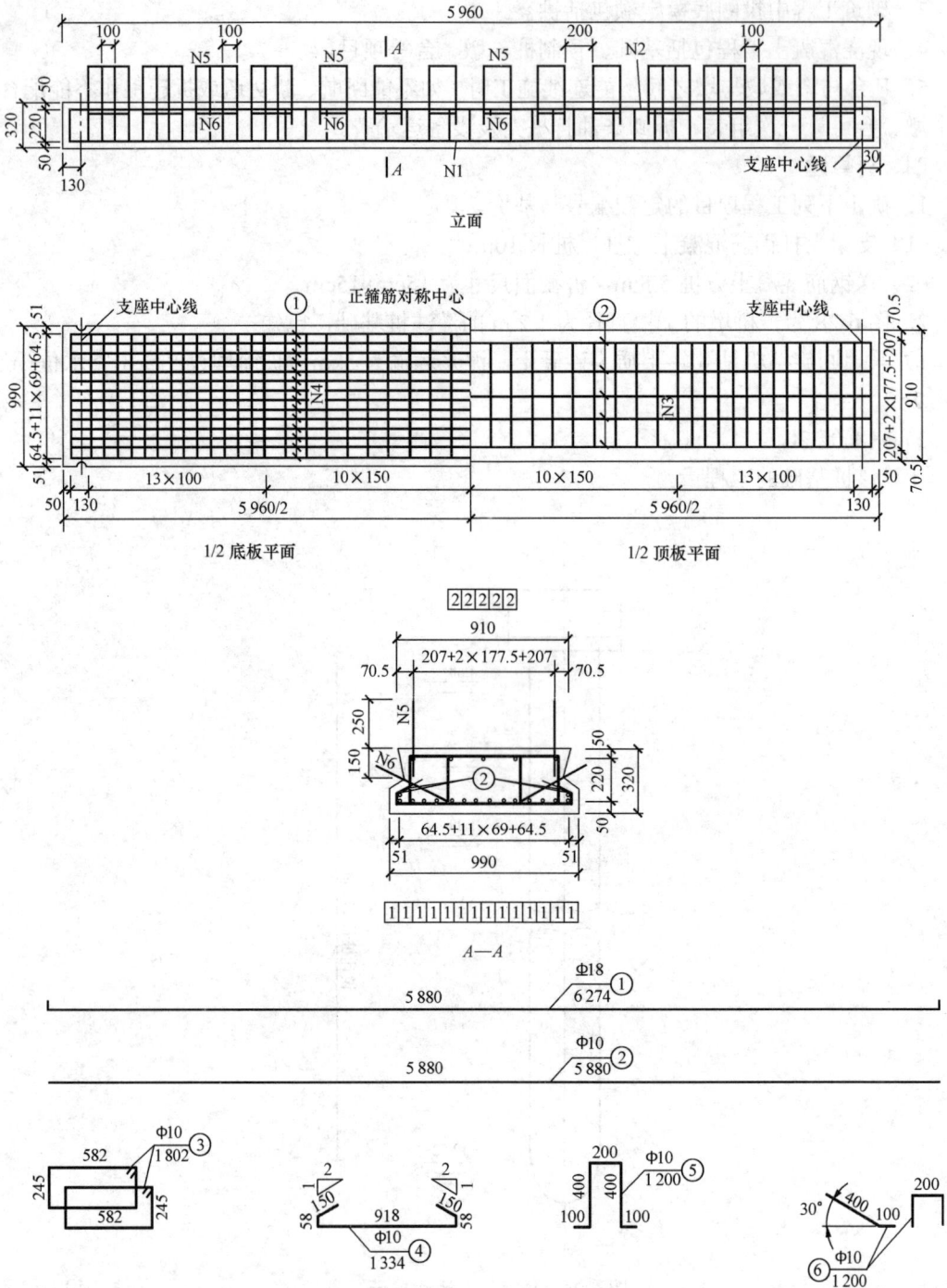

图 6-29　板梁配筋图

2. 某简支板梁桥，桥宽 38m；上部结构采用装配式预应力空心板梁，下部结构为：ϕ80cm 钻孔灌注桩基础（C20 混凝土），C25 混凝土承台，C25 混凝土重力式桥台台身，具体设计布置如图 6-30 所示（图中标高单位为 m）。

已知：桩顶标高 0.45m。该桥台位于河中，桥台处河床平均标高 1.5m，水位标高 3.0m，钢护筒顶标高为 4.0m、底标高为–0.8m。桩基础部位土质为砂性土和黏性土。泥渣运输运距按 5km 计。机械竖拆、施工通道、凿除的废料弃置不考虑。垫层尺寸同基础，支架平台按水上平台考虑，围堰不考虑。

试计算：一座桥台的桩基础、承台（不计算台帽和台身）的工程量及分部分项工程费、人工费。

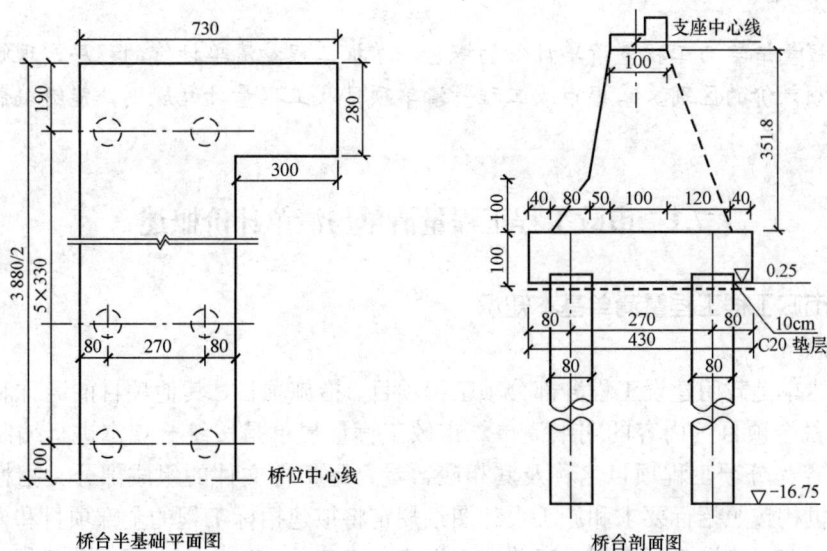

图 6-30 桥台构造图（单位：cm）

第 7 章　市政工程工程量清单计价

学习目标

　　熟悉工程量清单与工程量清单计价的概念，掌握工程量清单计价的程序，理解工程量清单计价与定额计价的区别，掌握市政工程量清单项目及工程量计算规则，能够编制市政工程量清单计价。

7.1　市政工程工程量清单与清单计价概述

7.1.1　市政工程工程量清单基本知识

一、概念

　　工程量清单是载明建设工程分部分项工程项目、措施项目、其他项目的名称和相应数量以及规费、税金项目等内容的明细清单。市政工程量清单是按统一规定进行编制的，它体现的核心内容为分项工程项目名称及其相应数量，是招标文件的组成部分。招标人或由其委托的代理机构按照招标要求和施工设计图纸规定将拟建招标工程的全部项目和内容，依据GB 50500—2013《建设工程工程量清单计价规范》和 GB 50857—2013《市政工程工程量计算规范》中统一项目编码、项目名称、计量单位和工程量计算规则进行编制，作为承包商进行投标报价的主要参考依据之一。

二、工程量清单计价规范概述

　　（1）工程量清单计价规范适用于建设工程工程量清单计价活动，工程量清单应采用综合单价计价。措施项目中的安全文明施工费必须按国家或省级、行业建设主管部门的规定计算，不得作为竞争性费用。规费和税金必须按国家或省级、行业建设主管部门的规定计算，不得作为竞争性费用。

　　（2）全部使用国有资金投资或国有资金投资为主（以下二者简称"国有资金投资"）的工程建设项目，必须采用工程量清单计价。

　　（3）非国有资金投资的工程建设项目，宜采用工程量清单计价。

　　（4）招标工程量清单、招标控制价应由具有编制能力的招标人或受其委托、具有相应资质的工程造价咨询人编制；投标价应由投标人或受其委托具有相应资质的工程造价咨询人编制。

　　（5）建设工程工程量清单计价活动应遵循客观、公正、公平的原则。

三、工程量清单的作用

　　1. 工程量清单为投标人的投标竞争提供了一个平等和共同的基础

　　工程量清单是由招标人负责编制，将要求投标人完成的工程项目及其相应工程实体数量全部列出，为投标人提供拟建工程的基本内容、实体数量和质量要求等的基础信息。这样，在建设工程的招标投标中，投标人的竞争活动就有了一个共同的基础，投标人机会均等，受到的待遇是公正和公平的。

2. 工程量清单是建设工程计价的依据

在招标投标过程中，招标人根据工程量清单编制招标工程的招标控制价；投标人按照工程量清单所表述的内容，依据企业定额计算投标价格，自主填报工程量清单所列项目的单价与合价。

3. 工程量清单是工程付款和结算的依据

在施工阶段，发包人根据承包人完成的工程量清单中规定的内容以及合同单价支付工程款。工程结算时，承发包双方按照工程量清单计价表对已实施的分部分项工程或计价项目，按合同单价和相关合同条款核算结算价款。

4. 工程量清单是调整工程价款、处理工程索赔的依据

在发生工程变更和工程索赔时，可以选用或者参照工程量清单中的分部分项工程或计价项目及合同单价来确定变更价款和索赔费用。

四、工程量清单编制的方法

采用工程量清单方式招标，工程量清单必须作为招标文件的组成部分，由招标人提供，并对其准确性和完整性负责。一经中标签订合同，工程量清单即为合同的组成部分。

招标工程量清单应以单位（项）工程为单位编制，由分部分项工程项目清单、措施项目清单、其他项目清单、规费和税金项目清单组成。

编制市政工程量清单的依据如下：

（1）GB 50500—2013《建设工程工程量清单计价规范》、GB 50857—2013《市政工程工程量计算规范》和相关工程的国家计量规范。

（2）国家或省级、行业建设主管部门颁发的计价定额和办法。

（3）建设工程设计文件及相关资料。

（4）与建设工程有关的标准、规范、技术资料。

（5）拟定的招标文件。

（6）施工现场情况、地勘水文资料、工程特点及常规施工方案。

（7）其他相关资料。

（一）分部分项工程量清单的编制

市政工程分部分项工程量清单包括项目编码、项目名称、项目特征、计量单位和工程量五个部分，应根据 GB 50857—2013《市政工程工程量计算规范》中规定的项目编码、项目名称、项目特征、计量单位和工程量计算规则进行编制。

1. 项目编码的设置

市政工程项目编码是分部分项工程量清单项目名称的数字标识。分部分项工程量清单项目编码以五级编码设置，采用十二位阿拉伯数字表示。一至九位应按 GB 50857—2013《市政工程工程量计算规范》附录的规定统一设置，十至十二位应根据拟建工程的工程量清单项目名称设置，同一招标工程的项目编码不得有重码。各级编码代表的含义如下。

（1）第一级为工程专业工程编码（分二位）：房屋建筑与装饰工程为 01、仿古建筑工程为 02、通用安装工程为 03、市政工程为 04、园林绿化工程为 05、矿山工程为 06、构筑物工程为 07、城市轨道交通工程为 08、爆破工程为 09。

（2）第二级为附录分类顺序码（分二位）：附录 A 为 01，附录 B 为 02，附录 C 为 03，依次类推。

（3）第三级为分部工程顺序码（分二位）。

（4）第四级为分项工程项目顺序码（分三位）。

（5）第五级为工程量清单项目顺序码（分三位）。

项目编码结构如图 7-1 所示（以市政道路工程为例）。

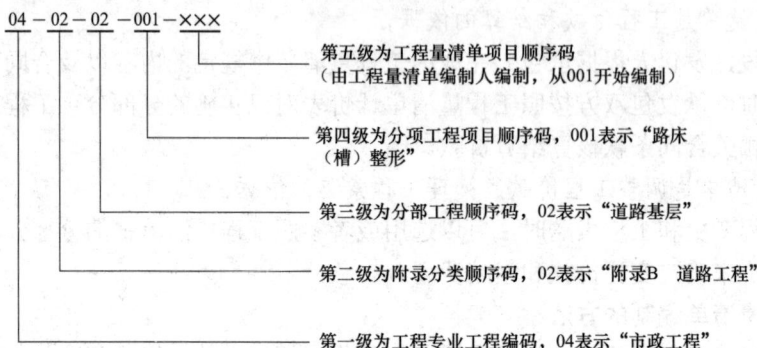

图 7-1　工程量清单项目编码结构

2. 项目名称的确定

市政工程分部分项工程量清单的项目名称应根据 GB 50857—2013《市政工程工程量计算规范》附录的项目名称结合拟建工程的实际确定。GB 50857—2013《市政工程工程量计算规范》附录表中的"项目名称"为分项工程项目名称，一般以工程实体而命名。编制工程量清单时，应以附录中的项目名称为基础，考虑该项目的规格、型号、材质等特征要求，并结合拟建工程的实际情况，对其进行适当的调整或细化，使其能够反映影响工程造价的主要因素。

3. 项目特征的描述

项目特征是指构成分部分项工程量清单项目、措施项目自身价值的本质特征。分部分项工程量清单项目特征应按附录中规定的项目特征，结合拟建工程项目的实际予以描述。分部分项工程量清单的项目特征是确定一个清单项目综合单价的重要依据，在编制的工程量清单中必须对其项目特征进行准确和全面的描述。工程量清单项目特征描述的重要意义如下。

（1）项目特征是区分清单项目的依据。工程量清单项目特征是用来表述分部分项清单项目的实质内容，用于区分计价规范中同一清单条目下各个具体的清单项目。没有项目特征的准确描述，对于相同或相似的清单项目名称，就无从区分。

（2）项目特征是确定综合单价的前提。由于工程量清单项目的特征决定了工程实体的实质内容，必然直接决定了工程实体的自身价值。因此，工程量清单项目特征描述的准确与否，直接关系到工程量清单项目综合单价的准确确定。

（3）项目特征是履行合同义务的基础。实行工程量清单计价，工程量清单及其综合单价则构成施工合同的组成部分。因此，工程量清单项目特征的描述不清甚至漏项、错误，就会引起在施工过程中的更改，从而引起分歧、导致纠纷。

由此可见，清单项目特征的描述应根据计价规范附录中有关项目特征的要求，结合技术规范、标准图集、施工图纸，按照工程结构、使用材质及规格或安装位置等，予以详细而准确的表述和说明。一旦离开了清单项目特征的描述，清单项目就将没有生命力。

清单项目特征主要涉及项目的自身特征（材质、型号、规格、品牌）、项目的工艺特征以及对项目施工方法可能产生影响的特征。如，沥青混凝土面层的项目特征描述为：沥青品种；

沥青混凝土种类；石料粒径；掺合料和面层厚度等。这些特征对投标人的报价影响很大，特征描述不清，将导致投标人对招标人的需求理解不全面，达不到正确报价的目的。对清单项目特征不同的项目应分别列项，如基础工程，仅混凝土强度等级不同，足以影响投标人的报价，故应分开列项。

4. 计量单位的选择

市政工程分部分项工程量清单的计量单位应按 GB 50587—2013《市政工程工程量计算规范》附录中规定的计量单位确定。当计量单位有两个或两个以上时，应根据所编工程量清单项目的特征要求，选择最适宜表述该项目特征并方便计量的单位。除各专业另有特殊规定外，均按以下基本单位计量。

（1）以重量计算的项目——吨或千克（t 或 kg）。

（2）以体积计算的项目——立方米（m^3）。

（3）以面积计算的项目——平方米（m^2）

（4）以长度计算的项目——米（m）。

（5）以自然计量单位计算的项目——个、套、块、组、台……

（6）没有具体计量单位的项目——宗、项……

以"t"为计量单位的应保留小数点三位，第四位小数四舍五入；以"m^3""m^2""m""kg"为计量单位的应保留小数点二位，第三位小数四舍五入；以"项""个"等为计量单位的应取整数。

5. 工程量的计算

市政工程分部分项工程量清单中所列工程量应按 GB 50857—2013《市政工程工程量计算规范》附录中规定的工程量计算规则计算。工程量计算规则是指对清单项目工程量的计算规定。采用工程量清单计算规则，工程实体的工程量是唯一的。统一的清单工程量，为各投标人提供了一个公平竞争的平台，也方便招标人对各投标人的报价进行对比。

6. 补充项目

编制工程量清单出现 GB 50857—2013《市政工程工程量计算规范》附录中未包括的项目，编制人应作补充，并报省级或行业工程造价管理机构备案，省级或行业工程造价管理机构应汇总报住房和城乡建设部标准定额研究所。

补充项目的编码由本规范的代码 04 与 B 和三位阿拉伯数字组成，并应从 04B001 起顺序编制，同一招标工程的项目不得重码。工程量清单中需附有补充项目的名称、项目特征、计量单位、工程量计算规则、工程内容。

（二）措施项目清单的编制

GB 50500—2013《建设工程工程量清单计价规范》、GB 50857—2013《市政工程工程量计算规范》将实体项目划分为分部分项工程量清单项目，将非实体项目划分为措施项目。措施项目清单是完成工程项目施工，发生于该工程施工准备和施工过程中的技术、生活、安全、环境保护等方面的非工程实体项目清单。市政工程常用的措施项目见表 7-1。

表 7-1　　　　　　　市政工程措施项目表

类别	序号	项　目　名　称
总价措施项目	1	安全文明施工（含环境保护、文明施工、安全施工、临时设施）
	2	夜间施工

类别	序号	项 目 名 称
总价措施项目	3	二次搬运
	4	冬季施工
	5	雨季施工
	6	已完工程及设备保护
	7	工程定位复测
	8	特殊地区施工
	9	白天在地下室施工
单价措施项目	10	施工排水、降水
	11	大型机械设备进出场及安拆
	12	围堰
	13	便道
	14	便桥
	15	支撑工程
	16	打拔工具桩
	17	脚手架
	18	筑岛填心
	19	混凝土模板及支架

措施项目清单的编制应考虑多种因素，除了工程本身的因素外，还要考虑水文、气象、环境、安全和施工企业的实际情况。措施项目清单的设置方法如下：

（1）参考拟建工程的常规施工组织设计，以确定环境保护、文明安全施工、临时设施、材料的二次搬运等项目。

（2）参考拟建工程的常规施工技术方案，以确定大型机械设备进出场及安拆、混凝土模板及支架、脚手架、施工排水、施工降水、垂直运输机械、组装平台等项目。

（3）参阅相关的施工规范与工程验收规范，以确定施工方案没有表述的但为实现施工规范与工程验收规范要求而必须发生的技术措施。

（4）确定设计文件中不足以写进施工方案，但要通过一定的技术措施才能实现的内容。

（5）确定招标文件中提出的某些需要通过一定的技术措施才能实现的要求。

（三）其他项目清单的编制

其他项目清单是指分部分项工程量清单、措施项目清单所包含的内容以外，因招标人的特殊要求而发生的与拟建工程有关的其他费用项目和相应数量的清单。工程建设标准的高低、工程的复杂程度、工程的工期长短、工程的组成内容、发包人对工程管理的要求等都直接影响其他项目清单的具体内容。因此，其他项目清单应根据拟建工程的具体情况，参照 GB 50500—2013《建设工程工程量清单计价规范》、GB 50857—2013《市政工程工程量计算规范》、《内蒙古自治区建设工程费用定额》提供的下列六项内容列项：

（1）暂列金额；

（2）材料（工程设备）暂估价；

（3）专业工程暂估价；

（4）计日工；

（5）总承包服务费；

（6）检验试验费。

出现上述未列的项目，可根据工程实际情况补充。

1. 暂列金额

暂列金额是指招标人在工程量清单中暂定并包括在合同价款中的一笔款项，用于施工合同签订时尚未确定或者不可预见的所需材料、设备、服务的采购，施工中可能发生的工程变更、合同约定调整因素出现时的工程价款调整以及发生的索赔、现场签证确认等的费用。

2. 暂估价

暂估价是指招标人在工程量清单中提供的用于支付必然发生但暂时不能确定价格的材料价款以及专业工程金额。暂估价是在招标阶段预见肯定要发生，但是由于标准尚不明确或者需要由专业承包人来完成，暂时无法确定具体价格时所采用的一种价格形式。

3. 计日工

计日工是为了解决现场发生的零星工作的计价而设立的。计日工以完成零星工作所消耗的人工工时、材料数量、机械台班进行计量，并按照计日工表中填报的适用项目的单价进行计价支付。计日工适用的所谓零星工作一般是指合同约定之外的或者因变更而产生的、工程量清单中没有相应项目的额外工作，尤其是那些时间不允许事先商定价格的额外工作。

编制工程量清单时，计日工表中的人工应按工种，材料和机械应按规格、型号详细列项。其中人工、材料、机械数量，应由招标人根据工程的复杂程度、工程设计质量的优劣及设计深度等因素，按照经验来估算一个比较贴近实际的数量，并作为暂定量写到计日工表中，纳入有效投标竞争，以期获得合理的计日工单价。

4. 总承包服务费

总承包服务费是为了解决招标人在法律、法规允许的条件下进行专业工程发包以及自行采购供应材料、设备时，要求总承包人对发包的专业工程提供协调和配合服务（如分包人使用总包人的脚手架、水电接驳等）；对供应的材料、设备提供收、发和保管服务以及对施工现场进行统一管理；对竣工资料进行统一汇总整理等发生并向总承包人支付的费用。招标人应当预计该项费用并按投标人的投标报价向投标人支付该项费用。

5. 检验试验费

检验试验费是指对新结构、新材料的试验费，对构件做破坏性试验及其他特殊要求检验试验的费用和建设单位委托检测机构进行检测的费用。2017 版《内蒙古自治区建设工程计价依据》将检验试验费列入其他项目清单。

（四）规费项目清单的编制

规费是指根据省级政府或省级有关权力部门规定必须缴纳的，应计入市政工程造价的费用。规费项目清单应按照下列内容列项：

（1）社会保险费。包括养老失业保险费、基本医疗保险费、工伤保险、生育保险。

（2）住房公积金。

（3）水利建设基金。

出现计价规范未列的项目，应根据省级政府或省级有关权力部门的规定列项。

（五）税金项目清单的编制

税金是指国家税法规定的应计入市政工程造价内的增值税（销项税额）。

7.1.2 市政工程工程量清单计价基本知识

一、工程量清单计价的一般规定

（1）采用工程量清单计价，建设工程造价由分部分项工程费、措施项目费、其他项目费、规费和税金组成。

（2）分部分项工程量清单应采用综合单价计价。

（3）招标文件中的工程量清单标明的工程量是投标人投标报价的共同基础，竣工结算的工程量按发、承包双方在合同中约定应予计量且实际完成的工程量确定。

（4）措施项目清单计价应根据拟建工程的施工组织设计，可以计算工程量的措施项目，应按分部分项工程量清单的方式采用综合单价计价；其余的措施项目可以"项"为单位的方式计价，应包括除规费、税金外的全部费用。

（5）措施项目清单中的安全文明施工费应按照国家或省级、行业建设主管部门的规定计价，不得作为竞争性费用。

（6）其他项目清单应根据工程特点和 GB 50500—2013《建设工程工程量清单计价规范》、GB 50857—2013《市政工程工程量计算规范》相关规定计价。

（7）招标人在工程量清单中提供了暂估价的材料和专业工程属于依法必须招标的，由承包人和招标人共同通过招标确定材料单价与专业工程分包价。若材料不属于依法必须招标的，经发、承包双方协商确认单价后计价。若专业工程不属于依法必须招标的，由发包人、总承包人与分包人按有关计价依据进行计价。

（8）规费和税金应按国家或省级、行业建设主管部门的规定计算，不得作为竞争性费用。

（9）采用工程量清单计价的工程，应在招标文件或合同中明确风险内容及其范围（幅度），不得采用无限风险、所有风险或类似语句规定风险内容及其范围（幅度）。

二、工程量清单计价的基本方法与程序

（一）工程造价的计算

采用工程量清单计价，建设工程造价由分部分项工程费、措施项目费、其他项目费、规费和税金组成。《计价规范》规定，分部分项工程量清单应采用综合单价计价。利用综合单价法计价，需分项计算清单项目，再汇总得到工程总造价。

$$分部分项工程费 = \sum 分部分项工程量 \times 分部分项工程综合单价 \tag{7.1}$$

$$措施项目费 = \sum 措施项目工程量 \times 措施项目综合单价 + \sum 总价措施项目费 \tag{7.2}$$

$$其他项目费 = 暂列金额 + 暂估价 + 计日工 + 总承包费 + 其他 \tag{7.3}$$

$$单位工程报价 = 分部分项工程费 + 措施项目费 + 其他项目费 + 规费 + 税金 \tag{7.4}$$

$$单项工程报价 = \sum 单位工程报价 \tag{7.5}$$

$$总造价 = \sum 单项工程报价 \tag{7.6}$$

（二）分部分项工程费计算

利用综合单价法计算分部分项工程费需要解决两个核心问题，即确定各分部分项工程的工程量及其综合单价。

GB 50500—2013《建设工程工程量清单计价规范》、GB 50857—2013《市政工程工程量计算规范》中的工程量清单综合单价是指完成一个规定计量单位的分部分项工程量清单项目或措施清单项目所需的人工费、材料费、施工机具使用费和企业管理费与利润，以及一定范围内的风险费用。该定义并不是真正意义上的全费用综合单价，而是一种狭义上的综合单价，规费和税金等不可竞争的费用并不包括在项目单价中，综合单价的确定方法如下：

（1）根据工程量清单项目名称和项目特征，结合拟建工程的具体情况，参照预算定额或企业定额，分析确定清单项目包括的组合工作内容和套用的定额子目。

（2）计算清单项目各组合工作内容的定额计价工程量。

（3）计算清单项目各组合工作内容的人工费、材料费、机械费、企业管理费、利润和风险费。

$$人工费＝定额人工费×定额计价工程量 \tag{7.7}$$

$$材料费＝定额材料费×定额计价工程量 \tag{7.8}$$

$$机械费＝定额机械费×定额计价工程量 \tag{7.9}$$

$$企业管理费＝人工费×企业管理费费率 \tag{7.10}$$

$$利润＝人工费×利润率 \tag{7.11}$$

$$风险费＝人工费×风险费费率 \tag{7.12}$$

（4）计算清单项目的人工费、材料费、机械费、企业管理费、利润和风险费。

$$清单项目的人工费＝\sum 清单项目各组合工作内容的人工费 \tag{7.13}$$

$$清单项目的材料费＝\sum 清单项目各组合工作内容的材料费 \tag{7.14}$$

$$清单项目的机械费＝\sum 清单项目各组合工作内容的机械费 \tag{7.15}$$

$$清单项目的企业管理费＝\sum 清单项目各组合工作内容的企业管理费 \tag{7.16}$$

$$清单项目的利润＝\sum 清单项目各组合工作内容的利润 \tag{7.17}$$

$$清单项目的风险费＝\sum 清单项目各组合工作内容的风险费 \tag{7.18}$$

（5）计算清单项目单位清单工程量的人工费、材料费、机械费、企业管理费、利润和风险费。

$$单位清单工程量的人工费＝\frac{清单项目的人工费}{清单工程量} \tag{7.19}$$

$$单位清单工程量的材料费＝\frac{清单项目的材料费}{清单工程量} \tag{7.20}$$

$$单位清单工程量的机械费＝\frac{清单项目的机械费}{清单工程量} \tag{7.21}$$

$$单位清单工程量的企业管理费＝\frac{清单项目的企业管理费}{清单工程量} \tag{7.22}$$

$$单位清单工程量的利润＝\frac{清单项目的利润}{清单工程量} \tag{7.23}$$

$$单位清单工程量的风险费 = \frac{清单项目的风险费}{清单工程量} \qquad (7.24)$$

（6）计算清单项目的综合单价。单位清单工程量的人工费、材料费、机械费、企业管理费、利润和风险费的合计即为该清单项目的综合单价。

综合单价＝单位清单工程量的（人工费＋材料费＋机械费＋企业管理费＋利润＋风险费）

$$(7.25)$$

（三）措施项目费计算

措施项目费是指为完成工程项目施工，而用于发生在该工程施工准备和施工过程中的技术、生活、安全、环境保护等方面的非工程实体项目所支出的费用。措施项目清单的金额，应根据拟建工程的施工方案或施工组织设计，参照规范规定的综合单价组成来确定。

措施项目费的计算方法一般有以下几种。

1. 综合单价法

综合单价法与分部分项工程综合单价的计算方法相同，即根据需要消耗的实物工程量与实物单价计算措施费，一般适用于可以计算工程的措施项目，主要是指一些与工程实体有紧密联系的项目，如脚手架、混凝土模板、垂直运输等。

2. 参数法计价

参数法计价是指按一定的基数乘系数的方法或自定义公式进行计算。这种方法简单明了，但最大的难点在于公式的科学性、准确性很难把握。系数高低直接反映投标人的施工水平。这种方法主要适用于施工过程中必须发生，但在投标时很难具体分析预测，又无法单独列出项目内容的措施项目，如夜间施工费、二次搬运费等，均可采用该方法。

3. 分包法计价

在分包价格的基础上增加投标人的管理费及风险费进行计价的方法，这种方法适合可以分包的独立项目，如室内空气污染测试等。

有时招标人要求对措施项目费进行明细分析，这时采用参数法组价和分包法组价都是先计算该措施项目的总费用，这就需要人为地用系数或比例的办法分摊人工费、材料费、机械费、管理费及利润。

（四）其他项目费计算

暂列金额和暂估价由招标人按估算金额确定。计日工、总承包服务费和检验试验费由投标人根据招标人提出的要求，按估算的费用确定。

（五）规费与税金的计算

每一项规费和税金的规定文件中，对其计算方法都有明确的说明，故可以按各项法规和规定的计算方式计取。具体计算时，一般按国家及有关部门规定的计算公式和费率标准进行计算。

（六）风险费用的确定

风险具体指工程建设施工阶段承发包双方在招投标活动和合同履约及施工中所面临的涉及工程计价方面的风险。采用工程量清单计价的工程，应在招标文件或合同中明确风险内容及其范围（幅度），并在工程计价过程中予以考虑。

三、工程量清单计价的程序

工程量清单计价的基本程序，如图 7-2 所示。

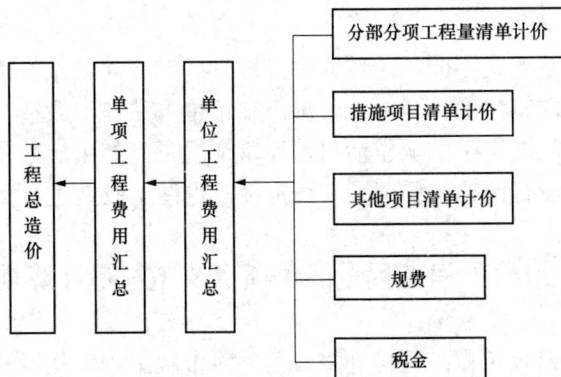

图 7-2 工程量清单计价程序

7.1.3 工程量清单计价与定额计价的区别

工程量清单计价方法与定额计价方法相比存在一些重大的区别，这些区别也体现出了工程量清单计价的特点。

一、两种模式的最大差别在于体现了我国建设市场发展过程中的不同定价阶段

（1）定额计价模式更多地反映了国家定价或国家指导价阶段。在这一模式下，工程价格直接由国家决定，或是由国家给出一定的指导标准，承包商可以在该标准的允许幅度内实现有限竞争，例如在我国的招投标制度中，一度严格限定投标人的报价必须在限定标底的一定范围内波动，超出此范围即为废标，这一阶段的工程招标投标价格即属于国家指导性价格，体现出在国家宏观计划控制下的市场有限竞争。

（2）清单计价模式则反映了市场定价阶段。在该阶段中，工程价格是在国家有关部门间接调控和监督下，由工程承发包双方根据工程市场中建筑产品供求关系变化自主确定工程价格。其价格的形成可以不受国家工程造价管理部门的直接干预，而此时的工程造价是根据市场的具体情况，有竞争形成、自发形成、自发波动和自发调节的特点。

二、两种模式的主要计价依据及其性质不同

（1）定额计价模式的主要计价依据为国家、省、有关专业部门制定的各种定额，其性质为指导性，定额的项目划分一般按施工工序分项，每个分项工程项目所含的工程内容一般是单一的。

（2）清单计价模式的主要计价依据为清单计价规范，其性质是含有强制性条文的国家标准，清单的项目划分一般是按"综合实体"进行分项的，每个分项工程一般包含多项工程内容。

（3）编制工程量的主体不同。在定额计价方法中，建设工程的工程量分别由招标人和投标人分别按图计算。而在清单计价方法中，工程量由招标人统一计算或委托有关工程造价咨询资质单位统一计算，工程量清单的招标文件的重要组成部分，各投标人根据招标人提供的工程清单，根据自身的技术装备、施工经验、企业成本、企业定额、管理水平自主填写单价与合价。

（4）单价与报价的组成不同。定额计价法的单价包括人工费、材料费、机械费、管理费、利润，而清单计价方法采用综合单价形式，综合单价包括人工费、材料费、机械费、管理费、利润，并考虑风险因素。工程量清单计价法的报价除包括定额计价法的报价外，还包括暂列金额、暂估价和计日工等。

（5）合同价格的调整方式不同。定额计价方法形成的合同，其价格的主要调整方式有：变更签证、定额解释、政策性调整。而工程量清单计价方法在一般情况下单价是相对固定下来的，减少了在合同实施过程中的调整活口，通常情况下，如果清单项目的数量没有增减，能够保证合同价格基本没有调整，保证了其稳定性，也便于业主进行资金准备和筹划。

7.2 市政工程工程量清单项目及工程量计算规则

GB 50857—2013《市政工程工程量计算规范》对市政工程工程量计算规则、分部分项工程编码、项目名称、项目特征、计量单位、工作内容等做了相应的规定，本节选取土石方工程、道路工程、桥涵工程、排水工程、钢筋与拆除工程内容加以介绍。

7.2.1 土石方工程工程量清单项目及工程量计算规则

一、土方工程工程量清单项目及工程量计算规则

土方工程量清单计价，分部分项工程综合单价可组合的定额内容如下。

（1）人工挖（沟槽、基坑）土方、机械挖土方；

（2）人工（机械）运土方；

（3）人工（机械）挖运淤泥、流砂；

（4）推土机推土；

（5）打拔工具桩、挡土板等。

土方工程工程量清单项目及工程量计算规则见表 7-2。

表 7-2   **土方工程（编码：040101）**

项目编码	项目名称	项目特征	计量单位	工程量计算规则	工作内容
040101001	挖一般土方	1. 土壤类别 2. 挖土深度	m³	按设计图示尺寸以体积计算	1. 排地表水 2. 土方开挖 3. 围护（挡土板）及拆除 4. 基底钎探 5. 场内运输
040101002	挖沟槽土方			按设计图示尺寸以基础垫层底面积乘以挖土深度计算	
040101003	挖基坑土方				
040101004	暗挖土方	1. 土壤类别 2. 平洞、斜洞（坡度） 3. 运距		按设计图示断面乘以长度以体积计算	1. 排地表水 2. 土方开挖 3. 场内运输
040101005	挖淤泥、流砂	1. 挖掘深度 2. 运距		按设计图示位置、界限以体积计算	1. 开挖 2. 运输

注　1. 土方体积应按挖掘前的天然密实体积计算。
　　2. 挖沟槽、基坑土方中的挖土深度，一般指原地面标高至槽、坑底的平均高度。
　　3. 挖沟槽、基坑、一般土方因工作面和放坡增加的工程量，是否并入各土方工程量中，按各省、自治区、直辖市或行业建设主管部门的规定实施。
　　4. 挖沟槽、基坑、一般土方和暗挖土方清单项目的工作内容中仅包括了土方场内平衡所需的运输费用，如需土方外运时，按 040103002"余方弃置"项目编码列项。
　　5. 挖方出现流砂、淤泥时，如设计未明确，在编制工程量清单时，其工程数量可为暂估值。结算时，应根据实际情况由发包人与承包人双方现场签证确认工程量。
　　6. 挖淤泥、流砂的运距可以不描述，但应注明由投标人根据施工现场实际情况自行考虑决定报价。

【例 7-1】　已知某钢筋混凝土排水管道工程挖沟槽土方，断面如图 7-3 所示，土质为二类土，沟槽长 180m，施工采用反铲挖掘机挖土，坑边作业，一侧支撑为木挡土板（密撑）木支撑，横板竖撑，试计算其挖方的清单工程量及挖土综合单价。

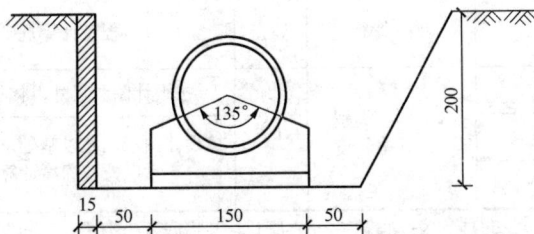

图 7-3　沟槽挖土断面图（单位：cm）

解：（1）计算清单工程量。

$$V = 1.5 \times 2 \times 180 = 540.00 (m^3)$$

（2）计算综合单价。

1）查挖土放坡系数表得放坡坡度为 1:0.75，根据施工方案确定挖沟槽土方清单项目的工作内容及工程量计算见表 7-3。

表 7-3　　　　　　　　清单项目组合工作内容及工程量计算表

清单项目	组合工作内容	单位	工程量计算式	数量
挖沟槽土方	挖掘机挖土（不装车）（二类土）	m³	[（1.5+2×0.5）+0.15+0.5×0.75×2.0]×2.0×180	1224.00
	密木挡土板　木支撑	m²	180×2.0	360.00

2）填表计算挖沟槽土方的综合单价，见表 7-4。

表 7-4　　　　　　　　分部分项工程量清单综合单价计算表

项目编码	项目名称	单位	工程量	费用组成（元）					价格（元）	
				人工费	材料费	机械费	管理费	利润	综合单价	合价
040101002001	挖沟槽土方	m³	540.00	15.00	5.52	8.72	6.33	6.31	40.16	10 843
1-137	挖掘机挖土　不装车　一、二类土	m³	1224.00	0.53		3.85	0.05	0.04	4.47	2 273
1-587	木挡土板　密挡土板　木支撑	m²	360.00	20.7	8.28		9.31	9.31	47.61	8 569

二、石方工程工程量清单项目及工程量计算规则

石方工程量清单计价，分部分项工程综合单价可组合的定额内容如下。

（1）人工（机械）凿石方；

（2）人工（机械）打眼爆破石方；

（3）机械切割石方；

（4）机械破碎岩石；

（5）石渣运输等。

石方工程工程量清单项目及工程量计算规则见表 7-5。

表 7-5　　　　　　　　　　　　石方工程（编码：040102）

项目编码	项目名称	项目特征	计量单位	工程量计算规则	工作内容
040102001	挖一般石方	1. 岩石类别 2. 开凿深度	m^3	按设计图示尺寸以体积计算	1. 排地表水 2. 石方开凿 3. 修整底、边 4. 场内运输
040102002	挖沟槽石方			按设计图示尺寸以基础垫层底面乘以挖石深度计算	
040102003	挖基坑石方				

注 1. 沟槽、基坑、一般石方的划分为：底宽≤7m，底长＞3 倍底宽为沟槽；底长≤3 倍底宽且底面积≤150m² 为基坑；超出上述范围则为一般石方。
　 2. 石方体积应按挖掘前的天然密实体积计算。
　 3. 挖沟槽、基坑、一般石方因工作面和放坡增加的工程量，是否并入各石方工程量中，按各省、自治区、直辖市或行业建设主管部门的规定实施。如并入各石方工程量中，编制工程量清单时，其所需增加的工程数量可为暂估值，且在清单项目中予以注明；办理工程结算时，按经发包人认可的施工组织设计规定计算。
　 4. 挖沟槽、基坑、一般石方清单项目的工作内容中仅包括了石方场内平衡所需的运输费用，如需石方外运时，按 040103002 "余方弃置" 项目编码列项。
　 5. 石方爆破按现行国家标准 GB 50862—2013《爆破工程工程量计算规范》相关项目编码列项。

三、回填及土方运输工程工程量清单项目及工程量计算规则

回填及土方运输工程量清单计价，分部分项工程综合单价可组合的定额内容包括：

（1）人工（机械）装、运土方；

（2）人工（机械）填土碾压；

（3）回填砂、砂砾和石灰砂砾；

（4）夯填灰土、级配碎石；

（5）石渣运输等。

回填及土方运输工程工程量清单项目及工程量计算规则见表 7-6。

表 7-6　　　　　　　　　　　　回填及土方运输（编码：040103）

项目编码	项目名称	项目特征	计量单位	工程量计算规则	工作内容
040103001	回填方	1. 密实度要求 2. 填方材料品种 3. 填方粒径要求 4. 填方来源、运距	m^3	1. 按挖方清单项目工程量加原地面线至设计要求标高间的体积，减基础、构筑物等埋入体积计算 2. 按设计图示尺寸以体积计算	1. 运输 2. 回填 3. 压实
040103002	余方弃置	1. 废弃料品种 2. 运距		按挖方清单项目工程量减利用回填方体积（正数）计算	余方点装料运输至弃置点

注 1. 填方材料品种为土时，可以不描述。
　 2. 填方粒径，在无特殊要求情况下，项目特征可以不描述。
　 3. 对于沟、槽坑等开挖后再进行回填方的清单项目，其工程量计算规则按第 1 条确定；场地填方等按第 2 条确定。其中，对工程量计算规则 1，当原地面线高于设计要求标高时，则其体积为负值。
　 4. 回填方总工程量中若包括场内平衡和缺方内运两部分时，应分别编码列项。
　 5. 余方弃置和回填方的运距可以不描述，但应注明由投标人根据施工现场实际情况自行考虑决定报价。
　 6. 回填方如需缺方内运，且填方材料品种为土方时，是否在综合单价中计入购买土方的费用，由投标人根据工程实际情况自行考虑决定报价。
　 7. 废料及余方弃置清单项目中，如需发生弃置、堆放费用的，投标人应根据当地有关规定计取相应费用，并计入综合单价中。

7.2.2　道路工程工程量清单项目及工程量计算规则

一、路基处理工程量清单项目及工程量计算规则

路基处理工程量清单计价，分部分项工程综合单价可组合的定额内容如下。

（1）路基处理；

（2）消解石灰；

（3）伸缩缝、沉降缝（排水沟、截水沟）；

（4）盖板制作安装（排水沟、截水沟）等。

路基处理工程量清单项目及工程量计算规则见表 7-7。

表 7-7　　　　　　　　　　　路基处理（编码：040201）

项目编码	项目名称	项目特征	计量单位	工程量计算规则	工作内容
040201001	预压地基	1. 排水竖井种类、断面尺寸、排列方式、间距、深度 2. 预压方法 3. 预压荷载、时间 4. 砂垫层厚度	m²	按设计图示尺寸以加固面积计算	1. 设置排水竖井、盲沟、滤水管 2. 铺设砂垫层、密封膜 3. 堆载、卸载或抽气设备安拆、抽真空 4. 材料运输
040201002	强夯地基	1. 夯击能量 2. 夯击遍数 3. 地耐力要求 4. 夯填材料种类	m²	按设计图示尺寸以加固面积计算	1. 铺设夯填材料 2. 强夯 3. 夯填材料运输
040201003	振冲密实（不填料）	1. 地层情况 2. 振密深度 3. 孔距 4. 振冲器功率			1. 振冲加密 2. 泥浆运输
040201004	掺石灰	含灰量	m³	按设计图示尺寸以体积计算	1. 掺石灰 2. 夯实
040201005	掺干土	1. 密实度 2. 掺土率			1. 掺干土 2. 夯实
040201006	掺石	1. 材料品种、规格 2. 掺石率			1. 掺石 2. 夯实
040201007	抛石挤淤	材料品种、规格			1. 抛石挤淤 2. 填塞垫平、压实
040201008	袋装砂井	1. 直径 2. 填充料品种 3. 深度	m	按设计图示尺寸以长度计算	1. 制作砂袋 2. 定位沉管 3. 下砂袋 4. 拔管
040201009	塑料排水板	材料品种、规格			1. 安装排水板 2. 沉管插板 3. 拔管

续表

项目编码	项目名称	项目特征	计量单位	工程量计算规则	工作内容
040201010	振冲桩（填料）	1. 地层情况 2. 空桩长度、桩长 3. 桩径 4. 填充材料种类	1. m 2. m³	1. 以"m"计量，按设计图示尺寸以桩长计算 2. 以"m³"计量，按设计桩截面乘以桩长以体积计算	1. 振冲成孔、填料、振实 2. 材料运输 3. 泥浆运输
040201011	砂石桩	1. 地层情况 2. 空桩长度、桩长 3. 桩径 4. 成孔方法 5. 材料种类、级配		1. 以"m"计量，按设计图示尺寸以桩长（包括桩尖）计算 2. 以"m³"计量，按设计桩截面乘以桩长（包括桩尖）以体积计算	1. 成孔 2. 填充、振实 3. 材料运输
040201012	水泥粉煤灰碎石桩	1. 地层情况 2. 空桩长度、桩长 3. 桩径 4. 成孔方法 5. 混合料强度等级		按设计图示尺寸以桩长（包括桩尖）计算	1. 成孔 2. 混合料制作、灌注、养护 3. 材料运输
040201013	深层水泥搅拌桩	1. 地层情况 2. 空桩长度、柱长 3. 桩截面尺寸 4. 水泥强度等级、掺量	m		1. 预搅下钻、水泥浆制作、喷浆搅拌提升成桩 2. 材料运输
040201014	粉喷桩	1. 地层情况 2. 空桩长度、桩长 3. 桩径 4. 粉体种类、掺量 5. 水泥强度等级、石灰粉要求		按设计图示尺寸以桩长计算	1. 预搅下钻、喷粉搅拌提升成桩 2. 材料运输
040201015	高压水泥旋喷桩	1. 地层情况 2. 空桩长度、桩长 3. 桩截面 4. 旋喷类型、方法 5. 水泥强度等级、掺量			1. 成孔 2. 水泥浆制作、高压旋喷注浆 3. 材料运输
040201016	石灰桩	1. 地层情况 2. 空桩长度、桩长 3. 桩径 4. 成孔方法 5. 掺合料种类、配合比		按设计图示尺寸以桩长（包括桩尖）计算	1. 成孔 2. 混合料制作、运输、夯填
040201017	灰土（土）挤密桩	1. 地层情况 2. 空桩长度、桩长 3. 桩径 4. 成孔方法 5. 灰土级配			1. 成孔 2. 灰土拌和、运输、填充、夯实
040201018	柱锤冲扩桩	1. 地层情况 2. 空桩长度、桩长 3. 桩径 4. 成孔方法 5. 桩体材料种类、配合比		按设计图示尺寸以桩长计算	1. 安拔套管 2. 冲孔、填料、夯实 3. 桩体材料制作、运输

续表

项目编码	项目名称	项目特征	计量单位	工程量计算规则	工作内容
040201019	地基注浆	1. 地层情况 2. 成孔深度、间距 3. 浆液种类及配合比 4. 注浆方法 5. 水泥强度等级、用量	1. m 2. m³	1. 以"m"计量时，按设计图示尺寸以深度计算 2. 以"m³"计量时，按设计图示尺寸以加固体积计算	1. 成孔 2. 注浆导管制作、安装 3. 浆液制作、压浆 4. 材料运输
040201020	褥垫层	1. 厚度 2. 材料品种、规格及比例	1. m² 2. m³	1. 以"m²"计量时，按设计图示尺寸以铺设面积计算 2. 以"m³"计量时，按设计图示尺寸以铺设体积计算	1. 材料拌和、运输 2. 铺设 3. 压实
040201021	土工合成材料	1. 材料品种、规格 2. 搭接方式	m²	按设计图示尺寸以面积计算	1. 基层整平 2. 铺设 3. 固定
040201022	排水沟、截水沟	1. 断面尺寸 2. 基础、垫层：材料品种、厚度 3. 砌体材料 4. 砂浆强度等级 5. 伸缩缝填塞 6. 盖板材质、规格	m	按设计图示以长度计算	1. 模板制作、安装、拆除 2. 基础、垫层铺筑 3. 混凝土拌和、运输、浇筑 4. 侧墙浇捣或砌筑 5. 勾缝、抹面 6. 盖板安装
040201023	盲沟	1. 材料品种、规格 2. 断面尺寸			铺筑

注　1. 地层情况按土、石方分类规定，根据岩土工程勘察报告按单位工程各地层所占比例（包括范围值）进行描述。对无法准确描述的地层情况，可注明由投标人根据岩土工程勘察报告自行决定报价。
　　2. 项目特征中的桩长应包括桩尖，空桩长度=孔深-桩长，孔深为自然地面至设计桩底的深度。
　　3. 如采用碎石、粉煤灰、砂等作为路基处理的填方材料时，应按土石方工程中"回填方"项目编码列项。
　　4. 排水沟、截水沟清单项目中，当侧墙为混凝土时，还应描述侧墙的混凝土强度等级。

二、道路基层工程量清单项目及工程量计算规则

道路基层工程量清单计价，分部分项工程综合单价可组合的定额内容如下。

（1）路（床）槽整形；

（2）道路（底）基层及基层料运输；

（3）消解石灰；

（4）多合土养生等。

道路基层工程量清单项目及工程量计算规则见表 7-8。

表 7-8　　　　　　　　　道路基层（编码：040202）

项目编码	项目名称	项目特征	计量单位	工程量计算规则	工作内容
040202001	路床（槽）整形	1. 部位 2. 范围	m²	按设计道路底基层图示尺寸以面积计算，不扣除各类井所占面积	1. 放样 2. 整修路拱 3. 碾压成型

续表

项目编码	项目名称	项目特征	计量单位	工程量计算规则	工作内容
040202002	石灰稳定土	1. 含灰量 2. 厚度			
040202003	水泥稳定土	1. 水泥含量 2. 厚度			
040202004	石灰、粉煤灰、土	1. 配合比 2. 厚度			
040202005	石灰、碎石、土	1. 配合比 2. 碎石规格 3. 厚度			
040202006	石灰、粉煤灰、碎（砾）石	1. 配合比 2. 碎（砾）石规格 3. 厚度			
040202007	粉煤灰	厚度	m²	按设计图示尺寸以面积计算，不扣除各类井所占面积	1. 拌和 2. 运输 3. 铺筑 4. 找平 5. 碾压 6. 养护
040202008	矿渣				
040202009	砂砾石				
040202010	卵石	1. 石料规格 2. 厚度			
040202011	碎石				
040202012	块石				
040202013	山皮石				
040202014	粉煤灰三渣	1. 配合比 2. 厚度			
040202015	水泥稳定碎（砾）石	1. 水泥含量 2. 石料规格 3. 厚度			
040202016	沥青稳定碎石	1. 沥青品种 2. 石料规格 3. 厚度			

注　1. 道路工程厚度应以压实后为准。

　　2. 道路基层设计截面如为梯形时，应按其截面平均宽度计算面积，并在项目特征中对截面参数加以描述。

三、道路面层工程量清单项目及工程量计算规则

道路面层工程量清单计价，分部分项工程综合单价可组合的定额内容如下。

（1）沥青表面处治、沥青贯入式；

（2）透层、黏层、封层；

（3）道路面层及面层料运输；

（4）水泥混凝土路面伸缩缝、养生等。

道路面层工程工程量清单项目及工程量计算规则见表7-9。

表 7-9　　　　　　　　　　　　道路面层（编码：040203）

项目编码	项目名称	项目特征	计量单位	工程量计算规则	工作内容
040203001	沥青表面处治	1. 沥青品种 2. 层数			1. 喷油、布料 2. 碾压
040203002	沥青贯入式	1. 沥青品种 2. 石料规格 3. 厚度			1. 摊铺碎石 2. 喷油、布料 3. 碾压
040203003	透层、黏层	1. 材料品种 2. 喷油量			1. 清理下承面 2. 喷油、布料
040203004	封层	1. 材料品种 2. 喷油量 3. 厚度			1. 清理下承面 2. 喷油、布料 3. 压实
040203005	黑色碎石	1. 材料品种 2. 石料规格 3. 厚度	m²	按设计图示尺寸以面积计算，不扣除各种井所占面积，带平石的面层应扣除平石所占面积	1. 清理下承面 2. 拌和、运输 3. 摊铺、整形 4. 压实
040203006	沥青混凝土	1. 沥青品种 2. 沥青混凝土种类 3. 石料粒径 4. 掺合料 5. 厚度			
040203007	水泥混凝土	1. 混凝土强度等级 2. 掺合料 3. 厚度 4. 嵌缝材料			1. 模板制作、安装、拆除 2. 混凝土拌和、运输、浇筑 3. 拉毛 4. 压痕或刻防滑槽 5. 伸缝 6. 缩缝 7. 锯缝、嵌缝 8. 路面养护
040203008	块料面层	1. 块料品种、规格 2. 垫层：材料品种、厚度 3. 强度等级			1. 铺筑垫层 2. 铺砌块料 3. 嵌缝、勾缝
040203009	弹性面层	1. 材料品种 2. 厚度			1. 配料 2. 铺贴

注　水泥混凝土路面中传力杆和拉杆的制作、安装应按钢筋工程中相关项目编码列项。

四、人行道及其他工程量清单项目及工程量计算规则

人行道及其他工程量清单计价，分部分项工程综合单价可组合的定额内容如下。

（1）人行道整形碾压；

（2）人行道块料铺设、人行道板安砌；

（3）侧（平、缘）石安砌、垫层；

（4）现浇侧（平、缘）及模板；

（5）检查井升降；

（6）砌筑树池等。

人行道及其他工程工程量清单项目及工程量计算规则见表 7-10。

表 7-10   人行道及其他（编码：040204）

项目编码	项目名称	项目特征	计量单位	工程量计算规则	工作内容
040204001	人行道整形碾压	1. 部位 2. 范围	m²	按设计人行道图示尺寸以面积计算，不扣除侧石、树池和各类井所占面积	1. 放样 2. 碾压
040204002	人行道块料铺设	1. 块料品种、规格 2. 基础、垫层：材料品种、厚度 3. 图形		按设计图示尺寸以面积计算，不扣除各类井所占面积，但应扣除侧石、树池所占面积	1. 基础、垫层铺筑 2. 块料铺设
040204003	现浇混凝土人行道及进口坡	1. 混凝土强度等级 2. 厚度 3. 基础、垫层：材料品种、厚度			1. 模板制作、安装、拆除 2. 基础、垫层铺筑 3. 混凝土拌和、运输、浇筑
040204004	安砌侧（平、缘）石	1. 材料品种、规格 2. 基础、垫层：材料品种、厚度		按设计图示中心线长度计算	1. 开槽 2. 基础、垫层铺筑 3. 侧（平、缘）石安砌
040204005	现浇侧（平、缘）石	1. 材料品种 2. 尺寸 3. 形状 4. 混凝土强度等级 5. 基础、垫层：材料品种、厚度	m		1. 模板制作、安装、拆除 2. 开槽 3. 基础、垫层铺筑 4. 混凝土拌和、运输、浇筑
040204006	检查井升降	1. 材料品种 2. 检查井规格 3. 平均升（降）高度	座	按设计图示路面标高与原有的检查井发生正负高差的检查井的数量计算	1. 提升 2. 降低
040204007	树池砌筑	1. 材料品种、规格 2. 树池尺寸 3. 树池盖面材料品种	个	按设计图示数量计算	1. 基础、垫层铺筑 2. 树池砌筑 3. 盖面材料运输、安装
040204008	预制电缆沟铺设	1. 材料品种 2. 规格尺寸 3. 基础、垫层：材料品种、厚度 4. 盖板品种、规格	m	按设计图示中心线长度计算	1. 基础、垫层铺筑 2. 预制电缆沟安装 3. 盖板安装

7.2.3 桥涵工程工程量清单项目及计算规则

一、桩基工程量清单项目及工程量计算规则

桩基工程量清单计价，分部分项工程综合单价可组合的定额内容如下。

（1）搭拆工作平台；

（2）组装拆卸打桩机、预制桩打桩、接桩、送桩；

（3）埋设护筒、泥浆制作、钻孔、灌注混凝土桩、截桩头、声测管等。

桩基工程工程量清单项目及工程量计算规则见表 7-11。

表 7-11　　　　　　　　　　　　　　桩基（编码：040301）

项目编码	项目名称	项目特征	计量单位	工程量计算规则	工作内容
040301001	预制钢筋混凝土方桩	1. 地层情况 2. 送桩深度、桩长 3. 桩截面 4. 桩倾斜度 5. 混凝土强度等级	1. m 2. m³ 3. 根	1. 以"m"计量，按设计图示尺寸以桩长（包括桩尖）计算 2. 以"m³"计量，按设计图示桩长（包括桩尖）乘以桩的断面积计算 3. 以"根"计量，按设计图示数量计算	1. 工作平台搭拆 2. 桩就位 3. 桩机移位 4. 沉桩 5. 接桩 6. 送桩
040301002	预制钢筋混凝土管桩	1. 地层情况 2. 送桩深度、桩长 3. 桩外径、壁厚 4. 桩倾斜度 5. 桩尖设置及类型 6. 混凝土强度等级 7. 填充材料种类			1. 工作平台搭拆 2. 桩就位 3. 桩机移位 4. 桩尖安装 5. 沉桩 6. 接桩 7. 送桩 8. 桩芯填充
040301003	钢管桩	1. 地层情况 2. 送桩深度、桩长 3. 材质 4. 管径、壁厚 5. 桩倾斜度 6. 填充材料种类 7. 防护材料种类	1. t 2. 根	1. 以"t"计量，按设计图示尺寸以质量计算 2. 以"根"计量，按设计图示数量计算	1. 工作平台搭拆 2. 桩就位 3. 桩机移位 4. 沉桩 5. 接桩 6. 送桩 7. 切割钢管、精割盖帽 8. 管内取土、余土弃置 9. 管内填芯、刷防护材料
040301004	泥浆护壁成孔灌注桩	1. 地层情况 2. 空桩长度、桩长 3. 桩径 4. 成孔方法 5. 混凝土种类、强度等级		1. 以"m"计量，按设计图示尺寸以桩长（包括桩尖）计算 2. 以"m³"计量，按不同截面在桩长范围内以体积计算 3. 以"根"计量，按设计图示数量计算	1. 工作平台搭拆 2. 桩机移位 3. 护筒埋设 4. 成孔、固壁 5. 混凝土制作、运输、灌注、养护 6. 土方、废浆外运 7. 打桩场地硬化及泥浆池、泥浆沟
040301005	沉管灌注桩	1. 地层情况 2. 空桩长度、桩长 3. 复打长度 4. 桩径 5. 沉管方法 6. 桩尖类型 7. 混凝土种类、强度等级	1. m 2. m³ 3. 根	1. 以"m"计量，按设计图示尺寸以桩长（包括桩尖）计算 2. 以"m³"计量，按设计图示桩长（包括桩尖）乘以桩的断面积计算 3. 以"根"计量，按设计图示数量计算	1. 工作平台搭拆 2. 桩机移位 3. 打（沉）拔钢管 4. 桩尖安装 5. 混凝土制作、运输、灌注、养护
040301006	干作业成孔灌注桩	1. 地层情况 2. 空桩长度、桩长 3. 桩径 4. 扩孔直径、高度 5. 成孔方法 6. 混凝土种类、强度等级			1. 工作平台搭拆 2. 桩机移位 3. 成孔、扩孔 4. 混凝土制作、运输、灌注、振捣、养护

续表

项目编码	项目名称	项目特征	计量单位	工程量计算规则	工作内容
040301007	挖孔桩土（石）方	1. 土（石）类别 2. 挖孔深度 3. 弃土（石）运距	m³	按设计图示尺寸（含护壁）截面积乘以挖孔深度以"m³"计算	1. 排地表水 2. 挖土、凿石 3. 基底钎探 4. 土（石）方外运
040301008	人工挖孔灌注桩	1. 桩芯长度 2. 桩芯直径、扩底直径、扩底高度 3. 护壁厚度、高度 4. 护壁材料种类、强度等级 5. 桩芯混凝土种类、强度等级	1. m³ 2. 根	1. 以"m³"计量，按桩芯混凝土体积计算 2. 以"根"计量，按设计图示数量计算	1. 护壁制作、安装 2. 混凝土制作、运输、灌注、振捣、养护
040301009	钻孔压浆桩	1. 地层情况 2. 桩长 3. 钻孔直径 4. 骨料品种、规格 5. 水泥强度等级	1. m 2. 根	1. 以"m"计量，按设计图示尺寸以桩长计算 2. 以"根"计量，按设计图示数量计算	1. 钻孔、下注浆管、投放骨料 2. 浆液制作、运输、压浆
040301010	灌注桩后注浆	1. 注浆导管材料、规格 2. 注浆导管长度 3. 单孔注浆量 4. 水泥强度等级	孔	按设计图示以注浆孔数计算	1. 注浆导管制作、安装 2. 浆液制作、运输、压浆
040301011	截桩头	1. 桩类型 2. 桩头截面、高度 3. 混凝土强度等级 4. 有无钢筋	1. m³ 2. 根	1. 以"m³"计量，按设计桩截面乘以桩头长度以体积计算 2. 以"根"计量，按设计图示数量计算	1. 截桩头 2. 凿平 3. 废料外运
040301012	声测管	1. 材质 2. 规格型号	1. t 2. m	1. 按设计图示尺寸以质量计算 2. 按设计图示尺寸以长度计算	1. 检测管截断、封头 2. 套管制作、焊接 3. 定位、固定

注 1. 地层情况按土、石方分类规定，根据岩土工程勘察报告按单位工程各地层所占比例（包括范围值）进行描述。对无法准确描述的地层情况，可注明由投标人根据岩土工程勘察报告自行决定报价。

2. 各类混凝土预制桩以成品桩考虑，应包括成品桩购置费，如果用现场预制，应包括现场预制桩的所有费用。

3. 项目特征中的桩截面、混凝土强度等级、桩类型等可直接用标准图代号或设计桩型进行描述。

4. 打试验桩和打斜桩应按相应项目编码单独列项，并应在项目特征中注明试验桩或斜桩（斜率）。

5. 项目特征中的桩长应包括桩尖，空桩长度=孔深-桩长，孔深为自然地面至设计桩底的深度。

6. 泥浆护壁成孔灌注桩是指在泥浆护壁条件下成孔，采用水下灌注混凝土的桩。其成孔方法包括冲击钻成孔、冲抓锥成孔、回旋钻成孔、潜水钻成孔、泥浆护壁的旋挖成孔等。

7. 沉管灌注桩的沉管方法包括捶击沉管法、振动沉管法、振动冲击沉管法、内夯沉管法等。

8. 干作业成孔灌注桩是指不用泥浆护壁和套管护壁的情况下，用钻机成孔后，下钢筋笼，灌注混凝土的桩，适用于地下水位以上的土层使用。其成孔方法包括螺旋钻成孔、螺旋钻成孔扩底、干作业的旋挖成孔等。

9. 混凝土灌注桩的钢筋笼制作、安装，按钢筋工程中相关项目编码列项。

10. 本表工作内容未含桩基础的承载力检测、桩身完整性检测。

二、现浇混凝土工程量清单项目及工程量计算规则

现浇混凝土工程量清单计价，分部分项工程综合单价可组合的定额内容如下。

（1）现浇混凝土构件；

（2）桥涵支架；

（3）挂篮制作、安拆、推移等。

现浇混凝土工程工程量清单项目及工程量计算规则见表 7-12。

表 7-12　　　　　　　　　　现浇混凝土构件（编码：040303）

项目编码	项目名称	项目特征	计量单位	工程量计算规则	工作内容
040303001	混凝土垫层	混凝土强度等级	m³	按设计图示尺寸以体积计算	1. 模板制作、安装、拆除 2. 混凝土拌和、运输、浇筑 3. 养护
040303002	混凝土基础	1. 混凝土强度等级 2. 嵌料（毛石）比例			
040303003	混凝土承台	混凝土强度等级			
040303004	混凝土墩（台）帽	1. 部位 2. 混凝土强度等级			
040303005	混凝土墩（台）身				
040303006	混凝土支撑梁及横梁				
040303007	混凝土墩（台）盖梁				
040303008	混凝土拱桥拱座	混凝土强度等级			
040303009	混凝土拱桥拱肋				
040303010	混凝土拱上构件	1. 部位 2. 混凝土强度等级			
040303011	混凝土箱梁				
040303012	混凝土连续板	1. 部位 2. 结构形式 3. 混凝土强度等级			
040303013	混凝土板梁				
040303014	混凝土板拱	1. 部位 2. 混凝土强度等级			
040303015	混凝土挡墙墙身	1. 混凝土强度等级 2. 泄水孔材料品种、规格 3. 滤水层要求 4. 沉降缝要求			1. 模板制作、安装、拆除 2. 混凝土拌和、运输、浇筑 3. 养护 4. 抹灰 5. 泄水孔制作、安装 6. 滤水层铺筑 7. 沉降缝
040303016	混凝土挡墙压顶	1. 混凝土强度等级 2. 沉降缝要求			
040303017	混凝土楼梯	1. 结构形式 2. 底板厚度 3. 混凝土强度等级	1. m² 2. m³	1. 以"m²"计量，按设计图示尺寸以水平投影面积计算 2. 以"m³"计量，按设计图示尺寸以体积计算	1. 模板制作、安装、拆除 2. 混凝土拌和、运输、浇筑 3. 养护
040303018	混凝土防撞护栏	1. 断面 2. 混凝土强度等级	m	按设计图示尺寸以长度计算	
040303019	桥面铺装	1. 混凝土强度等级 2. 沥青品种 3. 沥青混凝土种类 4. 厚度 5. 配合比	m²	按设计图示尺寸以面积计算	1. 模板制作、安装、拆除 2. 混凝土拌和、运输、浇筑 3. 养护 4. 沥青混凝土铺装 5. 碾压

续表

项目编码	项目名称	项目特征	计量单位	工程量计算规则	工作内容
040303020	混凝土桥头搭板	混凝土强度等级	m³	按设计图示尺寸以体积计算	1. 模板制作、安装、拆除 2. 混凝土拌和、运输、浇筑 3. 养护
040303021	混凝土搭板枕梁				
040303022	混凝土塔身	1. 形状 2. 混凝土强度等级			
040303023	混凝土连续梁				
040303024	混凝土其他构件	1. 名称、部位 2. 混凝土强度等级			
040303025	钢管拱混凝土	混凝土强度等级			混凝土拌和、运输、压注

注 台帽、台盖梁均应包括耳墙、背墙。

三、预制混凝土工程量清单项目及工程量计算规则

预制混凝土工程量清单计价，分部分项工程综合单价可组合的定额内容如下。

（1）预制混凝土各类构件；

（2）构件场内运输；

（3）构件安装等。

预制混凝土工程工程量清单项目及工程量计算规则见表 7-13。

表 7-13 预制混凝土构件（编码：040304）

项目编码	项目名称	项目特征	计量单位	工程量计算规则	工作内容
040304001	预制混凝土梁	1. 部位 2. 图集、图纸名称 3. 构件代号、名称 4. 混凝土强度等级 5. 砂浆强度等级	m³	按设计图示尺寸以体积计算	1. 模板制作、安装、拆除 2. 混凝土拌和、运输、浇筑 3. 养护 4. 构件安装 5. 接头灌缝 6. 砂浆制作 7. 运输
040304002	预制混凝土柱				
040304003	预制混凝土板				
040304004	预制混凝土挡土墙墙身	1. 图集、图纸名称 2. 构件代号、名称 3. 结构形式 4. 混凝土强度等级 5. 泄水孔材料种类、规格 6. 滤水层要求 7. 砂浆强度等级			1. 模板制作、安装、拆除 2. 混凝土拌和、运输、浇筑 3. 养护 4. 构件安装 5. 接头灌缝 6. 泄水孔制作、安装 7. 滤水层铺设 8. 砂浆制作 9. 运输
040304005	预制混凝土其他构件	1. 部位 2. 图集、图纸名称 3. 构件代号、名称 4. 混凝土强度等级 5. 砂浆强度等级			1. 模板制作、安装、拆除 2. 混凝土拌和、运输、浇筑 3. 养护 4. 构件安装 5. 接头灌浆 6. 砂浆制作 7. 运输

四、砌筑工程量清单项目及工程量计算规则

砌筑工程量清单计价，分部分项工程综合单价可组合的定额内容如下。

（1）干砌片（块）石、浆砌片（块）石；

（2）砖砌体；

（3）滤层、泄水孔等。

砌筑工程量清单项目及工程量计算规则见表 7-14。

表 7-14　　　　　　　　　　　　砌筑（编码：040305）

项目编码	项目名称	项目特征	计量单位	工程量计算规则	工作内容
040305001	垫层	1. 材料品种、规格 2. 厚度			垫层铺筑
040305002	干砌块料	1. 部位 2. 材料品种、规格 3. 泄水孔材料品种、规格 4. 滤水层要求 5. 沉降缝要求	m³	按设计图示尺寸以体积计算	1. 砌筑 2. 砌体勾缝 3. 砌体抹面 4. 泄水孔制作、安装 5. 滤层铺设 6. 沉降缝
040305003	浆砌块料	1. 部位 2. 材料品种、规格 3. 砂浆强度等级 4. 泄水孔材料品种、规格 5. 滤水层要求 6. 沉降缝要求			
040305004	砖砌体				
040305005	护坡	1. 材料品种 2. 结构形式 3. 厚度 4. 砂浆强度等级	m²	按设计图示尺寸以面积计算	1. 修整边坡 2. 砌筑 3. 砌体勾缝 4. 砌体抹面

注　1. 干砌块料、浆砌块料和砖砌体应根据工程部位不同，分别设置清单编码。

　　2. 本节清单项目中"垫层"指碎石、块石等非混凝土类垫层。

五、其他工程量清单项目及工程量计算规则

其他工程量清单计价，分部分项工程综合单价可组合的定额内容如下。

（1）栏杆、支座、伸缩装置、沉降缝；

（2）隔声屏障；

（3）泄水孔、排水管；

（4）防水层等。

其他工程量清单项目及工程量计算规则见表 7-15。

表 7-15　　　　　　　　　　　　其他（编码：040309）

项目编码	项目名称	项目特征	计量单位	工程量计算规则	工作内容
040309001	金属栏杆	1. 栏杆材质、规格 2. 油漆品种、工艺要求	1. t 2. m	1. 按设计图示尺寸以质量计算 2. 按设计图示尺寸以延长米计算	1. 制作、运输、安装 2. 除锈、刷油漆
040309002	石质栏杆	材料品种、规格	m	按设计图示尺寸以长度计算	制作、运输、安装
040309003	混凝土栏杆	1. 混凝土强度等级 2. 规格尺寸			

续表

项目编码	项目名称	项目特征	计量单位	工程量计算规则	工作内容
040309004	橡胶支座	1. 材质 2. 规格、型号 3. 形式	个	按设计图示数量计算	支座安装
040309005	钢支座	1. 规格、型号 2. 形式			
040309006	盆式支座	1. 材质 2. 承载力			
040309007	桥梁伸缩装置	1. 材料品种 2. 规格、型号 3. 混凝土种类 4. 混凝土强度等级	m	以"m"计量，按设计图示尺寸以延长米计算	1. 制作、安装 2. 混凝土拌和、运输、浇筑
040309008	隔声屏障	1. 材料品种 2. 结构形式 3. 油漆品种、工艺要求	m²	按设计图示尺寸以面积计算	1. 制作、安装 2. 除锈、刷油漆
040309009	桥面排（泄）水管	1. 材料品种 2. 管径	m	按设计图示以长度计算	进水口、排（泄）水管制作、安装
040309010	防水层	1. 部位 2. 材料品种、规格 3. 工艺要求	m²	按设计图示尺寸以面积计算	防水层铺涂

注　支座垫石混凝土按现浇混凝土基础项目编码列项。

7.2.4　排水工程工程量清单项目及计算规则

一、管道铺设工程量清单项目及工程量计算规则

管道铺设工程量清单计价，分部分项工程综合单价可组合的定额内容包括：

（1）管道垫层及基础、管道铺设、管道接口、管道截断、闭水试验、试压、吹扫；

（2）顶管；

（3）土壤加固处理；

（4）渠道（方沟）；

（5）警示（示踪）带铺设等。

管道铺设工程量清单项目及工程量计算规则见表7-16。

表 7-16　　　　　　　　　管道铺设（编码：040501）

项目编码	项目名称	项目特征	计量单位	工程量计算规则	工作内容
040501001	混凝土管	1. 垫层、基础材质及厚度 2. 管座材质 3. 规格 4. 接口方式 5. 铺设深度 6. 混凝土强度等级 7. 管道检验及试验要求	m	按设计图示中心线长度以"延长米"计算。不扣除附属构筑物、管件及阀门等所占长度	1. 垫层、基础铺筑及养护 2. 模板制作、安装、拆除 3. 混凝土拌和、运输、浇筑、养护 4. 预制管枕安装 5. 管道铺设 6. 管道接口 7. 管道检验及试验

续表

项目编码	项目名称	项目特征	计量单位	工程量计算规则	工作内容
040501002	钢管	1. 垫层、基础材质及厚度 2. 材质及规格 3. 接口方式 4. 铺设深度 5. 管道检验及试验要求 6. 集中防腐运距		按设计图示中心线长度以"延长米"计算。不扣除附属构筑物、管件及阀门等所占长度	1. 垫层、基础铺筑及养护 2. 模板制作、安装、拆除 3. 混凝土拌和、运输、浇筑、养护 4. 管道铺设 5. 管道检验及试验 6. 集中防腐运输
040501003	铸铁管				
040501004	塑料管	1. 垫层、基础材质及厚度 2. 材质及规格 3. 连接形式 4. 铺设深度 5. 管道检验及试验要求			1. 垫层、基础铺筑及养护 2. 模板制作、安装、拆除 3. 混凝土拌和、运输、浇筑、养护 4. 管道铺设 5. 管道检验及试验
040501005	直埋式预制保温管	1. 垫层材质及厚度 2. 材质及规格 3. 接口方式 4. 铺设深度 5. 管道检验及试验的要求			1. 垫层铺筑及养护 2. 管道铺设 3. 接口处保温 4. 管道检验
040501006	管道架空跨越	1. 管道架设高度 2. 管道材质及规格 3. 接口方式 4. 管道检验及试验要求 5. 集中防腐运距	m	按设计图示中心线长度以"延长米"计算。不扣除管件及阀门等所占长度	1. 管道架设 2. 管道检验及试验 3. 集中防腐运输
040501007	隧道（沟、管）内管道	1. 基础材质及厚度 2. 混凝土强度等级 3. 材质及规格 4. 接口方式 5. 管道检验及试验要求 6. 集中防腐运距		按设计图示中心线长度以"延长米"计算。不扣除附属构筑物、管件及阀门等所占长度	1. 基础铺筑、养护 2. 模板制作、安装、拆除 3. 混凝土拌和、运输、浇筑、养护 4. 管道铺设 5. 管道检测及试验 6. 集中防腐运输
040501008	水平导向钻进	1. 土壤类别 2. 材质及规格 3. 一次成孔长度 4. 接口方式 5. 泥浆要求 6. 管道检验及试验要求 7. 集中防腐运距		按设计图示长度以"延长米"计算。扣除附属构筑物（检查井）所占的长度	1. 设备安装、拆除 2. 定位、成孔 3. 管道接口 4. 拉管 5. 纠偏、监测 6. 泥浆制作、注浆 7. 管道检测及试验 8. 集中防腐运输 9. 泥浆、土方外运
040501009	夯管	1. 土壤类别 2. 材质及规格 3. 一次夯管长度 4. 接口方式 5. 管道检验及试验要求 6. 集中防腐运距			1. 设备安装、拆除 2. 定位、夯管 3. 管道接口 4. 纠偏、监测 5. 管道检测及试验 6. 集中防腐运输 7. 土方外运

续表

项目编码	项目名称	项目特征	计量单位	工程量计算规则	工作内容
040501010	顶（夯）管工作坑	1. 土壤类别 2. 工作坑平面尺寸及深度 3. 支撑、围护方式 4. 垫层、基础材质及厚度 5. 混凝土强度等级 6. 设备、工作台主要技术要求	座	按设计图示数量计算	1. 支撑、围护 2. 模板制作、安装、拆除 3. 混凝土拌和、运输、浇筑、养护 4. 工作坑内设备、工作台安装及拆除
040501011	预制混凝土工作坑	1. 土壤类别 2. 工作坑平面尺寸及深度 3. 垫层、基础材质及厚度 4. 混凝土强度等级 5. 设备、工作台主要技术要求 6. 混凝土构件运距			1. 混凝土工作坑制作 2. 下沉、定位 3. 模板制作、安装、拆除 4. 混凝土拌和、运输、浇筑、养护 5. 工作坑内设备、工作台安装及拆除 6. 混凝土构件运输
040501012	顶管	1. 土壤类别 2. 顶管工作方式 3. 管道材质及规格 4. 中继间规格 5. 工具管材质及规格 6. 触变泥浆要求 7. 管道检验及试验要求 8. 集中防腐运距	m	按设计图示长度以"延长米"计算。扣除附属构筑物（检查井）所占的长度	1. 管道顶进 2. 管道接口 3. 中继间、工具管及附属设备安装拆除 4. 管内挖、运土及土方提升 5. 机械顶管设备调向 6. 纠偏、监测 7. 触变泥浆制作、注浆 8. 洞口止水 9. 管道检测及试验 10. 集中防腐运输 11. 泥浆、土方外运
040501013	土壤加固	1. 土壤类别 2. 加固填充材料 3. 加固方式	1. m 2. m³	1. 按设计图示加固段长度以"延长米"计算 2. 按设计图示加固段体积以"m³"计算	打孔、调浆、灌注
040501014	新旧管连接	1. 材质及规格 2. 连接方式 3. 带（不带）介质连接	处	按设计图示数量计算	1. 切管 2. 钻孔 3. 连接
040501015	临时放水管线	1. 材质及规格 2. 铺设方式 3. 接口形式		按放水管线长度以"延长米"计算，不扣除管件、阀门所占长度	管线铺设、拆除
040501016	砌筑方沟	1. 断面规格 2. 垫层、基础材质及厚度 3. 砌筑材料品种、规格、强度等级 4. 混凝土强度等级 5. 砂浆强度等级、配合比 6. 勾缝、抹面要求 7. 盖板材质及规格 8. 伸缩缝（沉降缝）要求 9. 防渗、防水要求 10. 混凝土构件运距	m	按设计图示尺寸以"延长米"计算	1. 模板制作、安装、拆除 2. 混凝土拌和、运输、浇筑、养护 3. 砌筑 4. 勾缝、抹面 5. 盖板安装 6. 防水、止水 7. 混凝土构件运输

续表

项目编码	项目名称	项目特征	计量单位	工程量计算规则	工作内容
040501017	混凝土方沟	1. 断面规格 2. 垫层、基础材质及厚度 3. 混凝土强度等级 4. 伸缩缝（沉降缝）要求 5. 盖板材质、规格 6. 防渗、防水要求 7. 混凝土构件运距	m	按设计图示尺寸以"延长米"计算	1. 模板制作、安装、拆除 2. 混凝土拌和、运输、浇筑、养护 3. 盖板安装 4. 防水、止水 5. 混凝土构件运输
040501018	砌筑渠道	1. 断面规格 2. 垫层、基础材质及厚度 3. 砌筑材料品种、规格、强度等级 4. 混凝土强度等级 5. 砂浆强度等级、配合比 6. 勾缝、抹面要求 7. 伸缩缝（沉降缝）要求 8. 防渗、防水要求			1. 模板制作、安装、拆除 2. 混凝土拌和、运输、浇筑、养护 3. 渠道砌筑 4. 勾缝、抹面 5. 防水、止水
040501019	混凝土渠道	1. 断面规格 2. 垫层、基础材质及厚度 3. 混凝土强度等级 4. 伸缩缝（沉降缝）要求 5. 防渗、防水要求 6. 混凝土构件运距			1. 模板制作、安装、拆除 2. 混凝土拌和、运输、浇筑、养护 3. 防水、止水 4. 混凝土构件运输
040501020	警示（示踪）带铺设	规格		按铺设长度以"延长米"计算	铺设

注　管道铺设项目中的做法如为标准设计，也可在项目特征中标注标准图集号。

二、管道附属构筑物工程量清单项目及工程量计算规则

管道附属构筑物工程量清单计价，分部分项工程综合单价可组合的定额内容如下。

（1）定型井；

（2）砌筑非定型井；

（3）塑料检查井；

（4）砌体与装修、井筒；

（5）出水口、雨水口等。

管道附属构筑物工程量清单项目及工程量计算规则见表 7-17。

表 7-17　　　　　　　　　　管道附属构筑物（编码：040504）

项目编码	项目名称	项目特征	计量单位	工程量计算规则	工作内容
040504001	砌筑井	1. 垫层、基础材质及厚度 2. 砌筑材料品种、规格、强度等级 3. 勾缝、抹面要求 4. 砂浆强度等级、配合比 5. 混凝土强度等级 6. 盖板材质、规格 7. 井盖、井圈材质及规格 8. 踏步材质、规格 9. 防渗、防水要求	座	按设计图示数量计算	1. 垫层铺筑 2. 模板制作、安装、拆除 3. 混凝土拌和、运输、浇筑、养护 4. 砌筑、勾缝、抹面 5. 井圈、井盖安装 6. 盖板安装 7. 踏步安装 8. 防水、止水

续表

项目编码	项目名称	项目特征	计量单位	工程量计算规则	工作内容
040504002	混凝土井	1. 垫层、基础材质及厚度 2. 混凝土强度等级 3. 盖板材质、规格 4. 井盖、井圈材质及规格 5. 踏步材质、规格 6. 防渗、防水要求	座	按设计图示数量计算	1. 垫层铺筑 2. 模板制作、安装、拆除 3. 混凝土拌和、运输、浇筑、养护 4. 井圈、井盖安装 5. 盖板安装 6. 踏步安装 7. 防水、止水
040504003	塑料检查井	1. 垫层、基础材质及厚度 2. 检查井材质、规格 3. 井筒、井盖、井圈材质及规格			1. 垫层铺筑 2. 模板制作、安装、拆除 3. 混凝土拌和、运输、浇筑、养护 4. 检查井安装 5. 井筒、井圈、井盖安装
040504004	砖砌井筒	1. 井筒规格 2. 砌筑材料品种、规格 3. 砌筑、勾缝、抹面要求 4. 砂浆强度等级、配合比 5. 踏步材质、规格 6. 防渗、防水要求	m	按设计图示尺寸以"延长米"计算	1. 砌筑、勾缝、抹面 2. 踏步安装
040504005	预制混凝土井筒	1. 井筒规格 2. 踏步规格			1. 运输 2. 安装
040504006	砌体出水口	1. 垫层、基础材质及厚度 2. 砌筑材料品种、规格 3. 砌筑、勾缝、抹面要求 4. 砂浆强度等级及配合比			1. 垫层铺筑 2. 模板制作、安装、拆除 3. 混凝土拌和、运输、浇筑、养护 4. 砌筑、勾缝、抹面
040504007	混凝土出水口	1. 垫层、基础材质及厚度 2. 混凝土强度等级	座	按设计图示数量计算	1. 垫层铺筑 2. 模板制作、安装、拆除 3. 混凝土拌和、运输、浇筑、养护
040504008	整体化粪池	1. 材质 2. 型号、规格			安装
040504009	雨水口	1. 雨水箅子及圈口材质、型号、规格 2. 垫层、基础材质及厚度 3. 混凝土强度等级 4. 砌筑材料品种、规格 5. 砂浆强度等级及配合比			1. 垫层铺筑 2. 模板制作、安装、拆除 3. 混凝土拌和、运输、浇筑、养护 4. 砌筑、勾缝、抹面 5. 雨水箅子安装

注　管道附属构筑物为标准定型附属构筑物时，在项目特征中应标注标准图集编号及页码。

7.2.5　钢筋、拆除工程工程量清单项目及工程量计算规则

一、钢筋工程量清单项目及工程量计算规则

钢筋工程量清单计价，分部分项工程综合单价可组合的定额内容如下。

（1）普通钢筋、钢筋连接；

（2）铁件、拉杆、植筋；

（3）低合金预应力钢筋、预应力钢绞线；

（4）水平垂直运输；

（5）钢筋笼安放等。

钢筋工程量清单项目及工程量计算规则见表 7-18。

表 7-18　　　　　　　　　钢筋工程（编码：040901）

项目编码	项目名称	项目特征	计量单位	工程量计算规则	工作内容
040901001	现浇构件钢筋	1. 钢筋种类 2. 钢筋规格	t	按设计图示尺寸以质量计算	1. 制作 2. 运输 3. 安装
040901002	预制构件钢筋				
040901003	钢筋网片				
040901004	钢筋笼				
040901005	先张法预应力钢筋（钢丝、钢绞线）	1. 部位 2. 预应力筋种类 3. 预应力筋规格			1. 张拉台座制作、安装、拆除 2. 预应力筋制作、张拉
040901006	后张法预应力钢筋（钢丝束、钢绞线）	1. 部位 2. 预应力筋种类 3. 预应力筋规格 4. 锚具种类、规格 5. 砂浆强度等级 6. 压浆管材质、规格			1. 预应力筋孔道制作、安装 2. 锚具安装 3. 预应力筋制作、张拉 4. 安装压浆管道 5. 孔道压浆
040901007	型钢	1. 材料种类 2. 材料规格			1. 制作 2. 运输 3. 安装、定位
040901008	植筋	1. 材料种类 2. 材料规格 3. 植入深度 4. 植筋胶品种	根	按设计图示数量计算	1. 定位、钻孔、清孔 2. 钢筋加工成型 3. 注胶、植筋 4. 抗拔试验 5. 养护
040901009	预埋铁件	1. 材料种类 2. 材料规格	t	按设计图示尺寸以质量计算	1. 制作 2. 运输 3. 安装
040901010	高强螺栓		1. t 2. 套	1. 按设计图示尺寸以质量计算 2. 按设计图示数量计算	

注　1. 现浇构件中伸出构件的锚固钢筋、预制构件的吊钩和固定位置的支撑钢筋等，应并入钢筋工程量内。除设计标明的搭接外，其他施工搭接不计算工程量，由投标人在报价中综合考虑。

　　2. 钢筋工程所列"型钢"是指劲性骨架的型钢部分。

　　3. 凡型钢与钢筋组合（除预埋铁件外）的钢格栅，应分别列项。

二、拆除工程量清单项目及工程量计算规则

拆除工程量清单计价，分部分项工程综合单价可组合的定额内容如下。

（1）拆除旧路；

（2）拆除人行道；

（3）拆除侧（缘）石；

（4）拆除混凝土管道、拆除金属管道、镀锌管拆除、塑料管拆除；

（5）拆除混凝土障碍物、井盖、井箅、砖石构筑物等。

拆除工程量清单项目及工程量计算规则见表 7-19。

表 7-19 拆除工程（编码：041001）

项目编码	项目名称	项目特征	计量单位	工程量计算规则	工作内容
041001001	拆除路面	1. 材质 2. 厚度			
041001002	拆除人行道				
041001003	拆除基层	1. 材质 2. 厚度 3. 部位	m²	按拆除部位以面积计算	
041001004	铣刨路面	1. 材质 2. 结构形式 3. 厚度			
041001005	拆除侧、平（缘）石	材质	m	按拆除部位以"延长米"计算	1. 拆除、清理 2. 运输
041001006	拆除管道	1. 材质 2. 管径			
041001007	拆除砖石结构	1. 结构形式 2. 强度等级	m³	按拆除部位以体积计算	
041001008	拆除混凝土结构				
041001009	拆除井	1. 结构形式 2. 规格尺寸 3. 强度等级	座	按拆除部位以数量计算	
041001010	拆除电杆	1. 结构形式 2. 规格尺寸	根		
041001011	拆除管片	1. 材质 2. 部位	处		

注 1. 拆除路面、人行道及管道清单项目的工作内容中均不包括基础及垫层拆除，发生时按本章相应清单项目编码列项。
　　2. 伐树、挖树蔸应按现行国家标准《园林绿化工程工程量计算规范》中相应清单项目编码列项。

7.3 市政工程工程量清单计价案例

试根据本书 4.4 节"道路工程计量与计价案例"的案例一相关内容和已知条件，试按工程量清单计价模式，编制该道路工程的招标工程量清单与投标报价。

一、编制招标工程量清单

（1）计算该道路工程分部分项清单工程量，见表 7-20。

表 7-20 分部分项清单工程量计算表

序号	项目名称	单位	工程量计算公式	数量
一	机动车道			
1	路床（槽）整形	m²	13×1 250	16 250.00
2	天然砂砾底层	m²	13×1 250	16 250.00
3	5%水泥稳定砂砾基层	m²	12.5×1 250	15 625.00
4	乳化沥青透层（0.7kg/m²）	m²	12×1 250	15 000.00
5	6cm中粒式沥青混凝土面层	m²	12×1 250	15 000.00
6	乳化沥青黏层（0.3kg/m²）	m²	12×1 250	15 000.00
7	3cm细粒式沥青混凝土面层	m²	12×1 250	15 000.00
二	非机动车道			

续表

序号	项目名称	单位	工程量计算公式	数量
8	路床（槽）整形	m²	4×1 250×2	10 000.00
9	天然砂砾底层	m²	4×1 250×2	10 000.00
10	5%水泥稳定砂砾基层	m²	3.5×1 250×2	8 750.00
11	乳化沥青透层（0.7kg/m²）	m²	3×1 250×2	7 500.00
12	3cm 中粒式沥青混凝土面层	m²	3×1 250×2	7 500.00
13	乳化沥青黏层（0.3kg/m²）	m²	3×1 250×2	7 500.00
14	2cm 细粒式沥青混凝土面层	m²	3×1 250×2	7 500.00
三	人行道			
15	人行道整形碾压	m²	（2.5−0.15）×1 250×2	5 875.00
16	人行道砖铺装	m²	（2.5−0.15）×1 250×2	5 875.00
四	侧石			
17	侧石安砌	m	1 250×6	7 500.00

（2）确定单价措施清单工程量，见表 7-21。

表 7-21　　　　　　　　单价措施清单工程量计算表

序号	项目名称	单位	工程量计算公式	数量
1	大型机械设备进出场及安拆 压路机	台·次		1
2	大型机械设备进出场及安拆 沥青混凝土摊铺机	台·次		1

（3）本工程的暂列金额为 400 000 元。

（4）编制本工程的招标工程量清单表格。见表 7-22～表 7-28。

表 7-22　　　　　　　　工程量清单封面

　　　　　　<u>　某　市　区　主　干　道　道　路　　</u>工程

工　程　量　清　单

工　程　造　价

招　标　人：_____　　　咨　询　人：_____

　　　　（单位盖章）　　　　　　　　　（单位资质专用章）

法定代表人　　　　　　　　　　法定代表人

或其授权人：_____　　　或其授权人：_____

　　　　（签字或盖章）　　　　　　　（签字或盖章）

编　制　人：_____　　　复　核　人：_____

　　（造价人员签字盖专用章）　　　　（造价人员签字盖专用章）

编　制　时　间：　年　月　日　　复　核　时　间：　年　月　日

表 7-23 总 说 明

工程名称：某市区主干道道路工程 第 页共 页

1. 工程概况：某市区主干道道路工程，设计路段桩号为 K0+000~K1+250，全长 1250m，道路横断面为三块板形式，机动车道设计宽度为 12m，5%水泥稳定砂砾基层宽 12.5m，天然砂砾底层宽 13m；非机动车道 3m×2 宽，5%水泥稳定砂砾基层 3.5m×2 宽，天然砂砾底层 4.0m×2 宽；人行道 2.5m×2 宽，快慢车道分隔带 2m×2 宽，侧石宽 14cm。

2. 本次工程招标范围为道路工程，路段桩号为：K0+000~K1+250。

3. 工程量清单编制依据：

1)《建设工程工程量清单计价规范》（GB 50500—2013）；

2)《市政工程工程量计算规范》（GB 50857—2013）；

3) 2017 版《内蒙古自治区建设工程计价依据》；

4)《城市道路设计规范》《市政道路及验收规范》；

5) 该道路工程设计图纸；

6) 道路工程招标文件；

7) 施工现场情况、工程特点及常规施工方案；

8) 其他相关资料。

4. 其他

1) 本工程风险费暂不考虑，农民工工伤保险费、危险作业意外伤害保险费暂不考虑。

2) 本工程不得分包，本工程无暂估价、计日工、总承包服务费。

表 7-24 分部分项工程量清单与计价表

工程名称：某市区主干道道路工程　　　　　标段：　　　　　第 页共 页

序号	项目编码	项目名称	项 目 特 征	计量单位	工程量	金额（元）		
						综合单价	合价	其中人工费
		一、机动车道						
1	040202001001	路床（槽）整形	1. 部位：机动车道 2. 范围：K0+000~K1+250	m²	16 250			
2	040202009001	砂砾石底层	1. 石料规格：天然砂石 2. 厚度：15cm	m²	16 250			
3	040202015001	水泥稳定碎（砾）石基层	1. 水泥含量：5% 2. 厚度：20cm	m²	15 625			
4	040203003001	透层	1. 材料品种：乳化沥青 2. 喷油量：0.7kg/m²	m²	15 000			
5	040203006001	沥青混凝土	1. 沥青品种：石油沥青 2. 沥青混凝土种类：中粒式沥青混凝土 3. 厚度：6cm	m²	15 000			
6	040203003002	黏层	1. 材料品种：乳化沥青 2. 喷油量：0.3kg/m²	m²	15 000			
7	040203006002	沥青混凝土	1. 沥青品种：石油沥青 2. 沥青混凝土种类：细粒式沥青混凝土 3. 厚度：3cm	m²	15 000			
		分部小计						
		二、非机动车道						
8	040202001002	路床（槽）整形	1. 部位：非机动车道 2. 范围：K0+000~K1+250	m²	10 000			
9	040202009002	砂砾石底层	1. 石料规格：天然砂石 2. 厚度：15cm	m²	10 000			

续表

序号	项目编码	项目名称	项 目 特 征	计量单位	工程量	金额（元）			
						综合单价	合价	其中	
								人工费	
10	040202015002	水泥稳定碎（砾）石基层	1. 水泥含量：5% 2. 厚度：10cm	m²	8 750				
11	040203003003	透层	1. 材料品种：乳化沥青 2. 喷油量：0.7kg/m²	m²	7 500				
12	040203006003	沥青混凝土	1. 沥青品种：石油沥青 2. 沥青混凝土类：中粒式沥青混凝土 3. 厚度：3cm	m²	7 500				
13	040203003004	黏层	1. 材料品种：乳化沥青 2. 喷油量：0.3kg/m²	m²	7 500				
14	040203006004	沥青混凝土	1. 沥青品种：石油沥青 2. 沥青混凝土类:细粒式沥青混凝土 3. 厚度：2cm	m²	7 500				
		分部小计							
		三、人行道							
15	040204001001	人行道整形碾压	1. 部位：道路两侧人行道 2. 范围：K0+000～K1+250	m²	5 875				
16	040204002001	人行道块料铺设	1. 块料品种、规格：普通型砖（25cm×25cm×5cm），1:3 水泥砂浆卧底 3cm 厚 2. 垫层：15cm 石灰稳定土垫层（含灰量 10%）	m²	5 875				
		分部小计							
		四、侧石							
17	040204004001	安砌侧（平、缘）石	1. 材料品种、规格：石质侧石安砌（35cm×15cm） 2. 垫层：1:3 水泥砂浆卧底 2cm 厚	m	7 500				
		分部小计							
		本页小计							
		合计							

表 7-25　　　　　　　　　　　单价措施项目清单与计价表

工程名称：某市区主干道道路工程　　　　　　标段：　　　　　　　　第 页共 页

序号	项目编码	项目名称	项 目 特 征	计量单位	工程量	金额（元）			
						综合单价	合价	其中	
								人工费	
1	041106001001	大型机械设备进出场及安拆	压路机	台·次	1				
2	041106001002	大型机械设备进出场及安拆	沥青混凝土摊铺机	台·次	1				
		本页小计							
		合计							

表 7-26 总价措施项目清单与计价表

工程名称：某市区主干道道路工程　　　　　标段：　　　　　第　页共　页

序号	项目编码	项目名称	计算基础	费率（%）	金额（元）
1	041109001	安全文明施工费			
2	041109001001	安全文明施工与环境保护费	人工费	5	
3	041109001002	临时设施费	人工费	1.5	
4	041109004001	雨季施工增加费	人工费	0.5	
5	041109007001	已完工程及设备保护费	人工费	0	
6	04B001	工程定位复测费	人工费	0.1	
7	041109003001	二次搬运费	人工费	0.01	
8	04B002	特殊地区施工增加费	人工费	1.5	
		合计			

表 7-27 其他项目清单与计价汇总表

工程名称：某市区主干道道路工程　　　　　标段：　　　　　第　页共　页

序号	项目名称	单位：元	金额	备注
1	暂列金额		400 000	
2	暂估价			
2.1	专业工程暂估价			
2.2	材料暂估价			
3	计日工			
4	总承包服务费			
	合计			

表 7-28 规费、税金项目清单与计价表

工程名称：某市区主干道道路工程　　　　　标段：　　　　　第　页共　页

序号	项目名称	计算基础	计算基数	计算费率（%）	金额
1	规费	1.1+1.2+1.3			
1.1	社会保险费	（1）＋（2）＋（3）＋（4）			
（1）	养老失业保险	人工费		12.5	
（2）	基本医疗保险	人工费		3.7	
（3）	工伤保险费	人工费		0.4	
（4）	生育保险费	人工费		0.3	
1.2	住房公积金	人工费		3.7	
1.3	水利建设基金	人工费		0.4	
2	税金	税前工程造价		10	
	合计				

二、编制投标报价

（1）根据已知条件，确定分部分项工程量清单与单价措施项目清单的组合工作内容，并计算综合单价，见表 7-29、表 7-30。

表 7-29　　　　　　　　　　　　　分部分项工程量清单费用组成分析表

顺序号	项目编号（定额编号）	项目名称	单位	数量	综合单价（元）	综合合价（元）	人工费	材料费	机械费	管理费	利润
1	040202001001	路床（槽）整形	m²	16 250	1.85	30 063	0.29		1.3	0.13	0.13
	2-99	路床整形　路床碾压检验	m²	16 250	1.85	30 105	0.29		1.3	0.13	0.13
2	040202009001	砂砾石底层	m²	16 250	15.15	246 188	2.55	5.42	4.88	1.15	1.15
	2-122 换	砂砾石摊铺（天然级配）厚度20cm 实际厚度（cm）：15	m²	16 250	15.15	246 153	2.55	5.42	4.88	1.15	1.15
3	040202015001	水泥稳定碎（砾）石 基层	m²	15 625	35.29	551 406	1.86	24.61	7.14	0.84	0.84
	2-134	水泥稳定碎（砾）石摊铺　水泥含量（5%）厚度20cm	m²	15 625	31.66	494 616	1.77	23.39	4.91	0.79	0.79
	2-276	基层料运输　自卸汽车运输　运距10km以内	m³	3 203.13	10.08	32 297			10.08		
	2-142	基层养生　洒水车洒水	m²	15 625	1.57	24 463	0.09	1.23	0.16	0.04	0.04
4	040203003001	透层	m²	15000	2.37	35 550	0.03	2.3	0.01	0.01	0.01
	2-160	透层　半刚性基层乳化沥青　0.7kg/m²	m²	15 000	2.37	35 526	0.03	2.3	0.01	0.01	0.01
5	040203006001	沥青混凝土	m²	15 000	47.13	706 950	1.03	41.27	3.89	0.47	0.47
	2-183	沥青混凝土路面中粒式　机械摊铺厚度6cm	m²	15 000	45.98	689 720	1.03	41.27	2.75	0.47	0.47
	2-278	汽车运沥青混凝土半成品　10km以内	m³	909	18.88	17162			18.88		
6	040203003002	黏层	m²	15 000	1.01	15 150	0.02	0.94	0.03	0.01	0.01
	2-162	黏层　沥青层　乳化沥青　0.3kg/m²	m²	15 000	1.01	15168	0.02	0.94	0.03	0.01	0.01
7	040203006002	沥青混凝土	m²	15 000	26.06	390 900	0.84	21.69	2.77	0.38	0.38
	2-189	沥青混凝土路面细粒式　机械摊铺厚度3cm	m²	15 000	25.49	382 377	0.84	21.69	2.2	0.38	0.38
	2-278	汽车运沥青混凝土半成品　10km以内	m³	454.5	18.88	8581			18.88		
8	040202001002	路床（槽）整形	m²	10 000	1.85	18 500	0.29		1.3	0.13	0.13

续表

顺序号	项目编号（定额编号）	项目名称	单位	数量	综合单价（元）	综合合价（元）	综合单价（元）				
							人工费	材料费	机械费	管理费	利润
	2-99	路床整形　路床碾压检验	m²	10 000	1.85	18 526	0.29		1.3	0.13	0.13
9	040202009002	砂砾石底层	m²	10 000	15.15	151 500	2.55	5.42	4.88	1.15	1.15
	2-122 换	砂砾石摊铺（天然级配）厚度20cm 实际厚度（cm）：15	m²	10 000	15.15	151 479	2.55	5.42	4.88	1.15	1.15
10	040202015002	水泥稳定碎（砾）石 基层	m²	8 750	20.36	178 150	1.47	12.93	4.63	0.66	0.66
	2-134 换	水泥稳定碎（砾）石摊铺　水泥含量（5%）厚度20cm 实际厚度（cm）：10	m²	8 750	17.76	155 400	1.38	11.7	3.44	0.62	0.62
	2-276	基层料运输　自卸汽车运输　运距10km以内	m³	896.88	10.08	9 043			10.08		
	2-142	基层养生　洒水车洒水	m²	8 750	1.57	13 699	0.09	1.23	0.16	0.04	0.04
11	040203003003	透层	m²	7 500	2.37	17 775	0.03	2.3	0.01	0.01	0.01
	2-160	透层　半刚性基层乳化沥青　0.7kg/m²	m²	7 500	2.37	17 763	0.03	2.3	0.01	0.01	0.01
12	040203006003	沥青混凝土	m²	7 500	23.56	176 700	0.52	20.63	1.95	0.23	0.23
	2-181 换	沥青混凝土路面中粒式　机械摊铺　厚度4cm 实际厚度（cm）：3	m²	7 500	22.99	172 430	0.52	20.63	1.37	0.23	0.23
	2-278	汽车运沥青混凝土半成品　10km以内	m³	227.25	18.88	4290			18.88		
13	040203003004	黏层	m²	7 500	1.01	7 575	0.02	0.94	0.03	0.01	0.01
	2-162	黏层　沥青层乳化沥青　0.3kg/m²	m²	7 500	1.01	7 584	0.02	0.94	0.03	0.01	0.01
14	040203006004	沥青混凝土	m²	7 500	17.29	129 675	0.56	14.46	1.76	0.25	0.25
	2-189 换	沥青混凝土路面细粒式　机械摊铺厚度3cm 实际厚度（cm）：2	m²	7 500	16.91	126 806	0.56	14.46	1.38	0.25	0.25
	2-278	汽车运沥青混凝土半成品 10km以内	m³	151.5	18.88	2 860			18.88		
15	040204001001	人行道整形碾压	m²	5 875	3.49	20 504	1.77		0.14	0.79	0.79
	2-214	人行道整形碾压	m²	5 875	3.49	20 521	1.77		0.14	0.79	0.79
16	040204002001	人行道块料铺设	m2	5 875	69.62	409 018	11.14	44.17	4.28	5.01	5.01

续表

顺序号	项目编号（定额编号）	项目名称	单位	数量	综合单价（元）	综合合价（元）	综合单价（元）				
							人工费	材料费	机械费	管理费	利润
	2-231 换	人行道块料铺设 普通型砖 水泥砂浆 换为【预拌水泥砂浆 1:3】	m²	5 875	55.81	327 884	7.82	40.78	0.18	3.52	3.52
	2-101 换	石灰稳定土摊铺 含灰 10% 厚度 20cm 际厚度（cm）：15	m²	5 875	12.71	74 692	3.14	3.25	3.5	1.41	1.41
	2-144	集中消解石灰	t	150.047 5	42.98	6 449	7.1	5.62	23.86	3.2	3.2
17	040204004001	安砌侧（平、缘）石	m	7 500	90.18	676 350	6.9	77.06		3.11	3.11
	2-253 换	侧石安砌 石质 换为【预拌水泥砂浆 1:3】	m	7 500	90.18	676 358	6.9	77.06	0	3.11	3.11
	合计					3 761 953					

表 7-30　　　　　　　　　　　　　单价措施项目清单费用组成分析表

顺序号	项目编号（定额编号）	项目名称	单位	数量	综合单价（元）	综合合价（元）	综合单价（元）			
							人工费	材料费	机械费	管理费	利润
1	041106001001	大型机械设备进出场及安拆	台·次	1	2 969.77	2 970	561.75	126.83	2 078.96	112.35	89.88
	借 17-376	压路机 进出场费	台次	1	2 969.77	2 970	561.75	126.83	2 078.96	112.35	89.88
2	041106001002	大型机械设备进出场及安拆	台·次	1	4 919.55	4 920	898.8	147.26	3 549.92	179.76	143.81
	借 17-378	沥青混凝土摊铺机进出场费	台次	1	4 919.55	4 920	898.8	147.26	3 549.92	179.76	143.81

（2）根据招标工程量清单及 2017 版《内蒙古自治区建设工程计价依据》，计算总价措施项目费，见表 7-31。

表 7-31　　　　　　　　　　　　　总价措施项目清单费用组成分析表

序号	项目编码	项目名称	计算基础	费率（%）	金额（元）	其中		
						人工费	管理费	利润
1	041109001	安全文明施工费			22 546	4 601	2 071	2 071
2	041109001001	安全文明施工与环境保护费	283 154	5	17 343	3 539	1 593	1 593
3	041109001002	临时设施费	283 154	1.5	5 203	1 062	478	478
4	041109004001	雨季施工增加费	283 154	0.5	1 734	354	159	159
5	041109007001	已完工程及设备保护费	283 154	0	0	0	0	0

续表

序号	项目编码	项目名称	计算基础	费率(%)	金额(元)	其中		
						人工费	管理费	利润
6	04B001	工程定位复测费	283 154	0.1	347	71	32	32
7	041109003001	二次搬运费	283 154	0.01	35	7	3	3
8	04B002	特殊地区施工增加费	283 154	1.5	8 070	4 247	1 911	1 911
		合　计			32 732	9 280	4 176	4 176

（3）2017 版《内蒙古自治区建设工程计价依据》中，将检验试验费列入其他项目费中。

　　检验试验费=分部分项人工费×1.5%=281693×1.5%=4 225（元）

（4）编制投标报价表格，见表 7-32～表 7-39。

表 7-32　　　　　　　　　　　　　　投标总价封面

投 标 总 价

招　标　人：＿＿＿＿＿＿＿＿＿＿＿＿＿＿＿

工 程 名 称：某市区主干道道路工程＿＿＿＿＿

投标总价（小写）：4 695 031 元＿＿＿＿＿

　　　　　（大写）：肆佰陆拾玖万伍仟零叁拾壹元整＿＿＿

投　标　人：＿＿＿＿＿＿＿＿＿＿＿＿＿＿＿
　　　　　　　　　　　（单位盖章）

法定代表人
或其授权人：＿＿＿＿＿＿＿＿＿＿＿＿＿＿＿
　　　　　　　　　　　（签字或盖章）

编　制　人：＿＿＿＿＿＿＿＿＿＿＿＿＿＿＿
　　　　　　　　（造价人员签字盖专用章）

时　　　　间：　　年　　月　　日

表 7-33　　　　　　　　　　　　　**总 说 明**

工程名称：某市区主干道道路工程　　　　　　　　　　　　第　页共　页

1. 工程概况：某市区主干道道路工程，设计路段桩号为 K0+000～K1+250，全长 1250m，道路横断面为三块板形式，机动车道设计宽度为 12m，5%水泥稳定砂砾厂拌基层宽 12.5m，天然砂砾底层宽 13m；非机动车道 3m×2 宽，5%水泥稳定砂砾厂拌基层 3.5m×2 宽，天然砂砾底层 4.0m×2 宽；人行道 2.5m×2 宽，快慢车道分隔带 2m×2 宽，侧石宽 14cm。
2. 工程施工方案：
1）天然砂砾底层采用人机配合铺装；
2）5%水泥稳定砂砾采用厂拌基层。
3）沥青混凝土面层采用厂拌沥青混凝土，沥青摊铺机摊铺。
4）人行道板、侧石均采用成品。
3. 编制依据：
1）《建设工程工程量清单计价规范》（GB 50500—2013）；
2）《市政工程工程量计算规范》（GB 50857—2013）；
3）2017 版《内蒙古自治区建设工程计价依据》；
4）内蒙古自治区造价管理机构发布的信息价；
5）《城市道路设计规范》《市政道路及验收规范》；
6）该道路工程施工图纸；
7）工程招标文件；
8）施工现场情况、工程特点及常规施工方案；
9）其他相关资料。

表 7-34　　　　　　　　　　**单位工程投标报价汇总表**

工程名称：某市区主干道道路工程　　　　　　　标段：　　　　　　第　页共　页

序号	汇总内容	金额（元）	其中：暂估价（元）
1	分部分项工程	3 761 953	
2	措施项目	40 621	
2.1	其中：安全文明施工费	22 546	
3	其他项目	404 225	
3.1	其中：暂列金额	400 000	
3.2	其中：专业工程暂估价	0	
3.3	其中：计日工	0	
3.4	其中：总承包服务费	0	
4	规费	61 411	
5	税金	426 821	
	投标报价合计=1+2+3+4+5	4 695 031	0

表 7-35　　　　　　　　　　**分部分项工程量清单与计价表**

工程名称：某市区主干道道路工程　　　　　　　标段：　　　　　　第　页共　页

序号	项目编码	项目名称	项目特征	计量单位	工程量	综合单价	合价	其中人工费
		一、机动车道						
1	040202001001	路床（槽）整形	1. 部位：机动车道 2. 范围：K0+000～K1+250	m²	16 250	1.85	30 063	4 752

续表

序号	项目编码	项目名称	项目特征	计量单位	工程量	综合单价	合价	人工费
2	040202009001	砂砾石底层	1. 石料规格：天然砂石 2. 厚度：15cm	m²	16 250	15.15	246 188	41 472
3	040202015001	水泥稳定碎（砾）石 基层	1. 水泥含量：5% 2. 厚度：20cm	m²	15 625	35.29	551 406	29 061
4	040203003001	透层	1. 材料品种：乳化沥青 2. 喷油量：0.7kg/m²	m²	15 000	2.37	35 550	484
5	040203006001	沥青混凝土	1. 沥青品种：石油沥青 2. 沥青混凝土种类：中粒式沥青混凝土 3. 厚度：6cm	m²	15 000	47.13	706 950	15 515
6	040203003002	黏层	1. 材料品种：乳化沥青 2. 喷油量：0.3kg/m²	m²	15 000	1.01	15 150	323
7	040203006002	沥青混凝土	1. 沥青品种：石油沥青 2. 沥青混凝土种类：细粒式沥青混凝土 3. 厚度：3cm	m²	15 000	26.06	390 900	12 660
		分部小计					1 976 206	104 265
		二、非机动车道						
8	040202001002	路床（槽）整形	1. 部位：非机动车道 2. 范围：K0+000～K1+250	m²	10 000	1.85	18 500	2 924
9	040202009002	砂砾石底层	1. 石料规格：天然砂石 2. 厚度：15cm	m²	10 000	15.15	151 500	2 5521
10	040202015002	水泥稳定碎（砾）石 基层	1. 水泥含量：5% 2. 厚度：10cm	m²	8 750	20.36	178 150	12 888
11	040203003003	透层	1. 材料品种：乳化沥青 2. 喷油量：0.7kg/m²	m²	7 500	2.37	17 775	242
12	040203006003	沥青混凝土	1. 沥青品种：石油沥青 2. 沥青混凝土种类：中粒式沥青混凝土 3. 厚度：3cm	m²	7 500	23.56	176 700	3 878
13	040203003004	黏层	1. 材料品种：乳化沥青 2. 喷油量：0.3kg/m²	m²	7500	1.01	7 575	161
14	040203006004	沥青混凝土	1. 沥青品种：石油沥青 2. 沥青混凝土种类：细粒式沥青混凝土 3. 厚度：2cm	m²	7 500	17.29	129 675	4 217
		分部小计					679 875	49 832
		三、人行道						
15	040204001001	人行道整形碾压	1. 部位：道路两侧人行道 2. 范围：K0+000～K1+250	m²	5 875	3.49	20504	10 371

续表

序号	项目编码	项目名称	项　目　特　征	计量单位	工程量	金额（元）		
						综合单价	合价	其中 人工费
16	040204002001	人行道块料铺设	1．块料品种、规格：普通型砖（25cm×25cm×5cm），1:3 水泥砂浆卧底 3cm 厚 2．垫层：15cm 石灰稳定土垫层（含灰量 10%）	m²	5 875	69.62	409 018	65 452
		分部小计					429 521	75 823
		四、侧石						
17	040204004001	安砌侧（平、缘）石	1．材料品种、规格：石质侧石安砌（35cm×15cm） 2．垫层：1:3 水泥砂浆卧底 2cm 厚	m	7 500	90.18	676 350	51 774
		分部小计					676 350	51 774
		合计					3 761 953	281 693

表 7-36　　　　　　　　　　　　　**单价措施项目清单与计价表**

工程名称：某市区主干道道路工程　　　　　　　　　　标段：　　　　　　　　　第　页共　页

序号	项目编码	项目名称	项目特征	计量单位	工程量	金额（元）		
						综合单价	合价	其中 人工费
1	041106001001	大型机械设备进出场及安拆	压路机	台·次	1	2 969.77	2 970	562
2	041106001002	大型机械设备进出场及安拆	沥青混凝土摊铺机	台·次	1	4 919.55	4 920	899
		本页小计					7 889	1 461
		合计					7 889	1 461

表 7-37　　　　　　　　　　　　　**总价措施项目清单与计价表**

工程名称：某市区主干道道路工程　　　　　　　　　　标段：　　　　　　　　　第　页共　页

序号	项目编码	项目名称	计算基础	费率（%）	金额（元）
1	041109001	安全文明施工费			22 546
2	041109001001	安全文明施工与环境保护费	人工费	5	17 343
3	041109001002	临时设施费	人工费	1.5	5 203
4	041109004001	雨季施工增加费	人工费	0.5	1 734
5	041109007001	已完工程及设备保护费	人工费	0	0
6	04B001	工程定位复测费	人工费	0.1	347
7	041109003001	二次搬运费	人工费	0.01	35
8	04B002	特殊地区施工增加费	人工费	1.5	8 070
		合计			32 732

表 7-38　　　　　　　　**其他措施项目清单与计价汇总表**

工程名称：某市区主干道道路工程　　　　　　　　标段：　　　　　　　第　页共　页

序号	项目名称	单位：元	金额	备注
1	暂列金额		400 000	
2	暂估价			
2.1	专业工程暂估价			
2.2	材料暂估价			
3	计日工			
4	总承包服务费			
5	材料检验试验费		4 225	
	合计		404 225	

表 7-39　　　　　　　　**规费、税金项目清单与计价表**

工程名称：某市区主干道道路工程　　　　　　　　标段：　　　　　　　第　页共　页

序号	项目名称	计算基础	计算基数	计算费率（%）	金额（元）
1	规费	1.1+1.2+1.3	61 411.2		61 411
1.1	社会保险费	（2）+（3）+（4）+（5）	49 421		49 421
（1）	养老失业保险	人工费	292 434	12.5	36 554
（2）	基本医疗保险	人工费	292 434	3.7	10 820
（3）	工伤保险费	人工费	292 434	0.4	1 170
（4）	生育保险费	人工费	292434	0.3	877
1.2	住房公积金	人工费	292 434	3.7	10 820
1.3	水利建设基金	人工费	292 434	0.4	1 170
2	税金	税前工程造价	4 268 210	10	426 821
	合计				488 232

习　题

一、单选题（每题的备选项中，只有 **1** 个正确选项）

1．按《建设工程工程量清单计价规范》规定，工程量清单计价应采用（　　）。

　　A．工料单价法　　B．综合单价法　　C．扩大单价法　　D．预算单价法

2．分部分项工程量清单的编制中，项目编码以五级编码设置，采用阿拉伯数字表示，其位数是（　　）。

　　A．8 位　　　　　B．10 位　　　　　C．12 位　　　　　D．15 位

3．在工程量清单计价模式下，已知挖一般土方的清单工程量为 2 634m³，全部外运，完成该分项工程所需定额工程量为 3 230，定额中，挖一般土方基价为 5 055.66 元/1 000m³，自卸汽车运土基价为 1 7052.11 元/1 000m³，则该分项工程的综合单价为（　　）。

　　A．29.17 元/m³　　B．27.11 元/m³　　C．19.25 元/m³　　D．94.48 元/m³

4. 下列选项中，（　　）不属于市政土石方工程清单项目。

 A. 挖一般土方 B. 挖沟槽土方   C. 平整场地   D. 挖基坑土方

5. 路床（槽）整形的清单工程量应（　　）。

 A. 按设计图示尺寸以面积计算，计量单位为 m^2

 B. 按设计图示尺寸以体积计算，计量单位为 m^3

 C. 按设计图示以长度计算，计量单位为 m

 D. 按设计图示以数量计算，计量单位为 座

6. 道路工程工程量清单计价中，以下关于道路面层工程量计算规则错误是（　　）。

 A. 按设计图示尺寸以面积计算   B. 不扣除各种井所占面积

 C. 应扣除平石所占面积   D. 应扣除各种井所占的面积

7. 清单中排水管道铺设的长度（　　）。

 A. 按设计图示中线长度（井中到井中距离）以"延长米"计算，扣除构筑物、管件及阀门等所占长度，计量单位为"m"

 B. 按设计图示中线长度（井中到井中距离）以"延长米"计算，不扣除构筑物、管件及阀门等所占长度，计量单位为"m"

 C. 按设计图示管道净长度以"延长米"计算，扣除构筑物、管件及阀门等所占长度，计量单位为"m"

 D. 按设计图示管道净长度以"延长米"计算，不扣除构筑物、管件及阀门等所占长度，计量单位为"m"

8. 桥涵工程清单中现浇混凝土项目，（　　）按设计图示尺寸以长度计算。

 A. 混凝土防撞护栏   B. 混凝土小型构件

 C. 桥面铺装   D. 混凝土承台

9. 下列说法中，关于钢筋工程清单工程量的计算错误的是（　　）。

 A. 钢筋、型钢工程量计算中，设计注明搭接时，应计算搭接长度

 B. 钢筋、型钢工程量计算中，设计未注明搭接时，应计算搭接长度

 C. "钢筋工程"所列型钢项目是指劲性骨架的型钢部分

 D. 凡型钢与钢筋组合（除预埋铁件外）的钢格栅，应分别列项

二、多选题（每题的备选项中，有 **2** 个或 **2** 个以上符合题意，至少有 **1** 个错项）

1. 编制工程量清单应依据（　　）。

 A.《建设工程工程量清单计价规范》GB 50500—2013

 B. 国家或省级、行业建设主管部门颁发的计价依据和办法

 C. 建设工程设计文件

 D. 与建设工程项目有关的标准、规范、技术资料

 E. 投标文件

2. 市政工程清单项目中，（　　）的计量是按设计图示尺寸按面积进行计量的。

 A. 抛石挤淤 B. 道路基层 C. 道路面层 D. 人行道

 E. 侧石

3. 采用工程量清单计价，建设工程造价由（　　）组成。

 A. 分部分项工程费   B. 措施项目费

C．其他项目费　　　　　　　　　D．规费和税金

E．开工试车费

4．拆除工程清单工程量计算规则包括（　　）。

A．拆除路面、拆除基层、拆除人行道：按拆除部位以面积计算，计量单位为"m²"

B．拆除侧石、拆除管道：按拆除部位以长度计算，计量单位为"m"

C．拆除砖石结构、拆除混凝土结构：按拆除部位以体积计算，计量单位为"m³"

D．拆除井：按拆除部位以数量计算，计量单位为"座"

E．拆除侧石、拆除管道：按拆除部位以面积计算，计量单位为"m²"

三、判断题

1．非国有资金投资的工程建设项目，必须采用工程量清单计价。　　　　　（　　）

2．清单计价与定额计价的计价依据相同。　　　　　　　　　　　　　　（　　）

3．挖基坑土方清单工程量为实际的开挖土方量。　　　　　　　　　　　（　　）

4．桥涵工程清单中台帽、台盖梁均应包括耳墙、背墙。　　　　　　　　（　　）

5．人行道清单工程量应扣除各种井所占的面积。　　　　　　　　　　　（　　）

四、计算题

图 7-4　桥台基础横断面图（单位：cm）

1．已知某城市道路路面宽度为 12m，桥梁的桥台基础横断面如图 7-4 所示（无防潮层），地面标高为 3.2m，设计基底标高为-0.7m，土质为三类土，采用机械挖土，坑上作业，人工辅助开挖。试计算其一个桥台挖土的清单工程量和定额工程量。

2．已知某排水工程设计长度为 600m，混凝土管道（D=300mm），管间设置矩形检查井共 21 座（首尾各一座），采用人机配合下管（平接口），试计算其管道铺设的综合单价。

3．某单跨简支预应力混凝土梁桥，计算跨径 50m，陆上桥台基础采用 φ1000 C25 钻孔灌注桩，布置如图 7-5 所示，纵桥向桩距 3m，横桥向桩距 5m，有效设计桩长 23m。施工要求

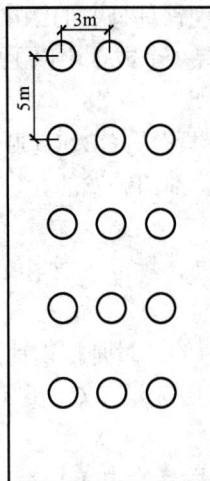

图 7-5　钻孔灌注桩示意图

每根桩需埋设钢护筒 1.5m，钻孔长度 25m，桩孔空钻部分回填碎石。（凿桩及废料弃置不考虑）试求该钻孔灌注桩项目的综合单价。

五、案例分析

1. 某施工现场挖土，土壤类别为四类土，基础为带形基础，其示意图如图 7-6 所示，基础总长为 2 160.7m，人工挖土，填方密实度为 95%，回填土采用的是振动压路机 10t 以内。

试求：1）人工挖沟槽土方的定额和清单工程量。

2）回填土方的定额和清单工程量。

3）将计算的工程量进行组价。

4）编制该土方工程的招标工程量清单与投标报价。

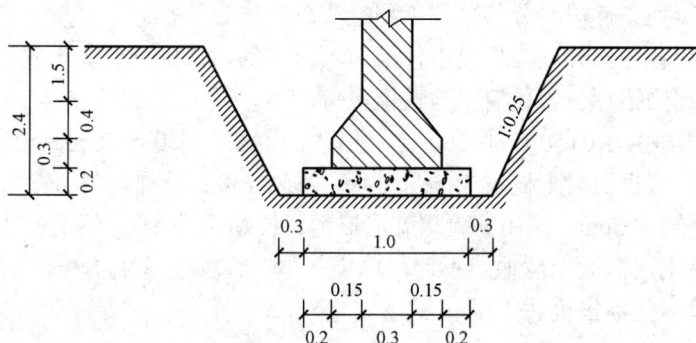

图 7-6　基础横断面图（单位：m）

2. 某市政雨水管工程，采用型混凝土管道，基础为 120° 混凝土基础，$D400$ 钢筋混凝土管为平接口，接口为水泥砂浆抹带。采用 $1m^3$ 反铲挖掘机挖三类土方（不装车）和明排水施工及人机配合下管，1m 以下为湿土。不需要翻挖道路结构层，挖、填土方场内调运 40m（55kW 推土机推土），不考虑机械进退场。缺方内运按 8t 自卸汽车、运 3km、不考虑土源费，填方密实度：93%，机械回填，每座圆形雨水检查井体积暂定 3.2m^3，井底混凝土基础直径 1.58m、厚 10 cm。管道尺寸见表 7-40，雨水管道平面如图 7-7 所示，管基断面如图 7-8 所示。

表 7-40　　　　　　　　　　　　　　**管 道 尺 寸 表**　　　　　　　　　　　　　　mm

管径 D	管壁厚 t	管肩宽 a	管基宽 B	管基厚		基础混凝土 (m^3/m)
				C_1	C_2	
400	35	80	630	100	118	0.1034

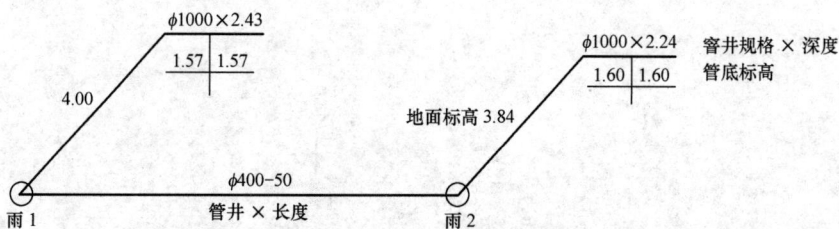

图 7-7　雨水管道平面图

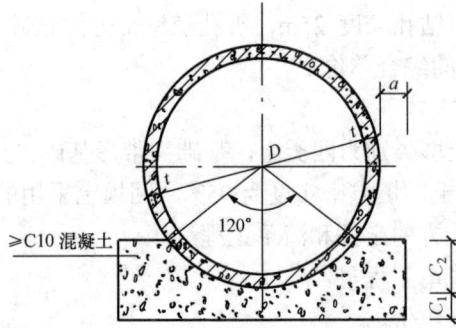

图 7-8 管基断面图

1）依据本题所列条件填写分部分项工程量清单的项目特征。

2）列出该工程各分部分项工程及单价措施项目费的组成，并计算出各组成的工程量。

3）编制该工程的招标工程量清单与投标报价。

3．某道路工程桩号 K0+500～1+500 处，机动车道采用 C30 水泥混凝土路面，板面刻痕。路面结构见图 7-9。假设混凝土板按 4×5 米分块，每隔 250m 设置一条沥青木板伸缝，其余横缝为缩缝，机械锯缝深 5cm，采用沥青玛蹄脂嵌缝；构造钢筋 18t，钢筋网 2.4t；混凝土为集中搅拌非泵送混凝土，混凝土运输费不计；草袋养生。试编制该项工程水泥混凝土路面部分的招标工程量清单与投标报价。

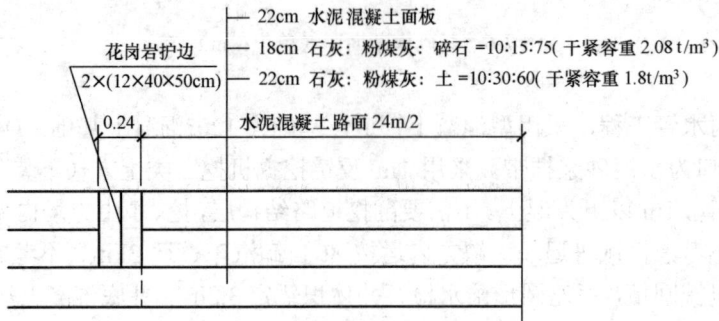

图 7-9 路面结构断面图

参 考 文 献

[1] 中华人民共和国住房和城乡建设部. GB 50500—2013 建设工程工程量清单计价规范 [S]. 北京：中国计划出版社，2013.

[2] 中华人民共和国住房和城乡建设部. GB 50857—2013 市政工程工程量计算规范 [S]. 北京：中国计划出版社，2013.

[3] 内蒙古自治区建设工程标准定额总站. 内蒙古自治区建设工程费用定额 [S]. 北京：中国建材工业出版社，2018.

[4] 内蒙古自治区建设工程标准定额总站. 内蒙古自治区市政工程预算定额 [S]. 北京：中国建材工业出版社，2018.

[5] 郭良娟. 市政工程计量与计价 [M]. 北京：北京大学出版社，2017.

[6] 于业伟，邓乃容. 工程计量与计价（市政工程专业）[M]. 武汉：华中科技大学出版社，2010.

[7] 杨岚. 市政工程基础 [M]. 北京：化学工业出版社，2009.

[8] 张迪. 市政预算员一本通 [M]. 北京：中国建材工业出版社，2010.

[9] 张国栋. 一图一算之市政工程造价 [M]. 北京：机械工业出版社，2010.

[10] 时永亮，张忠孝. 市政工程造价员培训教材 [M]. 北京：中国建筑工业出版社，2009.

[11] 王云江. 透过案例学市政工程计量与计价 [M]. 北京：中国建材工业出版社，2015.